图书在版编目(CIP)数据

西安市建筑工程安全文明施工手册/西安市城乡建设委员会编.—西安：西北工业大学出版社，2009.6
ISBN 978-7-5612-2570-7

Ⅰ.西… Ⅱ.西… Ⅲ.建筑工程—工程施工—施工管理—西安市—手册 Ⅳ.TU71-62

中国版本图书馆CIP数据核字(2009)第07895

出版发行：西北工业大学出版社
通信地址：西安市友谊西路127号 邮编：710
电话：029-88493844 88491757
网 址：www.nwpup.com
开 本：1/16
印 张：全彩18
版 次：2009年6月第1版 2009年6月第1次印
定 价：368.00元

学 出版社

山西省电力工业志丛书

闻喜县电力工业志

《闻喜县电力工业志》编纂委员会 编

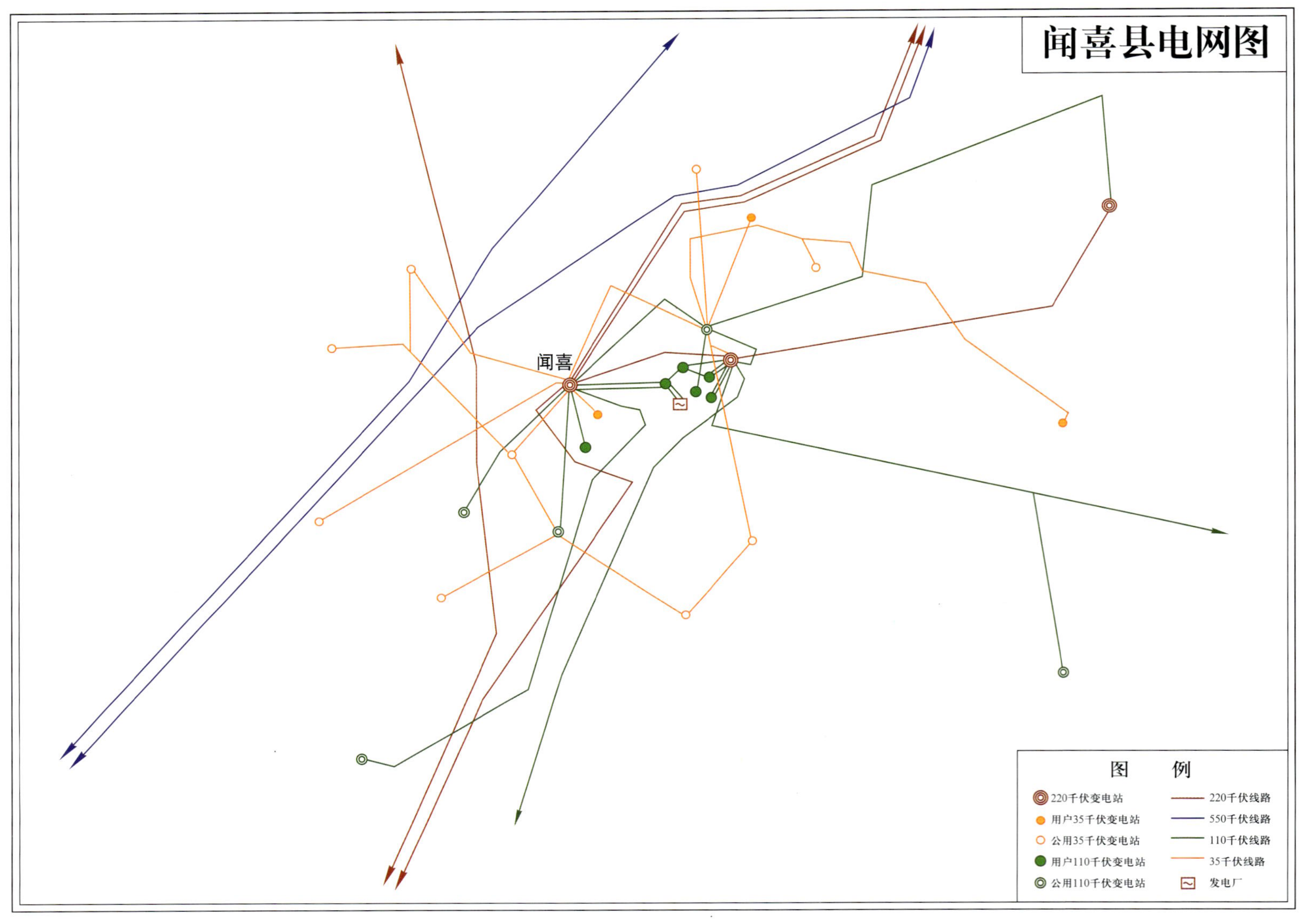
闻喜县电网图
闻喜
图 例
220千伏变电站
用户35千伏变电站
公用35千伏变电站
用户110千伏变电站
公用110千伏变电站
220千伏线路
550千伏线路
110千伏线路
35千伏线路
发电厂

以史为鉴
开创未来

王抒祥
二〇〇七、十一

山西省电力公司总经理王抒祥同志题词

以史资政
用史育人

刘光
二〇〇七年十一月

山西省电力公司党组书记刘光同志题词

科学发展建网

振兴河东经济

孙彦章

二〇〇九·六

运城供电分公司经理孙彦章同志题词

盛世立志 修史为鉴

科学管理 创新发展

吕家柱

二〇〇九·六

运城供电分公司党委书记吕家柱同志题词

发展电力事业
服务桐乡人民

裴良杰
二〇〇八年八月

中共闻喜县委书记裴良杰同志题词

发展电力事业
造福闻喜人民

李尧林 〇八年八月

中共闻喜县委副书记、闻喜县人民政府县长李尧林同志题词

闻喜县电业局办公大楼

2008年的闻喜县电业局领导班子。局长温育民（中）、党支部书记李泽民（右一）、副局长范金炜（左二）、副局长何达（右二）、副局长燕海龙（右三）、主任工程师黄建英（左一）在研究闻喜电网新规划

2009年的闻喜县电业局领导班子。局长张长伟（中）、党支部书记何达（左二）、副局长范金炜（右三）、副局长燕海龙（右二）、工会主席孙毅林（左一）、主任工程师黄建英（右一）在研究工作

2008年7月，山西省省长孟学农（右二）在山西省电力公司总经理王抒祥（右一）的陪同下，在闻喜县郭家庄镇郭店村调研农村灌溉用电情况

2008年6月13日，山西省电力公司总经理王抒祥（左三）在闻喜县电业局座谈会上

2008年6月13日，山西省电力公司总经理王抒祥（右一）在运城供电局局长孙彦章（左二）、运城市副市长张建喜（左三）、闻喜县工矿办副主任李旭生（左四）、闻喜县电业局局长温育民（左一）的陪同下，在闻喜县电业局检查指导工作

2008年7月，运城供电局局长孙彦章（右二）在县委副书记、县长李尧林（右三）、闻喜县电业局局长温育民（右一）的陪同下，了解农村用电情况

2006年4月，运城供电局党委书记吕家柱（中）在闻喜县电业局局长温育民（右二）、党支部书记李泽民（左一）、主任工程师黄建英（左二）的陪同下，在礼元变电站检查工作

2008年6月23日，运城供电局党委书记吕家柱（右三）在闻喜县电业局党支部书记李泽民（右四）的陪同下，在闻喜县电业局调度室调研

2007年7月，闻喜县委副书记、县长李尧林（右二）在闻喜县电业局局长温育民（右三）的陪同下，了解农民用电情况

2008年6月13日，闻喜县县长李尧林（左一）、县委副书记阎宏（左二）、闻喜县电业局局长温育民（左三）在闻喜县电业局召开的座谈会上

2004年11月，运城供电局党委副书记仇西林（右一）在闻喜县电业局党支部书记郑格（右二）的陪同下，在西官庄变电站调研

2007年 8月，闻喜县电业局营业大厅

2007年8月，闻喜县电业局调度值班室

2004年3月，闻喜县电业局十一届职工大会主席台

220千伏闻喜变电站

110千伏姚村变电站

35千伏柏林变电站

110千伏输电线路

220千伏输电线路

35千伏输电线路

2005年8月，闻喜县电业局在西湖广场开展“供电服务宣传日”活动

2004年6月，闻喜县电业局在西湖广场进行节约用电宣传

2006年10月，闻喜县电业局“同建用电和谐环境　共商供电科学良策恳谈会”会议现场

2008年5月16日，闻喜县电业局再次向四川灾区募捐现场，温育民局长（左一）接受记者采访

礼元供电所春检工作班前会

检修人员在现场试验

检修人员在认真工作

闻喜县电业局检修人员在工作现场

闻喜县电业局"安规"培训现场

闻喜县电业局"安规"考试现场

闻喜县电业局在县宾馆前进行安全生产宣传，闻喜县人大常务委员会主任张英生（右三）亲临现场

闻喜县电业局女职工健美操表演

闻喜县电业局举办职工篮球比赛

闻喜县电业局举办的“迎新春长跑比赛”

闻喜县电业局举行的“拔河比赛”

2008年2月，山西省精神文明建设指导委员会授予2006—2007年度“文明和谐单位”

1998年，国家档案局授予“企业档案工作目标管理国家二级”奖牌

2002年6月23日，被山西省消费者协会授予“全省维护消费者合法权益先进企业”奖牌

2002年，山西省电力公司授予闻喜县电业局“2001年农电‘两改’工作先进集体”奖牌

2005年7月1日，中共华北电网有限公司党组授予“先进党支部”奖牌

2005年4月，山西省电力公司授予“农网安全生产”先进集体

2000年5月，山西省电力公司授予“付费售电达标单位”奖牌

2008年8月6日，由运城供电局组织的《闻喜县电力工业志》初审会议现场

2008年8月6日，运城供电局副局长刘正芳在《闻喜县电力工业志》初审会议上

2008年8月6日，闻喜县电业局局长温育民（右）、党支部书记李泽民（左）在《闻喜县电力工业志》初审会议上

2008年8月6日，运城供电局办公室副主任谷云鹏在《闻喜县电力工业志》初审会议上

2008年10月23日，由山西省电力公司组织的《闻喜县电力工业志》评审会议现场

2008年10月23日，山西省电力公司史志鉴办公室原主任卢晓山在《闻喜县电力工业志》评审会议上

2008年10月23日，山西省电力公司史志鉴办公室原主任、副编审卢晓山（左）和运城供电局史志鉴专责陈秋萍（右）在《闻喜县电力工业志》评审会议上

2008年10月23日，闻喜县电业局局长温育民在《闻喜县电力工业志》评审会议上

2008年10月23日，闻喜县电业局党支部书记李泽民在《闻喜县电力工业志》评审会议上

2008年10月23日，《闻喜县电力工业志》评审会全体人员合影。第一排从左至右起：闻喜县电业局党支部书记李泽民、省公司原农电局局长郑承平、省公司史志鉴办公室原主任、副编审卢晓山、闻喜县电业局局长温育民、省公司原计划处处长冯善、运城供电局原组织部部长卫里来、运城地区电业局电力设备厂原厂长来文虎

《闻喜县电力工业志》

编纂委员会

主任委员 张长伟　温育民

副主任委员 何　达　李泽民　范金炜　燕海龙
孙毅林（常务）　黄建英

委　　员（以姓氏笔画为序）
王有才　仇卫国　杜亚珍　李保民　何红斌
杨革民　杨俊红　陈云海　周建民　秦永民
高良拴　樊恩红　樊嘉勤

编辑办公室

主　　任 高良拴

副 主 任 何红斌　杨革民

成　　员 宁学俊　李喜森

编辑人员

主　　编 张长伟　温育民

副 主 编 何　达　李泽民　范金炜　燕海龙　孙毅林
黄建英

执行编辑 高良拴

编　　辑 何红斌　宁学俊　李　晶　柴　夫　张贵保
樊嘉胜

摄　　像 樊嘉胜　李喜森　张春龙

提供资料人员

（以姓氏笔画为序）

卫立峰	卫世忠	马恩合	尹邓怀	文安义	仇卫国
王立民	王守刚	王　伟	王铁英	邓文虎	刘云龙
刘阿东	刘阿斌	安申娃	安德荣	李文萍	李　伟
李红军	李　杉	李国庆	李欣荣	李海涛	李　锐
李新辉	杨学安	杨　茹	杨晋晶	张文焕	张宏庆
张志勇	张春龙	张皓伟	周栋梁	赵合法	柴林斌
柴家虎	逯立门	梁江龙	曹　玮	崔福松	韩成贵
韩　睿					

总　　序

山西电力工业志第一轮丛书的编写，在山西电力发展史上是一种颇具影响力的历史文化现象。一项在企业里十分难以推动和开展的志书编修工作，经过史志工作者坚持不懈的努力和矢志不渝的开拓，终于赢得各级领导和广大职工支持并取得共识。在世纪交替之际，晋电志书系列丛书硕果累累，先后正式出版70余部，在一个行业内完成如此之长卷确属凤毛麟角。第一轮电力志丛书从不同侧面反映了山西电力工业1908~1990年的运行轨迹。晋电所有志书凝聚着各级领导和史志工作者的心血和辛勤汗水，是一套不可多得的省情、地情、县情社会科学文献，受到社会各界的广泛关注和赞誉，为丰富山西历史文化宝库做出了卓越贡献。

根据中国电力企业联合会和省政府办公厅关于开展新一轮修志的通知精神，结合山西电力工业体制改革的实际，续志工作在原有的基础上，要再提高一步，圆满地把山西电力工业改革、发展状况记载下来，不负广大职工的殷切厚望。新一轮修志工作，主要记载20世纪90年代至21世纪之初的电力发展状况。20世纪末期，电力工业实施政企分开和厂网分开，电力工业改革不断深入，促进了电力工业的向前发展。按照中电联新一轮志书下限的具体要求，结合山西电力公司史志工作实际，有修志任务的要切实把第二轮志书编好，与生产、建设相辅相成，总结出本单位历史发展的进程与规律，记取重大的经验和教训，为社会和后人研究了解这一段山西电力工业发展提供丰富可读的历史与社科文献。

2007年，山西省以500千伏和220千伏为主干的省级电网贯穿南北，大唐等五大发电集团公司的发电企业和山西国际电力集团多家管电局面已经形成。同时，山西电网已经成为外输电大省，通过500千伏大（同二电厂）高（山）、神（头二电厂）保（定）、侯（村）石（家庄）、潞（城）、章（安）

4个通道7回线路，以网对网方式向京津唐送电；阳城电厂330万千瓦机组通过3回500千伏以点对网方式向江苏送电；忻州保德220千伏变电站以3回110千伏线路向陕西榆林地区送电，娘子关电厂2台10万机组通过双回220千伏线路并入河北南网。山西电力发展前景十分鼓舞人心。

历史雄辩地说明，山西电网建设不断取得巨大进步。为了把这一段的成长和发展历程如实记载下来，我们史志工作者要发扬第一轮修志过程中执著追求的奋斗精神，当好历史记录的驾驭者与耕耘者。在这个较为宽松的历史平台上绘好历史的宏伟画卷，把山西电网的第二轮修志工作做好，为历史交上一份合格的答卷。

山西省电力公司史志丛书编纂委员会

2009年6月

序　一

《闻喜县电力工业志》今天终于付诸于世，我在这里代表新一届闻喜供电支公司领导班子向关心和支持过《闻喜县电力工业志》的各级领导表示衷心的感谢，对全体编纂人员以及所有参与编写人员表示诚挚的敬意！

我是2009年5月15日任闻喜供电支公司经理。时值电力志的出版阶段，工作之余，粗略阅读了《闻喜县电力工业志》，阅后感触颇深。

《闻喜县电力工业志》分11章44节135目，详细记载了1956～2007年闻喜县电力工业从无到有，从小到大，由弱到强的发展历程。搜集了整个发展过程中丰富、翔实、专业、科学的宝贵材料。实事求是地记叙了几代供电人敢为人先，付出的无比艰辛和勤劳的血汗，用他们的聪明才智，在探索中求成功，在成功中求发展，在发展中求创新，在创新中求强盛，铸就了闻喜电力工业的各个时期的新辉煌。

《闻喜县电力工业志》的出版，不仅是树立起了闻喜电力企业的文化丰碑，最重要的是为闻喜县的电网建设和闻喜县经济的高速科学发展，打造了新的里程碑。

编史修志，鉴古知今。《闻喜县电力工业志》的出版必将激发闻喜供电支公司全体干部职工团结一致，奋发攀登，顽强拼搏向着更高，更新，更大的目标而奋勇前进。

闻喜县电业局局长
闻喜供电支公司经理

2009年6月

序　二

盛世修志，鉴古知今。鉴古，可以明盛衰；知今，能够谋发展。

在全体电力干部职工的大力支持、配合下，经过全体编纂人员的辛勤笔耕，并数易其稿，《闻喜县电力工业志》终于脱稿付梓，对此我甚感欣慰。

闻喜县的电力工业史始于1956年。52年来，经过所有电力职工的艰苦奋斗、呕心沥血，闻喜电力从无到有、从小到大，先后经历了车站发电、火力发电、列车发电和运城电网供电4个阶段，逐步迈上了正规化、现代化的道路。如今，闻喜县境内共有35千伏变电站11座，主变压器容量达11.149万千伏·安；110千伏变电站9座，主变压器容量达72.75万千伏·安；220千伏变电站2座，主变压器容量达66万千伏·安。闻喜县电业局已成为“省级一流供电企业”、“三星级企业”、华北电网公司“先进党支部”、山西省“文明单位”、山西省“五一劳动奖章”获得者、山西省“文明和谐单位”。

《闻喜县电力工业志》搜集了闻喜电力事业发展过程中丰富、翔实、专业、科学的宝贵资料，是有史以来第一部全面反映闻喜电力发展的巨著。这一浩繁的文化工程树立起闻喜电力企业文化的丰碑。她的出版，不仅为社会各界全面了解闻喜县电业局的历史和现状提供了真实可靠的依据，更重要的是为闻喜电力事业的再次腾飞，乃至闻喜县的经济再次跨越与发展，打造了一个更高、更新的里程碑。

闻喜电力的辉煌历史和光辉业绩凝聚了几代人的睿智、忠诚、执著、心血和汗水。跨入21世纪，全县经济已迈入了高速发展的轨道，这也给闻喜电力建设带来了更大的挑战和新的发展机遇，形势与任务要求闻喜电力人必须再接再厉，顽强拼搏，再铸闻喜电力事业的新辉煌。编史修志，其主要目的也正在于此。

在编纂过程中，省、市电力部门的领导，县电业局全体职工，曾在闻喜工作的老领导及退休老同志都给予了鼎力支持和帮助，借此机会，我谨向为本志书做过贡献的各级领导和编审人员致以崇高的敬意。由于时间紧迫，人数有限，头绪繁多，难免会有遗缺之处，敬请社会各界人士予以指正。

闻喜县电业局原局长 温育民

2009年6月

序　三

盛世修志，功在当代，惠及后人。在山西省电力公司、运城供电局有关领导和专家的关心指导下，在闻喜县电业局干部职工的共同努力下，终于完成了《闻喜县电力工业志》的编纂工作，值得庆贺。在深化改革开放、构建和谐企业、和谐社会的今天，《闻喜县电力工业志》的付梓必将推动全县电力事业的进一步发展。在此，我对关心和支持过电力志编写的各级领导及所有参编人员表示诚挚的敬意和衷心的感谢！

我在闻喜县电业局工作20余年，对闻喜电力的感情很深，希望能早日看到《闻喜县电力工业志》，如今这个愿望实现了。

1956年，闻喜电力设备简陋，只有在当时的火车站西南侧发电站安装了一台50千瓦旧汽轮发电机，以20千伏电压送电，主要供有线广播、县级机关照明和邮电局用电。经过几十年发展，在地方政府领导重视和上级电力部门的支持下，闻喜电力建设不断得到发展，改革开放30年来尤为迅猛。截至2007年底，全县已建成公用35千伏变电站8座，主变压器13台，容量为8.035万千伏·安；用户35千伏变电站3座，主变压器10台，容量为3.114万千伏·安。公用110千伏变电站4座，主变压器6台，容量为19.45万千伏·安；用户110千伏变电站5座，容量为53.3万千伏·安。220千伏变电站2座，主变压器4台，容量为66万千伏·安，基本上满足了全县工农业生产和人民群众生活对电力供应的需求。

1967年，从闻喜县电业局党支部成立起，无论在哪个历史时期，党支部都能够围绕企业目标展开工作，并逐步走入正常工作轨道。党员队伍、领导班子建设、党风廉政建设、思想政治工作、精神文明建设也是逐年加强，成效显著，促使全局党群关系愈加密切，职工劳动积极性空前高涨，企业形象得到进一步提升。党员人数由初期的8名发展到46名，并设立了6个党小组。

党支部在搞好自身建设的同时，始终把思想政治工作放在第一位，始终坚持对广大党团员和干部职工进行党风、党纪和廉政教育，充分发挥共产党员的模范带头作用，为创建省一流县级供电企业，树立“诚信、负责、开放、进取”的公司形象，又好又快地建设“一强三优”现代公司，真正起到了战斗堡垒作用。在党支部的领导下，全局上下齐心协力，紧紧围绕各个时期的工作重点，以抓好安全为前提，以完成经营任务为目标开展劳动竞赛，取得了可喜成绩，连年受到上级的表彰和奖励。闻喜县电业局先后获得省部级表彰4次、厅局级表彰40次、县团级表彰162次，干部职工个人先后获得省部级表彰4次、厅局级表彰24次、县团级表彰317次，为公司争得了荣誉。

当前，我们正在全面贯彻党的十七大和十七届三中全会精神，落实科学发展观，加强以安全生产、资产经营、党风廉政建设为中心的各项工作，向国家一流供电企业的目标迈进。我相信，有山西省电力公司、运城供电局、闻喜县委、县政府的正确领导，有全体干部职工的顽强拼搏，我们的目标一定要达到，我们的目标一定能够达到。

闻喜县电业局原党支部书记

2009年6月

凡　例

一、《闻喜县电力工业志》编写以马克思列宁主义、毛泽东思想、邓小平理论、“三个代表”重要思想、科学发展观为指导思想，实事求是地记述了闻喜县电力工业的起源、发展和现状，以期起到资治、教化、存史的作用。

二、本志记述时间，上限从1956年闻喜县建设车站发电站开始用电，下限至2007年，力争做到断限期完成要齐。

三、本志体例采用序、述、记、志、图、表、录，以志为主，兼用其他。

四、本志采用横排竖写的方法，结构分章、节、目三级。

五、本志采取近详远略的原则，以记述闻喜供电的发展为主体，同时，也收集社会各行各业的办电情况，尽量全面记述闻喜县电业发展的状况。

六、本志记述的各种名称，首次出现用全称，以后用简称；专业术语、计量单位、标点符号、文字等均执行国家颁发的标准和规定。

七、本志纪年方法，一律采用公元纪年。20世纪、21世纪“××年代”。

八、本志涉及的政治运动，遵照宜粗不宜细的原则，不单独立章，分别以时间为顺序，记入大事记和各章各节之中。

九、本志中机构名称遵循“事随时记，按事发当时称谓”记述原则。选用事物发端最先有的名称：如1973年9月出现“闻喜县电业局”，1989年10月出现“闻喜县供电分公司”，1998年10月出现“闻喜供电支公司”时，仍用“闻喜县电业局”的称谓。除文件下达等特定情况外，一般都用“闻喜县电业局”名称。

十、本志人物录入原则：副局级（副经理）及以上领导干部简介，厅局级及以上单位授予的先进集体、个人名单；股（室、所）、农电管理站站长、专业技术人员名录。

目　录

第五章　用　电

第六章　农　电

第七章 安全管理

第八章 企业管理

第九章 科技与教育

第十章 生活后勤与多种经营

第十一章 党群组织

荣 誉

人 物

大 事 记

概　　述

闻喜，在西周、春秋时属晋国曲沃。战国时属魏，秦时改曲沃为左邑县，属河东郡。西汉元鼎六年（公元前111年）汉武帝刘彻巡视途经此地，欣闻平南越大捷，遂将左邑桐乡改为"闻喜"。这里历史悠久，文化发达，物华天宝，人杰地灵。特别是名扬中外的"裴氏家族"，自汉魏至隋唐五代，一门之内，居然出宰相59人，大将59人，尚书、侍郎等官宦千余人，累累若若，冠裳不绝，其人才之众多，绵延之长久，德业之兴隆，业绩之辉煌，为国内所罕见，海外所未闻。

闻喜县位于山西省西南部，运城市北端。东与绛县、垣曲相接，北同侯马、新绛相连，西与稷山、万荣、运城接壤，南与夏县相壤。在这块1160千米^{2}的土地上，南同蒲铁路、大运高速路、大运二级路、太风路穿境而过。交通便利，文化发达，经济发展高速。2007年，全县辖7镇6乡，总人口39万。

早在1936年，闻喜县的民族资本家段捷三在横水镇（今属绛县）建立平泉庄园。自购柴油机带动小发电机一台，供其轧花、榨油和照明使用，开创了闻喜县用电之先河。

1947年闻喜解放，桐乡❶大地喜获新生，百废待兴。1956年，为了解决县城广播及部分单位的照明、吃水、生活用电，中共闻喜县委（以下简称闻喜县委）决定利用火车站废置的1台蒸汽机（给火车加水），在火车站西南侧（现车站水塔处）建立发电站。在中共闻喜县委书记（以下简称闻喜县委书记）白桂林、县长贾国章的带领下，组织县城党政干部义务劳动，建设简易厂房2间，安装德国制造的50千瓦发电机1台，当年竣工发电。

1958年，中共闻喜县委（以下简称县委）、县人民委员会（以下简称县人委）为适应工农业生产发展的迫切需求，决定建立发电厂。县委书记王景康派工业部副部长晋鹏来、县委副秘书长梁桂生带上专题报告上太原向山西省副秘书长卫逢琪求援。卫逢琪在办公室接待了家乡人。当即责成秘书到山西省电力工业管理局联系，山西省电力工业管理局领导当场决定，为闻喜县解决750千瓦汽轮发电机组1台。1959年，闻喜县委成立建设发电厂指挥部，并动工建设。1960年，闻喜发电厂投产运行，经过重建、扩建，装机容量由750千瓦增加到3000千瓦，解决了闻喜县的企业生产、县城居民及部分农村生活用电。

1963年，闻喜县吕庄水库建成简易水电站，装机30千瓦，主要供其生活照明，开创了闻喜水力发电之先河。

1964～1978年是闻喜县电网发展的起步阶段，初步尝到办电甜头后的乡村群众的办

---

❶ 桐乡，指闻喜。

电积极性与日俱增。1966 年 2 月，35 千伏七里店变电站和侯马单家营至七里店的 35 千伏线路建成投运，成为闻喜县第一座 35 千伏变电站和第一条 35 千伏线路，同时 1965 年建成的 3 条 10 千伏线路也随之投运。

60 年代后期，中国人民解放军 3531、3534 工厂、“五四一”等国家投资的军工企业先后进驻闻喜。为了解决这些企业的用电，1969 年 110 千伏西官庄变电站建成投运，成为闻喜历史上第一座 110 千伏变电站，与变电站同时投运的还有闻喜历史上第一条 110 千伏线路，三家庄至 110 千伏西官庄变电站输电线路。

1964～1978 年，闻喜县先后 15 年建设了 6 千伏线路 6 条，线路总长 36 千米。10 千伏线路 24 条，线路总长 363.34 千米。35 千伏线路 2 条，线路总长 12.46 千米。35 千伏变电站 1 座，主变压器 2 台，容量 6400 千伏·安。110 千伏变电站 1 座，主变压器 1 台，容量 15000 千伏·安。

中共十一届三中全会（以下简称十一届三中全会）的精神吹响了闻喜县地方国营企业、社队企业、民营企业飞速发展的号角，各行各业对电力的需求量日益增大，用电量飞快增加，全县负荷高达 5 万千瓦以上。为了适应闻喜县发展的需要，闻喜县电业局在运城供电局和闻喜县委、县政府的领导下，紧紧围绕闻喜县域经济快速发展的主题，动员和发动全社会力量办电，因此，1979～2000 年为闻喜县电网建设快速发展阶段，20 年间共建设了公用 10 千伏线路 41 条，线路总长 921.378 千米，用户 10 千伏线路 14 条，线路总长 99.17 千米。公用 35 千伏线路 8 条，线路总长 66.53 千米，用户 35 千伏线路 1 条，线路总长 7 千米。110 千伏线路 2 条，线路总长 23.253 千米。220 千伏线路 2 条，线路全长 33.915 千米。新建 35 千伏变电站 3 座，主变压器 4 台，容量 1.12 万千伏·安。增容改造 35 千伏变电站 3 座，增加容量 1.57 万千伏·安。新建 110 千伏变电站 1 座，容量 2 万千伏·安。增容改造 110 千伏变电站 2 座，增加容量 6.3 万千伏·安。新建了闻喜县第一座 220 千伏变电站，主变压器 1 台，容量 15 万千伏·安，2000 年对该站进行增容改造，新增容量 15 万千伏·安的主变压器 1 台。

进入 21 世纪后，闻喜县的钢铁、金属镁、玻璃、化工等新型企业迅猛兴起，农村用电量急剧增加，使闻喜县的全社会用电量跃居至运城市的第三位。快速发展的社会经济使原有的薄弱电网更加脆弱。相对滞后的电力建设，不仅限制了电力企业的发展，更重要的是严重制约了闻喜县的地方经济快速发展。此时，天赐良机，中共中央（以下简称党中央）、国务院做出了在全国范围内进行电网改造，改革农村电力体制，实行城乡同网同价的决定。闻喜县电网建设步入了再次腾飞阶段。闻喜县电业局在运城供电分公司的领导下，抢抓机遇，顽强拼搏，组织了 20 支施工队伍，在闻喜大地上展开了“两网改造”工程的攻坚战。闻喜县电业局本着“科学、高标、高效、安全、可靠”的原则，对全县的 69 条 10 千伏线路重新进行了规划、设计、施工。变电站的建设原则是以闻喜县的地理位置的片区或以乡镇进行布点。先后建设了 1 座 220 千伏变电站、2 座 110 千伏变电站、3 座 35 千伏变电站，并先后对 5 座 35 千伏变电站、2 座 110 千伏变电站和 1 座 220 千伏变电站进行了增容改造，经过艰苦卓绝的努力，全面完成了“两网”改造工作任务。

闻喜电力工业的高速发展，凝聚着几代供电人的智慧和奉献，以及他们的辛苦和血汗。正由于他们顽强拼搏，敢为人先，在探索中求成功，在成功中求发展，在发展中求创新，才铸就了闻喜电力的辉煌业绩。

随着电力体制改革的深入，闻喜县电业局以“追求卓越、努力超越”的企业宗旨，努力打造有理想、有道德、有文化、有纪律的战斗队伍。本着“实干强企、科技兴企、效益富企、发展壮企”的发展理念，做到了“党支部是堡垒，班组是阵地，职工是战神，党员就是一面旗帜”。从而使闻喜电力企业由小到大、由大到强、由强到优，不断创造新辉煌。1990 年被山西省电力公司授予“文明单位”，1997 年被山西省电力公司授予“电力‘三为’达标单位”，1998 年被国家档案局授予“档案目标管理国家二级单位”，2000 年被山西省电力公司授予“付费售电先进单位”，2001 年被山西省电力公司授予“农电‘两网’改造先进单位”，2002 年被山西省委、省政府授予“‘五一’劳动奖状”，也被国家电网公司农电工作部授予“安全生产先进单位”，2005 年被华北电网公司授予“先进党支部”，2006 年被山西省电力公司授予“一流县供电企业”称号，2007 年被山西省电力公司授予“安全生产先进集体”称号，被山西省精神文明建设指导委员会授予“文明和谐单位”称号。

可以骄傲地说，闻喜电力人用自己的聪明才智和不屈不挠的拼搏精神，在一张白纸上写下了最新最美的文字，纵横交错的电力线路给千家万户奉献了光明，绘出了绚丽多彩的图画。但是，取得辉煌业绩的闻喜供电人深知荣誉和业绩的取得，只能说明过去，前进的道路上任重道远，机遇与发展并存，面临着更大挑战。

到 2007 年，闻喜县电业局不仅拥有一支过硬的职工队伍和健全的工作机构及办公大楼，同时职工生活得到很大改善。此外，闻喜县还拥有发电厂 1 座，装机容量 10 万千瓦，10 千伏线路 73 条，线路总长 1423.986 千米。35 千伏线路 18 条，线路总长 140.22 千米。110 千伏线路 19 条，线路总长 130.25 千米。220 千伏线路 4 条，线路总长 59.527 千米。550 千伏线路跨越闻喜境内 41.258 千米。公用 35 千伏变电站 8 座，主变压器 13 台，容量 8.035 万千伏·安，用户 35 千伏变电站 3 座，主变压器 10 台，容量 3.114 万千伏·安。公用 110 千伏变电站 4 座，主变压器 6 台，容量 19.45 万千伏·安，用户 110 千伏变电站 5 座，容量 53.3 万千伏·安。220 千伏变电站 2 座，主变压器 4 台，容量 66 万千伏·安。基本上形成了一个以 220 千伏变电站为龙头，110 千伏变电站为支点，35 千伏变电站为基点的优质、科学、合理、安全、可靠的电网架构，基本上保障了闻喜县经济持续高速的发展。

特别让人可喜的是闻喜县电业局有一支坚强团结的领导班子，以张长伟局长为班长的一班人，正以饱满的热情，坚持正确的科学发展观，打造一流的职工队伍，培育一流的企业精神，描绘着闻喜县电网发展的宏伟蓝图，建设着闻喜县电业局的美好明天。他们不仅为闻喜县的电力建设继续作出更大的贡献，而且正向着“一强三优”现代化企业的宏伟目标而奋勇前进。

第一章　供电机构与体制

第一章 供电机构与体制

闻喜县的供电机构是随着电力工业的发展和隶属关系的变化而沿革的，经过了“闻喜县电业管理所”、“闻喜县供电局”、“闻喜县电业局”、“闻喜供电分公司”和“闻喜县电业局”与“闻喜供电支公司”并存的五个阶段。

闻喜县供电体制的演变也可分为五个阶段：人民委员会领导阶段；革命委员会领导阶段；党的一元化领导阶段；党支部领导下的局长负责制阶段；局长（经理）负责制阶段。

闻喜县电业局内部机构的设置，是随着工作任务的加大和供电生产的发展而设置，由1977年的政工办公室、生产组、财供组3个股室增加到2007年的办公室、生产技术股（简称生技股）、用电管理所（简称用电所）、农电管理股（简称农电股）、财务材料供应股（简称财供股）、安全教育股（简称安教股）、用电稽查大队（简称稽查大队）、企业管理办公室（简称企管办）、监督审计股（简称监审股）、汽车队、通信调度股（简称通调股）、电力开发公司（简称开发公司）12个股室，下设9个班14个乡镇供电所。

闻喜县供电机构与体制无论怎样变化，总的格局都是围绕着“地方”和“系统”的不同而变化。

第一节 机 构 沿 革

1956年，闻喜县开始电力兴建，利用蒸汽机发电，其管理受县人委领导。

1958年5月，闻喜县开始筹建闻喜发电厂，中共闻喜县委、县人委成立了办电指挥部，发电厂建成后其发电、供电领导权仍归闻喜县人委。

1962年10月，闻喜县人委成立了“闻喜县办电领导组”，负责全县农村电气化事业的规划、勘察、工程设计和发电厂建设等工作。闻喜县办电领导组由闻喜县人委领导。

1963年2月，为适应快速发展的农村电气化事业的需要，闻喜县人委决定设立专门的办电机构“闻喜县农村电气化办公室”。该机构仍隶属于闻喜县人委，在县人委办公楼的三楼办公。其工作任务和职责，在闻喜县办电领导组原有的基础上，增加了电气化建设中物资材料的供应。

1964年1月，闻喜县人委撤销“闻喜县农村电气化办公室”，设立“闻喜县电业管理所”，负责全县电气化建设工程的管理和10千伏及以下工程的建设和电力设施的运行管理以及用电营销管理等工作。该机构在行政关系上隶属闻喜县农业机电管理局，办公地址设在原闻喜县发电厂内。

1966年初，运城电网延伸到闻喜县。为加强电网统一管理，闻喜县电业管理所收归电力系统。闻喜县电业管理所划归晋南电业局，改称为“运城电厂供电管理所闻喜供电所”。

1967年2月，成立“闻喜县供电局”，仍隶属晋南电业局，为正科级单位。

1968年9月，闻喜县供电局改名为“晋南电业局闻喜县供电局革命委员会”。

1970年4月，晋南地区分为临汾和运城两个地区，闻喜县供电局革命委员会隶属于运城地区电业局革命委员会。

1972年4月12日，运城地区革命委员会以运地革发［1972］第53号文件通知，各县供电局一律改名为“所属县革命委员会的供电局”，受县革命委员会直接领导。“闻喜县供电局革命委员会”改名为“闻喜县革命委员会供电局”。

1973年9月，根据山西省革命委员会对全省电力管理体制进行调整的决定，“闻喜县革命委员会供电局”改为“山西省闻喜县电业局”，重新隶属运城地区电业局，对闻喜县人民政府起管电职能作用。

1989年10月，根据山西省电力公司通知，成立“运城供电公司闻喜供电分公司”。闻喜县电业局名称继续保留，职能权限不变，形成两块牌子一套机构。

1998年8月10日，根据山西省电力公司通知，将“运城供电公司闻喜供电分公司”改称为“山西省电力公司闻喜供电支公司”，原职能权限不变，隶属运城供电分公司。

截至2007年底，“闻喜县电业局”和“闻喜供电支公司”名称、职能、隶属关系保持不变。闻喜县供电管理机构沿革简表详见表1－1－1。

表1－1－1　　闻喜县供电管理机构沿革简表

序号	机构名称	起止时间（年．月．日）	上级主管单位名称
1	闻喜县建设发电厂指挥部	1956～1962.9	闻喜县人民委员会
2	闻喜县办电领导组	1962.10～1963.2	闻喜县人民委员会
3	闻喜县农村电气化办公室	1963.2～1963.12	闻喜县人民委员会
4	闻喜县电业管理所	1964.1～1966.1	闻喜县农业机电管理局
5	运城电厂供电管理所闻喜供电所	1966.2～1967.1	晋南电业局
6	晋南电业局闻喜县供电局	1967.2～1968.8	晋南电业局
7	晋南电业局闻喜县供电局革命委员会	1968.9～1970.3	晋南电业局革命委员会
8	闻喜县供电局革命委员会	1970.4～1972.4.11	运城地区电业局革命委员会
9	闻喜县革命委员会供电局	1972.4.12～1973.8	闻喜县革命委员会
10	山西省闻喜县电业局	1973.9～	运城地区电业局 运城供电局
11	运城供电公司闻喜供电分公司	1989.10～1998.8.9	运城供电公司
12	山西省电力公司闻喜供电支公司	1998.8.10～	运城供电分公司

第二节　领导体制演变

闻喜供电领导体制的演变，大体经历过五个阶段。

一、闻喜县人民委员会领导（1955～1968.8）

1962年9月以前，闻喜县无专门的电力管理机构。1962年10月至1965年12月，闻喜县曾相继设立“闻喜县办电领导组”、“闻喜县农村电气化办公室”和“闻喜县电业管理所”等机构，1967年2月，“闻喜县电业管理所”改为“闻喜县供电局”。这些机构的设立均由闻喜县委、县人委决定，并任命正副职领导人，行政上隶属于县人委，并向其报告工作。

二、革命委员会领导（1968.9～1973.8）

此期间，全国正处于“文化大革命”运动，各级领导班子取而代之的是“革命委员会”。

1968年9月，闻喜县电业局改名为“闻喜县供电局革命委员会”，隶属于晋南电业局革命委员会领导。由此以后的“运城地区电业局闻喜县供电局革命委员会”及“闻喜县革命委员会供电局”均属革命委员会领导体制。革命委员会对单位的全部工作负责，其正、副主任由上级革命委员会任命。

三、党的一元化领导（1973.9～1982.6）

1973年9月，“山西省革命委员会”决定对全省电力体制进行调整，撤销“闻喜县革命委员会供电局”，设立“山西省闻喜县电业局”。由此起实行党委一元化领导体制，直至1982年6月底。党支部书记是企业的“一把手”，由党支部书记兼任局长。党支部对企业的各项工作实行全面领导，负全面责任。

1982年6月以后，“闻喜县电业局”的人事任免、调动等权力全部收归电力系统。

四、党支部领导下的局长负责制（1982.7～1984.12）

1982年7月实行党政分开，在企业推行党委领导下的局长负责制和党委领导下的职工代表大会制。党委是企业统一领导的核心，对企业贯彻执行党的路线、方针、政策、国家的法律法令和全面完成各项任务起保证监督作用。局长在党委领导下，全面负责企业的生产行政工作。党委书记和局长对企业的安全和生产经营活动共同负责。

1983年党中央和国务院制定了“三个条例”，即《国营工业企业职工代表大会工作暂行条例》、《中国共产党工业企业基层组织工作暂行条例》、《全民所有制工业企业厂长工作暂行条例》，据此，运城地区电业局建立了党群工作系统和行政工作系统。在企业整顿中，运城地区电业局分别任命了闻喜县电业局党支部书记和局长。

1984年6月，中国共产党运城地区电业局委员会制定了《关于逐步实行局长负责制，扩大基层自主权的七条规定（试行）》，对企业推行局长负责制和扩大基层单位自主权，保证基层单位局长（主任）负责制的推行起了积极作用。闻喜县电业局依照七条规定，实行党支部领导下的局长负责制。

五、局长（经理）负责制（1985.1～　　）

1985年，国营企业试行厂长负责制。1986年，中共中央、国务院正式颁布了《中国共产党全民所有制工业企业基层组织工作条例》、《全民所有制工业企业厂长工作条例》、《全民所有制工业企业职工代表大会条例》。运城地区电业局根据条例精神，制定了本地区电力系统所辖单位的《实施细则》，确立了局长在企业中的中心地位和作用。局长对本企业的安全生产、经营管理等工作统一领导，全权负责。局长通过职工代表大会进行民主管理。闻喜县电业局根据以上条例，实行局长负责制。

1989年10月20日，根据山西省电力公司晋电劳字［1989］第37号文件，成立“运城供电公司闻喜供电分公司”，任命闻喜县电业局原正、副局长为正、副经理，从此实行局长（经理）负责制。

截至2007年，领导体制没有发生变化，仍实行局长（经理）负责制。

第三节　内部机构设置

1967年至1977年1月，闻喜县电业局下设政工办公室、生产组、财供组。

1978年8月，闻喜县电业局下设的班组有：修试车间、调度班、线路班、变电站（七里店）、供电站（城关站、西裴站、坑东站、北塬站、东镇站）。

1982年3月24日，根据山西省电力工业局［1982］晋电办字第6号文件，闻喜县电业局成立用电所，对用电工作实行统一管理，一口对外。

1984年，闻喜县电业局设办公室、用电所、财供股、生技股4个股室，下设14个班站，1984年闻喜县电业局组织机构及人员配置见图1-3-1。

1987年1月，闻喜县电业局成立农电股。全县18个农电站，行政上由各乡镇政府领导，业务上由农电股领导。

1993年9月，闻喜县电业局进行机构改革，股室机构设有：办公室、财务股、生技股、农电股、用电所。用电所下设：城市供电站、城镇供电站、东镇供电站三个供电站。

1996年10月5日，根据运城地区电业局人劳发［1996］第46号文件通知，闻喜县电业局设在用电所的计量班，规范定名为闻喜县电业局计量站，仍为用电所管理的班级机构。

1998年，闻喜县电业局内部机构设有：办公室、生技股、农电股、财供股、通调股、用电所，下设19个班站。

1999年6月10日，根据运城地区电业局文件，闻喜县电业局设立了安教股。

2000年，闻喜县电业局设财供股、用电所、农电股、生技股、安教股、办公室、劳动服务公司（简称劳服公司）7个股室，下设17个班站，2000年闻喜县电业局组织机构及人员配置图见图1-3-2。

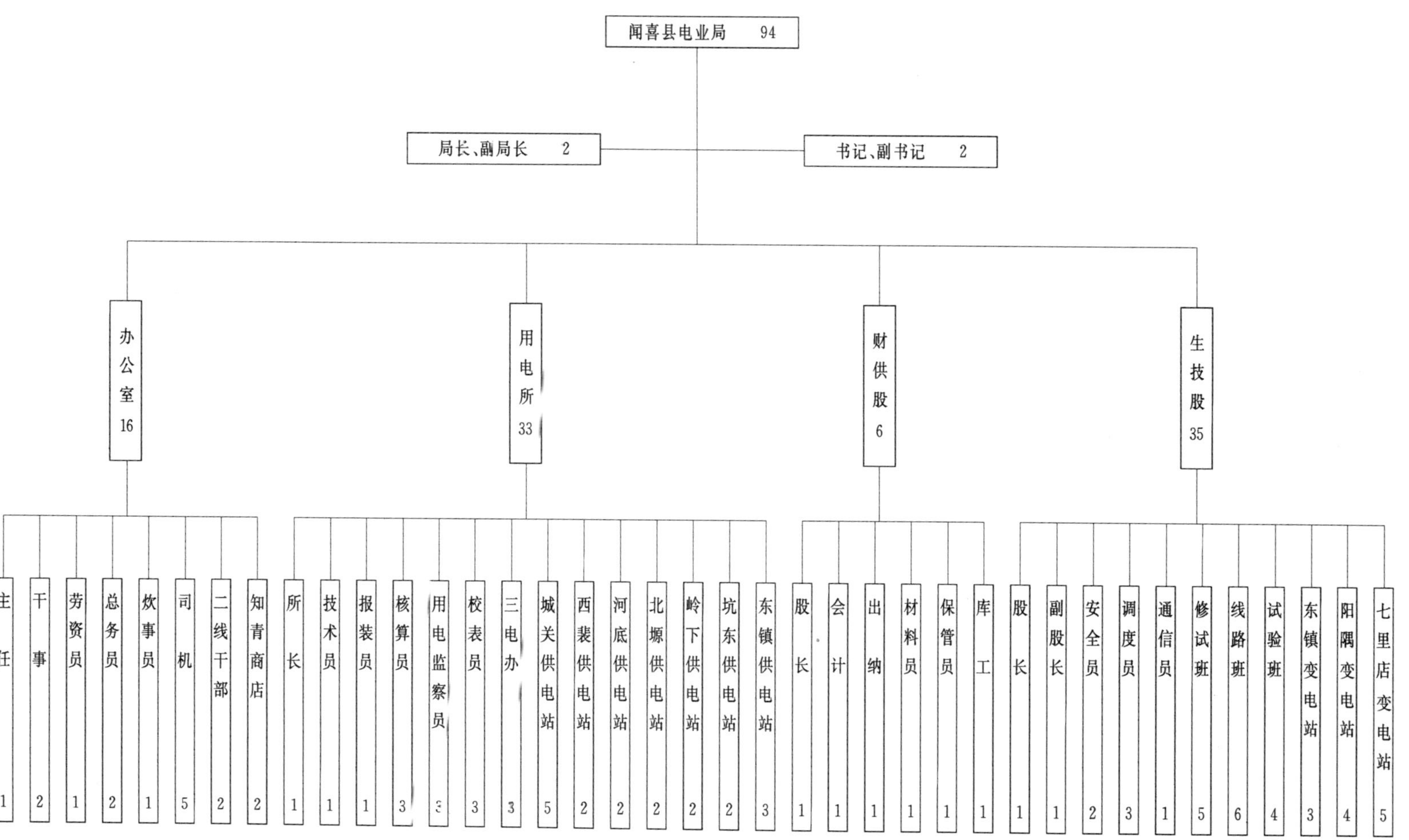

图1－3－1 1984年闻喜县电业局组织机构及人员配置图

注：图中数字为人数。

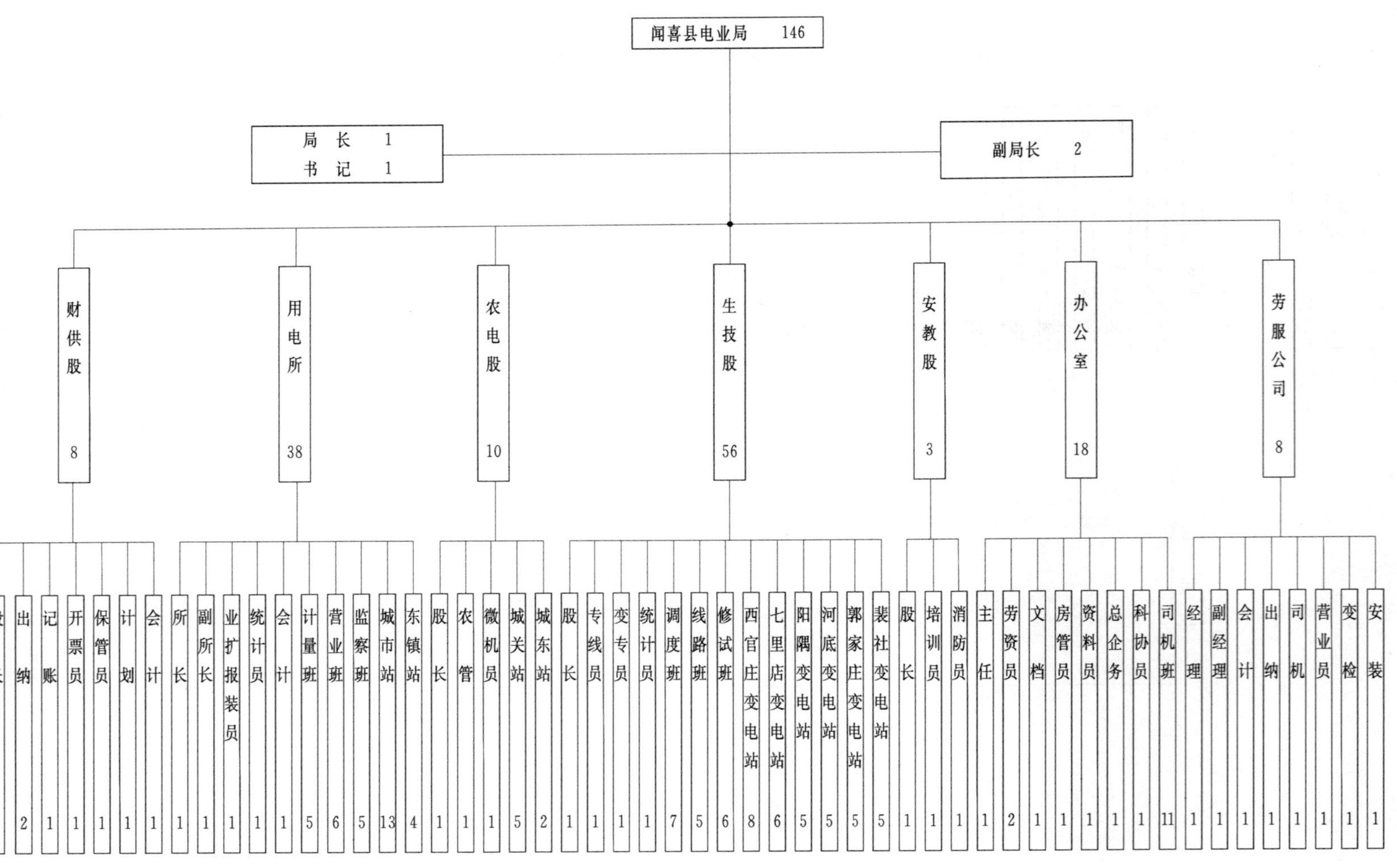

图1－3－2 2000年闻喜县电业局组织机构及人员配置图

注：图中数字为人数。

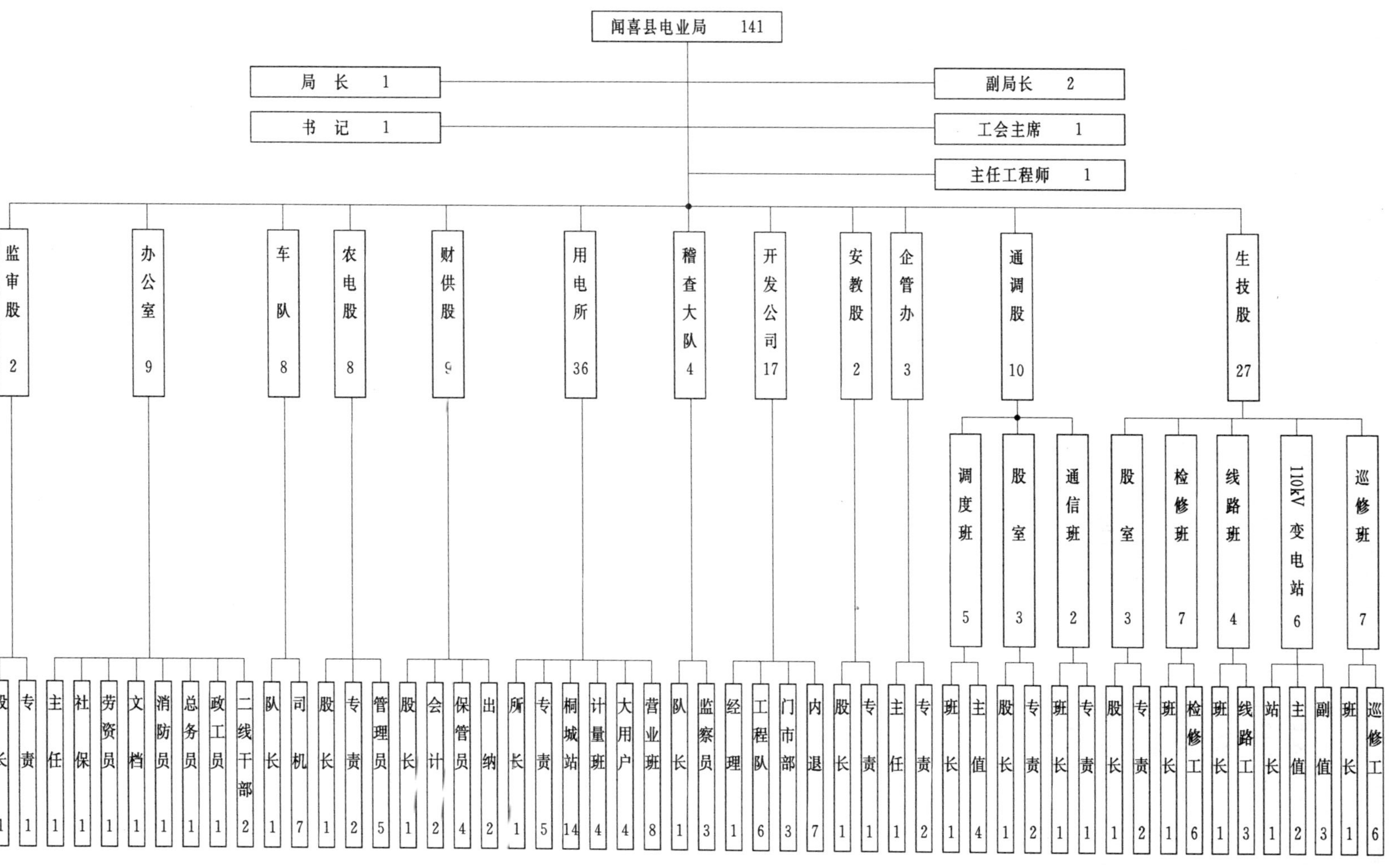

图1-3-3 2007年闻喜县电业局组织机构及人员配置图

注：图中数字为人数。

2004 年 5 月 17 日，闻喜县电业局设立了稽查大队。同时，成立了大用户抄表收费班。

2004 年 6 月 8 日，成立了企业管理办公室。

2004 年 10 月 13 日，设立了监督审计股。

2005 年 9 月 27 日，闻喜县电业局成立车队。车队为股级单位。

2006 年 4 月 14 日，闻喜县电业局对原桐城供电所进行重新组编。成立城镇供电站，隶属于用电所管理；成立桐城供电所，隶属于农电股管理。

2006 年 6 月 22 日，闻喜县电业局成立了用电业扩报装班，归用电所管理。

2006 年 8 月 7 日，闻喜县电业局成立了三个中心供电所，分别是：东镇中心供电所、凹底中心供电所、河底中心供电所。

截至 2007 年底，闻喜县电业局共设 12 个股室，下设桐城供电站，计量班，大用户一，二班，客户服务中心，营业班，电力安装队，电器商店，通信班，调度班，检修班，线路班，巡检班，西官庄变电站 14 个班站和 14 个乡镇供电所。2007 年闻喜县电业局组织机构及人员配置图见图 1-3-3。

第二章　电　源　建　设

第二章　电　源　建　设

1936年，闻喜县的民族资本家段捷三在横水镇（今属绛县）建立平泉庄园。他以柴油机为动力，带动小发电机1台，供其轧花、榨油和照明之用，开创了闻喜县用电之先河。除此之外，闻喜县的城乡居民生活长期只能靠油灯照明，城乡公众演戏时则使用大油碗、粗油捻的大油灯。1955年以后，开大会、公众演戏、学生晚自习开始使用汽灯。动力则主要靠人力、畜力，极个别地方开始利用水力磨面。1956年建立了车站发电站。由此开始，历经车站发电、电厂发电、列车发电、电网供电四个阶段，从无到有，从小到大，使闻喜县电源建设得到了逐步发展。

截至2007年，闻喜县建有火力发电厂1座，装机容量为2.5万千瓦×2台，用户自备柴油发电机93台，总容量达2.4091万千瓦。

第一节　火　力　发　电

一、车站发电站

1956年，闻喜县委、县人委为解决有线广播用电，利用闻喜火车站废置的1台蒸汽机（给火车加水），在火车站西南侧（现火车站水塔处）建立发电站，安装德国制造的50千瓦旧发电机1台，输电线路长5千米，电压等级为20千伏。当年5月1日发电。车站发电站属闻喜县委宣传部管理，主要供有线广播，县委、县人委照明，邮电局用电，并供县城街道及部分单位照明。每天下午6时开始发电，晚上11时停发。年发电量1.05万千瓦·时。1957年安装75千瓦发电机组1台，年发电量增加到2.23万千瓦·时。

1961年2月，车站发电站关闭。

二、闻喜发电厂

（一）*初建*

1958年5月，闻喜县委、县人委为适应工农业生产发展的迫切需求，决定建立发电厂，得到了山西省省政府的大力支持，由国家投资50万元，筹建闻喜发电厂。县委成立了建设电厂指挥部，厂址选在县城西侧铁路南。1959年动工兴建，安装750千瓦汽轮发电机组1台，于1960年10月1日竣工投产。闻喜发电厂在县城内除了对造纸厂、机械厂、玻璃厂生产供电外，也对县城周边少数生产大队的农田浇灌供电。1964年，因机组故障，暂停发电。1966年初运城电网延伸到闻喜县，闻喜发电厂随之停产。1968年10

月，闻喜发电厂的发电机组迁往左权县。

（二）重建

1971 年，运城地区电力供应紧张，国家再次投资 149 万元，在原址重建闻喜发电厂，由山西省电力勘测设计院设计，闻喜县组织原电厂员工施工，安装 1500 千瓦汽轮发电机组 1 台。当年 5 月 1 日，闻喜发电厂竣工投产。

1974 年 4 月 2 日，闻喜发电厂并网发电。年发电量 944 万千瓦·时，产值 61.37 万元。

（三）扩建

1979 年 1 月，闻喜发电厂动工扩建，安装 1 台从陕西商洛迁来的 3000 千瓦汽轮机组。年底竣工发电。投资 125 万元。此时，闻喜发电厂原 1500 千瓦发电机组退出运行。但由于 3000 千瓦发电机组是英国 1931 年生产的，时间长，部件老化，1980 年 9 月发生汽机缸盖爆裂事故，被迫退出运行。1981 年 3 月，闻喜发电厂在山西省对小电厂整顿中，因容量小、收益差而关闭停产。

三、列车发电站

1971 年 8 月，水利电力部将 50 号列车电站调入闻喜，停靠在火车站西侧。该列车电站装机容量为 1500 千瓦，投入资金 14 万元，并建成辅助及生活设施，同年 9 月投入运行。年发电量 500 万千瓦·时左右。1976 年，列车发电站停运，机组调往运城。

四、海鑫热电厂

海鑫热电厂位于海鑫钢铁集团有限公司生产区内，是利用煤矸石、高炉煤气发电的环保型发电厂。装有 2 台 2.5 万千瓦单抽式汽轮发电机组，2 台 130 吨/时混烧循环流化床锅炉，1 台 130 吨/时煤气锅炉。发电机出口电压 10.5 千伏，升压至 110 千伏后，经海电双回并入北站。该厂由山西省电力勘测设计院和运城电力设计院设计，山西省电力公司承建，山西省供电承装公司、运城送变电公司施工，由运城供电局负责运行。2005 年 7 月 14 日竣工，同年 12 月正式并网发电。

第二节 水 力 发 电

一、吕庄水库发电站

1963 年 10 月 1 日，闻喜县吕庄水库在未通电的情况下，为解决防汛用电问题，投资 7000 元，建成简易水电站。当年投产，属吕庄水库管理。水流量 0.5 米^3/秒，落差 3 米，装机 30 千瓦机组 1 台，自制木制水轮机带动，简易厂房两间。平时供水库照明，并带动下阳村 1 台磨面机。1966 年 6 月水库通电，发电站随之停运，山西省水利厅将发电机调拨到临猗县。

二、白家滩水电站

1978年3月，石门公社白家滩大队以民办公助形式，由闻喜县水利局设计施工，投资10余万元，当年建成投产。电站属白家滩大队所有，利用木盆河水，水流落差42米，流量最大时为0.15米^3/秒，装有屯留县生产的50千瓦椎式冲击式水轮机1台，未经升压直接以380伏送电，供应白家滩大队9个自然村生活用电。

1980年7月，电站被洪水冲垮，停止运行。

三、石门水电站

1981年4月，石门公社石门大队以民办公助形式，投资30余万元，由闻喜县水利局设计施工，利用当地板涧河水源（流量最大时为0.28米^3/秒，落差31米），在口头自然村南建小型水力发电站1座，安装400毫米引水钢管76米，安装55千瓦浙江产蜗牛式叶轮水电机组2台，升压6000伏输电。电站属石门村所有，供石门公社直属单位及石门、疙瘩、焦家沟、口头、耿家庄5个自然村的600余人照明用电。电站初期，水量丰富，日夜发电，当年发电4个月，年发电量4.8万千瓦·时。1984年发电量12万千瓦·时左右。1990年以后，河水减小，白天蓄水，晚上发电。2006年初，因水渠垮塌和水源受小选矿厂尾矿污染，含大量砂石，发电机组停运，设备封存。

第三节　自备柴油机发电

从20世纪80年代起，闻喜县玻璃、造纸业迅速兴起。90年代，造纸业受国家环保政策的限制而相继关停，但钢铁、金属镁、化工、玻璃等工业发展迅猛。使全县用电量逐年以10%以上的速度增长，因此，电力供需矛盾日渐突出。企业为了保证生产，降低损失，自购柴油发电机，作为备用或保安电源。截至2007年，全县58家企业自购柴油发电机93台，总容量达2.4091万千瓦。2007年闻喜县用户自备柴油发电机情况见表2-3-1。

表2-3-1　　2007年闻喜县用户自备柴油发电机情况

序号	单位名称	发电机容量（千瓦/台）	产　地	投产时间（年.月）
1	闻喜金岛选矿厂	250/3	潍坊市	2004.4
2	闻喜县赛德有限公司	60/1　64/1	上海市	1973.7
3	晋南福利镁业有限公司	300/1	西安市	1999.2
4	五四一总医院	120/2	南通市	1998.6
5	中鑫矿业有限公司	400/1　500/1	上海市	2004.9
6	扶贫福利镁厂	300/1	重庆市	1998.7
7	瑞格镁业有限公司	300/1　300/2	上海市	1992.5

续表

序号	单位名称	发电机容量（千瓦/台）	产　地	投产时间（年.月）
8	民鑫玻璃厂有限公司	30/1	上海市	1998.3
9	开隆兽药有限公司	50/1	江都市	1998.6
10	中法镁业有限公司	250/1	上海市	1998.4
11	晋利镁业有限公司	300/2	上海市	1999.5
12	金辉镁业有限公司	250/1	重庆市	1995.4
13	景兰镁业有限公司	250/1	无锡市	1994.6
14	新龙镁业有限公司	250/1	重庆市	1993.7
15	残联镁业有限公司	250/1	上海市	1994.5
16	昌泽镁业有限公司	250/1	重庆市	1995.3
17	山西文义水泥有限公司	495/1	南通市	1994.2
18	银海镁业有限公司	700/1	上海市	1995.4
19	银光华盛镁业有限公司	1000/1　300/1	重庆市	1996.2
20	鑫源镁合金有限公司	250/1	无锡市	1994.3
21	桐州轻金属公司	250/1	上海市	1996.2
22	郭家庄白云岩矿有限公司	15/1	福安市	2004.3
23	恒德制衣有限公司	250/1	盐城市	1998.3
24	丰源镁业有限公司	250/3　495/1	兰州市	2003.5
25	金泉锌业有限公司	330/1	西门子	1995.1
26	国泰化工有限公司	90/1	闽东市	2001.1
27	白玉一厂	200/1	盐城市	1995.7
28	白玉二厂	400/1	盐城市	2003.8
29	东海镁业有限公司	250/1	南通市	2003.8
30	大运镁业有限公司	250/1	南通市	2003.8
31	昌达镁业有限公司	400/1	上海市	2003.11
32	凯鑫镁业有限公司	250/1	合肥市	1994.5
33	永盛合金有限公司	250/1	兰州市	2003.6
34	征帆镁业有限公司	200/1　400/1	—	—
		250/1　280/1　1000/1	—	—
35	华昌镁业有限公司	75/1	—	—
36	新达玻璃器皿有限公司	250/1　220/1	—	—

续表

序号	单位名称	发电机容量（千瓦/台）	产　地	投产时间（年.月）
37	闻喜县宝盛镁业有限公司	500/1	—	—
38	鸿泰化工有限公司	100/1	—	—
39	杜村镁业有限公司	800/1　400/2	重庆市	2004. 6
40	银光镁业（乔庄）有限公司	200/1	—	—
41	森特中型铸造有限公司	64/1	—	—
42	扶贫救灾	300/1	—	—
43	闻喜县宏伟玻璃有限公司	200/2　100/2	—	—
44	闻喜县宏业玻璃厂	250/2　150/1	—	—
45	红星汽车配件厂	250/1	—	—
46	闻喜县第二中学	140/1　120/1	—	—
47	闻喜县立华玻璃有限公司	90/1	山东省	1994. 4
48	恒科磁业有限公司	50/1	福安市	2005. 2
49	闻喜县八达镁业有限公司	400/1　120/1	—	—
		250/2	—	—
50	苏村镁业有限公司	250/2	洛阳市	1997. 10
51	银海镁业有限公司	700/1	—	—
52	云海镁业有限公司	300/1	重庆市	2003. 12
53	闻喜县煤机公司	250/1	上海市	2001. 3
		300/1	上海市	—
54	闻喜县振鑫镁业有限公司	250/1	泰兴市	—
		300/1	重庆市	2004. 11
55	旭东氮肥厂	20/1	福安市	—
56	闻喜县五金厂	30/1	福安市	2004. 4
		15/1	—	—
		100/1	—	—
57	闻喜县炬鑫球团厂	250/1	上海市	2003. 11
58	物资管理局五七七处	50/1	福安市	2000
		24/1	福安市	2003
		24/1	福安市	2003

第三章　电　网　建　设

第三章　电　网　建　设

闻喜县的电网建设经历了一个从无到有、从弱到强、从低压到高压的发展过程。1965 年建设投运了第一条闻喜至裴村的 10 千伏线路，1966 年建成了第一座 35 千伏七里店变电站和第一条 35 千伏 375 东烟线路，随之运城电网接通闻喜后，1969 年建成投运了第一座 110 千伏西官庄变电站和第一条 110 千伏三西庄线路。1979 年运城 220 千伏新三线跨越闻喜。1998 年中共中央和国务院决定在全国范围内进行电网改造，改革农村电力体制。1999 年底闻喜县电业局全面启动了前所未有的浩大“网改”工程。2003 年运城超高压电网 500 千伏临城Ⅰ回输电线路跨越闻喜。2006 年建成投运了第一条全线在闻喜境内的 220 千伏金闻线路。

截至 2007 年，闻喜县已建成 35 千伏及以上变电站 22 座，变压器 50 台，总容量 142.899 万千伏·安。其中 35 千伏变电站 11 座，变压器 23 台，总容量 11.149 万千伏·安；110 千伏变电站 9 座，变压器 23 台，总容量 65.75 万千伏·安；220 千伏变电站 2 座，变压器 4 台，总容量 66 万千伏·安。6 千伏及以上输电线路 120 条，总长度 1831.241 千米。其中 6 千伏线路 6 条，线路总长 36 千米；10 千伏线路 73 条，总长度 1423.986 千米；35 千伏线路 17 条，总长度 135.22 千米；110 千伏线路 19 条，总长度 130.25 千米；220 千伏线路 4 条，总长度 59.527 千米。另有 500 千伏临城Ⅰ回输电线路跨越闻喜县，从 76 号杆至 167 号杆，跨越长度为 41.258 千米，导线型号 LGJ－400/35、JL/LBIA－400/35，铁塔 91 基，于 2003 年 12 月 28 日建成投运。

第一节　6～10 千伏配电工程

一、6 千伏配电工程

截至 2007 年，闻喜县共有 6 千伏线路 6 条，线路总长 36 千米。全部集中在石门乡，统一由中条山有色金属公司供电。

1971 年，石窑至柳林 6 千伏输电线路建成，线路总长 3.5 千米，导线型号 LGJ－35。同年，下玉坡至上玉坡 6 千伏输电线路建成，线路总长 2.5 千米，导线型号 LGJ－35。

1974 年，胡家峪桐木沟至石门 6 千伏输电线路建成，线路总长 3 千米，导线型号 LGJ－35。同年，石门至后川 6 千伏输电线路建成，线路总长 2 千米，导线型号 LGJ－25。

1976 年，石门至店上 6 千伏输电线路建成，线路总长 10 千米，导线型号 LGJ－25。同年，石门至西坪 6 千伏输电线路建成，线路总长 15 千米，导线型号 LGJ－25。

二、10千伏配电工程

闻喜县的10千伏配电工程建设起于1965年，截至1997年共建设10千伏线路43条。2000~2007年，共建设10千伏线路17条。随着闻喜县工农业生产的飞速发展，1997年以前建设的10千伏配电工程线径细，供电半径大，设备老化，“卡脖子”现象等严重地制约了闻喜县的经济发展和电力企业的自身发展。2000年“两网”改造后，闻喜县电业局对全县所有的10千伏配电工程重新进行了规划、设计和建设。截至2007年，全县共有10千伏线路73条，线路总长1423.986千米，配电变压器2428台，总容量36.356万千伏·安。其中公用10千伏线路43条，线路总长1240.091千米，配电变压器2222台，容量24.1761万千伏·安；用户自备10千伏线路30条，线路总长183.895千米，配电变压器206台，容量12.1798万千伏·安。

（一）公用10千伏配电工程

1965年1月20日，根据山西省电力工业局晋地电［1965］第815号文件和晋南电业局晋地电［1965］第64号文件，投资12.243万元，建成闻喜至裴村10千伏输电线路，线路总长16.33千米。

1965年7月25日，35千伏七里店变电站10千伏坑东输电线路建成，线路总长14.55千米，投资6.03万元。同年12月14日，城关至东镇10千伏输电线路建成，线路总长5.71千米，投资5.08万元。以上线路于1966年2月随着七里店变电站的建成而投入运行。

1966年2月，随着七里店变电站的建成投运，还架设了5条10千伏输电线路，分别是：七里店变电站833岭西东输电线路，线路总长35.86千米，导线型号LGJ-50/70，安装变压器86台，容量9110千伏·安；七里店变电站834神柏输电线路，线路总长45.20千米，导线型号LGJ-35，安装变压器2台，容量500千伏·安；七里店至活塞厂835输电线路，线路总长3.50千米，导线型号LGJ-50；七里店至道北工业区836输电线路，线路总长16.17千米，导线型号LGJ-50，安装变压器10台，容量350千伏·安；七里店至下阳838输电线路，线路总长45.58千米，导线型号LGJ-95/50，安装变压器5台，容量190千伏·安。

1966年12月，建成东姚和宋店10千伏配套工程2千米，投资1.45万元，安装130千伏·安变压器3台。

1967年10月4日，七里店变电站至河底10千伏输电线路建成投运，线路总长50.2千米，安装变压器34台，总容量1205千伏·安，总投资22.5万元。同年，东宋、羊圈头、仓底、六分支、槐林5个村庄，共架通10千伏输电线路2.63千米，安装变压器6台，总容量475千伏·安，总投资3.3万元。

1968年7月17日，柴庄至吕上窑10千伏输电线路架通，线路总长0.92千米，安装30千伏·安变压器1台，总投资0.4万元。同年10月30日，西横水至坡底10千伏输电线路架通，线路总长2.17千米，安装150千伏·安变压器2台，总投资1.25万元。

1969年，110千伏西官庄变电站10千伏514化肥厂输电线路架通，线路总长15.77

千米，导线型号LGJ－150，安装变压器13台，容量4680千伏·安。

1970年11月30日，裴村至西横水10千伏输电线路架通，线路总长11.4千米，安装变压器4台，容量225千伏·安，总投资5.04万元。

1971年12月，七里店变电站至西凹底10千伏输电线路架通，线路总长15千米，投资2.5万元。

1973年10月，东大马村10千伏输电线路架通，线路总长2.02千米，安装50千伏·安变压器1台，投资0.85万元。同年，垣曲至石门10千伏输电线路架通，安装75千伏·安变压器1台，投资1.49万元。

1975年11月29日，七里坡10千伏输电线路架通，线路总长12.03千米，安装50千伏·安变压器1台，投资4万元。

1977年6月26日，白石公社10千伏输电线路架通，线路总长8千米，投资3万元。

1978年7月，东镇变电站10千伏十分支（2）505输电线路架通，线路总长19.30千米，导线型号LJ－50。

1980年11月，阳隅变电站10千伏883户头输电线路架通，线路总长10.8千米，导线型号LGJ－35；881凹底输电线路架通，线路总长47.72千米，导线型号LJ－50；885阳隅输电线路架通，线路总长41.96千米，导线型号LGJ－50。

1986年12月，东镇变电站10千伏501工业区输电线路架通，全长6.43千米，导线型号LGJ－95/50，安装变压器54台，容量7795千伏·安；507礼元输电线路架通，线路总长7.52千米，导线型号LGJ－75，安装变压器77台，容量9380千伏·安；575仁和输电线路架通，线路总长24.04千米，导线型号LGJ－9，安装变压器63台，容量1.077万千伏·安；576东鲁输电线路架通，线路总长39.11千米，导线型号LGJ－95，安装变压器83台，容量1.146千伏·安；577焦化厂输电线路架通，线路总长41.76千米，导线型号LGJ－70/95，安装变压器87台，容量8360千伏·安。

1986年，河底变电站10千伏893河西输电线路架通，线路总长45.65千米，导线型号LGJ－70，安装变压器86台，容量6525千伏·安；894白石输电线路架通，线路总长64.41千米，导线型号LGJ－70/35，安装变压器106台，容量9831千伏·安；896酒务头输电线路架通，线路总长39.56千米，导线型号LGJ－50，安装变压器48台，容量3205千伏·安；897裴社输电线路架通，线路总长46.78千米，导线型号LGJ－70，安装变压器89台，容量6260千伏·安。

1990年12月，郭家庄变电站10千伏801郭东输电线路架通，线路总长25.84千米，导线型号LGJ－95，安装变压器57台，容量5985千伏·安；873道南输电线路架通，线路总长21.29千米，导线型号LGJ－50，安装变压器47台，容量3045千伏·安；874郭西输电线路架通，线路总长23.20千米，导线型号LGJ－50，安装变压器48台，容量3165千伏·安；876七里坡输电线路架通，线路总长43.40千米，导线型号LGJ－70。

1994年，西官庄变电站10千伏511城市输电线路架通，线路总长35.7千米，导线型号LGJ－120。同年，西官庄变电站10千伏513市政输电线路架通，线路总长15.20千米，导线型号LGJ－120；515城东输电线路架通，线路总长25.6千米，导线型号LGJ－120安装变压器43台，容量5150千伏·安；564东吴输电线路架通，线路总长32.38千米，导线型号LGJ－120/70/50；565上郭输电线路架通，线路总长32.19千米，导线型号LGJ－120/70/35。

1997年5月，裴社变电站10千伏827十八坪输电线路架通，线路总长42.148千米，导线型号LGJ－50/25。同时，随着裴社35千伏变电站的投产运行，原河底变电站10千伏897裴社线路停止对裴社乡供电，原10千伏897裴社输电线路改称为10千伏897河东输电线路。

2000年3月，由35千伏柏林变电站出线的10千伏844柏林线路架通，线路总长48.5千米，导线型号LGJ－50，安装变压器52台，容量3235千伏·安；846工业线路架通，线路总长1.46千米，导线型号LGJ－90；849七里坡线路架通，线路总长39.53千米，导线型号LGJ－70，安装变压器52台，容量2570千伏·安。

2000年11月，东镇变电站10千伏576东鲁输电线路架通，线路总长37.21千米，导线型号LGJ－95。同年12月，礼元10千伏801工业园区输电线路架通，线路总长8.84千米，导线型号LGJ－95，安装变压器14台，容量1825千伏·安；865西山输电线路架通，线路总长26.96千米，导线型号LGJ－70，安装变压器30台，容量2100千伏·安；866槐林输电线路架通，线路总长14.31千米，导线型号LGJ－70，安装变压器21台，容量1560千伏·安；867集镇输电线路架通，线路总长4.90千米，导线型号LGJ－70，安装变压器13台，容量800千伏·安；869东山输电线路架通，线路总长26.98千米，导线型号LGJ－70，安装变压器43台，容量3875千伏·安。

2003年1月1日，郭家庄变电站10千伏877柏林输电线路架通，线路总长2.72千米，导线型号LGJ－95。阳隅变电站10千伏886工业园区输电线路架通，线路总长2.72千米，导线型号LGJ－95。

2005年2月，由35千伏凹底变电站出线的10千伏855西雷阳线路架通，线路总长34.185千米，导线型号LGJ－95，安装变压器55台，容量4230千伏·安；856集镇线路架通，线路总长9.36千米，导线型号LGJ－70，安装变压器19台，容量1170千伏·安；857薛店线路架通，线路总长39.25千米，导线型号LGJ－95，安装变压器39台，容量4170千伏·安。

2005年，随着中鑫矿业专线的架通投运，原10千伏827十八坪线路改称10千伏829十八坪线路；裴社变电站10千伏823仁义庄输电线路架通，线路总长27.382千米，导线型号LGJ－70，安装变压器55台，容量5915千伏·安；824店头输电线路架通，线路总长15.395千米，导线型号LGJ－50，安装变压器38台，容量2360千伏·安；826集镇输电线路架通，线路总长5.76千米，导线型号LGJ－50，安装变压器15台，容量1070千伏·安。

2005年，由110千伏姚村变电站出线的10千伏534神柏线路架通，线路总长44.5千米，导线型号LGJ－70/50；535姚村线路架通，线路总长11千米，未投运。

2007年12月29日，随着110千伏石门变电站的竣工投产，10千伏5501店上线路架通投运，线路总长46千米，导线型号LGJ－50，安装变压器56台，容量3850千伏·安；5504白家滩线路架通投运，线路总长42千米，导线型号LGJ－50，安装变压20台，容量

3080千伏·安。2007年闻喜县公用10千伏配电工程设备情况见表3－1－1。

（二）用户自备10千伏配电工程

1969年，由110千伏西官庄变电站出线的10千伏567三五三一水源输电线路架通，线路总长12.70千米，导线型号LGJ－70，安装变压器9台，容量3125千伏·安；569八一厂输电线路架通，线路总长12.00千米，导线型号LGJ－95，安装变压器14台，容量1.077万千伏·安；563三五三一工厂输电线路架通，线路总长4.3千米，导线型号LJ－70，安装变压器13台，容量4445千伏·安。

1986年12月，东镇变电站10千伏502五四一总部输电线路架通，线路总长8.70千米，导线型号LJ－50，安装变压器14台，容量2575千伏·安；504九五医院输电线路架通，线路总长4.3千米，导线型号LJ－35，安装变压器8台，容量1230千伏·安；505十分支线（2）线路总长9.62米，导线型号LGJ－70，安装变压器4台，容量855千伏·安；506铁皮厂输电线路架通，线路总长2.23千米，导线型号LJ－50，安装变压器7台，容量1810千伏·安；508铁路输电线路架通，线路总长10.50千米，导线型号LJ－35，安装变压器1台，容量200千伏·安；509三五三四工厂输电线路架通，线路总长20.00千米，导线型号LGJ－50，安装变压器6台，容量2825千伏·安；573十分支线（1）输电线路架通，线路总长16.00千米，导线型号LGJ－120，安装变压器10台，容量3840千伏·安；578六分支输电线路架通，线路总长5.90千米，导线型号LGJ－75，安装变压器24台，容量8990千伏·安；579五四一总院输电线路架通，线路总长2.50千米，导线型号LJ－50，安装变压器12台，容量4240千伏·安。

1997年5月，裴社变电站10千伏801工业输电线路架通，线路总长1.82千米，导线型号LGJ－120，安装变压器3台，容量1430千伏·安。

1998年4月，35千伏郭家庄变电站10千伏879工业线路架通，线路总长6千米，导线型号LGJ－90，安装变压器4台，容量1680千伏·安。

2000年12月，由35千伏礼元变电站出线的10千伏868道东工业线路总长4.4千米，导线型号LGJ－95，安装变压器3台，容量2600千伏·安；802丰源线，线路总长4.8千米，导线型号LGJ－150，安装变压器2台，容量3200千伏·安；864丰喜线，线路总长2.4千米，导线型号LGJ－120，安装变压器1台，容量1000千伏·安。

2004年4月5日，由35千伏七里店变电站出线的10千伏839煤机线，线路总长1千米，导线型号LGJ－95，安装变压器6台，容量1765千伏·安。

2003年11月，35千伏阳隅变电站出线的10千伏886工业线架通投运，线路总长3.495千米，导线型号LGJ－95，安装变压器3台，容量3750千伏·安。

2004年8月20日，七里店变电站10千伏801工业园区输电线路架通，线路总长7.50千米，导线型号LGJ－150（为宏伟玻璃厂备用线路），安装变压器6台，容量4415千伏·安。

2004年10月，裴社变电站10千伏827中鑫矿业输电线路架通，主干线线路总长6.7千米，导线型号LGJ－120，支线线路总长1.1千米，导线型号LGJ－70，安装变压器7台，容量4265千伏·安。

表 3-1-1　2007 年闻喜县公用 10 千伏配电工程设备情况

序号	出线变电站	线路编号及名称	总长度（千米）	电流变比	杆基	其中				配电变压器			
						主干型号	主干长度（千米）	支线型号	支线长度（千米）	总台数	总容量（千伏·安）	其中用户	
												总台数	总容量（千伏·安）
1	阳隅	884 凹底线	3.51	150/5	39	LJ-50	2.35	LJ-25/35	1.16	4	250	4	250
2		885 阳隅线	43.84	100/5	421	LGJ-50	6.68	LJ-25/35	37.16	35	2860	14	1510
3		883 户头线	10.8	100/5	112	LGJ-35	7.82	LGJ-25	2.98	11	1020	6	690
4	凹底	855 西雷阳线	34.185	200/5	436	LGJ-95	3.415	LGJ-35/25	30.77	55	4230	20	1400
5		856 集镇线	9.36	100/5	131	LGJ-50	3	LGJ-35/25	6.36	19	1770	8	610
6		857 薛店线	39.25	150/5	433	LGJ-95	4.67	LGJ-35/25	34.58	39	4170	12	1670
7	东镇	501 工业线	16.43	200/5	278	LGJ-95/50	4.55	LGJ-35/50	11.88	54	7795	20	3330
8		507 礼元线	37.52	300/5	440	LGJ-75/50	3.08	LGJ-35	34.44	77	9380	32	5655
9		576 东鲁线	39.11	300/5	420	LGJ-95/50	8.3	LGJ-35	30.81	83	11460	36	6735
10		575 仁和线	28.5	200/5	415	LGJ-95	2.04	LGJ-50/35	26.46	63	10770	28	7675
11		577 阳庄线	42.06	200/5	526	LGJ-70	13.84	LGJ-50/35	28.22	87	8360	70	7145
12	郭家庄	801 郭东线	25.84	100/5	308	LGJ-95	2.1	LGJ-50/35/25	23.74	57	5985	27	3000
13		873 道南线	21.29	150/5	218	LGJ-50	3.3	LGJ-35/25	17.99	47	3045	18	1060
14		874 郭西线	23.2	200/5	237	LGJ-50	2.76	LGJ-35/25	20.44	48	3165	20	1400

续表

序号	出线变电站	线路编号及名称	总长度（千米）	电流变比	杆基	其中				配电变压器			
						主干型号	主干长度（千米）	支线型号	支线长度（千米）	总台数	总容量（千伏·安）	其中用户	
												总台数	总容量（千伏·安）
15	郭家庄	879 工业线	16.81	400/5	205	LGJ－120	8.32	LGJ－70	8.49	10	1680	10	1680
16	河底	893 河西线	45.65	150/5	504	LGJ－70	6.68	LGJ－35	38.97	86	6525	49	3680
17		896 酒务头线	39.56	200/5	409	LGJ－50	12.52	LGJ－35	27.04	48	3205	17	1830
18		897 河东线	46.78	200/5	519	LGJ－70	7.18	LGJ－35	39.60	89	6260	38	2565
19		894 白石线	64.41	300/5	792	LGJ－70/35	16.22	LGJ－50/35 LJ－35/25	48.19	106	9831	69	7456
20	西官庄	564 东吴线	32.38	300/5	744	LGJ－120/70/25	6.21	LGJ－95/50/25	28.12	86	10955	34	7300
21		565 上郭线	32.19	200/5	457	LGJ－120/70/35	4.07	LGJ－50/35/25	28.12	63	4645	6	625
22		511 城西线	35.7	400/5	502	LGJ－120	5.9	LGJ－50	29.8	82	12575	47	7685
23		515 城东线	25.6	300/5	297	LGJ－120	8.48	LGJ－50	17.12	76	12790	37	7830
24		514 化肥厂	15.77	400/5	110	LGJ－150	10	LGJ－50	5.77	13	4680	13	4680
25		513 市政线	16.5	400/5	175	LGJ－120/95	3.6	LGJ－95	12.9	83	16600	45	9000
26	柏林	844 柏林线	48.5	150/5	485	LGJ－50	19.2	LGJ－25	29.3	52	3235	13	1190
27		849 七里坡线	39.53	150/5	374	LGJ－70	2.88	LGJ－50/35	37.48	52	2570	6	430

续表

序号	出线变电站	线路编号及名称	总长度（千米）	电流变比	杆基	其中				配电变压器			
						主干型号	主干长度（千米）	支线型号	支线长度（千米）	总台数	总容量（千伏·安）	其中用户	
												总台数	总容量（千伏·安）
28	礼元	801 工业线	8.839	300/5	95	LGJ－95	3.499	LGJ－70	5.34	29	6305	24	5950
29		865 西山线	26.59	150/5	326	LGJ－70	6.65	LGJ－35	19.94	41	2990	12	970
30		866 槐林线	14.42	75/5	172	LGJ－70	5.58	LGJ－35	8.84	33	3020	20	2100
31		867 集镇线	5.08	75/5	86	LGJ－35	1.64	LGJ－35	3.44	16	2015	9	1335
32		869 东山线	28.462	75/5	366	LGJ－35	7.128	LGJ－35	21.334	55	5915	11	2695
33	裴社	801 工业线	1.82	100/5	30	LGJ－120	0.93	LGJ－70	0.89	29	6305	24	5950
34		823 仁义庄	27.382	150/5	326	LGJ－70	7.682	LGJ－50/35	19.7	55	3465	33	2035
35		824 店头线	15.395	100/5	169	LGJ－70/25	6.71	LGJ－50/35	8.658	38	2360	23	1370
36		826 集镇线	5.76	300/5	66	LGJ－50	2.5	LGJ－50/35	3.26	15	1070	6	440
37		829 十八坪	42.148	200/5	436	LGJ－50/25	16.128	LGJ－50/35	26.02	78	5045	39	2860
38	七里店	833 岭西东	35.86	200/5	373	LGJ－50/70	6.88	LGJ－35	28.98	86	9110	53	5820
39		838 下阳线	45.58	300/5	476	LGJ－95/50	8.1	LGJ－35/25	37.48	88	8520	42	3470
40		836 道北线	16.17	300/5	190	LGJ－50	11.17	LGJ－50	5	56	8400	36	5400
41		834 神柏线	45.2	200/5	195	LGJ－50	1.6	LGJ－50/25	0.5	2	500	2	500
42	石门	店上	46	400/5	532	LGJ－50	14	LGJ－35/25	32	56	3850	40	2200
43		白家滩	42	300/5	410	LGJ－50	13	LGJ－35/25	29	20	3080	4	2000

2005年2月，随着35千伏凹底变电站的投产运行，10千伏853工业线和10千伏854工业线也投入运行；853辛村线，线路总长3千米，导线型号LGJ－150，安装变压器1台，容量1250千伏·安；854工业线线路总长1.254千米，导线型号LGJ－150，安装变压器8台，容量4845千伏·安。

2005年6月，由35千伏柏林变电站出线的10千伏846柏林工业线路总长1千米，导线型号LGJ－95，安装变压器2台，容量1300千伏·安。

2005年12月，由姚村110千伏变电站出线的10千伏546高新区输电线路总长2千米，导线型号LGJ－150，安装变压器3台，容量4800千伏·安；547玻璃园区输电线路总长2千米，导线型号LGJ－150，安装变压器6台，容量4415千伏·安；543新达线，线路总长2.5千米，导线型号LGJ－90，安装变压器3台，容量3300千伏·安。

2004年8月，由35千伏河底变电站出线的10千伏899后宫工业线，线路总长11.6千米，导线型号LGJ－120，安装变压器7台，容量3990千伏·安；898义丰线，线路总长6.2千米，导线型号LGJ－50，安装变压器6台，容量5935千伏·安。

2007年3月，由110千伏姚村变电站出线的10千伏545工业线路架通，线路总长4千米，导线型号LGJ－120，未投运。2007年闻喜县用户自备10千伏配电工程设备情况见表3－1－2。

表3－1－2　2007年闻喜县用户自备10千伏配电工程设备情况

序号	变电站	线路编号及名称	线路长度（千米）	线路型号	投运时间（年．月）	变压器台数	容量（千伏·安）
1	西官庄	567水源线	12.7	LGJ－70	1969.3	9	3125
2	西官庄	569八一厂线	12	LGJ－95	1969.3	14	10770
3	西官庄	563三五三一线	4.3	LGJ－70	1969.3	13	4445
4	阳隅	886工业线	3.495	LGJ－95	2003.11	3	3750
5	东镇	502五四一总部线	8.7	LJ－50	1986.12	14	2575
6	东镇	504九五医院线	4.3	LJ－35	1986.12	8	1230
7	东镇	505十分支线（2）	9.62	LGJ－70	1986.12	4	855
8	东镇	506铁皮厂线	2.23	LJ－50	1986.12	7	1810
9	东镇	508铁路线	10.50	LJ－35	1986.12	1	200
10	东镇	509三五三四线	20.00	LGJ－50	1986.12	6	2825
11	东镇	573十分支线（1）	16.00	LGJ－120	1986.12	10	3840
12	东镇	578六分支线	5.90	LGJ－75	1986.12	24	8990
13	东镇	579五四一总院线	2.50	LJ－50	1986.12	12	4240
14	裴社	801工业线	0.89	LGJ－120	1997.5	3	1430
15	裴社	827中鑫矿业线	10.106	LGJ－120	2004.10	7	4265
16	礼元	868道东工业线	4.4	LGJ－95	2000.12	3	2600
17	礼元	802丰源线	4.8	LGJ－150	2000.12	2	3200
18	礼元	864丰喜线	2.4	LGJ－120	2000.12	1	1000

续表

序号	变电站	线路编号及名称	线路长度（千米）	线路型号	投运时间（年.月）	变压器台数	容量（千伏·安）
19	七里店	839 煤机线	1	LGJ－95	2004.4	6	1765
20	七里店	801 工业园区线	7.5	LGJ－150	2004.8	6	4415
21	凹底	853 辛村线	3	LGJ－150	2005.2	1	1250
22	凹底	854 工业线	1.254	LGJ－150	2005.2	8	4845
23	柏林	846 柏林工业线	2.0	LGJ－150	2005.6	2	1300
24	姚村	546 高新区线	2	LGJ－150	2005.12	3	4800
25	姚村	547 玻璃园区线	2	LGJ－150	2005.12	6	4415
26	姚村	543 新达线	2.5	LGJ－90	2005.12	3	3300
27	姚村	545 立华线	4.0	LGJ－120	2007.3	1	1250
28	郭家庄	879 工业线	6	LGJ－90	1998.4	4	1680
29	河底	899 后宫工业线	11.6	LGJ－120	2004.8	7	3990
30	河底	898 义丰线	6.2	LGJ－50	2004.8	6	5935

第二节 35 千伏输变电工程

一、35 千伏变电站

（一）公用 35 千伏变电站

2007 年，闻喜县共有公用 35 千伏变电站 8 座，主变 13 台，容量为 8.035 万千伏·安。全部实现了无人值班的运行方式。

1. 七里店变电站

七里店变电站（见图 3－2－1）位于桐城镇七里店村，占地面积 4548.36 米^2，建筑面积 103 米^2。该站投资 36.16 万元，于 1966 年 2 月建成投入运行，由山西省送变电公司承建。该变电站从侯马单家营 35 千伏变电站进线 1 回，主变压器 1 台，总容量 1800 千伏·安。

图 3－2－1 七里店变电站

1972 年，七里店变电站扩建增容，主变压器容量增至 3200 千伏·安（3200 千伏·安 ×1），原 1800 千伏·安主变压器退出运行。

1976 年 7 月 30 日，根据运城地区电业局运地电［1976］技字第

97 号文件，七里店变电站改由 110 千伏西官庄变电站进线。

1978 年，七里店变电站再次扩建增容，新增 2 号主变压器 1 台，容量 3200 千伏·安，此时七里店变电站主变压器容量为 6400 千伏·安（3200 千伏·安×2）。

2000 年 4 月，投资 48 万元，将原 3200 千伏·安的 1 号主变压器更换为 6300 千伏·安主变压器。此时，该站的主变压器容量为 9500 千伏·安（3200 千伏·安×1 +6300 千伏·安×1）。

2003 年 4 月，又投资 261 万元，再次对该站进行了增容改造，本次工程将原 3200 千伏·安的 2 号主变压器更换为 1 万千伏·安主变压器。并且将原 35 千伏及 10 千伏油开关更换为真空开关，共更换 35 千伏开关 4 台，10 千伏开关 13 台，原二次设备全部更换为综合自动化设备，实现了无人值班。截至 2007 年，该变电站总容量为 16300 千伏·安（6300 千伏·安×1 +1 万千伏·安×1）。装有电容器 2 组，总容量 2400 千乏。35 千伏进线 2 回（393 闻七线、363 西七线）。35 千伏出线 1 回（435 阳隅线）。10 千伏出线 5 回（833 岭西东线、834 神柏线、801 工业线、839 煤机线、838 下阳线）。

2. 阳隅变电站

阳隅变电站（见图 3－2－2）位于阳隅乡阳隅村，占地面积 2533 米^2，建筑面积 93 米^2。该站投资 49.1 万元，由运城地区电业局设计室设计，运城电力工程队承建变电工程，输电线路由闻喜县电业局承建。于 1980 年 9 月建成，10 月正式投产运行，主变压器 1 台，容量 3200 千伏·安。

1986 年，阳隅变电站主变压器减容，35 千伏东镇变电站停运后，将一台 1800 千伏·安主变压器调至阳隅变电站，3200 千伏·安主变压器退出运行（后由运城地区电业局调走），此时阳隅变电站主变压器 1 台，容量 1800 千伏·安。

图 3－2－2 阳隅变电站

1996 年 12 月，根据运城地区电业局运地电计发［1996］第 85 号文件、山西省电力工业局晋电农生字［1996］第 81 号文件，投资 99.8 万元，将 1800 千伏·安主变压器更换为 3200 千伏·安。

2003 年 10 月，根据运城地区电业局运地电计字［2002］第 28 号文件，投资 180.8 万元，对该站进行了增容改造，将原 3200 千伏·安主变压器更换为 5000 千伏·安。截至 2007 年，该变电站主变压器容量为 5000 千伏·安（5000 千伏·安×1）。装有电容器 1 组，容量 600 千乏。35 千伏进线 1 回（435 阳隅线）。10 千伏出线 3 回（883 户头线、884 凹底线、885 阳隅线）。

3. 河底变电站

河底变电站（见图3－2－3）位于河底镇南阳村，占地面积2866米^2，建筑面积300米^2，于1985年初开始兴建。由运城地区电业局设计室设计，闻喜县电业局承建，投资61万元，于1986年1月31日投入运行，主变压器1台，容量4000千伏·安。

图3－2－3　河底变电站

1995年8月，根据山西省电力工业局晋电农生字［1995］第49号文件，对该变电站进行增容改造，新增2号主变压器1台，容量6300千伏·安。35千伏主变压器进线间隔安装DW_1－35G断路器1台，GW_5－35隔离开关1组。10千伏配电装置增装GG－1A（F）－03开关柜1面，GG－1A（F）－54开关柜2面，GG－1A（F）－MLD开关柜1面，GG－1A（F）－TR－10开关柜1面，GG－1A（F）－07开关柜1面。原有电容器室增装无功补偿电容器300千乏，作为2号主变压器的无功补偿。总投资92.2万元。此时，该站主变压器2台，总容量1.03万千伏·安（4000千伏·安×1＋6300千伏·安×1）。

2004年8月，投资185.9万元，对该站进行了技术改造，将原35千伏及10千伏油开关更换为真空开关，共更换35千伏开关2台，10千伏开关9台，新增10千伏出线2回，并实现了无人值班。

2006年，由于该变电站主变严重超负荷，于当年4月28日将原4000千伏·安主变压器退出运行，调换至礼元变电站，更换为8000千伏·安主变压器。截至2007年，该变电站总容量为1.43万千伏·安（6300千伏·安×1＋8000千伏·安×1）。装有电容器4组，容量1800千乏。35千伏进线2回（377河底线、494裴河线）。10千伏出线6回（893河西线、894白石线、896酒务头线、897河底东线、898义丰线、899后宫工业线）。

4. 郭家庄变电站

郭家庄变电站（见图3－2－4）位于郭家庄镇卫家庄村，占地面积2759.76米^2，建筑面积286米^2。该站由运城地区电业局设计室设计，运城送变电公司承建。于1990年7月1日建成投运。主变压器2台，总容量4000千伏·安（2000千

图3－2－4　郭家庄变电站

伏·安×2)。

1998 年 4 月，投资 58.8 万元对该站进行了增容，分别将 1 号、2 号主变压器更换为 6300 千伏·安、4000 千伏·安。截至 2007 年，该变电站主变压器 2 台，总容量 1.03 万千伏·安（4000 千伏·安×1 +6300 千伏·安×1)。装有电容器 6 组，容量 1200 千乏。35 千伏进线 1 回（366 郭家庄线)。10 千伏出线 4 回（873 道南线、874 郭西线、879 工业线、801 郭东线)。实现了无人值班。

5. 裴社变电站

裴社变电站（见图 3－2－5）位于裴社乡裴南村，占地面积 2265 米^2，建筑面积 440 米^2。该站由运城地区电业局设计室设计，运城送变电公司承建。1997 年 5 月 25 日建成投产。2004 年 10 月，投资 281.9 万元，对旧设备进行了改造，将原有的 35 千伏及 10 千伏油开关更换为真空开关，共新增 35 千伏真空开关 4 台，10 千伏真空开关 11 台，实现了无人值班。

图 3－2－5　裴社变电站

截至 2007 年，该变电站主变压器 2 台，总容量为 8150 千伏·安 (3150 千伏·安×1 +5000 千伏·安×1)。装有电容器 4 组，容量 1500 千乏。35 千伏进线 2 回（364 裴社线、424 裴河线)。10 千伏出线 6 回（823 仁义庄线、824 店头线、826 集镇线、827 中鑫矿业线、829 十八坪线、801 工业线)。

6. 礼元变电站

礼元变电站（见图 3－2－6）位于礼元镇西 200 米处，占地面积 1732.99 米^2，建筑面积 150 米^2。该站由运城供电局设计室设计，运城送变电公司承建，于 2000 年 12 月 8 日建成投产，主变压器 1 台，总容量 6300 千伏·安。属于无人值班变电站。

图 3－2－6　礼元变电站

2002 年 10 月，由山西省电力公司下拨 214.19 万元，对礼元变电站进行增容改造，新增 8000 千伏·安主变压器 1 台，35 千伏 SF_6 开关 1 台，10 千伏真空开关 1 台及相应的二次设备。主变压器容量 1.43 万千伏·安（6300 千伏·安×1 +

8000千伏·安×1)。装有电容器2组，容量2100千乏。35千伏进线1回（378礼元线）。10千伏出线8回（864丰喜线、865西山线、866槐林线、867集镇线、868道东工业线、869东山线、801工业线、802丰源线）。

2006年4月28日，将8000千伏·安主变压器退出运行调至河底变电站，更换为4000千伏·安主变压器。截至2007年，该变电站主变压器2台，总容量1.03万千伏·安（6300千伏·安×1+4000千伏·安×1)。

7. 凹底变电站

凹底变电站（见图3-2-7）位于凹底镇北400米处，占地面积3794.14米^2，建筑面积150米^2。该站由山西省电力公司下拨728.03万元，由运城供电局设计院设计，运城送变电公司承建。于2005年2月2日正式投产运行，属于无人值班变电站。主变压器1台，容量8000千伏·安，装有电容器1组，容量1200千乏。35千伏进线1回（386凹底线)。10千伏出线5回（853小马工业线、854工业线、855西雷阳线、856集镇线、857薛店线)。35千伏真空开关3台。

图3-2-7 凹底变电站

8. 柏林变电站

柏林变电站（见图3-2-8）位于柏林乡柏林村，占地面积3373米^2，建筑面积73米^2。该站投资700万元，于2005年6月建成，由运城供电局设计院设计，运城送变电公司承建，并于同年的7月1日正式投入运行，主变压器1台，容量8000千伏·安。35千伏真空开关1台，电容器1组，容量1500千乏。35千伏进线1回（387柏林线)。10千伏出线4回（844柏林线、846柏林工业线、848七里坡工业线、849七里坡线)。

图3-2-8 柏林变电站

2007年闻喜县公用35千伏变电站主变压器明细表见表3-2-1。

表 3-2-1　2007 年闻喜县公用 35 千伏变电站主变压器明细表

变电站序号	变电站名称	站址	编号	型号	容量（千伏·安）	电压（千伏）		制造厂家	接线方式	电流（安）	空载电流（%）	百分阻抗（%）	变压器投运日期（年.月）	变电站投运日期（年.月.日）
						一次	二次							
1	七里店	七里店村	1 号	SZ9	10000	35	10	山东达驰	Y，d11	549.9	0.24	7.59	1966.2	1966.2
			2 号	SFZ9	6300	35	10		Y，d11	346.4	0.51	7.53	1978.3	
2	阳隅	阳隅村	1 号	SZ9	5000	35	10		YN，d11	274.93	0.48	7.51	1980.10	1980.10
3	河底	南阳村	1 号	SZ9	8000	35	10		Y，d11	439.89	0.49	7.32	1986.1.31	1986.1.31
			2 号	SZ9	6300	35	10		YN，d11	346.4	0.53	7.61	1995.8	
4	郭家庄	卫家庄村	1 号	S7	6300	35	10		Y，d11	346.4	0.44	7.30	1990.7.1	1990.7.1
			2 号	S7	4000	35	10		Y，d11	220	0.58	6.89	1990.7.1	
5	裴社	裴南村	1 号	S7	3150	35	10	山西临猗	Y，d11	173.2	0.56	7.45	1997.5.25	1997.5.25
			2 号	S7	5000	35	10		Y，d11	275	0.46	6.79	1997.5.25	
6	礼元	礼元镇	1 号	SZ9	6300	35	10		Y，d11	346.4	0.33	7.68	2000.12.8	2000.12.8
			2 号	SZ9	4000	35	10		YN，d11	220	0.51	6.73	2002.10	
7	凹底	凹底镇	1 号	SZ9	8000	35	10		YN，d11	439.9	0.24	7.61	2005.2.2	2005.2.2
8	柏林	柏林村	1 号	S9	8000	35	10		YN，d11	459.9	0.58	7.40	2005.7.1	2005.7.1

（二）用户自备35千伏变电站

截至2007年，闻喜县共有用户自备35千伏变电站3座，主变压器8台，总容量3.114千伏·安。

1. 山西天王台建材集团有限公司变电站

山西天王台建材集团有限公司变电站（见图3-2-9）位于公司内，于1991年8月建成投运。由运城地区电业局设计室设计，闻喜县电业局承建。主变压器1台，容量为800千伏·安。1994年进行增容改造，更新主变压器1台，容量为1250千伏·安，电压由3.5千伏降为400伏使用。2000年5月增容改造，主变压器更新为2000千伏·安2台。2002年3月变电站扩建，新增主变压器3台，其中2台容量为2000千伏·安，降压为400伏使用，1台为8000千伏·安，降压为800伏使用。截至2007年该变电站共有主变压器5台，总容量为1.6万千伏·安（2000千伏·安×4+8000千伏·安×1）。35千伏进线1回（388二水泥线）。

图3-2-9 山西天王台建材集团有限公司变电站

2. 鑫光水泥厂变电站

鑫光水泥厂35千伏变电站（见图3-2-10）（以下简称总降）位于鑫光水泥厂内，建筑面积708.2米^2，2001年10月投入运行。由东镇110千伏变电站通过35千伏376出线供电，站内设S9-6300千伏·安/35/6.3千伏变压器2台，中控室操作站通过引至总降的通信网络，对总降实现遥测、遥信、遥控。35千伏进线1回（376鑫光水泥线）。

图3-2-10 鑫光水泥厂变电站

3. 联营稀土厂变电站

稀土厂35千伏变电站位于桐城镇程家庄村三级路边联营稀土厂内，由220千伏闻喜变电站供电。主变压器3台，总容量2540千伏·安（400千伏·安×1+1070千伏·安×2）。该站由运城供电局设计院设计，闻喜县电业局开发公司承建，于2004年8月建成投入运行，总投资310万元。

（三）退出运行的35千伏变电站

1. 35千伏有机化工厂变电站

35千伏有机化工厂变电站位于现海鑫钢铁集团厂区内，于1970年正式建成投运，主变压器1台，容量320千伏·安，系简易站，在35千伏单家营至七里店线路上“T”接。1992年，随着海鑫钢铁集团的扩建而退出运行。

2. 35千伏东镇变电站

35千伏东镇变电站位于原九五医院旁边，于1977年3月正式投产运行，主变压器3台，容量5400千伏·安（1800千伏·安×3），系简易站。因无法保证工、农业生产的电力供应，又地处东镇镇内，无法扩建改造，1986年1月30日，该站随着110千伏东镇变电站的投运而退出运行。

二、35千伏输电线路

（一）公用35千伏输电线路

截至2007年，闻喜县共有公用35千伏输电线路13条，线路长度116.05千米。其中20世纪60年代架设1条，70年代架设1条，80年代架设2条，90年代架设2条，进入21世纪后新建7条。

1. 35千伏375东烟线路（前段1~49号杆）

该线路1966年1月投运，由晋南电业局设计室设计，晋南电业局送变电公司承建，由晋南线路工区管理。1970年，由运城地区电业局线路工区管理，1985年移交闻喜县电业局。起点为110千伏东镇变电站，终点为35千伏烟庄站（东镇至礼元的1~49号杆），线路总长（前段）7.86千米，导线型号LGJ-50，混凝土杆47基，铁塔2基。

2. 35千伏363西七线路

该线路1978年1月投运，由运城地区电业局设计室设计，运城地区电业局送变电公司施工，运城地区电业局线路工区管理。1985年移交闻喜电业局。起点为110千伏西官庄变电站，终点为35千伏七里店变电站，线路总长4.6千米，导线型号（前段LGJ-50，后段LGJ-70），混凝土杆34基（2004年改建1基铁塔）。

3. 35千伏435阳隅线路

该线路1980年12月投运，由运城地区电业局设计室设计，运城地区电业局送变电公司施工。起点为35千伏七里店变电站，终点为35千伏阳隅变电站，线路总长14.27千米，导线型号LGJ-70，混凝土杆114基（后改造铁塔4基）。

4. 35千伏377河底线路

该线路1987年1月投运，由运城地区电业局设计室设计，运城地区电业局送变电公司施工。起点为110千伏东镇变电站，终点为35千伏河底变电站，线路总长10.91千米，导线型号LGJ-70，混凝土杆68基，铁塔4基。

5. 35千伏366郭家庄线路

该线路1990年12月投运，由运城电力设计院设计，运城地区电业局送变电公司施工。起点为110千伏西官庄变电站，终点为35千伏郭家庄站，线路总长9.96千米，导线型号 LGJ－70，混凝土杆 49 基，铁塔 4 基。

6. 35 千伏 364 裴社线路

该线路 1997 年 5 月投运，由运城电力设计院设计，运城地区电业局送变电公司施工。起点为 110 千伏西官庄变电站，终点为 35 千伏裴社变电站，线路总长 8.61 千米，导线型号 LGJ－95，混凝土杆 40 基，铁塔 2 基。

7. 35 千伏 393 闻七线路

该线路 2000 年 3 月对原东七线改造为闻七线路，5 月投运，由运城电力设计院设计，闻喜电力开发公司施工。起点为 220 千伏闻喜变电站，终点为 35 千伏七里店变电站，线路总长 4.95 千米，导线型号 LGJ－120，混凝土杆 16 基，铁塔 5 基。

8. 35 千伏 374 东闻线路

该线路 2000 年 7 月对原 374 东七线改造后为东闻线路，12 月投运，由运城电力设计院设计，闻喜电力开发公司施工。起点为 110 千伏东镇变电站，终点为 220 千伏闻喜变电站，线路总长 9.04 千米，导线型号 LGJ－120，混凝土杆 40 基，铁塔 6 基。

9. 35 千伏 378 礼元线路

该线路 2000 年 12 月投运，由运城电力设计院设计，运城供电局送变电公司施工。起点为 110 千伏东镇变电站，终点为 35 千伏礼元变电站，线路总长 8.55 千米，导线型号 LGJ－120，混凝土杆 41 基，铁塔 1 基。

10. 35 千伏 386 闻凹线路

该线路 2005 年 1 月投运，由运城电力设计院设计，闻喜电力开发公司施工。起点为 220 千伏闻喜变电站，终点为 35 千伏凹底变电站，线路总长 12.14 千米，导线型号 LGJ－120，混凝土杆 41 基，铁塔 14 基。

11. 35 千伏 424 裴河线路

该线路 2005 年 3 月投运，由运城电力设计院设计，闻喜县电业局开发公司施工。起点为 35 千伏裴社变电站，终点为 35 千伏河底变电站，线路总长 6.88 千米，导线型号 LGJ－120，混凝土杆 24 基，铁塔 9 基。

12. 35 千伏 387 柏林线路

该线路 2005 年 7 月投运，由运城电力设计院设计，运城供电局送变电公司施工。起点为 220 千伏闻喜变电站，终点为 35 千伏柏林变电站，线路总长 16.98 千米，导线型号 LGJ－120，混凝土杆 49 基，铁塔 20 基。

13. 35 千伏金鑫“T”接线路

该线路 2006 年 3 月投运，由运城电力设计院设计，运城供电局送变电公司施工。起点为 35 千伏 377 河底线 26 号杆处，终点为 220 千伏金鑫站，线路总长 1.3 千米，导线型号 LGJ－120，混凝土杆 9 基，铁塔 1 基。

（二）用户自备 35 千伏线路

截至 2007 年，闻喜县共有用户自备 35 千伏线路 4 条，线路总长 19.17 千米。

1. 35 千伏 388 第二水泥线路

该线路于 2002 年 3 月建成投运，由运城供电局设计院设计，闻喜县电业局开发公司施工，同年交闻喜县电业局管理。起点为220千伏闻喜变电站，终点为35千伏二水泥变电站。线路总长4.84千米，导线型号LGJ－120，混凝土杆25基，其中铁塔2基。

2. 35千伏376鑫光水泥线路

该线路于2001年10月建成投运，由运城供电局设计院设计，闻喜县电业局开发公司施工。起点为110千伏东镇变电站，终点为35千伏鑫光水泥变电站。线路总长6.35千米，导线型号LGJ－150，混凝土杆32基。

3. 35千伏365化肥厂线路

1995年4月建成投运，由运城供电局设计室设计，闻喜县电业局开发公司施工，由西官庄110千伏变电站出线，线路总长7千米，混凝土杆46基，导线型号LGJ－150。2000年6月化肥厂变电站改由闻喜220千伏变电站进线，365线改为备用线。

4. 35千伏399稀土厂线路

该线路于2004年8月建成投运，由运城供电局设计室设计，闻喜县电业局开发公司施工。起点为220千伏闻喜变电站，终点为35千伏稀土厂变电站。线路总长0.98千米，铁塔6基，导线型号LGJ－120。

（三）退出运行的35千伏线路

1. 35千伏东七线路

该线路于2000年7月退出运行，全线拆除。投资185.7万元，改造为东闻线。

2. 35千伏435阳隅线第二水泥厂“T”接线路

该线路于1991年8月建成投运，从35千伏435阳隅线24号杆处“T”接，线路总长0.24千米，混凝土杆5基，导线型号LGJ－70。2002年3月35千伏388线建成投运时，该线退出运行，全线拆除。

第三节　110千伏输变电工程

一、110千伏变电站

（一）公用110千伏变电站

截至2007年，闻喜县共有公用110千伏变电站4座，主变压器6台，容量为19.45万千伏·安。

1. 110千伏西官庄变电站

110千伏西官庄变电站（见图3－3－1）位于闻喜县城南3000米处，占地面积1.018万米^2，建筑面积500米^2。由晋南电业局设计室设计，山西省送变电公司承建。于1969年3月正式投产运行，主变压器1台，容量为7500千伏·安。

图3－3－1　110千伏西官庄变电站

1978年6月投资4万元进行增容，主变压器更换为1.5万千伏·安1台。

1991年11月，增加投运2号主变压器，容量为1.5万千伏·安，至此该站主变压器容量3万千伏·安（1.5万千伏·安×2）。

1996年12月，安装投运1组10千伏并联电容器，容量3600千乏。

1998年5月，更换2号主变压器。原容量由1.5万千伏·安增容为3.15万千伏·安，同年的11月，1号主变压器也更换为3.15万千伏·安。

1999年7月，又增加1组容量3600千乏的10千伏并联电容器。截至2007年，该变电站主变压器2台，总容量6.3万千伏·安（3.15万千伏·安×2）。安装电容器2组，总容量7200千乏。该变电站110千伏进线2回（163三七东线、164闸西线）。35千伏出线4回（363西七线、364西裴线、365化肥厂线、366郭家庄线）。10千伏出线9回（563三五三一线、564东吴线、565上郭线、567水源线，569出口厂线、511城西线、513市政线、514化肥厂线、515城东线）。

2. 110千伏东镇变电站

110千伏东镇变电站（见图3－3－2）位于东镇南街，占地面积1.2073万米^2，建筑面积300米^2，总投资293万元。1985年1月开始建设，1986年1月正式投入运行，隶属于运城地区电业局变电运行工区。一期工程装备主变压器1台，容量2万千伏·安。1999年增加2号主变压器，容量3.15万千伏·安。截至2007年，该变电站主变压器2台，总容量5.15万千伏·安（2万千伏·安×1＋3.15万千伏·安×1）。装有电容器2组，总容量9000千乏。110千伏进线6回（175绛东线、177闸东线、173晋西线、174三西线、176东古线、178海鑫线）。35千伏出线5回（377河底线、378礼元线、376鑫光水泥线、375东烟线、374东闻线）。10千伏出线14回（501东镇工业线、502五四一总部线、504九五医院线、505十分支Ⅱ线、506铁皮厂线、507礼元线、508铁路线、509三五三四线、573十分支Ⅰ线、575仁和线、576东鲁线、578六分支线、579五四一总医院线、577焦化厂线）。

图3－3－2　110千伏东镇变电站

3. 110千伏姚村变电站

110千伏姚村变电站（见图3－3－3）位于桐城镇姚村西南、大运高速公路以南。由运城电力设计院设计，运城送变电工程公司和河津小梁建筑工程有限公司十八处施工。于2005年6月12日开工建设，当年12月竣工投产运行。该站占地3055.25米^2，建筑面积为336.49米^2。主变压器1台，容量4万千伏·安。装有电容器1组，容量4800千乏。

110 千伏进线 1 回（姚西线）。10 千伏出线 8 回（534 神柏线、535 姚村线、538 城北线、542 联络线、543 城西大道线、545 高新区Ⅰ线、546 高新区Ⅱ线、547 玻璃园区线）。总投资 1415.89 万元。隶属闻喜县电业局管理。

该站按无人值班设计，二次设备采用分层分布式综合自动化装置，满足无人值班的功能要求。

图 3-3-3 110 千伏姚村变电站

4. 110 千伏石门变电站

110 千伏石门变电站（见图 3-3-4）位于石门村以南沟头村以北约 100 米处，占地面积 3800 米^2，建筑面积 200 米^2。由运城电力设计院设计，运城送变电公司承建，于 2007 年 12 月 28 日竣工投运。主变压器 1 台，容量为 4 万千伏·安（4 万千伏·安×1）。装有电容器 1 组，容量 4800 千乏。110 千伏进线 1 回（154 金石线）。10 千伏出线 3 回（5501 店上线、5503 玉玻线、5504 白家滩线）。隶属闻喜县电业局管理。

图 3-3-4 110 千伏石门变电站

（二）用户自备 110 千伏变电站

截至 2007 年，闻喜县共有用户自备 110 千伏变电站 5 座，主变压器 17 台，容量 49.45 万千伏·安。

1. 110 千伏海鑫公司变电站

海鑫公司拥有 110 千伏变电站 4 座，主变压器总容量达 29.85 万千伏·安。该公司有 3 条 110 千伏主供电线路，分别引自闻喜 220 千伏变电站，经闻海线双回接入北站；东镇 110 千伏变电站，经东鑫线单回接入南站；内部南、北站通过南北联络线互连，自备电厂经海电双回线并入北站，形成 110 千伏系统供电环网。2007 年，新建成 3 座 110 千伏变电站，其中一总降正在建设之中，二、三总降已具备送电条件。

（1）110 千伏南站。南站是该公司第一座 110 千伏变电站，于 1996 年 10 月 1 日投产。110/6 千伏主变压器 2 台，容量 4 万千伏·安，6 千伏出线 11 条，无功补偿容量达 7200 千乏。担负着炼钢厂、高线厂、棒材厂、烧结厂、办公楼、海鑫苑生活区的供电任务。

（2）110 千伏北站。北站于 2001 年 2 月 23 日投产。110/10 千伏主变压器 4 台，主变压器容量 14.3 万千伏·安；110/35 千伏主变压器 1 台，容量 3.15 万千伏·安。10 千伏出线 33 条，供二炼铁、二炼钢、鑫轧厂、焦化厂、烧结厂、原料厂、三炼铁用电；35 千伏出线 1 条供二炼钢精炼炉用电。

（3）110 千伏原料站（二总降）。原料站采用 110/10 千伏变压器 3 台，容量 12 万千伏·安。主要担负着新制氧、新原料、新烧结的供电任务。

（4）110 千伏钢铁站（三总降）。钢铁站是采用 110/10 千伏变压器 3 台，主变压器容量 15 万千伏·安；110/35 千伏变压器 1 台，主变压器容量 5 万千伏·安。主要担负着三炼铁、三炼钢的供电任务。

2. 晋丰公司闻喜分公司变电站

该变电站始建于 1995 年 4 月，1996 年 10 月建成投运。由运城地区电业局设计室设计，闻喜县电业局开发公司承建。主变压器 4 台，总容量 6400 千伏·安（1600 千伏·安 ×4）。站用变压器 1 台，容量 100 千伏·安。

2000 年 6 月，进行增容改造，从 110 千伏西官庄变电站改由 220 千伏闻喜变电站出线，原来的 4 台主变压器退出运行，新装 2 万千伏·安三卷变压器 1 台。

2002 年 9 月，再增 2 万千伏·安主变压器 1 台。

2005 年 4 月，再增 4 万千伏·安主变压器 1 台，并增加 2 台 480 千乏的电容器。截至 2007 年，该公司变电站主变压器 3 台，总容量 8 万千伏·安（4 万千伏·安 ×1 +2 万千伏·安 ×2）。

二、110 千伏输电线路

（一）公用 110 千伏线路

截至 2007 年，闻喜县共有公用 110 千伏输电线路 7 条，线路总长 93.225 千米。

1. 110 千伏东苗线

110 千伏东苗线由运城地区电业局设计院设计，运城送变电公司施工，运城地区输电工区管理。起点为 110 千伏东镇变电站，终点为夏县的 110 千伏苗村变电站，线路总长 33.964 千米。其中 1 ~60 号杆在闻喜境内，线路总长 15.635 千米，导线型号 LGJ－240，混凝土杆 58 基，铁塔 2 基。于 1995 年 6 月建成投运。

2. 110 千伏闻东线

110 千伏闻东线由运城地区电业局设计院设计，运城送变电公司施工，运城地区输电工区管理。起点为 220 千伏闻喜变电站，终点为 110 千伏东镇变电站，线路总长 7.618 千米。导线型号 LGJ－240，混凝土杆 28 基，铁塔 8 基。于 1999 年 11 月建成投运。

3. 110 千伏闻西线

110 千伏闻西线由运城供电局设计院设计，运城送变电公司施工，运城供电局输电工区管理。起点为 220 千伏闻喜变电站，终点为 110 千伏西官庄变电站，线路总长 10.384 千米，导线型号 LGJ－240，混凝土杆 27 基，铁塔 7 基。于 2003 年 3 月建成投运。

4. 110 千伏闻姚线

110 千伏闻姚线由运城供电局设计院设计，运城送变电公司施工，运城供电局输电工区管理。起点为 220 千伏闻喜变电站，终点为 110 千伏姚村变电站，线路总长 9.84 千米，导线型号 LGJ－240/30，混凝土杆 11 基，铁塔 28 基。于 2005 年 12 月 5 日建成投运。

5. 110 千伏金古线

110 千伏金古线由运城供电局设计院设计，运城送变电公司施工，运城供电局输电工区管理。起点为 220 千伏金鑫变电站，终点为垣曲县 110 千伏古堆变电站，线路总长 34.254 千米。1～61 号杆在闻喜境内，线路总长 16.351 千米，导线型号 LGJ－240/55，185/25，185/30，混凝土杆 31 基，铁塔 30 基。于 2006 年 12 月 22 日建成投运。

6. 110 千伏闻夏线

110 千伏闻夏线由运城供电局设计院设计，运城送变电公司施工，运城供电局输电工区管理。起点为 220 千伏闻喜变电站，终点为 110 千伏夏县禹王变电站，线路总长 33.239 千米。1～67 号杆在闻喜境内，线路总长 17.158 千米，导线型号 LGJ－150，185/25，185/30，混凝土杆 113 基，铁塔 26 基。于 2006 年 12 月 22 日建成投运。

7. 110 千伏石门支线

110 千伏石门支线由运城供电局设计院设计，运城送变电公司施工，运城供电局输电工区管理。起点“T”接于 110 千伏金古线路的 60～61 号杆处，终点 110 千伏石门变电站，线路总长 16.239 千米，导线型号 LGJ－240/30，混凝土杆 20 基，铁塔 33 基。于 2007 年 12 月 29 日建成投运。

（二）用户自备 110 千伏线路

截至 2007 年，闻喜县共有用户自备 110 千伏输电线路 12 条，线路总长 40.875 千米。

1. 海鑫公司闻海Ⅰ回（185 线）

2001 年 1 月建成投运，由运城供电局设计室设计，运城送变电公司施工。线路总长 5.9 千米，混凝土杆双回 23 基，导线型号 LGJ－300。

2. 海鑫公司闻海Ⅱ回（186 线）

2001 年 1 月建成投运，由运城供电局设计室设计，运城送变电公司施工。线路总长 5.9 千米，混凝土杆双回 23 基，导线型号 LGJ－300。

3. 海鑫公司东鑫线（178 线）

1996 年 10 月建成投运，由运城供电局设计室设计，运城送变电公司施工。线路总长 2.73 千米，导线型号 LGJ－185。

4. 海鑫公司金原Ⅰ回（154 线）

2007 年 7 月 4 日投运，由运城供电局设计院设计，运城送变电公司施工。线路总长 5.4 千米，混凝土杆双回 27 基，导线型号 LGJ－2×240。

5. 海鑫公司金原Ⅱ回（155 线）

2007 年 7 月 4 日投运，由运城供电局设计院设计，运城送变电公司施工。线路总长 5.4 千米，混凝土杆双回 27 基，导线型号 LGJ－2×240。

6. 海鑫公司金钢Ⅰ回（156 线）

2007 年 8 月投运，由运城供电局设计院设计，运城送变电公司施工。线路总长 3.85 千米，混凝土杆双回 18 基，导线型号 LGJ－2×300。

7. 海鑫公司金钢Ⅱ回（157 线）

2007 年 8 月投运，由运城供电局设计院设计，运城送变电公司施工。线路总长 3.85 千米，混凝土杆双回 18 基，导线型号 LGJ－2×300。

8. 海鑫公司南联络线（1035 线）

2002 年 3 月投运，由运城供电局设计院设计，运城送变电公司施工。线路总长 1.4 千米，混凝土杆双回 7 基，导线型号 LGJ－185。

9. 海鑫公司北联络线（1036 线）

2002 年 3 月投运，由运城供电局设计院设计，运城送变电公司施工。线路总长 1.4 千米，混凝土杆双回 7 基，导线型号 LGJ－185。

10. 海鑫公司海电Ⅰ回（1001 线）

2005 年 7 月投运，由运城供电局设计院设计，运城送变电公司施工。电缆沟架设，线路总长 0.68 千米，导线型号 LJLY－240。

11. 海鑫公司海电Ⅱ回（1002 线）

2005 年 7 月投运，由运城供电局设计院设计，运城送变电公司施工。电缆沟架设，线路总长 0.68 千米，导线型号 LJLY－240。

12. 晋丰公司闻喜分公司线路

2000 年 6 月建成投运，由运城供电局设计院设计，闻喜县电业局开发公司施工。起点为 220 千伏闻喜变电站，终点为 110 千伏晋丰公司闻喜分公司变电站。线路总长 3.685 千米，混凝土杆 25 基，铁塔 13 基，导线型号 LGJ－240。

第四节 220 千伏输变电工程

截至 2007 年，闻喜县有 220 千伏变电站 2 座，主变压器 4 台，总容量 66 万千伏·安；220 千伏输电线路 4 条，线路总长 59.527 千米（均为公用）。

一、220 千伏变电站

（一）220 千伏闻喜变电站

220 千伏闻喜变电站（见图 3－4－1）位于闻喜县城东 5 千米处桐城镇下阳村东，占地面积 2.94 万米^2，建筑面积 400 米^2，于 1999 年 11 月 20 日投运。该站由山西省电力勘测设计院和运城电力设计院设计，山西省电力公司、山西省供电承装公司承建，运城供电局变电运行工区管理。主要承担闻喜县和海鑫钢铁公司的供电任务。

2007 年，该站有主变压器 2 台，容量 30 万千伏·安（15 万千伏·安×2）。220 千伏系统为双母线带旁母（母兼旁）接线方式，有断路器 7 台，进线 4 回，与 500 千伏临汾变电站、220 千伏三家庄、金鑫变电站相连。110 千伏系统为双母线带旁母（母兼旁）接线方式，有断路器 11 台，出线 7 回。35 千伏系统为单母线分段带旁母接线方式，有断路器 19 台，出线 6 回。装有电容器 8 组，容量 5.8 万千乏。

图 3－4－1 220 千伏闻喜变电站

（二）220 千伏金鑫变电站

220 千伏金鑫变电站（见图 3－4－2）位于侯村乡寺底村，由山西省电力勘测设计院设计，山西省电网工程建设指挥部承建，山西省电力建设三公司第一工程队与山西省供电工程承装公司变电处施工，运城供电局变电运行工区管理，总投资 1.6 亿元，于 2006 年 12 月并网运行。该站占地 2.68 万米^2，建筑面积 350 米^2。主变压器 2 台，总容量 36 万千伏·安（18 万千伏·安×2）。主要接线方式为 220 千伏双母并列接线，110 千伏双母并列接线，35 千伏单母分段接线。该站共出线 3 回，主要为海鑫钢铁集团有限公司供电。

图 3－4－2 220 千伏金鑫变电站

二、220 千伏输电线路

（一）220 千伏新三线

220 千伏新三线由山西省电力勘测设计院设计，运城地区送变电公司施工，运城地区输电工区管理。起点为 220 千伏三家庄变电站，终点为 220 千伏新绛变电站，线路全长 65.284 千米。86～153 号杆在闻喜境内，线路总长 21.545 千米，导线型号 2×LGJ－185，混凝土杆 47 基，铁塔 20 基。于 1979 年 3 月建成投运。

（二）220 千伏闻三线

220 千伏闻三线由山西省电力勘测设计院设计，运城地区送变电公司施工，运城地区输电工区管理。起点为 220 千伏闻喜变电站，终点为 220 千伏三家庄变电站，线路全长

42.611 千米。1～38 号杆在闻喜境内，线路总长 12.37 千米，导线型号 2×LGJ－185，混凝土杆 30 基，铁塔 8 基。于 1998 年 8 月建成投运。

（三）220 千伏金闻线

220 千伏金闻线由山西省电力勘测设计院设计，运城供电局送变电公司施工，运城供电局输电工区管理。起点为 220 千伏金鑫变电站，终点为 220 千伏闻喜变电站，线路总长 10.677 千米，导线型号 2×LGJ－400/35，混凝土杆 64 基，铁塔 14 基。于 2006 年 12 月 22 日建成投运。

（四）220 千伏绛金线

220 千伏绛金线由山西省电力勘测设计院设计，运城供电局送变电公司施工，运城供电局输电工区管理。起点为 220 千伏绛县变电站，终点为 220 千伏金鑫变电站，线路全长 31.218 千米。1～39 号杆在闻喜境内，线路长 14.935 千米。导线型号 2×LGJ－400/35，混凝土杆 34 基，铁塔 5 基。于 2006 年 12 月 22 日建成投运。

第五节　电网建设与改造

一、农网改造

1998 年 10 月 6 日，国务院办公厅以国发［1998］134 号《转发国家计委关于改造农村电网、改革农电管理体制，实现城乡同网同价请示的通知》（简称“两改一同价”）。农村电网改造（简称农网改造）是自新中国成立以来首次进行的农网大改造，是一项“德政工程”、“民心工程”、“富民工程”。从 1999 年下半年起，一场在闻喜县委、县政府和运城供电局的领导和支持下，千余人参加的工程量最大、投资最多的农网大改造攻坚战，在闻喜大地全面展开。

（一）组织机构

闻喜县农网改造属于运城市城乡电网（简称“两网”）建设与改造工程的第一批范围。1999 年 5 月闻喜县委、县政府在人民会堂召开了由各乡镇、行政村、街道办事处、县直各单位的一、二把手，各企业的董事长、总经理参加的农网改造动员大会，并且成立了以县委常委、常务副县长为组长，闻喜县经贸局局长和闻喜县电业局局长为副组长，各乡镇有关职能部门行政一把手为成员的农网改造领导组。

1999 年 12 月 27 日，闻喜县电业局成立了“两网”改造领导组。组长由局长担任，副组长由书记、副局长、局长助理、开发公司经理担任。

“两网”改造领导组下设 8 个小组：安全监督把关组、质量监督组、工程预算组、废旧材料回收组、工程资料组、工程验收组、工程投标组、投标监督组。

（二）改造规模

闻喜县农网改造累计计划资金 1.073 亿万元，其中一期为 7044.36 万元，二期为 3681.93 万元。

（1）A 类工程（35 千伏及以上工程）。工程总共 13 项，其中新建成 35 千伏变电站 3

座，35 千伏线路总长 44.55 千米，增容改造变电站 5 座，改造 35 千伏线路总长 13.98 千米。累计批复资金 3030.95 万元，决算资金 3020.31 万元，审计资金 2139.51 万元。

(2) B 类工程（110 千伏工程）。10 千伏改造下达工程项目 45 项，累计批复资金 1984.2 万元，决算资金为 1691.03 万元，审计资金为 1484.07 万元。

(3) C 类工程（10 千伏以下工程）。农村中、低压改造工程下达工程项目 427 项，其中，新建和改造低压线路 1134.43 千米，改造配电台区 581 个，改造居民用户 7.85 万户村户改造覆盖率均达 96%。批复资金为 5991.62 万元，决算资金为 5849.8 万元，审计资金为 5832.23 万元。

（三）工程管理与实施

1. 工程管理

(1) 规划与设计。闻喜县电业局为了规划设计服务农网改造工程，使有限的资金发挥最大的经济效益，成立了以生产副局长为组长的 10 千伏及以下农网改造工程设计组。设计组针对闻喜县的现状，根据农网改造标准及各种技术规范下达项目计划。从设计概算到审核上报，从未延误过一天，从而保证了农网改造任务顺利完成。

(2) 安全施工。闻喜县电业局针对农网改造工程的重点，坚持“安全第一、预防为主”的方针，以“反违章、保人身”为主导，充分发挥安全生产保证体系的作用。由局领导和安教股长、农电股长组成安全检查组，保证每周不少于两天的现场安全检查，发现安全隐患，及时限期整改，使所有施工现场的安全始终处于受控状态。检查组在把好安全关的同时，还严格检查工程质量，不合格的工程坚决返工，而且跟踪整改。

(3) 工程质量。闻喜县电业局为确保工程质量，严把“四关”：

一是严把材料关。坚持做到“三不要”、“两统一”。“三不要”是没有国家生产许可证厂家材料一律不要，没有在山西省电力工业局注册厂家的材料一律不要，货送到经质检不合格的材料一律不要；“两统一”是定货厂家名称、签订合同和结算汇款地点相统一，发票价格、合同价格与农民见面价格相统一。

二是严把工艺关。监理部门严格按照国家制定的工艺质量标准，从工程设计图、技术要求、施工程序和施工中的注意事项进行全程监理。

三是严把施工关。工程监理小组对施工现场的安全作业环境、工程进度、工艺质量等监理监察。凡发现质量不合格，及时提出整改意见并下发整改通知单，施工单位按通知内容逐一整改落实，并填写缺陷回执单。

四是严把验收关。工程施工队递交竣工报告后，闻喜县电业局组织工程管理、工程设计、工程监理及运行单位、施工单位等专业人员对工程进行全面验收，指出存在问题，责令限期整改，经复验合格后方可移交运行单位。

严格的质量管理，确保了闻喜农网改造工程的质量。

(4) 物资供应。闻喜县电业局为了搞好物资供应，确保工程质量，在工程材料使用方面，严格执行省、地两级的招、投标制度。在上级部门选定的厂家范围内择优选用材料。对使用材料进行跟踪，杜绝价高质次的材料进入工程。具体的管理工作按照农网改造的实施办法进行。

(5) 资料管理。闻喜县电业局按照工程资料明细，以单项工程为单位，从整改申请、开工报告、设计图纸、工程预算、施工合同到“三措”（即组织措施、技术措施、安全措施）报告、竣工报告以及整改前后图纸等都逐一保存，做到整改一处，完善一处，验收一处，归档一处，确保工程资料的规范化管理。

2. 实施措施

(1) 以“三·三·三”思路，统领工作全局。闻喜县电业局以“农民舒心、政府放心、电力企业称心”的“三心”为目标，以“三型”为标准为解决投资规模不足和改造覆盖面的矛盾，因地制宜，按照“效益型、标准型、安全型”三种不同标准进行改造，最大限度提高覆盖面。以“三不”为要求，对施工队伍从严要求、规范管理，做到“不扰民、不增加农民负担、不增加农村负担”。

(2) 多策并进，全方位宣传发动。闻喜县委、县政府成立了农网改造领导组，形成县、乡、村三级领导体制，旨在依靠政府，加强对农网改造的领导和对农民的教育宣传力度；县委、县政府先后两次召开了动员大会。在全县 20 个乡镇分别召开了由各党支部书记、村委主任、分管用电副村长及村民代表参加的动员大会。充分利用电视台、报刊等媒体进行宣传，并出动宣传车跑遍了全县 342 个行政村，散发传单 10 万余份，做到了家喻户晓，妇孺皆知，为农网改造的顺利进行营造了浓厚的舆论氛围；首先选择基础好的革命老区神柏乡下丁村作为改造示范点。下丁村的成功改造，使周边乡镇、村庄的农民看到了农网改造带来的实惠，体会到了农网改造确实是“富民工程”。

(3) 强化施工管理，加快工程进度。闻喜县电业局为了保证工程进度，一是成立了 21 个施工队及 1000 人的施工队伍；二是举办业务培训班，根据点多、人多、面广、线长的特点，共举办了每期十天，共三期的培训班，施工人员经考试合格后再发给“上岗证”，方可参加施工；三是探索施工方法，根据山西省电力公司《农网改造工程管理办法》，对队伍组建、现场管理、进度管理进行重点探索和研究，摸索实施大兵团作战法、流水作业法、分片作业法、定人定活作业法等切实可行、科学合理的施工方法，使工程安全快速向前推进。

(4) 严格管理，合理使用资金。闻喜县电业局在下拨资金管理上，严格按照国家规定的“专户储存”、“专款专用”和“封闭运行”的要求，设立专户，严格资金调度和使用审批程序。工程预算、执行标准、取费等均按山西省电力公司晋电建字［2000］第 4 号文件执行。财务管理严格执行《山西省电力公司城乡电网建设改造工程财务管理及会计核算办法》，根据《企业财务准则》要求设置统一的会计科目，进行核算。

在自筹资金管理上，本着减轻农民负担的原则。农民的自筹款由各村民委员会统一收取，统一管理，统一支出。闻喜县电业局对其要求：一是严格收费标准（200 元/户），不准多收农民一分钱；二是严禁乱搭车、乱收费；三是要求各整改村统一在中标的厂家自行购买材料，不加一分钱，并且无偿安装；四是工程完工后，各村民委员会必须向农民张榜公布自筹款的使用情况，使农民的钱“掏的清楚，花的明白，用的实在”。

(5)“回头看”工作。2004 年，闻喜县电业局开展了农网建设与改造“回头看”工作，局领导高度重视，根据上级精神和文件要求召开了多次专门会议，从规划设计、工程管理、财务管理、物资管理、工程监理等各个环节对工程进行逐项检查，并抽调专人分头逐条线路、逐杆基、逐台区、逐村，对照图纸进行现场核对、对照设计要求检查工程质量，将存在的问题统一汇总，召开综合分析会，按类型分析存在问题的原因，具体制定详细的整改措施，并逐项进行整改及验收。通过“回头看”工作，农网改造工程更加规范。

（四）改造效益

（1）供电能力明显提高，保证了城乡供电。通过农网改造，闻喜县35千伏的供电能力大幅度提高、网架结构日趋完善；10千伏线路新建和改造，解决了以往线路的“卡脖子”现象，优化了配电网布局；低压配电网改造后更加合理，配电变压器全部安装到了负荷中心。

（2）改善供电质量，提供优质电能。通过农网改造，电压质量明显改善，客户末端电压由改造前的330伏/195伏左右达到合格水平；电压合格率由改造前的88%提高到96%；供电可靠率由改造前的90.2%提高到97.722%，为全县提供了优质的电能。

（3）供电量强劲增长，推动了县域经济发展。随着电源网架的合理布局及供电能力的大幅度提高，全县售电量由1999年的1.1亿千瓦·时增加到2007年的6.61亿千瓦·时，促进了全县经济发展。

二、县城电网建设与改造

（一）工程规模

2006年8月15日，根据运城供电分公司运供电字［2006］第450号文件，闻喜县城电网改造开始实施。具体工程规模为：改造8条10千伏支线，架空导线0.69千米，装设10千伏交联聚乙烯YJLV22－8.7/15－3×95电缆1.223千米，投资17.8112万元；改造台区12个，更换BLVW－95、BLVW－50型号导线13.9千米，投资33.8863万元。闻喜县城网改造项目20个，总投资51.6975万元。

1. 支线改造

东立交桥支线改造：由836道北工业3号分接箱至515城东线74号杆，线路总长0.41千米，采用10千伏交联聚乙烯YJLV22－8.7/15－3×95电缆，长0.13千米；架空导线为JKLYJ－70绝缘线，长0.28千米。

中社道北支线改造：由836道北工业5号分接箱至中社公用变台，总长0.14千米，采用10千伏交联聚乙烯YJLV22－8.7/15－3×95电缆，长0.14千米，拆除原架空导线0.1千米。

中社道南支线改造：由836道北工业6号分接箱至中社支线5号杆，总长0.175千米，采用10千伏交联聚乙烯YJLV22－8.7/15－3×95电缆，总长0.12千米，架空导线为JKLYJ－70绝缘线，总长0.18千米。

王顺坡支线改造：由836道北工业9号分接箱北至王顺坡分支1号杆，南至石油库分支1号杆，总长0.175千米，采用10千伏交联聚乙烯YJLV22－8.7/15－3×95电缆。

西立交桥东支线改造：由836道北工业11号分接箱至西城庄分接3号杆，总长0.28千米，架空导线为JKLYJ－70绝缘线，总长0.1千米，采用10千伏交联聚乙烯YJLV22－

8.7/15 -3 ×95 电缆，总长 0.18 千米。

供电所东支线改造：由 836 道北工业 14 号分接箱北至原支线，总长 0.06 千米，采用 10 千伏交联聚乙烯 YJLV22 -8.7/15 -3 ×95 电缆。

开发区支线改造：由 836 道北工业 15 号分接箱至开发区分 1 号杆，总长 0.13 千米，采用 10 千伏交联聚乙烯 YJLV22 -8.7/15 -3 ×185 电缆。

西立交桥支线改造：由 835 工业线 2 号分接箱至 513 市政线终端杆，总长 0.138 千米，采用 10 千伏交联聚乙烯 YJLV22 -8.7/15 -3 ×95 电缆。

2. 台区低压线路改造

苗圃 1 号台区低压线路改造 1.2 千米，导线采用 BLVW -95、BLVW -50，该台区共改造照明用户 200 户，投资 20.2719 万元。

苗圃 2 号台区低压线路改造 1.3 千米，导线采用 BLVW -95、BLVW -50，该台区共改造照明用户 300 户，投资 22.5974 万元。

北门道 1 号台区低压线路改造 2.0 千米，导线采用 BLVW -95、BLVW -50，该台区共改造照明用户 135 户，投资 23.9722 万元。

北门道 2 号台区低压线路改造 0.5 千米，导线采用 BLVW -95、BLVW -50，该台区共改造照明用户 20 户，投资 6.6372 万元。

党政街 1 号台区低压线路改造 2.1 千米，导线采用 BLVW -95、BLVW -50，该台区共改造照明用户 114 户，投资 30.001 万元。

电业局 2 号台区低压线路改造 0.4 千米，导线采用 BLVW -95、BLVW -50，该台区共改造照明用户 80 户，投资 18.3128 万元。

开发区 4 号台区低压线路改造 0.7 千米，导线采用 BLVW -95、BLVW -50，该台区共改造照明用户 104 户，投资 11.9689 万元。

道北路 1 号台区低压线路改造 1.7 千米，导线采用 BLVW -95、BLVW -50，该台区共改造照明用户 189 户，投资 23.6525 万元。

南城区台区低压线路改造 1.8 千米，导线采用 BLVW -95、BLVW -50，该台区共改造照明用户 181 户，投资 14.9764 万元。

乔庄 2 号台区低压线路改造 0.8 千米，导线采用 BLVW -95、BLVW -50，该台区共改造照明用户 50 户，投资 6.3559 万元。

桐城大道台区低压线路改造 0.9 千米，导线采用 BLVW -95、BLVW -50，该台区共改造照明用户 105 户，投资 18.3907 万元。

政府 4 号台区低压线路改造 0.5 千米，导线采用 BLVW -95、BLVW -50，该台区共改造照明用户 120 户，投资 2.9956 万元。

（二）改造效益

通过城网改造，闻喜县城供电网架结构日趋完善，解决了以往线路的“卡脖子”和供电半径不均匀现象，优化了配电网布局，合理了供电半径。同时也使电压质量明显改善，用户末端电压由改造前的 300 伏/185 伏左右达到合格水平；电压合格率由改造前的 88% 提高到 98%；供电可靠率由改造前的 91% 提高到 99%。

第四章　供　电　生　产

第四章 供电生产

闻喜电网自1966年建设以来，随着电网建设规模的不断扩大和发展，供电生产从运行到检修实现了“由单项分散到集中统一管理、由经验到规范性管理、由人工操作到自动化管理”的根本性转变。52年来，闻喜县电业局根据闻喜县的环境气候及负荷特点，积极做好输电、变电、配电网络设备的运行、维护和改造工作，努力提高科学技术水平，不断完善管理措施，基本实现了供电生产的安全可靠、经济高效、多供少损的目标。

第一节 供电设备管理

一、输配电线路管理

（一）6千伏线路管理

闻喜县境内的6千伏线路共有5条，全部集中在石门乡。分别是：1971年建设的石窑至柳林线路，导线型号LGJ－35，线路总长3.5千米；下玉坡村至上玉坡村线路，导线型号LGJ－35，线路总长2.5千米。1974年建设的胡家峪矿至石门线路，导线型号LGJ－35，线路总长3千米；石门至后川线路，导线型号LGJ－25，线路总长2千米。1976年建设的石门至店上村线路，导线型号LGJ－25，线路总长10千米；石门至西坪村线路，导线型号LGJ－25，线路总长15千米。由于这些线路全部由中条山有色金属公司供电，线路产权归各用电行政村，所以管理权限属中条山有色金属公司和各用电行政村。

（二）10千伏线路管理

1966～1984年，闻喜县电业局认真贯彻执行电力工业部颁布的《电力工业法规》、《电业安全工作规程》和《线路防护规程》等规程，对所辖10千伏线路的运行、维护、检修工作的管理，具体由生技股管理，电业服务站具体负责。主要任务是对10千伏线路进行不间断巡视，逐步建立线路技术台账，掌握线路的运行情况，及时发现缺陷，消除缺陷，确保线路安全运行。对线路的巡视方法有三种类型：①正常巡视，每两个月1次；②特殊巡视，在大风、大雪、大雾、大雨等特殊情况下，进行巡视；③事故巡视，对事故及接地故障按规定时间内查明原因，恢复送电。每年进行两次计划停电检修，即春检和秋检。春检一般安排在每年的3、4月进行，春检必须做到对10千伏线路要逐线、逐杆全面检查。检查的主要内容是：导线有无散股、断股和损伤；瓷瓶有无破损和散落；杆塔有无倾斜和裂纹；接地是否牢固，接地电阻是否符合要求；线路通道是否畅通。对于发现的缺陷统一汇总，及时消除。秋检主要是对污秽严重的10千伏线路以及有缺陷的线路进行重点检查消缺。春检、秋检过后，根据具体情况，组织各专业技术人员进行建章立制，逐步将管理向正规化轨道迈进。

1985 年，闻喜县电业局增设了农电股和乡镇电管站。由于内部体制的变化，管理职责也重新做了划分：生技股对 10 千伏线路进行宏观管理；县城区内 10 千伏线路由城市供电站具体负责其运行、维护和检修工作，主要线路有 10 千伏的城市、市政、城东 3 条线路；各乡镇电管站具体负责农村 10 千伏线路管理。其主要任务是：严格执行各种规章制度和技术规定，对所辖 10 千伏线路进行巡视和检修，确保各线路正常运行。

闻喜县电业局还修改完善了各种安全生产规章制度、记录、台账，并且完善了各级生产人员岗位责任制。

1988 年以后，根据山西省电力工业局的要求，闻喜县电业局开展了农网 10 千伏标准化线路的建设，组织各级人员认真学习标准，制定建设 10 千伏标准化线路的目标、措施，实施了大规模的整治和消缺。截至 1999 年底，所辖 10 千伏线路有 45 条达到了标准要求，达标率为 100% 。

2000 年 6 月，闻喜县电业局对所辖 10 千伏线路的管理职责进行了重新调整，生技股不再负责 10 千伏线路的管理工作。将 10 千伏线路管理职权分别移交给用电所和农电股。城区 10 千伏线路由用电所管理，城市供电站具体对线路的运行、维护、检修负责；农村 10 千伏线路由农电股管理，乡镇电管站具体对线路的运行、维修、检修工作负责。

2001 年 5 月 9 日，随着农电体制的改革，将原乡镇电管站改称为乡镇供电所，农村的 10 千伏线路移交供电所管理，其管理职责权限与原来相同。城区 10 千伏线路仍由城市供电站具体管理。

2002～2007 年，闻喜县电业局对所辖 10 千伏线路的管理更趋于合理化、科学化。在管理上完善了各种规章制度的编制工作，将 21 种制度汇编成册，制定了 10 种事故应急预案；在技术上，大力运用先进的科学技术，采用 GPS 卫星定位系统，绘制了 10 千伏线路地理接线图，将线路的参数及各种技术数据录入到地理接线图上，通过网络实现资源共享，随时都可以查到相关的技术数据，使 10 千伏线路管理逐步迈入了现代化管理的轨道。

（三）35 千伏线路管理

1977 年，运城地区电业局将闻喜境内的 35 千伏线路管理权限下放给闻喜县电业局。此后直至 2007 年，一直由生技股管理，线路班具体负责其运行、检修和维护工作。

35 千伏线路是闻喜县供电的动脉。35 千伏线路管理工作的主要任务是对线路运行进行巡视、维护、大修、改造和事故抢修等。为了确保其安全运行，闻喜县电业局从接收第一条 35 千伏线路管理起，始终严格执行了“安全第一、预防为主”的方针，严格执行各项规章制度，认真巡视、检修。从 1978 年起，先后配置了《电业安全工作规程》、《设备巡视检查制度》、《设备预防性试验规程》、《生产事故调查规程》、《架空线路技术规范》、《安全生产工作规定》等 18 种部颁规程，先后完善制定了《两票管理制度》、《防止高空坠落事故的措施》、《防止触电事故》、《关于加强生产工作现场纪律的规定》、《月度安全分析制度》、《重大危险源点管理办法》等 15 种规章制度，并在实际工作中不断完善提高，为 35 千伏线路的安全运行打下了坚实的基础。

闻喜县电业局对35千伏线路的运行巡视，始终坚持局长每年参与巡视一次，生产副局长和生技股股长每年参与巡视两次以上。巡视采用定点、定时、定量的方法进行，根据线路结构、特点及周围的环境进行。巡线员月初确定工作计划，月末落实工作计划的完成情况。在整个运行巡视过程中，具体的巡视方法有五种：①正常巡视，每月1次；②夜间巡视，每季1次；③登杆巡视，每年1次，结合春检、秋检进行；④事故巡视，在规定时间内赶到事发地点，查清事故及接地故障原因，消除缺陷，恢复送电；⑤特殊巡视，在大风、大雪、覆冰、雷雨、大雾、高温天气下进行巡视。

线路春检、秋检，是每年两次的正常维护工作，其维护检修的项目是按照设备的状况及巡视测试的结果确定的。周期标准是：绝缘子清扫1年1次，杆塔各部件紧固5年1次，污秽区清扫1年2次，严重地区适当缩短周期。杆塔倾斜扶正，并沟线夹紧螺丝1年1次，防护区内线路1年1次。根据季节变化，认真开展迎峰度夏“六防”检查和过冬“六防”检查，对检查出的问题，制定出切合实际的整改计划，限期整改落实。

线路大修，是依据线路运行状况，由闻喜县电业局以书面形式上报运城供电局，然后根据运城供电局批复的大修计划进行，其工作项目主要有更换导线、横担、绝缘子、避雷器、杆塔等。

线路改造，根据运城供电局下达的改进计划进行，其工作项目主要有：改变路径，更换更大截面导线，拆除迂回线路等设备整体或局部改进。

35千伏线路预防性试验检查项目及周期见表4－1－1。

表4－1－1　35千伏线路预防性试验检查项目及周期

项　目	周　期	要　求
混凝土构件缺陷情况	1年1次	根据巡视发现问题进行
绝缘子测试	2年1次	根据绝缘子劣化程度适当延长或缩短周期
铁塔金属基础、拉线地下部分锈蚀检查	5年1次	根据土壤腐蚀情况适当缩短周期
混凝土杆受冻情况检查： （1）杆内积水	1年1次	冻结前进行
（2）混凝土杆上冻情况检查		冻结时进行
导线连接器的测试检查： （1）铝线及钢芯线连接器	4年1次	巡视、登杆检查，根据实际情况适当延长或缩短周期
（2）不同金属连接器	1年1次	
（3）铝瓶沟线夹		
导线弛度、限距、交叉跨越距离的测量	1年1次	夏季巡视时测量根据结果决定
导线断股检查、防震锤及避雷线检查	1年4次	根据巡视及检修结果决定
杆塔接地电阻测试	1年1次	春季检修进行
防水、防冻、防火设施检查	1年1次	冬夏“六防”时进行

35 千伏线路缺陷大体分为三类：①属事故性缺陷的，巡线人员发现后，记入缺陷记录，立即填写缺陷通知单，上报生技股，由生技股通知调度，组织生技、线路有关人员确定方案，组织力量 24 小时内处理完毕；②属重大缺陷的，巡线人员按以上程序登记汇报，由生技股在 2 ~5 天内安排人处理完毕；③属于一般性缺陷的，巡线人员巡线后记入记录，填写报告单，上报生技股，列入月度检修计划，由线路班完成。缺陷消除后，生技股组织验收，履行签字手续，将消除缺陷情况记入有关台账，月底写出消除缺陷技术分析报告和整改计划，经生产副局长审核后，于次月 5 日前上报运城供电局。

2002 年，随着电网改造的进行，对所辖 35 千伏线路进行了改造，按照“标准化线路”建设标准，进行消除缺陷规范整治，并配置了合格的标示牌。截至 2007 年底，共建设“标准化”线路 43 条，达标率 100% 。同时，加快了现代化管理的步伐，对 35 千伏线路用 GPS 卫星定位系统进行了定位测量，绘制了 35 千伏线路地理接线图，并将各线路的参数与技术数据录入其中，实现了资源共享，使线路的监测手段得到了提高，为线路的安全运行奠定了牢固基础。

二、变电管理

（一）变电运行

1968 ~1975 年，闻喜县电业局变电运行管理工作由生产技术组负责。1976 ~2007 年，变电运行管理工作由生技股负责，生技股设专责 1 名，具体管理变电运行日常工作，由各变电站值班人员负责本站运行维护管理。变电运行人员的值班方式，在 1980 年前为两班制，1980 年以后为三班制，每班由两人组成：一人为主值班员，一人为副值班员。值班的主要任务有：①24 小时监盘抄表；②每天进行 4 次全方位的设备巡视，每月 5 日、15 日、25 日的 22 时，由站长组织人员，对全站设备进行闭灯夜间巡视；③完成计划内或临时性的各种倒闸操作；④处理各类事故；⑤严格执行调度命令和各种规程制度。

1966 年，闻喜电网开始形成，境内有 35 千伏变电站 1 座。为了搞好变电运行管理工作，确保设备安全运行，使各项工作有章可循，闻喜县电业管理所为变电站配齐了各种工作规程，如《电业安全工作规程》、《电力工业法规》、《变压器运行规程》、《电力电缆运行规程》等，这些规程制度的配备，对保障安全生产，防止事故的发生起到了重要作用。

1970 ~1980 年，随着辖区内变电站的增多，又逐步地对规程制度、记录、台账等做了进一步的完善。

1983 年企业整顿后，各项工作均逐步走入了正规化管理轨道，闻喜县电业局又先后配制了《变电站安全管理制度》、《变电运行管理制度》、《缺陷管理制度》 等 10 种制度，并且建立健全了各种记录、台账、报表及图案。

1984 年 6 月，山西省电力工业局颁发了《变电运行管理制度汇编》，进一步明确了变电站各级人员的岗位责任制，对变电运行人员的值班标准做了明确规定，使变电站的安全、可靠、经济运行水平得到了进一步提高。

1986 年，运城地区电业局下发了《先进变电站评比办法》，依照该办法，闻喜县电业局对辖区内的 3 座 35 千伏变电站进行了综合治理。经过努力，35 千伏七里店变电站、阳隅变电站均被山西省电力工业局农电局评为“先进变电站”。

1987年4月，运城地区电业局颁发了《农网变电运行管理实施细则》。

1988年7月，山西省电力工业局农电局颁发了《农网标准化管理标准汇编》。闻喜县电业局生技股组织相关人员进行了认真学习，在辖区3座35千伏变电站开始了标准化建设，制定了严格的实施计划和措施，从安全管理、设备管理、运行管理、技术管理、技术培训、文明生产六个方面进行了大力整治。按照运城地区电业局颁发的《农网变电运行管理实施细则》的要求，逐步对照，条条落实。经过整治，使变电设备的健康水平得到了提高，各种管理制度、记录、台账、图表得到了进一步的规范。

1989年，35千伏七里店变电站、阳隅变电站、河底变电站被山西省电力工业局命名为“省标准化变电站”。

1990~1994年，为了加强变电运行管理，进一步提高运行人员的管理水平和业务素质，运城地区电业局先后在35千伏姚温变电站进行了两次4批强化培训，全体运行人员都取得了较好的成绩，受到了领导的好评。同时，生技股根据运行人员的实际水平制定了切合实际的培训计划，要求每月进行一次技术讲座、一次技术问答、四次事故预想、一次反事故演习。由技术培训员或站长对每个运行人员进行一次现场考问。通过各种培训，运行人员均能正确执行工作票和倒闸操作，能够准确地分析设备运行状况，能及时发现故障和排除故障，并且熟练地掌握一般的维护技术。

1995年，闻喜县电业局对变电站实行了标准化管理。35千伏郭家庄变电站被运城地区电业局命名为“红旗变电站”。

1998年，为了改变变电运行管理现状，逐步实现现代化管理，闻喜县电业局对35千伏郭家庄变电站进行了科学技术改造，运用了大量的高科技技术。同年4月，35千伏郭家庄变电站首次实现了无人值班。

2001~2007年，结合山西省电力公司关于创建《一流变电站考核细则》要求，闻喜县电业局对辖区内8座35千伏变电站进行了一流建设，按照新的要求和标准，从设备管理、技术台账、规程制度、标识牌的安装规范、站容站貌等方面进行综合治理，实现了预期目标。同时，根据变电运行管理方式的改变，设备高新技术的运用，制定了变电运行人员倒闸操作和设备巡视行为规范；编制了倒闸操作作业指导书、设备巡视作业指导书，修订完善了工作票执行流程、安全管理流程、变电运行工作管理流程、工器具配置和管理流程、设备巡视流程、缺陷管理流程等。各项工作实现了全方位的可控、在控管理，使变电运行工作有条不紊的正确进行。2005年6月，随着35千伏柏林变电站的建成投运，闻喜县的8座35千伏变电站全部实现了无人值班。截至2007年，经过山西省电力公司验收，8座35千伏变电站全部被评为“一流变电站”。

（二）变电检修

变电检修工作，是提高变电设备健康水平，保证变电设备安全可靠运行的重要工作任务。闻喜县电业局认真贯彻了“预防为主，安全第一”的方针和“应修必修，修必修好”的原则。51年来，各级管理人员和变电检修人员，为设备健康水平的逐年提高，为系统的安全、可靠、经济运行做出了很大贡献。

1. 机构与制度

1966～1975 年，闻喜县电业局的变电检修工作，由生产技术组负责，检修班进行具体管理。

1970 年，闻喜县供电局对建章立制非常重视，相继制定了《电业安全工作规程》、《电气设备预防性试验规程》，配置了变压器、断路器、电压互感器、电流互感器等检修技术导则。此后，又逐年增添了一些规程制度。

1976 年，闻喜县电业局的变电检修管理工作，由生技股负责，检修班进行具体管理。

1983 年，经过企业整顿后，各项规程制度步入正规化轨道，开始大量建章立制。先后制定了《供电设备检修管理制度》、《供电单位各级人员检修责任制》、《电气设备交接和预防性试验标准》等有关工艺标准。

1990 年，每年根据设备运行状况和特点，结合实际工作性质，组织人员制定了《防误闭锁管理制度及办法》、《继电保护防误接线、防误整定、防误碰措施及管理办法》、《大修工程管理制度》、《电气设备绝缘监督制度》、《防污闪管理制度》、《SF_6 电气设备安全防护标准》、《带电测试管理制度》等 19 种规程制度。

2005 年，35 千伏变电站全部实现无人值班后，变电检修由生技股和通调股负责。生技股下设检修班、巡检班。检修班具体负责变电一次设备的检修、维护、试验和清扫工作，变电二次设备的检修、维护、试验和清扫工作。巡检班具体负责变电站的巡视工作。通调股下设通信班，具体负责自动装置远动设备工作。

2005 年，为了进一步加强变电检修管理工作，规范各种工作程序，闻喜县电业局组织专业技术人员，结合变电检修工作任务的特点，制定了《变压器大修标准化作业指导书》、《SF_6 断路器机构大修标准化指导书》、《35 千伏、10 千伏真空断路器小修标准化作业指导书》、《电流互感器更换或检修标准化作业指导书》等 16 种作业指导书。又根据每年春检的工作量和特殊性，针对性地制定了《春检作业指导书》，同时编制了各项工作流程、工作程序卡、检修质量卡，使检修工作走向了标准化、现代化管理。

2005～2007 年，闻喜县电业局一直按照国家电网公司国家级一流县的标准要求，搞好变电检修工作。

2. 设备检修

变电检修任务是对所辖变电站一、二次设备及公用系统等进行维护和检修，对变电设备按周期进行预防性试验，对开合和保护设备进行传动试验。

设备检修管理工作归生技股，主要工作任务是：主变压器、主变压器温度计、气体继电器、压力释放阀二次接线，主变压器油位指示器检修维护，主变压器端子箱从端子接线开始至控制室，主变压器一次设备安装、维护及检修、清扫、高压试验工作，有载调压机构机械部分及内部接线等维护工作；35 千伏及 10 千伏断路器本体、机构检修、高压试验工作，具体到断路器设备充气、更换分合闸线圈、机构内部继电器及二次线工作，自动装置调试及回路各种控制、切换断路器的更换、维修，35 千伏断路器电流互感器改变变比工作；35 千伏及 10 千伏电压、电流互感器安装、检修维护、绝缘电阻及耐压试验，二次接线从本体到机构箱（端子箱）端子排上工作。从端子排到控制室公用屏（电能表屏），电流互感器升流传动试验工作。

检修班的主要工作：35 千伏及 10 千伏避雷器及计数器安装、检修、试验等所有工作及消谐器检修工作；35 千伏及 10 千伏隔离断路器的安装、检修、试验等所有工作及操作机构、辅助断路器的检修维护工作；35 千伏及 10 千伏站用变压器、站用变压器的高压跌落断路器、站用变压器端子箱、站用变压器至控制室交流屏电缆的安装、检修、试验工作；变电站断路器接地及开挖检查、试验、检修维护工作；交流屏内主交流维护回路维护，控制室交流屏各分超级大支控制回路断路器、灯具、线路检修、维护工作；室外检修电源箱、风机交流回路维修工作；室外设备端子箱安装、检修，检修电源箱内隔离断路器、空气断路器检修、更换及回路检修工作；室外控照明灯、高压室内换气扇及回路检修维护工作；注油设备的简化、色谱油样的提取及送检工作；控制室内直流屏设备及仪表检修、校验，灯具更换工作，直流蓄电池维护、检修、测试、清扫、更换工作；控制室空调及回路的维护检修工作；变电站防误闭锁机械部分的检修维护或更换工作；直流屏硅整流切换装置的检修维护工作，交流屏双电源切换控制装置检修工作；控制室及高压室内校验、调试、检修及维护、清扫工作；控制室控保屏控制断路器及“远方—就地”断路器检修和更换工作；主站扩频柜及数据线、通道柜端子排检修维护工作；主变风机的保护启动回路检修、维护工作；变电站“五防”闭锁装置的检修维护，变电站电压互感器并列控制装置的检修维护工作；电流互感器升流传动、二次回路检修工作；主变压器端子箱及断路器端子箱内隔离断路器、断路器更换、检修工作；自动装置的校验、更换、维护。

变电站检修工作除了每年一次的春检预防性试验外，还有正常维护、定期大修和临时性检修三个方面。正常维护是指对所辖变电一、二次设备定期进行检查维护，一般结合春检进行。定期大修是指对设备进行周期性检修。临时性检修是指对设备的紧急故障、事故或其他缺陷进行的临时检修处理或更换。

通调股的主要工作任务是自动装置维护、远动设备检修。

通信班的具体工作：主站设备的电源及通信设备的检修维护工作；主变压器有载调压的远方操作控制部分工作；变电站遥视系统的检修维护工作；通信机房设备维护、清扫工作；变电站通信设备及通道检修维护工作。

3. 设备缺陷管理

1968 年以来，闻喜县电业局十分重视设备缺陷管理工作，建立了缺陷管理制度和办法，形成了从发现、上报到处理一套较完整的缺陷管理网络。

1983 年企业整顿后，又重新修定了缺陷管理制度。设备的缺陷管理过程实现了全方位闭环，即发现缺陷──→缺陷登记──→缺陷汇报──→缺陷分类──→处理安排──→缺陷处理──→现场消缺──→检查验收。

每年结合春检，对所辖设备按照《供电设备评级标准》，由生技股组织，参加人员有各专责、运行人员、调度人员、检修人员、自动化管理人员，针对设备的运行状况和各种技术试验数据，将设备分为一、二、三类设备。一、二类设备为完好设备；对三类设备应根据其缺陷情况，制定出升级改造计划和措施，并限期落实，专人负责。在检修人员的精心检修下，1996 ~ 2007 年，设备的完好率均为 100% 。

闻喜县电业局设备缺陷管理流程如图4－1－1所示。

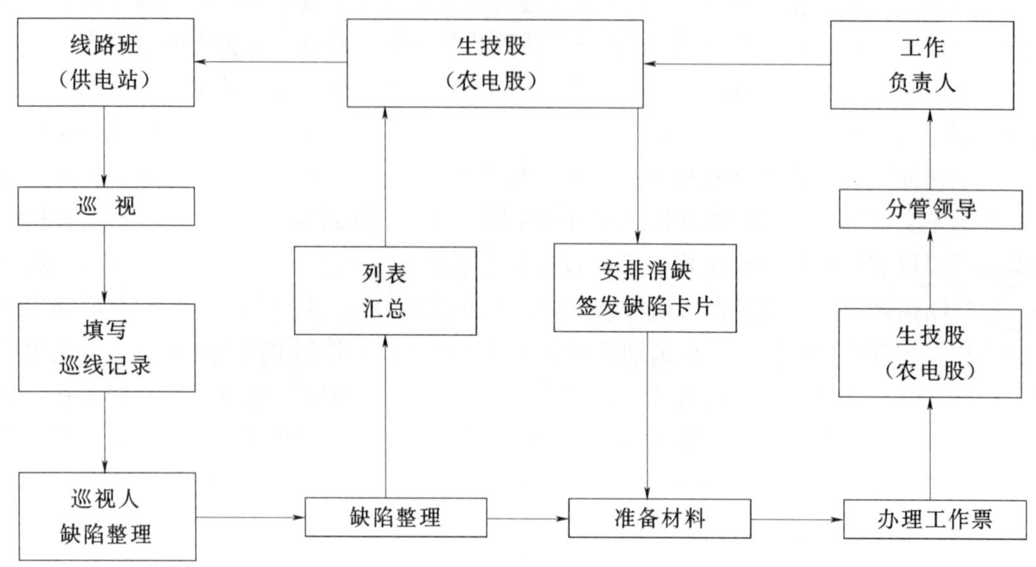

图4－1－1 闻喜县电业局设备缺陷管理流程图

三、电压与无功管理

（一）组织机构与管理

1980年以前由于技术落后，社会对电能质量要求不高，电压无功管理机构不健全，管理不到位，主要方法是调度依据负荷大小，改变运行方式和投退变压器来提高电压的质量。尽管取得了一些效果，但是根本达不到预想的目的。

从1980年开始，闻喜县电业局加强了电压与无功管理工作，建立健全了组织机构、工作制度及管理考核办法，实行了分级管理方式。同时开始在一些变电站、部分10千伏线路和一些大用户相继安装了无功补偿设备，在35千伏变电站的10千伏母线及35千伏用户受电端，相继设立了电压监测点。

1981年，闻喜县电业局为了加强电压与无功管理，成立了电压、无功管理领导组。领导组设组长1人，由局长担任；副组长4人，由书记、生产副局长（常务）、用电副局长、农电副局长担任；成员6人，分别由生技股长、用电所长、农电股长、生产专工、用电专工、农电专工担任；设电压与无功专责1人。

同年，闻喜县电业局在贯彻水电部颁发的《电力系统和无功电力管理条例》和山西省电力工业局《实施细则》的基础上，并按照运城地区电业局的要求，组织人力对全局的电压、无功现状进行调查，并在当年4月制定出了《闻喜县解决电压及无功补偿措施》。在此后的4年内，认真执行运城地区电业局的电网无功补偿标准，每千瓦0.6～0.7千乏的无功补偿，并在新建变电站时，尽量选用了有载调压变压器。通过以上设备及技术手段，对系统进行无功补偿，提高了电压质量。

1990～2007年，闻喜县的国民经济飞速发展，尤其是工业发展迅猛，对电压质量要求越来越高，为了确保电网的安全、可靠、经济运行，闻喜县电业局的电压、无功管理逐步走向了规范化，为了适应新形势、新要求，采取的具体办法如下。

1. 调整了无功电压管理领导组

组长由局长担任，副组长由党支部书记、2名副局长担任，成员3人，专责1人，兼职专责由用电、通调、生技、农电各1人，各供电所设专责1人。

2. 进一步明确了各部门的职责

（1）生技股是全局专业管理的牵头部门，主要负责35千伏变电站的无功电压管理。巡检班负责各变电站电容器的维护，对损坏电容器按一类缺陷处理，确保完成电容器可投率指标。

（2）检修班负责35千伏及以上变电站无功的及时投切和电压调整、自动化变电站电压监测仪（A类）维护、抄表、报表及分析，完成A类电压合格率指标及电容器投运率指标。

（3）用电所负责用户的电压无功管理，大用户班负责监督用户无功的及时投运，B、C类电压监测仪表维护、抄表、报表及分析，完成B、C类电压合格率指标。报装专责负责新上用户无功配置，对不安装补偿设备新上用户，不予验收送电，且新上用户力率不低于0.95。计量班负责全公司电压监测仪表计的安装校验。

（4）农电股负责各供电所管辖范围内电压无功管理工作，对10千伏线路、配变加装无功补偿，并负责全公司D类电压监测仪表维护、抄表、报表及分析，完成D类电压合格率指标。

（5）各供电所在农电股管理下负责所辖范围内无功补偿、电压监测仪的安装、运行、维护以及抄表、报表、分析和电压巡测工作。

3. 严格执行电压质量标准

（1）变电站10千伏母线正常运行方式下的电压运行，偏差为系统额定电压的0～+7%，即10～10.7千伏。

（2）35千伏以上用户供电电压正、负偏差绝对值之和不超过额定电压的10%。

（3）10千伏及以下三相供电的用户电压允许偏差为额定电压的+7%，即9.3～10.7千伏及353.4～406.6伏。

（4）220V单相供电电压允许偏差为额定电压的+7%～-10%，即198～235.4伏。

4. 细化功率因数标准

变电站应合理配置适当容量的无功补偿，变电站在主变最大负荷时，其一次侧功率因数应不低于0.95，在低谷负荷时功率因数标准应不高于0.95；35千伏以上供电的电力用户同变电站一样标准，100千伏·安以上10千伏供电的电力用户，其功率因数宜达到0.95以上，其他用户宜达到0.9以上，并应具备防止向电网反送无功电力的条件。

5. 合理设置电压质量监测点

供电电压质量监测分为A、B、C、D四类监测点，各类监测点每年应随供电网络进行动态调整。

A类　带运城供电局供电负荷的10千伏母线。考核点为2个，分别是110千伏西官庄变电站的和姚村变电站的 10 千伏母线，闻喜县电业局的考核点 15 个，为变电站的 10 千伏母线。

B 类 35 千伏专线供电和 110 千伏及以上供电用户端电压，考核点 2 个，分别为二水泥和稀土厂。

C 类 35 千伏非专线供电和 10 千伏及以上供电用户端电压，每 10 兆瓦负荷至少应设 1 个电压质量监测点，考核点 2 个，分别为华瑞公司和宏伟玻璃厂。

D 类 380V/220V 低压网络和用户端电压，每百台配电变压器至少设 1 个电压质量监测点。监测点应设在有代表性的低压配电网首末两端和部分重要用户。考核点 18 个，分布在 14 个供电所。

6. 规范工作质量标准和流程

（1）电压无功专责：每年 12 月总结本年工作，下达下年工作计划、分解下年指标；组织召开季度分析会，做好会议记录，总结季度分析报告，每月统计指标完成情况，每季根据考核办法考核到位；每月协调各部门之间的工作，汇总各股室报表，将分析结果月底前报分公司有关科室，并根据存在的问题汇报领导组，研究后制定整改措施。

（2）生技股要完成变电站电容器的可用率达到 98% 指标，处理损坏电容器的时间不超过 24 小时，并负责变电站电压监测表计的安装、调试，完好率达到 100%；兼职专责每月 27 日前，将本月 35 千伏变电站和 110 千伏西官庄变电站的电容器可用率、投运率报表、分析进行汇总上报分公司，电容器台账健全并及时更新。

（3）通调股根据负荷及时调整主变分头以保证合格电压，投切电容器，兼职专责每月 25 日，及时对 35 千伏变电站的电压监测表进行抄表、计算，并于 27 日前将本月 A 类电压合格率报表、分析报至生技股汇总，负责 A 类电压合格率和电容器投运率指标的完成。

（4）用电所对全局的用户无功电压进行管理，负责 B、C 类电压监测表计的调试、安装、维护、抄表，指导用户进行无功补偿，及时投运，不允许用户向系统倒送无功。兼职专责每月 25 日及时对 B、C 类电压监测仪进行抄表，完成 B、C 两类电压合格率的完成并报至生技股进行汇总，建立用户无功台账，半年更新一次，建立用户每月电容器可投率、投运率报表。计量班负责所有电压监测表校验工作，保证表计准确率 100%。

（5）农电股负责各供电所所辖范围的无功电压管理、报表工作。各供电所每月 25 日抄录各所电压监测表，26 日将报表、分析报至农电股专责处，27 日农电股专责汇总报表报至生技股进行汇总，同时上报各所无功安装、可投、投运报表及无功电压分析；负责 D 类电压合格率指标的完成，并及时调整 D 类各监测点的监测位置，建立电压监测表、无功台账（分用户和公用变台），并及时更新。

7. 严格考核制度

（1）25 日未及时抄表或抄表不准确的，每次扣所在股室季度奖 100 元；27 日截至下午 6 点钟未及时报表和分析的，每次扣所在股室季度奖 100 元。

（2）电容器损坏超过 24 小时未处理，每超一天，扣生技股季度奖 50 元；调度未及时报告，致使故障延缓处理，每延缓一天，扣调度班季度奖 50 元。调度员未及时投切电容器致使35千伏变电站从主网站大量吸收无功，或未及时调压致使电压合格率未完成指标，每次扣调度班季度奖100元。

（3）新增用户未安装补偿或力率达不到0.95要求的用户投运，每有一户扣用电所季度奖50元；用电所未及时汇总，延误报表，每迟一天扣50元。

（4）各股室未完成所负责的电压、无功指标，每降低一个百分点，扣该股室100元季度奖。

（5）在生技股的牵头下，各股室要密切配合，协调工作，对安排的工作应积极主动，不得推诿应付，按质按量完成，对不配合工作者酌情处罚。

（6）电压无功实行月统计季度考核兑现，每季度末对考核情况报企管办，企管办统一兑现。

（二）有载调压与无功补偿

截至2007年，闻喜县共有110千伏及以上公用变电站总计6座，主变压器10台，容量85.45万千伏·安，且全为有载调压变压器；35千伏变电站8座，主变压器13台，容量合计8.035万千伏·安，其中有载调压变压器9台，有载调压比例为69.23%。公用110千伏及以上变电站共安装并联电容器3组，容量合计12兆乏；35千伏变电站共安装并联电容器13组，容量合计12.3兆乏；用户电容器补偿容量，其中高压用户补偿容量为28.14兆乏，低压用户补偿容量为19.1兆乏。

110千伏姚村变电站：2005年11月30日投运，主变压器容量40000千伏·安×1，为有载调压，电容器容量4800千乏，并联在变电站10千伏母线上。

35千伏柏林变电站：2005年7月1日投运，主变压器容量8000千伏·安×1，为有载调压，电容器容量1500千乏，并联在变电站10千伏母线上。

35千伏裴社变电站：1997年5月25日投运，主变压器容量8150千伏·安（5000千伏·安×1+3150千伏·安×1），为无载调压，两组电容器容量分别为900千乏和600千乏，分别并联在变电站10千伏母线上。

35千伏礼元变电站：1号主变压器容量6300千伏·安，2000年12月8日投运，为有载调压；2号主变压器容量8000千伏·安，2002年10月投运，为有载调压。两组电容器容量分别为900千乏和1200千乏，分别并联在变电站10千伏母线上。

35千伏河底变电站：1号主变压器容量4000千伏·安，2005年6月21日投运，为有载调压；2号主变压器容量6300千伏·安，2004年8月投运，为有载调压。2组电容器容量分别为600千乏和1200千乏。

35千伏凹底变电站：2005年2月2日投运，主变压器容量8000千伏·安，为有载调压，1组电容器容量为1200千乏。

35千伏阳隅变电站：2002年10月投运，主变压器容量5000千伏·安，为有载调压，1组电容器容量为600千乏。

35千伏郭家庄变电站：主变压器容量1.03万千伏·安（6300千伏·安×1+4000千伏·安×1），1998年4月投运，为无载调压，两组容量均为600千乏的电容器。

35千伏七里店变电站：1号主变压器容量6300千伏·安，2000年4月14日投运；2号主变压器容量10000千伏·安，2003年4月投运，为有载调压。2组电容器均为1200千乏。

（三）电压监测点

截至2007年，闻喜县电业局共设置电压监测点33个，其中：

A类监测点10个：110千伏西官庄变电站，于2007年9月在10千伏母线处设置电压监测点1个；110千伏姚村变电站，于2006年11月在10千伏母线处设置电压监测点1个。35千伏变电站8座，分别为35千伏七里店变电站、35千伏凹底变电站、35千伏阳隅变电站、35千伏郭家庄变电站、35千伏河底变电站、35千伏裴社变电站、35千伏柏林变电站、35千伏礼元变电站，于2006年7月分别在各自10千伏母线处设置电压监测点1个。共计10个监测点。

B类监测点2个：35千伏供电用户专线2个，分别是35千伏399线稀土厂和35千伏388线的二水泥，于2007年9月分别设立电压监测点，以监测35千伏母线电压的合格率，满足B类电压监测点的设置要求。

C类监测点2个：10千伏供电用户共计配电变压器683台，容量69458千伏·安，负荷约为2万千瓦，按每万千伏·安负荷设1个监测点，应设2个监测点，安装2块电压监测仪。分别于2007年9月在华瑞公司、宏伟玻璃厂设置2个电压监测点，以监测10千伏专线电压的合格率，满足C类电压监测点的设置要求。

D类监测点18个：公用低压配电变压器1596台，按每百台配电变压器设1个监测点，应设16个监测点，实际设了18个监测点。其中城网320台，配电变压器于2007年9月设了5个；农村网1276台，配电变压器于2001年10月设了13个，分别安装在负荷集中的低压用户端，以监测220伏、380伏低压用户电压的合格率，满足D类电压监测点的设置要求。2007年闻喜县农村电网电压检测点分布情况见表4-1-2。

表4-1-2　2007年闻喜县农村电网电压监测点分布情况

序号	类别	安装位置	表计型号	备　注
1	A	七里店变电站10千伏母线	电压谐波监测	生技股负责安装，抄表、维护
2		凹底变电站10千伏母线		
3		阳隅变电站10千伏母线		
4		郭家庄变电站10千伏母线		
5		河底变电站10千伏母线		
6		裴社变电站10千伏母线		
7		柏林变电站10千伏母线		
8		礼元变电站10千伏母线		
小计　8个				
1	B	第二水泥厂	DT5/G	大用户班负责抄表、维护
2		稀土厂		
小计　2个				

续表

序号	类别	安装位置	表计型号	备　　注
1	C	宏伟玻璃厂	DT5/G	大用户班负责抄表、维护
2		华瑞公司		
小计　2个				
1	D	电影院	DT5/G	农电股及各供电所负责安装，抄表、维护，D类安装应在用户处，城市的4个点统一归农电股管理
2		开发区3号		
3		五金厂		
4		招待所		
5		交警队		
6		梨凹村	DT1－GK	
7		大泽村		
8		南王村		
9		北白石2号		
10		刘古庄		
11		刘古庄		
12		上镇村		
13		裴柏		
14		七里店		
15		西凹底		
16		下岭后		
17		西宋村		
18		七里坡村		
小计　18个				
合计　30个				

第二节　供 电 范 围 及 负 荷

一、供电范围

（一）农业

1960年10月1日，闻喜发电厂投产后，供县城附近的两个公社的极少部分农村用电。

1966年2月，35千伏七里店变电站投运，供电范围包括岭西东、下丁、下阳、城关、郭家庄等五个公社的部分农村用电。

1969 年，110 千伏西官庄变电站投运，供电范围包括西官庄、裴社、河底、五七、酒务头、白石、后宫七个公社的农村用电。

1977 年，35 千伏东镇变电站投运，供电范围包括东镇公社。

1980 年 9 月，35 千伏阳隅变电站投运，供电范围包括凹底、阳隅、薛店三个公社的农村用电。

1985 年，110 千伏东镇变电站投运，供电范围包括东镇、仁和（侯村）礼元三个乡镇的农村用电。

1986 年，35 千伏河底变电站投运，供电范围包括河底镇、裴社乡、后宫乡、白石乡、酒务乡和石门乡的五个行政村的用电。

1990 年，35 千伏郭家庄变电站投运，供电范围为郭家庄镇。

1997 年，35 千伏裴社变电站投运，供电范围为裴社乡。

2000 年 12 月，35 千伏礼元变电站投运，供电范围为礼元镇的 35 个自然村。

2005 年，35 千伏凹底变电站投运，供电范围为凹底镇和薛店镇。同年 6 月，35 千伏柏林变电站投运，供电范围为柏林乡、七里坡乡（柏林、七里坡乡现已归划为郭家庄镇）。

（二）工业

1960 年 10 月 1 日，闻喜发电厂经过初建、重建到后来的扩建，先后向县城造纸厂、机械厂、玻璃厂等 16 户工业用户供电，其中大宗工业 7 户，普通工业 7 户，非普工业 2 户。

1966 年，运城电网接通闻喜。同年，35 千伏七里店变电站投运，该站经过四次增容改造，先后向县造纸厂、纺织厂、陶瓷厂、玻璃厂、五金厂、八一厂、3531 工厂、3534 工厂、拖拉机站、银光征帆镁厂、煤机公司、绿源食品厂、柴油机厂、县水泥厂、棉织厂、造纸厂、粮食加工厂、英发玻璃厂等企业供电，基本保证了这些企业用户的生产和生活用电。

1969 年，110 千伏西官庄变电站建成投运，经过三次增容改造，先后向 3531 工厂、3534 工厂、县水泥厂、西吴铸钢厂、龙海镁厂、闻喜化肥厂、文义水泥厂、煤机厂、新达玻璃、宏伟玻璃、宏业玻璃、彤阳炉料、绿色食品厂、鑫钜中型机械厂、丰源合金厂、铭利达镁业、博盛铸钢、东方纸业等企业供电。

1977 年 3 月，35 千伏东镇变电站投入运行后，向东镇范围内的国防工业、九五医院、乡镇企业开始供电。

1980 年，35 千伏阳隅变电站投运后，向银光华盛镁业公司（阳隅分公司）等企业供电。

1986 年 1 月，110 千伏东镇变电站建成投运，先后向 541 医院、宏富镁厂、燎原仪器厂、永盛合金、昌达镁业、凯鑫镁业、大运纸厂、正大镁厂、丰喜肥业、铁皮厂、宏伟纸厂、东海镁厂、鸿光选矿、国泰化工厂、光明纸厂、中鑫矿业有限公司（刘古庄）、541 十分支、541 六分支、3534 工厂、长安纺织有限公司等 30 余家中小企业供电。

1986年，35千伏河底变电站投运并经过增容改造后，先后向金岛选矿厂、义丰选矿厂、钜鑫球团厂、楚向阳选矿厂、苏村镁业等企业供电。

1990年，35千伏郭家庄变电站投运并经过增容改造后，先后向银海镁业、八达化工厂、玻璃厂等企业供电。

1997年，35千伏裴社变电站投运后，先后向振鑫镁业、瑞格镁业、中鑫矿业、裴社石英厂等企业供电。

1999年11月20日，220千伏闻喜变电站投运后，向山西省海鑫钢铁集团、晋丰公司闻喜分公司、联营稀土厂等企业供电。

2000年12月8日，35千伏礼元变电站投运后，先后向金山公司、华鑫合金、丰源镁厂、银光华盛镁业公司等企业供电。

2005年2月2日，35千伏凹底变电站投运后，先后向宝盛镁业、金泰航空材料有限公司等企业供电。

2005年6月，35千伏柏林变电站投运后，先后向银海镁业、八达化工厂等企业供电。

2005年6月12日，110千伏姚村变电站投运后，先后向立华玻璃厂、宏伟玻璃厂、银光集团等企业供电。

2006年12月，220千伏金鑫变电站投运后，主要向山西省海鑫钢铁集团供电。

2007年12月28日，110千伏石门变电站投运后，先后向中鑫矿业横榆分厂等十余家选矿企业供电。截至2007年，闻喜县大宗工业用户84户。

二、供电负荷

20世纪60年代，闻喜县最高负荷为0.1万千瓦；70年代，闻喜县最高负荷为0.6万千瓦；80年代，闻喜县最高负荷为1.5万千瓦；90年代，闻喜县最高负荷为4.5万千瓦；2000～2007年，闻喜县最高负荷达到25万千瓦。

2000～2007年闻喜县电业局供电负荷表见表4－2－1。

表4－2－1　　2000～2007年闻喜县电业局供电负荷表

年份 数值	2000	2001	2002	2003	2004	2005	2006	2007
最大（万千瓦）	18.5	20	21.5	22	22.5	23	24.5	25
平均（万千瓦）	17	17.5	17	20	20.5	20.5	21	22

三、供电量

“三五”期间（1966～1970年）闻喜县供电量合计达到3089.93万千瓦·时。

“四五”期间（1971～1975年）闻喜县供电量合计达到9979.10万千瓦·时。

“五五”期间（1976～1980年）闻喜县供电量合计达到21054.12万千瓦·时。

“六五”、“七五”期间（1981～1990年）闻喜县供电量合计达到90641.9万千瓦·时。

“八五”、“九五”期间（1991～2000年）闻喜县供电量合计达到247902.24万千瓦·时。

“十五”期间（2001～2005年）闻喜县供电量合计达到224615.25万千瓦·时。

“十一五”期间（2006～2007年）闻喜县供电量合计达到150244.07万千瓦·时。

闻喜县历年供电量统计表见表4-2-2。

表4-2-2 闻喜县历年供电量统计表 单位：万千瓦·时

年份	供电量	年份	供电量	年份	供电量
1960	35.53	1976	2921.37	1992	15763.14
1961	116.13	1977	3181.04	1993	16503.08
1962	185.09	1978	3295.43	1994	21140.00
1963	230.50	1979	5416.35	1995	26816.65
1964	292.80	1980	6239.93	1996	30947.95
1965	372.44	1981	6812.10	1997	38297.44
1966	400.44	1982	6512.12	1998	29535.21
1967	440.03	1983	6874.33	1999	29144.51
1968	444.55	1984	7058.90	2000	26415.14
1969	722.07	1985	7589.14	2001	30918.46
1970	1082.84	1986	9568.46	2002	36762.49
1971	1526.90	1987	10616.52	2003	45108.81
1972	1652.07	1988	11921.27	2004	50410.27
1973	1967.03	1989	11643.35	2005	61465.22
1974	2234.16	1990	12045.71	2006	68979.38
1975	2598.94	1991	13339.12	2007	81264.69

第三节 电力调度

闻喜县电业局通调股（简称通调股），在行政上属闻喜县电业局领导，在调度业务上，归运城地区电业局电力调度所（简称地调）指挥，负责所辖电力系统供电量、网损等生产指标的完成，负责通信、远动设备的运行维护，调整系统的运行方式，调整电网电压及潮流分布，平衡批准检修计划，倒闸操作及事故处理，对闻喜电网运行行使指挥权。

一、调度机构

1964～1972年，闻喜县电业局未设调度机构，调度工作由生产技术组承担。

1973 年，闻喜县电业局正式成立运行值班室，在局内受生产组直管，业务由运城地区电力调度所领导。初期配备三名值班员和两部单机电话。

1975 年，闻喜县电业局运行值班室改称为闻喜县电业局电力调度室（简称县调）。

1976 年 4 月，运城地区电业局颁发《关于颁布各县运行值班室职责条例的通知》，明确指出：各县运行值班室就是一个县的电力调度室，行政上受县电业局领导，在业务上受上级调度指挥。

1983 年 12 月，运城地区电业局发出《关于各县（市）电业局成立电力运行值班室的通知》，《通知》要求“自 1984 年 1 月 1 日起，在各县（市）成立电力运行值班室代行调度职权。县调在行政上属县（市）电业局领导，在调度业务上属地调领导。县调必须配备足够的运行值班员，实行 24 小时值班制”。

1984 ~ 1999 年，闻喜县电网调度工作由调度班负责，其职能和权限没有变化。

2000 年，闻喜县电业局调整了部分内设机构，增设了通调股，将巡检班并入通调股。

2005 年，随着电网改造的完成，闻喜县电业局管理的所有 35 千伏变电站全部实现无人值班变电站，将巡检班划归生技股，通调股设有通信班和调度班。

2007 年，闻喜县电业局通调股有职工 10 人，设股长 1 人、副股长 1 人。下设调度班和通信班。主要担负着闻喜县 3 座 110 千伏公用变电站、8 座 35 千伏公用变电站和 1 座用户 35 千伏变电站的调度运行管理工作。

二、调度范围

（一）35 千伏变电站调度

1966 年，35 千伏七里店变电站建成投运，全部一次设备都由晋南电业局电力调度所调度。闻喜县发电厂 3 条 10 千伏出线由闻喜县电业管理所运行组代替晋南地区电力调度所行使职权。

35 千伏七里店变电站：35 千伏 434 断路器、434 - 1 隔离断路器、434 - 3 隔离断路器、35 千伏进线 433 - 1 隔离断路器归运城供电局电力调度所调度，其余设备由闻喜县电业局调度。

1977 年 3 月，35 千伏东镇变电站建成投运，35 千伏七里店、东镇变电站所有 10 千伏断路器属闻喜县电业局调度，所有隔离断路器由运城供电局电力调度所下令拉合。

35 千伏裴社变电站：35 千伏裴河线 424 断路器、424 - 1 隔离断路器、424 - 3 隔离断路器；35 千伏西裴线 423 断路器、424 - 1 隔离断路器、424 - 3 隔离断路器由运城供电局电力调度所调度，其余设备由闻喜县电业局调度。

35 千伏河底变电站：35 千伏河底线 493 断路器、493 - 1 隔离断路器、493 - 3 隔离断路器，35 千伏裴河线 474 断路器、494 - 1 隔离断路器、494 - 3 隔离断路器由运城供电局电力调度所调度，其余设备由闻喜县电业局调度。

35 千伏凹底变电站：35 千伏 453 断路器、453 - 1 隔离断路器、453 - 3 隔离断路器由运城供电局电力调度所调度，其余设备由闻喜县电业局调度。

35 千伏郭家庄、礼元、柏林、阳隅 4 座变电站 35 千伏进线断路器除外，其余全部设备由闻喜县电业局调度。

截至2007年，35千伏变电站调度权限未发生变化。

（二）110千伏变电站调度

1969年，110千伏西官庄变电站建成投产后，该站全部设备均由晋南电业局电力调度所调度，设备维护由运城地区变电工区负责。

1989年，110千伏西官庄变电站运行管理及人员下放给闻喜县电业局后，闻喜县调对10千伏母线、断路器及出线具有调度权，其他设备由运城地区电业局电力调度所调度。

110千伏西官庄变电站：35千伏363西七线、364西裴线、366郭家庄线由闻喜县电业局代替运城供电局电力调度所行使职权（双重调度）。

10千伏511、513、514、515、563、564、567、569断路器由闻喜县电业局代替运城供电局行使职权（双重调度）。10千伏线路由闻喜县电业局负责维修，其余设备由运城供电局电力调度所调度。

110千伏东镇变电站：35千伏378礼元线、377河底线、376鑫光线由闻喜供县电业局代替运城供电局电力调度所行使职权（双重调度）。其余设备由运城供电局电力调度所调度。

110千伏姚村变电站：10千伏534、535、538、543、545、546、547断路器，由闻喜县电业局代替运城供电局电力调度所行使职权（双重调度）。其余设备均由运城供电局电力调度所调度。

110千伏石门变电站：10千伏5501、5504、5505断路器由闻喜县电业局代替运城供电局电力调度所行使职权（双重调度）。其余设备均由运城供电局电力调度所调度。

（三）220千伏变电站调度范围

220千伏闻喜变电站：35千伏386断路器及线路、35千伏387断路器及线路属闻喜县电业局（双重调度），其余设备属运城供电局电力调度所调度。

220千伏金鑫变电站：所有设备归运城供电局电力调度所调度。

三、调度运行

（一）规范调度管理

1973年，闻喜县调成立。为了加强调度运行管理工作，配置了《电业安全工作规程》、《运城地区电网调度规程》、《电力系统调度规程》，并制定了《调度值班规定》、《闻喜电网调度现场运行规程》。1977年又制定了《调度运行管理规定》、《调度交接班制度》等7种规章制度。1983年企业整顿后，进一步加强了调度运行管理工作，配置了《运城地区电网运行方式》、《两票管理规定及办法》、《双电源管理制度》等12种规章制度。1987～1996年随着用电负荷的紧张，供需矛盾日益突出，为了加强调度运行管理，确保系统安全稳定运行，又先后制定了《控制负荷措施》、《停送电联系制度》、《设备检修停电制度》、《闻喜电力系统拉闸限电序位表》、《事故拉路序位表》等。1989年以后，随着科技的发展，闻喜调度开始逐步实现调度自动化，后经几次升级改造，于1994年通过了山西省电力工业局农电局实用化验收，随着自动化的实现，对调度运行管理起到了促进和推动作用，为安全调度、正确调整运行方式、合理分配负荷等打下了坚实基础。2001年以后调度运行管理开始向规范化管理迈进，逐步完善了各项规章制度，编制了行之有效的《闻喜电网经济运行方式》，各项运行管理工作均做到了有章可依、有据可查，逐步实施了现代化管理手段，各方面取得了较好成绩。

（二）安全调度管理

闻喜县调严格执行“两票”、“三制”和《电业安全工作规程》等有关规程制度，始终坚持“安全第一”方针。1973～1977年，遇有变电、线路停电操作均派人现场进行指挥调度。1978年中共十一届三中全会以后，随着制度完善和新技术的运用，改为电话指挥操作，但在新设备启动或大型复杂性操作，均派专人现场指挥调度。为了加强安全管理，1983年制定了《防误调度管理规定》、《停送电联系制度》、《调度运行、监护、操作制度》、《调度录音制度》、《两票管理制度》、《双电源和专用电源管理制度》等9种制度，逐步形成了一整套管理办法，使安全调度有了可靠的保证。1987年以后，电力负荷供应紧张，为了确保电网安全，确保设备安全，针对当时电网和设备运行状况，编制了《电网正常运行方式和特殊运行方式》、《主变运行管理规定》、《35千伏线路运行规定及过负荷措施》等制度，采取了较好防范措施，严格执行了各种制度，既保证了电网设备安全运行，又合理地调配了负荷，为闻喜经济发展做出了很大贡献。同时，坚持每月进行一次反事故演习、事故预想、运行分析和负荷预测，每周五进行一次安全活动，及时发现问题采取必要的措施，将隐患消灭在萌芽状态。

2001～2007年，随着电网改造全面推进，新设备、新技术的大量运用，对调度的安全工作提出了更高要求，调度运行人员随之改变观念，加强业务学习和“两票”培训，提高业务素质，并对管理制度和工作流程进行了系统规范，又根据新的安全工作需要，制定了《双电源管理制度》、《双电源操作规定和步骤》、《防止变电站全部停电的措施》、《变电站全站停电应急预案》、《电网大面积停电应急预案》等，为安全工作奠定了坚实基础，确保闻喜电网安全运行，未发生任何责任事故和误调度事故。

（三）经济调度管理

在1978年以前计划经济时代，电网的运行方式一般是按计划用电来调整的，基本上不考虑经济用电。1980年以后，随着改革开放的进一步深入，国家经济模式开始由计划经济向市场经济转变。调度工作也开始在安全第一的前提下，向经济调度方面转变，但由于当时人员的业务素质较低、设备比较落后，受各种条件的限制和制约，没有先进的技术可以利用。在这种情况下，一方面按计划用电对负荷进行预测，绘制出电压负荷曲线；另一方面根据负荷大小，对用电的峰谷差进行调整，从而编制出电网最佳运行方式，确保设备正常出力而不过载，力争达到减少电网损耗的目的。

20世纪90年代，引用了比较先进的技术，对一些高耗能变压器进行了改造或更换，使电网的损耗逐步减少，但用电供需矛盾越来越突出。为了确保社会经济快速发展，尽量满足各行各业用电需求，闻喜县调采取了有力措施，与当地政府共同编制了供用电计划和轮流供电方案，根据负荷大小，调度编制出各变电站主变压器最佳运行方式，在确保电能质量的前提下，调整电网的经济运行方式。同时制定了《经济调度综合管理考核办法》，对生技股、农电股、用电所、调度、变电站等进行严格考核。又根据当时大部分主变为无载调压变压器，不能及时调整主变分接断路器的特点，提前对该地区的用电负荷进行预测。根据预测结果，对各主变压器的分接断路器的分接头位置在各时期段做了具体规定，由生技股按规定进行停电调整变压器分接断路器，使电能质量控制在合格范围内。

2001年以后，电网进行了大规模改造，有载变压器、无功补偿装置开始在闻喜电网大量投入运行，根据新时期电网运行特点，闻喜县电业局制定了《变压器投退规定》、《电容器投退规定》、《主变压器分接断路器调整规定》等。及时对主变压器分接断路器进行调整，根据负荷大小对主变压器、电容器及时投退，减少了不必要的损耗和浪费。在管理上，按照供电可靠性要求，每月制定出检修计划，将各方面的工作科学、合理进行安排，尽量减少停电时间。在春检中，始终坚持110千伏变电站配合110千伏线路、35千伏线路配合110千伏线路、35千伏变电站配合35千伏线路、10千伏线路配合35千伏变电站、用户专线配合变电站的停电检修原则，尽量做到不重复停电。同时，调度人员合理掌握检修计划，及时对检修完的设备恢复送电。由于措施得力，人员责任心强，能够及时进行用电市场分析，科学、准确地制定供用电方案，使闻喜的经济调度取得了较好的企业效益和社会效益。

（四）调度值班方式

调度的值班方式是：1973～1990年实行单人值班，“两班两倒”，每班值12小时；1990～2004年，实行双人值班，“四班三倒”，每班值12小时。2005～2007年，35千伏变电站全部实行无人值班后，仍执行双人值班制，每班值24小时。值班人员坚持24小时全方位监盘，按时抄表、报表、汇总用电量，及时处理各种异常情况，严格执行“交接班制度”。有大型或复杂性操作时，由调度班长亲自把关，严格复诵制，确保各项指令正确无误。同时制定了12种《岗位职责及工作标准》，严格执行上级调度命令，确保所辖电网设备安全、可靠、经济运行。

四、调度通信

（一）有线通信设施

1972～1980年，闻喜县电业局调度通信设备使用的是扬州产HY－20交换机，总机有20个用户，主要用于机关办公和变电站。1972年架设闻喜县调～七里店2对音频电缆，1974年架设闻喜县调～七里店、西官庄变电站10对音频电缆。1980年改造七里店、西官庄10对HYA10×2×0.4音频电缆。

（二）无线电通信设施

1984年，无线设备使用宝鸡生产的无线电台JZD－36、JZD－42和河北产无线汇接器AMTS－5B设备。分机拨号器AM－7A使用站点，有3531工厂、3534工厂、十分支、闻喜第一玻璃厂、东镇焦化厂、阳隅变电站、阳隅供电站、河底变电站、河底供电站、东镇变电站、东镇供电站、西官庄变电站、西官庄供电站，同时还安装了JZD－51车用选呼器。

1996年，退出无线设备运行，改建为电力载波通信。

（三）程控交换机

1990～1994年，使用运城地区电业局运行工区退役的常德产的50门纵横交换机。1993～1995年，使用上海通信机厂产的BH－01模拟小交换机，总容量60门，为中继4路，行政2路，无线1路，系统专线1路，提供生产生活通信。

1995～1997年通信设备无变化。

1997年使用爱立信产的MD－150数字程控交换机，至1999年总容量为100门，中继60路，无线1路，系统专线10路。

2000年，程控交换机遭受雷击，不能使用。闻喜县电业局投资25万元将程控交换机MD－150更换成MD－150A。设备容量200门，2兆接口2个，数据接口2个，总继接口2个。2003年因办公和生活的需要，对程控交换机进行增容，增加用户100门。至2007年，程控交换机总容量300门。

（四）载波设备

1996年底，建设载波设备，退出无线用户的使用。载波设备安装于各变电站。

1997年10月，分别建设了阳隅变电站载波ZC－2；郭家庄变电站载波ZC－2；七里店变电站载波ZC－2。

1997年11月，分别建设了河底变电站载波ZC－2；裴社变电站载波ZC－2；西官庄变电站载波ZC－2。

2000年，建设礼元变电站载波设备及高频通道。

（五）扩频设备

2002年，建设礼元备用通道一点多址无线设备。

（六）光端设备

2004年，地调统一建设新光缆及光缆通信，县调设备使用华为公司生产的SDH设备，格林威生产的PCM复用设备。

2003年，建设主站光缆通信设备SDH光端和PCM复用设备。

2004年，建设七里店变电站光缆通信设备SDH光端和PCM复用设备。

2005年，分别建设了凹底变电站、河底变电站、郭家庄变电站、柏林变电站的光缆通信设备SDH光端和PCM复用设备。

2006年，建设姚村变电站光缆通信设备SDH光端和PCM复用设备。

五、调度自动化

2000年10月，35千伏礼元变电站开始建设。礼元变电站是按照无人值班的模式进行设计的。分站采用的是西安“开元”的变电站综合自动化系统，通信采用载波。调度自动化主站采用山东烟台“东方电子”的DF9001系统，该系统采用1台数据服务器、1台前置机、1台调度机、1台WEB浏览服务器的设计方式，较好地实现了“遥信、遥测、遥调、遥控”等“四遥”功能。

2002年10月，对原有的调度自动化主站系统进行了全面的软硬件升级。软件系统升级为更先进的山东烟台东方电子DF9100调度自动化系统，该系统采用双机双网热备系统，由2台数据服务器、2台前置机、2台调度工作站、1台WEB浏览服务器组成。每台计算机均配备了双网卡，且功能相同的计算机可以实现故障自动切换，切换时间小于10秒。DF9100调度自动化系统在稳定性、安全性、可靠性方面，比DF9001有了大幅度的提升，很好地实现了对变电站设备及运行状况的全面监控。

2002年10月，35千伏礼元变电站扩容改造完工，同时进行了综合自动化的升级扩容。

2003年4月，35千伏七里店变电站扩容改造完毕。该站采用的是珠海“优特”的综合自动化系统，作为核心枢纽站被改造为无人值班站，标志着闻喜县电业局变电站综自水平迈上了一个新的台阶。

2003年10月，35千伏阳隅变电站自动化改造完毕。采用了珠海“优特”的综合自动化系统。该系统设计规范，集成度高，比3年前礼元变电站的综合自动化系统有了很大的提升。

2004年6月，调度模拟屏安装完毕。采用了浙江“天宁”最新型调度模拟屏，上面标示了每座变电站的通信点位，真正做到了全面监控。

截至2005年3月，35千伏郭家庄、河底、裴社、凹底变电站相继完成增容改造和自动化改造任务。其中凹底变电站采用了“南瑞”综合自动化系统，河底、裴社、郭家庄变电站采用了山东烟台“东方电子”的DF1331－RTU系统。

2005年9月，35千伏柏林变电站完成建设工作，采用了“山西晋能”的综合自动化系统。

2005年10月，110千伏姚村变电站完成建设工作，采用了“国电南自”的综合自动化系统，该系统运行稳定，可靠性高。

2007年12月28日，110千伏石门变电站完成建设工作，采用了运行稳定、可靠性高的“国电南自”的综合自动化系统。

第四节　生　产　工　程

一、工程管理

（一）工程项目

生产工程的主要项目有：35千伏及以上变电、线路工程项目的计划、汇总、上报设备技术改造和大修工程以及调度、通信设施大修改造工程；10千伏城区线路（4条）的大修改造工程及业扩报装工程；10千伏农村配电线路的大修改造工程等。

（二）工程管理

1964～2000年5月，闻喜县电业局送、变、配生产工程，由生产副局长全面负责，生技股具体管理。

2000年6月以后，城区4条10千伏配电工程由用电所具体管理，其余10千伏配电工程由农电股具体管理。35千伏及以上变电、线路工程由生技股具体负责。

2007年，生技股负责35千伏及以上变电、线路生产工程项目的计划、汇总、上报设备技术改造和大修工程；通调股负责调度、通信设施及大修改造工程；用电所负责10千伏城区线路（4条）的大修改造工程及业扩报装工程；农电股负责10千伏农村配电线路的大修改造工程等项目；安教股负责安全技术措施和反事故技术措施；财供股和生技股负责工程决算及固定资产增减手续，生产工程材料供应。

各生产班组在每年的年初，依据“安措”和“反措”计划、设备缺陷、设备检修周期等实际情况，提出各自的工程项目，各职能所、股进行可行性研究和编制建议计划，经生产碰头会审议、局长批准后，上报运城供电局。在接到运城供电局的批文后，组织测量、设计，根据具体施工方案，编制施工预算。施工预算上报运城供电局审批后，按审批后的预算资金数额组织施工。开工前，向运城供电局报批开工报告，与其签订工程项目的承包协议书。

（三）施工管理

闻喜县电业局生产工程的施工管理，由生技股、农电股、用电所分工负责，各生产班组按职责分工组织实施。在施工过程中，生技股定期组织有关部门召开工程现场分析会，协调解决施工中遇到的问题。工程竣工后，生技股组织人员进行项目验收，验收合格后，由施工单位提出工程结算报告，经生技股审核，局长审定，然后由财供股决算。经过决算后的工程项目，需要增减固定资产的，由工程项目接收和使用单位会同财供股，在30个工作日内办完固定资产的增减手续。需要跨年度施工的，由闻喜县电业局批准后，方可转入次年施工。

二、线路变电大修及更新改造工程

（一）6千伏线路的大修、更改

1973年10月17日，闻喜县电业局投资14851.60元对石门公社6千伏线路进行大修。该工程自中条山篦子沟铜矿849坑口采二线接火（位于篦子沟口），总长3.2千米，采用三线制供电。按水泥电杆、陶瓷横担线路技术标准设计（参照10千伏配电线路标准图册），选用导线型号LJ－25，全线共35基杆（其中：直线杆26基，菱形杆3基，双并转角杆1基，耐张杆4基，接火杆1基），终端变台1个（砖变台）。

（二）10千伏线路的大修、更改

1973年6月，对闻喜县保安、酒务头、南关、东社等20条10千伏支线进行大修改造，线路总长30.8千米，更换水泥杆320基，导线1.4千克（A－25导线0.6千克，A－35导线0.8千克），使用钢材7千克，总投资7.26万元。

1973年10月17日，对石门公社下马大队10千伏线路工程进行大修，该工程总长2.02千米，“两线一地”供电，按水泥电杆、陶瓷横担线路技术标准设计，选用导线型号LJ－35，全线共23基杆，变台1个（砖变台），总投资8492.65元。

1974年5月，对闻喜电厂至西官庄变电站10千伏联络线3.18千米进行改造，导线型号换为LGJ－120，更换电杆31基，总投资3.3万元。同年，对河底10千伏线路“两线”改“三线”，总长88千米，总投资5.8万元。

1975年11月，为了解决七里店变电站主变压器“卡脖子”问题，挖掘西官庄110千

伏变电站主变压器潜力，保证闻喜电厂满发满供。同年12月26日，对闻喜县坑东、凹底2条10千伏输电线路进行了“两线”改“三线”工程。凹底线路总长32.697千米，其中自筹0.66千米，更换LJ-35导线16.672千米，LJ-25导线14.555千米，1.47千米8号铁丝也换为LJ-25导线。坑东线路总长86.94千米，其中自筹3.81千米，更换LJ-35导线15.54千米，LJ-25导线66.225千米，5.18千米8号铁丝也换为LJ-25导线。总计更换混凝土杆73基，导线10.95吨，总投资9.5万元。

1977年7月29日，由于暴雨，柏林和下丁两条10千伏线路遭到洪水严重破坏，共倒杆50基，部分瓷件金具和电气设备被洪水冲坏冲走，经请示地区电业局同意，投资5000余元立即进行了修复。

1977年9月，对闻喜10千伏木杆线路进行了大修。工程项目为：庄儿头深井支线0.65千米换杆换线（电流互感器变比-25导线）；姚村、堆后、杨家庄支线3.30千米换杆换线（LJ-25导线）；仪张、峪堡支线2.85千米换杆换线（LJ-25导线）；对西干庆支线4.30千米进行了大修；东镇至礼元支线3号、4号杆进行了更换；寺底支线4基木杆、下阳支线4基木杆、峪堡支线15基木杆全部换为混凝土杆。总投资2.04万元。

1978年8月，对闻喜县木杆线路进行大修的有：小堆后3千米，杨家庄4千米，埝掌4千米，总计11千米，进行换杆换线，按三线方式架设，使用导线型号更换为LJ-25。总计更换混凝土杆115基，使用钢材1.1吨，总投资3.3万元。

1979年2月，由于七里店变电站自1977年主变调走后成为10千伏开闭所，4条10千伏线路完全由西官庄联络线供电，联络线前半部分为LJ-120导线，电厂至七里店为LJ-70导线无法正常供电。西官庄1.5万千伏·安主变压器也不能充分利用，抗旱期间电力供需矛盾突出。闻喜县电业局对西官庄至七里店联络线进行换线，线路总长2.5千米，使用LJ-120导线2.4吨，LGJ-95钢绞线50千克，混凝土杆5基，总投资1.23万元。

1980年6月，河底10千伏线路改由西官庄变电站出线，变电部分投资9324元，线路迁移投资4100元，共投资1.34万元。

1981年11月，闻喜县电业局为河底10千伏输电线路装配电力电容器1250千乏，总投资3.75万元。

1982年7月，对下列三条10千伏输电线路进行了改造：将坑东线路67号杆前和河底线路60号杆前导线型号由LJ-50换成LJ-70；将河底线路70~150号杆的导线型号由LJ-35换成LJ-50；将河底线路内10根自制方杆换$\phi 150\times 10$混凝土圆杆；将河底、坑东更换LJ-70导线的两边相，$<50\times 50\times 5$小铁担换为$<63\times 63\times 6$的镀锌小铁担，并将该段耐张杆一茶台一悬瓶绝缘组合，换为二悬瓶绝缘子组合方式，总投资4.1万元。

1982年9月，完成了阳隅变电站至五龙口5千米接续线工程。

1982年12月，对坑东10千伏线路上装设电力电容器，工程总投资3.2万元。

1983年5月，对下阳线路（原由东镇“两线一地”制供电，后由七里店三线制供电）进行改造，原40根8米杆对地距离不够，其中川口支线6根，薛庄13根，文生10根，岭西11根，对这些电杆进行更换，同时将4台柱上油断路器返厂修复，总投资7700元。

1985年，对东镇供电范围内10千伏线路进行“两线”改“三线”，线路总长153.1千米，总投资16.3万元。同年，闻喜县西官庄至七里店10千伏联络线24号杆雷击断线，为尽快恢复两站联络线的正常运行，拨1000元作为400米LGJ-120导线的更换费用。

1986年5月，闻喜县电业局对县城线路进行修整，共4项工程，总投资4.36万元；东环城修配电工程全长0.7千米，装配100千伏·安配电变压器1台，总投资1.6万元；西环城路配电工程全长1.25千米，装配100千伏·安配电变压器1台，总投资1.75万元；太风东路街配电工程，增装50千伏·安配电变压器1台，总投资5421元；七里店变电站居民区配电工程，新装50千伏·安配电变压器1台，总投资4640元。同年，对东镇35千伏变电站出线的575、576两条线路换线6.8千米，导线型号换为LJ-70和LJ-35。

1987年，投资1.6万元，对东镇至侯村10千伏（575）杆线首端“卡脖线”4千米，导线型号由LJ-25换为LJ35。同年12月，将西官庄变电站（567）10千伏出线电缆改为架空线。

1988年1月14日，由于连降大雪，配电线路严重覆冰，造成25处断线，5处横担断。闻喜县电业局及时进行了大修，总计材料费1.22万元。

1989年8月25日，对575线焦山分支换杆30基，838薛店干线换杆32~41号，507礼元线全线大修，897、898线分支换线，总共投资3.26万元。

1990年5月，对838干线下阳支线进行大修，混凝土杆8基，导线型号LJ-35，259千克，893中申支线混凝土杆12基，导线型号LJ-35，380千克，共投资2.15万元。

1990年8月7~11日，大风刮断仓底村、柏林村支线导线12处，折断10米电杆4根，摔坏配电变压器2台，造成大面积停电，闻喜县电业局根据运城地区电业局运地电农发［1990］第54号文件，拨款5.53万元进行了修复。

1991年5月，对507阜底东滩支线、575侯村支线两段换杆30基（内含坑东、卫家庄、郭店8基）；对575支线更换陶瓷横担160条，更换冰池支线输电线2.8千米。同年7月，投资2.15万元，对507 10千伏输电线路，5~75号杆进行更换。

1992年6月，投资4.35万元，对县城801道南杆换线6千米（导线型号由LJ-25换为LJ-50），LJ-50导线2.5吨，更换裂缝混凝土杆40基（其中501东镇线25基，507礼元线15基），ϕ150/10m杆40基。同年11月，对838下阳线路和507礼元线路换裂纹杆25基，总共投资7400元。

1993年8月7日，对农网10千伏配电设备进行大修，897裴社线换裂纹混凝土杆50基，侯村575焦山支换线2.5千米，其中ϕ150/10m的电杆46根，ϕ190/12m的电杆4根，LJ-50导线1.02吨，总投资4.68万元。

1993年12月8日，对闻喜县道北居民区更换高压线路0.5千米，电杆ϕ190×12根，7米，LJ-35导线0.15吨。

1994年9月，对511线路换线2千米，LJ-25导线换为LJ-35，总共600千克，873线路换杆25基，ϕ150/10m的电杆25根，总计投资3.19万元。同年12月，投资3.7万元，为801线更换混凝土杆50基。

1995年12月，投资7.5万元，对东镇变电站507礼元干线从12~87号杆导线型号由

LJ－50 换为 LGJ－70，导线总长 7.5 千米。

1997 年 1 月，对闻喜县 575 仁和线换线 1.11 吨，投资 2.46 万元。

2001 年，对闻喜县城 10 千伏输电线路进行整改，整改的线路有 836 道北线、511 城西线、515 城东线及新建 513 线，线路总长 42.2 千米，总投资 420.2 万元。导线：JKLYJ－70 长 0.7 千米，JKLYJ－120 长 50.3 千米，LGJ－35/6 导线 0.08 吨，LGJ－50/8 导线 1.1 吨，LGJ－70/10 导线 6.8 吨，LGJ－95/15 导线 16.2 吨，LGJ－20/20 导线 7.5 吨。混凝土杆：ϕ150－10 米 21 根，ϕ190－10 米 3 根，ϕ190－12 米 206 根，ϕ230－15 米 75 根，ϕ190－15 米 153 根，ϕ230－18 米 19 根，ϕ230－21 米 2 根。钢管塔 11 基，10 千伏断路器 10 台。

2005 年 10 月 9 日，对县城电网 10 千伏 837 联网线、苗圃支线、836 道北工业线、835 工业线进行大修改造。新建 10 千伏线路 2.803 千米，改造 6.995 千米。具体内容为：837 联网线新建 1.864 千米，七里店 35 千伏站出线，3 回路同杆架设 0.214 千米，JKLYJ－150 电缆长 1.65 千米，总投资 96.26 万元；苗圃支线新建 0.939 千米，改造 0.282 千米，由 513 市政线 80 号杆接火，导线型号 JKLYJ－95，总投资 32.42 万元；836 道北工业线改造 3.808 千米，七里店出线与 837、835 同杆架设 0.214 千米，导线型号 JKLYJ－150，电缆敷设 3.594 千米，总投资 339.3 万元；835 工业线改造 2.905 千米，三回路同杆架设 0.214 千米，导线型号 JKLYJ－150，电缆敷设 2.691 千米，总投资 109.43 万元。

（三）10 千伏配电变压器大修、更改

1984 年，闻喜县电业局投资 1.225 万元，大修配电变压器 7 台，又更换了 10 台损耗配电变压器（50 千伏·安 5 台，30 千伏·安 5 台），投资 1.88 万元。

1984 年 7 月 17 日，投资 1.87 万元更新 50 千伏·安变压器 5 台，30 千伏·安变压器 5 台。

1984 年 7 月 20 日，投资 1.22 万元大修 50 千伏·安变压器 5 台，80 千伏·安变压器 1 台。

1990 年，投资 14.58 元，对闻喜县 10 千伏配电变压器进行更新，共更新了 50 千伏·安变压器 14 台，80 千伏·安变压器 3 台，100 千伏·安变压器 3 台。

1991 年 7 月，对七里店至阳隅（435）线路，全线更换陶担、铁件，投资 2 万元。

1992 年 11 月，投资 8000 元，对下阳变电站的配电变压器进行大修。

1992 年 7 月，对河底变电站高压室、控制室 250 米^2 及房顶加檐等工程，投资 5000 元；对七里店变电站 2 号主变压器 10 千伏进线柜进行修复，投资 2000 元。

1993 年 12 月 8 日，对闻喜县道北居民区配电工程进行扩充改造，新装 100 千伏·安的配电变压器 1 台。

1994 年 4 月，投资 1.5 万元，更新 50 千伏·安变压器 1 台，100 千伏·安变压器 1 台，更换 CDW4/400 柱上油断路器 5 台。

1997 年 1 月，闻喜县 575 仁和线更新高耗能配电变压器 1 台，容量为 80 千伏·安，投资 1.2 万元。

（四）35 千伏线路的大修、更改

1974 年 7 月，对闻喜 35 千伏输电线路进行了大修。大修项目：全线悬瓶进行轮换试验；全线铁件刷漆；全线导线放线检查断股情况，并对导线接头进行测定；调整拉线、杆塔裂纹、露筋处理；架空地线接地电阻测定。总投资 1.03 万元。工程完成后，闻喜的 35 千伏线路全部为完好设备。

1979 年 11 月 5 日，为配合七里店变电站增容改造工程的建设，决定西官庄至阳隅 35 千伏线路进七里店变电站，增设“Π”接线路 2 千米，投资 3 万元。

1981 年 9 月，闻喜县电业局对七里店变电站至侯马单家营变电站 35 千伏输电线路进行了大修。增加 15 米门型杆 1 基，12 米门型杆 1 基，总投资 5180 元。

1984 年，因闻喜 35 千伏阳隅线（全线长 14.7 千米）115 基电杆埋深不够，多次发生杆塔歪斜，为此，闻喜县电业局对该线路进行了大修，加装卡盘，固定杆基，投资 3250 元；又投资 4200 元，对闻喜 35 千伏阳隅线 60～64 号杆进行改线。同年，因侯马单家营至七里店 35 千伏输电线路中的 159 号杆塔下方窑洞坍塌，投资 1800 元，将 159 号杆塔基进行加固。

1987 年 11 月，对 35 千伏七烟线进行了大修，换瓶 200 片，换拉线 136 条，全线刷漆，总投资 6280 元。

1989 年 7 月 31 日，投资 7500 元，对东烟线更换 20 号、21 号断股 LGJ－50 导线 750 米，全线刷漆，换瓷瓶 200 片。

1990 年 11 月，投资 6000 元，对七阳线进行大修补差。

1992 年 4 月，对 435 七阳线 28 号、25 号杆杆基进行加固处理。同年 6 月 3 日，对 435 阳隅线 25 号、28 号杆基进行加固，总投资 5000 元。

1994 年 1 月，对东七线（374）进行大修，处理 4 基裂纹杆，全线刷漆，总共投资 1.3 万元。

1995 年 11 月，对老化的东七线全线进行改造，将 LGJ－50 导线更换为 LGJ－95，总共投资 47.5 万元。

2006 年 9 月 7 日，投资 120 万元，对西官庄至七里店 35 千伏线路进行改造。线路全长 4.396 千米，导线采用 LGJ－120/20，地线采用 GJ－35，共用杆塔 25 基，其中直线杆 4 基，直线铁塔 9 基，直线钢管杆 4 基，转角钢管杆 1 基，转角终端铁塔 7 基，LGJ－120/20 导线 6.464 吨，GJ－35 的地线 0.870 吨；XWP－7 的绝缘子 474 片。

（五）35 千伏变电站大修、更改

1976 年 7 月 1 日，由于七里店变电站电源不稳定而改变运行方式，七里店主变压器退出运行待调它用；七里店 10 千伏母线保留作开闭所用；西官庄至七里店（中间“T”接有闻喜电厂）10 千伏联络线两侧电缆改架空明线。西侧电流互感器变比换为 300/5，东侧电流互感器变比换为 200/5。

1981 年 9 月，闻喜县电业局对东镇变电站 2 号主变压器进行了大修，总投资 5090 元。

1986 年 5 月，对东镇 35 千伏变电站 1 号主变压器进行了大修，处理了渗油问题，更换了高低压导电杆，总投资 3000 元。

1987 年 8 月，对七里店变电站 431、432、435 断路器进行了大修，总投资 4270 元。同年 12 月，对七里店变电站 35 千伏的电压互感器进行了更换。

1989 年 8 月 1 日，对 35 千伏七里店变电站 2 号 3200 千伏·安主变压器进行大修，更换高低压导线杆，处理漏油，总投资 6500 元。

1989 年 12 月 1 日，对七里店变电站 838 断路器进行更换，投资 3500 元。

1990 年 4 月，对七里店变电站 435 断路器进行了大修，更换 10 千伏断路器 1 台。同年 7 月，投资 2 万元，对 374 东烟线 61 号杆拉线，435 线更换陶担 200 条，全线刷漆，加固基础。

1990 年 7 月，投资 5500 元对七里店 35 千伏变电站 435 断路器大修；并更换 10 千伏断路器 1 台（836 断路器）投资 3000 元，总共投资 8500 元。

1990 年 11 月，对七里店变电站 435 断路器进行了大修，并对 836 断路器更换补差，总共投资 1000 元。

1991 年 5 月，对 35 千伏河底变电站 1.4 万千伏·安主变压器和 491 断路器进行了大修，并对 364 七阳线更换陶担、铁件。

1991 年 9 月，对七里店变电站 831、832 断路器、阳隅变电站 881 断路器、河底变电站 891 断路器进行了大修，总投资 4000 元。

1993 年 7 月，为解决渗漏问题，对闻喜县阳隅站 1 号 1800 千伏·安主变压器进行大修，总投资 5000 元。

1994 年 8 月，为解决直阻不合格，换油渗漏等问题，对七里店 431、431、435 和河底 491 断路器进行大修，并将七里店 832 断路器更换 SN10－10，总共投资 1.48 万元。

（六）110 千伏变电站大修、更改

由于 110 千伏西官庄变电站 161 油断路器运行 5 年从未进行过大修，断路器机构不灵活，漏油严重，成为三类设备。1975 年 8 月对该断路器进行大修，总投资 6485 元。

1986 年 4 月，对西官庄变电站直流系统进行了大修。

1989 年 5 月，西官庄变电站增装 2 号主变压器 1 台，容量 1.5 万千伏·安，并对 10 千伏与 35 千伏配电装置进行改造，总投资 145.3 万元。

三、自动化通信设备大修及更新

1992 年 4 月，当时闻喜县电业局通信总机，系运城地区电业局运行工区退役设备，由于内部短路，严重烧毁。同年 8 月投资 1.8 万元，新购 40 门程控总机散件及主机配件一套，并对电话录音设备 1 套进行修复，投资 1000 元，施工费 1000 元，总计投资 2 万元。

1997 年 7 月，投资 68.3 万元，对闻喜县电业局通信通道进行大修，该项工程完成了郭家庄、东镇载波通信的建设，同时架了闻喜县调度至西官庄变电站的 30 对通信电缆；机关内新装 200 门行政调度二合一数字程控交换机，实现有/无线、载波汇接组网；调度室配置长延时不间断电源及基础设施。同年 10 月，对该项工程又追加 2.6 万元，总投资 70.9 万元。

第五章　用　　电

第五章 用 电

20 世纪 50 年代，闻喜县车站发电站的建成投运，给闻喜县的用电管理工作带来了生机，特别是闻喜发电厂的建成投运给闻喜县的工农业生产及用电管理工作带来了前所未有的发展前景。60 年代，运城电网延伸到闻喜，闻喜用电工作已成为运城用电工作的组成部分。70 年代，闻喜县用电管理已由城市向农村扩展，形成了粗具规模的农村电网用电营销体系。80 年代，闻喜的用电工作通过整顿、规范、改革，走上正规化、制度化。90 年代，随着改革开放的进一步深化，闻喜县的钢铁业、金属镁业、造纸业、玻璃业等工业的飞速发展，工农业生产用电量快速增长。进入 21 世纪后，国家投入了巨大资金，对闻喜的城乡电网进行大规模改造，使闻喜的用电管理工作迈入了现代化、科学化的管理轨道。

第一节 管 理 机 构

闻喜县电业局用电管理机构从成立之日起至 2007 年，历经四次变化，由用电营业室、用电营业组、用电股变为用电所。1985 年成立了农电股及乡镇电管站至 2001 年成立了乡镇供电所，一直承担农村用电管理职责。

1964 年成立了闻喜县电业管理所，管理所下设营业室，负责电表的抄、报和电费的收取。

1966 年 3 月，运城电网进入闻喜，用电管理工作仍由闻喜县电业管理所负责。

1967 年 2 月，闻喜县供电局成立，下设用电营业室，具体负责用电账目和电费管理工作。至 1978 年，全县陆续成立了五个供电站，分别是：城关供电站、西裴供电站、坑东供电站、北塬供电站、东镇供电站。具体负责管辖范围内用户的用电管理、电费回收及低压线路的运行维护工作。

1968 年，将用电管理纳入生产组，由专人负责。

1976 年闻喜县电业局将用电营业组改为用电股，其职责不变。

1982 年 4 月，根据山西省电力工业局［1982］晋电办第 6 号文件规定，闻喜县电业局用电股改称闻喜电业局用电所，对用电工作实行统一管理，一口对外。用电所设所长 1 人，技术员 1 人，报装员 1 人，下设用电监察班（3 人），核算班（3 人），校表班（3 人）。

1982 年，闻喜县电业局用电所下设用电检查室、用电报装室、营业室、电表校验室及五个营业站。

1982～1993年，闻喜县电业局用电管理机构没有变化。

1993年，用电所管理的供电站有以下三个：城市供电站、城关供电站、东镇供电站。用电所设立了专职报装员。

1994～2002年，闻喜县电业局用电管理机构没有变化。

2003年，用电所增设大用户班、东镇大用户班、业扩报装班。

2005年，撤销东镇大用户班，同时设立大用户一、二班。

2007年，用电所下设班组有：报装班、营业班、大用户一班、大用户二班、客服中心、城镇供电站。

第二节　用　电　构　成

1964～1985年，行业用电构成分为农业用电、工业用电、交通运输用电、市政生活用电“四大类”，构成总用电量。

1986～2004年，国民经济行业用电构成分为农林牧渔水利业；工业（内含采掘业、制造业等20项）；建筑业；交通运输邮电通信业；商业、公共饮食、物资供销及他储业；其他事业共“七大类”，另外还有不属于行业用电的“城乡居民生活用电”，俗称“八大类”。

2005年1月1日起，对行业用电分类进行了调整，成为“八大类”：农、林、牧、渔业；工业；建筑业；交通运输、仓储、邮政业；信息传输、计算机服务和软件；商业、住宿和餐饮食业；金融、房地产、商务和居民服务业；公共事业及管理组织用电。再加上城乡居民生活用电，俗称“九大类”，构成了全社会用电量。

一、总用电量

1964～1985年，用电量统计口径按“四大类”进行。1986年以后，随着闻喜经济的飞速发展，建筑业、商业、饮食等行业用电量急剧增加，为了统一用电量统一口径，将用电量分为“八大类”（闻喜无地质普查和勘探业用电）。

“三五”期间（1966～1970年），1966年闻喜县用电量为306.02万千瓦·时。1970年全县总用电量达1012万千瓦·时，比1966年增长了3.3倍。

“四五”期间（1971～1975年），闻喜发电厂的重建投运，又为闻喜用电提供了方便，掀起了各行各业用电高潮，使用电量再上新台阶。1975年闻喜县总用电量达到2428.92万千瓦·时，是1970年总用电量的2.4倍。

“五五”期间（1976～1980年），闻喜县经济不断发展、用电规模扩大，特别是1978年中共十一届三中全会以后，闻喜县经济发展步伐加快，用电量随之迅增。当年，闻喜县售电量首次突破3000万千瓦·时大关，到“五五”计划期末的1980年，总用电量为5624.85万千瓦·时，是1975年的2.3倍。

“六五”期末（1981～1985年）的末期，1985年，闻喜县总用电量为7092.65万千瓦·时，是1980年的1.3倍。

“七五”期间（1986～1990年），随着110千伏西官庄、东镇变电站和35千伏七里店变电站的增容改造及35千伏阳隅、河底变电站的相继建成投运，供电范围拓宽，用电规模更加扩大。1990年达到11257.67万千瓦·时，是1985年的1.6倍。

“八五”期间（1991~1995年），1995年闻喜县用电量达到了23997.76万千瓦·时，是1990年的2.1倍。

“九五”期间（1996~2000年），随着农村自筹电网建设的快步发展，闻喜配电网络结构更趋完善，总用电量大幅度增长。2000年闻喜县总用电量达到61616.87万千瓦·时。

“十五”期间（2001~2005年），通过城乡电网改造工程，使供电量渠道更加畅通，电能质量和供电可靠性不断提高。2001年达到65980.87万千瓦·时，2005年达到了200005.99万千瓦·时。

2006年和2007年，闻喜县的工农业生产发展步入了发展的高速轨道，再加上私营企业的迅速崛起。2006年闻喜县总用电量达到224755.26万千瓦·时，是2005年的1.1倍。2007年闻喜县总用电量达到259341.98万千瓦·时，是2005年的1.3倍。

2007年，闻喜的“八大类”用电量分别是：农林牧渔水利业用电量为6982.17万千瓦·时，占闻喜县总用电量的0.03%。工业用电量为253102.80万千瓦·时，占闻喜县总用电量的97.59%。建筑业用电量9.55万千瓦·时。交通运输邮电通信业用电量54.02万千瓦·时。商饮、物资仓储业用电量111.97万千瓦·时。其他事业用电量1273.23万千瓦·时。城乡居民生活用电量4989.82万千瓦·时。建筑业、交通运输邮电通信业、商饮业、物资仓储业、其他事业、城乡居民生活五大类用电量占全县总用电量的2.38%。

二、农业用电量

1964年，闻喜县的农业用电量达114.34万千瓦·时，占到当年闻喜县总用电量的51.6%。

1965年，闻喜县的农业用电量为137.19万千瓦·时，占当年闻喜县总用电量的51.7%。

1966年，运城电网延伸到闻喜，闻喜县的农业用电量增加，农业用电量为149.58万千瓦·时，占当年闻喜县总用电量的48.9%。

1968年，闻喜县的农业用电量达260.46万千瓦·时，占当年闻喜县总用电量的62.7%，仅用了4年时间，农业用电量翻了两翻多。

1970年，闻喜县的农业用电量为373.01万千瓦·时，占当年闻喜县总用电量的36.9%。

1971年，由于闻喜县发电厂的重建投运，闻喜县的工业用电量增加，农业用电量相对减少，农业用电量为460.11万千瓦·时，占当年闻喜县总用电量的32.2%。

1975年，农业用电量为1255.99万千瓦·时，占当年闻喜县总用电量的51.7%，是1970年的3.4倍。

1976年，闻喜县的农业用电量是1423.79万千瓦·时，占全年闻喜县总用电量的52.2%。

1978年，中共十一届三中全会召开，农村实行土地联产承包，农民生产积极性无比高涨，农业生产力很快提高。农业用电量2035.51万千瓦·时，占当年闻喜县总用电量的54.9%。

1980年，由于闻喜县造纸业、玻璃业的兴起，全县工业用电量迅速增长，农业用电量所占总用电量的比例减少，首次由用电量第一位跌到第二位。闻喜县农业用电量为2568.76万千瓦·时，占全年闻喜县总用电量的45.7%。

1981年，农业用电量为2965.23万千瓦·时，占当年闻喜县总用电量的46.6%。

1985年，闻喜县农业用电量为2358.94万千瓦·时，占当年闻喜县总用电量的33.3%。

1990年，闻喜县农业用电量为2709.02万千瓦·时，占当年闻喜县总用电量的24.1%。

20世纪90年代后，闻喜县的钢铁、造纸、玻璃、金属镁业、化工业等工业新兴崛起，标志着闻喜县已经由农业大县发展成工业大县。1995年，闻喜县农业用电量为6413.26万千瓦·时，占当年闻喜县总用电量的26.7%。

2000年，农业用电量为7171.69万千瓦·时，占当年闻喜县总用电量的11.6%。

2005年，农业用电量为9100.03万千瓦·时，占当年闻喜县总用电量的4.5%。

2006年后，闻喜县委、县政府提出了“坚持工业强县，壮大八大产业，建设三大基地，打造世界镁都”的工业经济发展的总体思路和工作目标，闻喜县总用电量以16%的速度递增，但农业用电量大幅下降。2006年，闻喜县总用电量为224755.26万千瓦·时，农业用电量为6884.43万千瓦·时，占当年闻喜县总用电量的3.1%。2007年，闻喜县总用电量为259341.98万千瓦·时，农业用电量为6239.18万千瓦·时，占当年闻喜县总用电量的2.4%。

三、工业用电量

1964年，闻喜县大工业用电量为90.34万千瓦·时，占当年闻喜县总用电量的40.83%。

“三五”期末的1970年，闻喜县工业用电量为581.68万千瓦·时，占当年闻喜县总用电量的57.48%，是1964年的6.4倍。

“四五”期末的1975年，闻喜县工业用电量为1009.09万千瓦·时，占当年闻喜县总用电量的41.54%，是1970年1.7倍。

“五五”期末的1980年，闻喜县工业用电量为2805.37万千瓦·时，占当年闻喜县总用电量的49.87%，是1975年的2.8倍。

“六五”期末的1985年，闻喜县工业用电量为4399.71万千瓦·时，占当年闻喜县总用电量的62%，是1980年的1.6倍。

1990年，闻喜县工业用电量为8548.65万千瓦·时，占当年闻喜县总用电量的75.94%，是1985年的1.9倍。

1995年，闻喜县工业用电量为17584.50万千瓦·时，占当年闻喜县总用电量的

73.28%，是1990年的2.1倍。

2000年，闻喜县大工业用电量为54445.18万千瓦·时，占当年闻喜县总用电量的88.36%，是1995年的3.1倍。

2005年，闻喜县委、县政府提出了“工业强县，科技兴县，效益富县”的发展思路和工作目标，闻喜县的造纸业由2000年的10余家发展到98家，金属镁业由原银光镁业集团发展到近20家民营企业，玻璃业由原3家地方国营厂发展到30余家的民营企业。同时制造业也迅速发展。闻喜县总用电量200005.99万千瓦·时，工业用电量为190905.96万千瓦·时，占当年闻喜县总用电量的95.5%，是2000年的3.5倍。

2006年，闻喜县已跃居运城市用电量第三大县，当年闻喜县用电量达到224755.26万千瓦·时，其中工业用电量是217870.83万千瓦·时，占当年闻喜县总用电量的97%，是2005年的1.1倍。

2007年，闻喜县民营经济已发展到832家，闻喜县总用电量达到259341.98万千瓦·时，其中大工业用电量为253102.80万千瓦·时，占当年闻喜县总用电量的97.6%，是2005年的1.3倍。

四、市政生活用电量

1966年，随着国家电网进入闻喜和35千伏七里店变电站的投产运行，开始了真正意义上的市政生活用电。1966年市政生活用电24.8万千瓦·时，占当年闻喜县总用电量的8.1%。随着经济的发展和社会的进步，市政生活用电内容不断增加，用电量迅速增长。1974年市政生活用电量为130.98万千瓦·时，10年期间，用电量增长了7.9倍。

1975年，市政生活用电量为163.82万千瓦·时，占当年闻喜县总用电量的6.74%。

1980年，市政生活用电量为219.98万千瓦·时，占当年闻喜县总用电量的3.77%。

1985年，市政生活用电量为334万千瓦·时，占当年闻喜县总用电量的4.71%。

1986年根据上级规定，取消了市政生活用电类别。

五、运城供电局大用户所管理的大用户

1997年12月，运城供电局成立了大用户所，闻喜县的3531工厂、3534工厂、海鑫钢铁集团划归大用户所。2001年运城供电局再次把闻喜化肥厂、04库划归大用户所管理，2004年运城供电局再次把鑫光水泥厂划归大用户所管理，2006年运城供电局把3531工厂、3534工厂、04库下放给闻喜县电业局管理。

1964～2007年闻喜县总用电量情况见表5－2－1。

表5－2－1 1964～2007年闻喜县总用电量统计表 单位：万千瓦·时

年份	总用电量	其中		
		农业用电量	工业用电量	市政生活用电量
1964	221.25	114.34	90.34	16.57
1965	265.29	137.19	108.00	20.10

续表

年份	总用电量	其　中		
		农业用电量	工业用电量	市政生活用电量
1966	306. 02	149. 58	131. 64	24. 80
1967	411. 24	258	134. 23	19. 01
1968	415. 47	260. 46	134. 47	20. 54
1969	674. 83	356. 88	293. 01	24. 94
1970	1012	373. 01	581. 68	57. 31
1971	1427. 01	460. 11	861. 41	105. 49
1972	1543. 99	636. 01	807. 35	100. 63
1973	1838. 35	824. 86	897. 53	115. 96
1974	2088	1011. 67	939. 98	130. 98
1975	2428. 90	1255. 99	1009. 09	163. 82
1976	2730. 25	1423. 79	1105. 56	201. 17
1977	2972. 93	1461. 07	1320. 96	190. 90
1978	3709. 84	2035. 51	1464. 41	209. 92
1979	5062. 01	2231. 89	2604. 14	225. 98
1980	5624. 85	2568. 76	2805. 37	250. 72
1981	6366. 44	2965. 23	3133. 44	267. 77
1982	6086. 09	2372. 80	3402. 75	310. 54
1983	6424. 61	2052. 24	4038. 40	333. 96
1984	6597. 10	1996. 44	4247. 23	353. 43
1985	7092. 65	2358. 94	4399. 71	334
1986	8942. 49	2288. 02	6654. 47	—
1987	9921. 98	2366. 48	7555. 50	—
1988	11141. 37	2422. 24	8719. 13	—
1989	10881. 64	2741. 46	8140. 18	—
1990	11257. 67	2709. 02	8548. 65	—
1991	12466. 47	3370. 76	9095. 71	—
1992	14731. 91	3606. 82	11125. 09	—
1993	15267. 74	3941. 81	11325. 93	—
1994	18171. 97	5449. 63	12722. 34	—
1995	23997. 76	6413. 26	17584. 50	—
1996	27669. 12	6024. 64	21644. 48	—

续表

年份	总用电量	其　中		
		农业用电量	工业用电量	市政生活用电量
1997	32977.48	6994.85	25982.63	—
1998	40891.76	5661.00	35230.76	—
1999	51308.82	5990.71	45317.31	—
2000	61616.87	7171.69	54445.18	—
2001	65980.87	7962.95	58017.92	—
2002	82278.79	8364.44	73914.35	—
2003	129336.39	7577.71	121758.68	—
2004	165944.76	7877.33	158067.43	—
2005	200005.99	9100.03	190905.96	—
2006	224755.26	6884.43	217870.83	—
2007	259341.98	6239.18	253102.80	—

第三节　营　业　管　理

一、管理制度

1964 年闻喜县电业管理所从成立之日起，在营业管理上就执行国家经委批准施行的《全国供用电规则》。

1973 年，闻喜县电业局营业管理开始执行国家计委批准施行的《供用电规则》（试行本）。新的《供用电规则》与 1963 年的《全国供用电规则》相比，突出了“计划用电、安全用电和节约用电”内容。

1974 年，贯彻执行运城地区电业局制定的《业扩报装制度》、《抄表、核算和收费制度》、《电费管理制度》、《装表接电工作制度》、《电费计量管理制度》。由此，营业管理工作逐步趋于完善。

1981 年 5 月，运城地区电业局统一全区各类用户的每月抄表日期。闻喜县电业局严格执行上级规定准确及时抄表到位。

1983 年，水利电力部颁布了修订后的《全国供用电规则》。

1984 年，闻喜县电业局按照用电规章制度，针对用电营业管理具体业务重新编制了《关于加强用电管理工作的实施细则》，《细则》包括用电管理制度细则、用电核算工作制度细则、计费电价管理制度细则、计费计量设备管理制度细则。同年又制定了《关于加强集中“抄、核、开”用电管理工作的规定》。集中“抄、核、开”的工作程序为：每月 7～10 日线路专责人统一行动，将本线路的计费计量表全部抄完，复核后记入报表卡片，于10日前交回用电所；每月10～14日由用电所核算班的核算人员对抄表卡片进行复核，复核合格后登入电费大卡并算清电费额，再由开票员分线路开出电费收据；每月15日，公布各用户当月电费；每月25日各用户必须交清电费，超过25日，收取滞纳金，月底交不清电费者，停止供电；各线路总表每月15日12时前由变电站值班员抄记有功电能表底码，报用电所线损专责人核算同期线损率，各线路线损率及时通报给用电所，作为复核与普查的依据。

1986年3月12日，闻喜县电业局作出了《用电管理工作的有关规定》。各供电服务站负责高压线路的维护、安全、组织检修、抄表、核算、记账等工作；各乡镇电管站负责低压线路维护、安全运行、各户表计管理、抄表、核算、收费等工作。

1989年，闻喜县电业局规范了用电管理工作的43种卡账。对以前未执行卡账者要补填清楚。

1992年12月，山西省电力工业局以晋电用字57号文印发了《山西省电力工业局付费售电办法》，闻喜县电业局于1993年1月5日实施。规定所有用电户均先办理一式三联的供用电双方签字的购电证，在用电期前2～5天，根据下月用电计划，足额认购。

1995年，山西省电力工业局颁发《用电营业标准》，其中管理标准18个，工作标准71个，用电营业各种台账、票据、表报、电能计量装置安装接线规则共153个。此标准推动了闻喜县电业局的用电营业工作标准化。同年，《中华人民共和国电力法》的颁布，使用电营业有了法规依据。

1996年，中华人民共和国国务院发布了《电力供应与使用条例》。同年，中华人民共和国电力工业部以第4号令发布了《供用电监督管理办法》、以第6号令发布了《用电检查管理办法》、以第7号令发布了《居民用户家用电器损坏处理办法》。国务院的条例和电力部的三个号令，使闻喜县电业局的营业管理制度更加有据可依。

1997年，闻喜县电业局正式向社会推出了用电承诺服务，进一步完善了一系列用电营业管理制度。

2000年，闻喜县电业局用电所成立了“客户服务中心”制定并实施了相应的规章制度。

2005年，闻喜县电业局在用电营业管理方面更加规范化、标准化。首次实现了营销自动化，将抄、核、收彻底分离，杜绝了管理漏洞。开展了“三清理一规范”活动，开展了“供电优质服务”活动和行风评议等。在电费收取上，根据上级文件精神，在抄、核、收人员管理上，既有规定办法，又有职责分工及责任追究制度。

2005年4月12日，闻喜县电业局以闻供电字［2005］第26号文件下发了《闻喜供电支公司供电所抄、核、收分离管理办法（试行）的通知》。该《办法》共7条内容，并确定2005年为“规范管理、堵漏增收”效益年，对供电所实施“统一抄表、集中核算、收管合一、两级核算、强化稽查”的管理机制。实施以上切实可行的规范、标准、办法、机制、考核和流程等，带来了良好的结果。2005年电费回收完成100%，并且收回陈欠电费24.2万元，2006年电费回收完成100%，并且收回陈欠电费33.93万元，2007年电费回收完成100%，并且收回陈欠电费24.59万元。

2006 年，闻喜县电业局根据山西省电力公司和运城供电分公司的安排，开展了“三清理一普查”活动。从 3 月 4 日起，开展了全方位的拉网式、地毯式的自查工作。4 月 15 日，迎接了运城供电局“三清理一普查”领导组的互查。6 月 6 日，迎接了山西省电力公司“三清理一普查”领导组的抽查。9 月 8 日，迎接了山西省电力公司“三清理一普查”领导组的督查。通过开展“三清理一普查”活动，使闻喜县电业局的营销管理工作更加规范化。

2007 年，闻喜县电业局从巩固、完善、整改、提高四个方面入手，进一步做好营销基础管理，对各乡镇供电所也全部实现了营销自动化。至此，闻喜县电业局营销自动化覆盖率达 100%。

二、业扩报装

（一）机构与制度

1964～1981 年，闻喜县用电业扩报装没有专人负责，由用电所人员兼任。用户的用电报装流程基本是：一般由用户写出书面用电申请，经用电分管领导审批后，安排下属基层电业服务站组织施工。安装后即由用电、生产主管人员验收合格后立卡用电。

1982 年，闻喜县电业局根据山西省电力工业局晋电用字［1982］第 18 号文件精神，在用电所设立了专职业扩报装员。用户用电由用电所“一口对外”，统一使用山西省电力工业局制定的各类用电申请单，使业扩报装工作走上规范化管理。

1983 年，闻喜县电业局制定的新装、增容、迁移、变更等用电业务扩充工程新流程是：315 千伏·安以下的用户，由用户提出书面申请，由用电报装管理人员到实地勘察，提出供电方案，再经用电、生产等会审、会签，经主管领导批准后，由用电所与用户接洽，完成施工。施工完毕，组织用电、生产等负责人验收后，向用户开始供电；报装容量在 315 千伏·安及以上的用户，需报运城地区电业局用电科批准。

随着闻喜县用电量的逐年增加和企业升级达标，闻喜县电业局的用电业扩报装、业务程序的管理得到了进一步完善。

1987～1990 年，执行《山西省电力工业局新增用户报装暂行办法》。

1991 年，闻喜县电业局实施了运城地区电业局企业标准 QZ/YDXT13. 14－91，并对业扩报装制定了工作标准细则。对业扩报装员的责任与权限、工作内容、工作程序和检查考核等都作了明确的规定。

进入 21 世纪后，业扩报装管理更加规范化。2001 年，执行《山西省电力公司业扩报装工作规定》，同时执行运城供电局业扩报装标准。

2006 年，根据营销自动化的要求，闻喜县电业局重新制定了详细的具体的可操作性强的业扩报装流程。

截至 2007 年，闻喜县电业局先后建立健全了供用电合同管理制度、《供用电合同》管理办法、用电业务扩充管理考核实施细则、工程设计、工程施工、竣工验收、供用电合同、装表接电、加强矿山管理用电等 12 种管理制度，从而使业务扩充报装工作更加规范化。

（二）业扩报装流程

2006~2007 年，闻喜县电业局制定实施的业扩报装流程有 14 种，分别是：居民新装流程；新装流程；增容流程；改类流程；变压器暂停流程；故障换表流程；临时新装无表流程；临时新装有表流程；移表流程；销户流程；过户更名流程；永久性减容流程；迁址流程及改压流程。

（三）供电配电贴费

供配电工程的贴费是新报装用户一次性交付电业部门用于提供电源设备的补贴费用。凡用户申请容量在 1 千伏·安及以上者，均应交纳供电和配电贴费。1983 年以前，不论供电电压等级，均按容量大小收取，以每千伏·安或千瓦（不足 1 千伏·安或 1 千瓦不收）收取供电贴费 30 元、配电贴费 20 元。供配电贴费收取后，逐月上交给上一级供电部门。

从 1984 年起，按供电电压等级收取各种贴费。用电所按月将所收贴费，全部上交运城地区电业局。贴费收取的标准是：架空线路供电 380/220 伏电压为 180 元/(千伏·安)、10 千伏电压为 140 元/(千伏·安)、35 千伏电压为 100 元/(千伏·安)；电缆线路供电 380/220 伏电压为 290 元/(千伏·安)、10 千伏电压为 250 元/(千伏·安)、35 千伏电压为 200 元/(千伏·安)。

1993 年，山西省电力工业局以晋电用字［1993］第 9 号《关于转发国家计委调整供电贴费标准和加强贴费管理问题有关文件的通知》，调整贴费标准。闻喜县电业局执行此标准。即 380/220 伏电压为 550 元/(千伏·安)、10 千伏电压为 450 元/(千伏·安)、35 千伏电压为 330 元/(千伏·安)、110 千伏电压为 180 元/(千伏·安)。

2003 年，国家发改委以发改价格［2003］第 2279 号文作出“关于停止收取供配电贴费的有关问题的补充通知”。通知指出，对各类用电一律停止征收供（配）电贴费。同年，闻喜县电业局停止收取供（配）电贴费。

（四）电费及电能计量装置保证金

1. 电费保证金

1989 年 5 月，闻喜县电业局根据山西省电力工业局晋电用字［1989］第 1 号文和能源部能源经字［1989］第 331 号文件，对所辖范围开始收取电费保证金。凡在供电部门立户，由供电部门直接收取电费的用户，按报装容量均须交一个月（或一个收费周期）的电费保证金。

电费保证金的管理：电业局设立账号、专人管理，不得挪用；电费保证金的 20% 留县局，用于退还销户后用户使用，80% 上交省电力部门作为电费周转资金；用户在办妥销户手续后，向供电部门递交电费保证金收据，供电部门如数退还电费保证金，对于临时减少用电容量的不予退还。

2. 电能计量装置保证金

1989 年 5 月，闻喜县电业局根据山西省电力工业局晋电用字［1989］第 19 号文和能源部能源经字［1989］第 331 号文件，对所辖范围开始收取电能计量装置保证金。收取标准为报装的电能计量装置价值的等值金额。用户销户时，按规定予以如数退还。次年，随着用户自购电能计量装置的增多和电力部门统配电能计量装置的减少，电能计量装置保证金流于形式，自行停收。

（五）付费售电金

2006年，闻喜县电业局根据山西省电力公司晋电营销字［2006］第40号及运城供电局供电用字［2006］第6号文件精神，对全县所有工商企业用户开始收取付费售电金。收取的标准是：①新增用户按变压器容量每千伏·安200元收取；②高耗能、低效益不符合国家产业政策，有欠费历史的用户按“（当月电费÷30天）×45天”收取。

付费售电金的管理：闻喜县电业局设立各用户的单独账号，付费售电金收取后立即归入各用户的账号，随着各用户的电费实行滚动。

三、电价

1966年，闻喜发电厂10千伏供电平均电价0.1085元/(千瓦·时)。据1966年3月统计，农业用电平均电价为0.097元/(千瓦·时)，排灌0.06元/(千瓦·时)，农副产品加工0.12元/(千瓦·时)。市政生活用电0.19元/(千瓦·时)。工业用电：金属加工0.123元/(千瓦·时)，纺织0.144元/(千瓦·时)，造纸0.088元/(千瓦·时)，食品加工0.124元/(千瓦·时)。工业用电平均电价0.104元/(千瓦·时)。全县各公社用电平均电价0.109元/(千瓦·时)。全年用电平均电价0.13元/(千瓦·时)。

（一）目录电价

1964年5月，晋南供电所以南供电营字［1964］第005号文下达了《关于趸售电价及转供电价规定的通知》，售电价格分别是：

（1）农业生产用电（排灌和电犁）为0.065元/(千瓦·时)。

（2）各种农副业加工（包括工业）为0.14元/(千瓦·时)。

（3）照明用电（城市和农村）为0.22元/(千瓦·时)。

（4）一般电井照明，均按排灌溉收电费。但灯泡只能用15瓦以内。

（5）无电表的照明用户，均按灯泡瓦数计收电费，每月按0.06元/瓦收取。

1964年6月，晋南供电所又以南供电营字［1964］第008号文件，通知从6月起执行电价为：农田排灌0.055元/(千瓦·时)，动力0.092元/(千瓦·时)，照明为0.1505元/(千瓦·时)。

1965年9月28日，山西省电业管理局以晋电财字［1965］第1156号文，通知闻喜县从1965年10月1日起执行国家制定的售电价格。1965年国家核定的售电价格表见表5-3-1。

表5-3-1　　1965年国家核定的售电价格表

地区名称	高平、襄汾、垣曲、临猗、夏县、闻喜地区	
照明电价［元/(千瓦·时)］	不满1千伏	0.220
	1千伏及以上	0.215

续表

<table>
<tr><td colspan="2">地　区　名　称</td><td colspan="2">高平、襄汾、垣曲、临猗、夏县、闻喜地区</td></tr>
<tr><td colspan="2" rowspan="3">非普工业电价
[元/(千瓦·时)]</td><td>不满1千伏</td><td>0.120</td></tr>
<tr><td>1千伏至10千伏</td><td>0.115</td></tr>
<tr><td>35千伏及以上</td><td>0.110</td></tr>
<tr><td rowspan="6">大宗工业电价</td><td rowspan="3">基本电价
[元/(千瓦·时)]</td><td>用电设备装见容量（元/千伏安/月）</td><td>3.50</td></tr>
<tr><td>变压器容量（元/千伏安/月）</td><td>4.00</td></tr>
<tr><td>最大需量（元/千瓦/月）</td><td>6.00</td></tr>
<tr><td rowspan="3">电能电价
[元/(千瓦·时)]</td><td>不满1千伏</td><td>0.08</td></tr>
<tr><td>1千伏至10千伏</td><td>0.075</td></tr>
<tr><td>35千伏及以上</td><td>0.070</td></tr>
<tr><td colspan="2" rowspan="3">农村排灌电价</td><td>不满1千伏</td><td>0.060</td></tr>
<tr><td>1千伏至10千伏</td><td>0.058</td></tr>
<tr><td>35千伏及以上</td><td>0.055</td></tr>
</table>

1974年1月，按山西省革命委员会电业局晋革电财字［1973］第816号转发水利电力部水电财字［1973］第105号文，从当年1月1日起调整电价。1974年国家核定售电价格表见表5-3-2。

表5-3-2　　1974年国家核定售电价格表

性　质	电　价［元/(千瓦·时)］			
	不满1千伏	1千伏及以上	35千伏及以上	基本电费
照明	0.155	0.150	—	—
非普工业及普通工业	0.085	0.083	—	—
农业排灌	0.060	—	—	—
电能电价	0.063	0.058	0.055	—
大宗工业	—	—	—	变压器容量 4元/(千伏·安·月)

1975年，水利电力部以水电财字［1975］第67号文下发了统一执行的《电热价格表》，从1976年1月1日执行，同时1965年电、热价格废止。其中农业排灌电价调整为：扬程50米以下为0.06元/(千瓦·时)；扬程50~100米为0.04元/(千瓦·时)；扬程101~300米为0.03元/(千瓦·时)；扬程301米以上为0.02元/(千瓦·时)。

1993年，山西省物价局与山西省电力工业局以晋价重字［1993］135号文转发国家计划委员会、电力工业部物价［1993］1121号文件《关于印发〈山西省电网电价表〉的通知》，从当年4月1日起开始执行。1993年，《山西省电网电价表》见表5-3-3。

表 5－3－3　　　　　　1993 年山西省电网电价表

类　别	电度电价［元/(千瓦·时)］			基本电价［元/(千瓦·时)］	
	不满 1 千伏	1～10 千伏	35 千伏以上	最大需量［元/(千瓦·月)］	变压器容量［元/(千伏·安·月)］
居民生活电价	0.220	0.210	0.210	—	—
非居民照明电价	0.298	0.288	0.288	—	—
一般非普工业电价	0.251	0.245	0.236	—	—
其中中小化肥	0.221	0.216	0.208	—	—
一般大工业电价		0.176	0.167	13.5	9.00
农业生产电价	0.203	0.196	0.186		

1994 年 1 月 1 日，按山西省物价局、山西省电力工业局晋价重字［1994］22 号文转发国家计委、电力部计价格［1994］142 号《关于山西电网统一销售电价方案的批复》，从 1994 年 1 月 1 日起执行。1994 年山西电网销售电价见表 5－3－4。

表 5－3－4　　　　　　1994 年山西省电网销售电价表

电价类别			电量电价［元/(千瓦·时)］			基本电价	
			不满 1 千伏	1～10 千伏	35 千伏以上	最大需量［元/（千瓦·月)］	变压器容量［元/(千伏·安·月)］
居民生活			0.220	0.210	0.210	—	—
非居民照明			0.326	0.315	0.315	—	—
非普工业	一般非普工业		0.283	0.276	0.266	—	—
	其中：中小化肥		0.221	0.216	0.208	—	—
大工业电价	一般大工业		—	0.148	0.140	—	—
农业生产	农业生产电价		0.231	0.223	0.211	—	—
	一般农业排灌电价		0.231	0.211	0.211	—	—
	深井、高扬程电价	51～100 米	0.221	0.201	0.211	—	—
		101～300 米	0.201	0.191	0.201	—	—
		301 米以上	0.191	0.085	0.191	—	—

1996 年 2 月 11 日，按山西省物价局、山西省电力工业局、晋价工字［1996］第 111 号转发的国家计委、电力部计价［1996］第 254 号《关于提高部分电网电价的通知》执行，调整后山西省电网销售电价见表 5－3－5。居民生活电价从 4 月 1 日抄见电量起执行，其他用电电价自 1996 年 2 月 1 日抄见电量执行。

表 5－3－5　　1996 年山西省电网销售电价表

<table>
<tr><th colspan="3" rowspan="2">电价类别</th><th colspan="3">电量电价[元/(千瓦·时)]</th><th colspan="2">基本电价</th></tr>
<tr><th>不满 1 千伏</th><th>1～10 千伏</th><th>35 千伏以上</th><th>最大需量[元/(千瓦·月)]</th><th>变压器容量[元/(千伏·安·月)]</th></tr>
<tr><td colspan="3">居民生活</td><td>0.272</td><td>0.262</td><td>0.262</td><td>—</td><td>—</td></tr>
<tr><td colspan="3">非居民照明</td><td>0.352</td><td>0.340</td><td>0.339</td><td>—</td><td>—</td></tr>
<tr><td rowspan="2">非普工业</td><td colspan="2">一般非普工业</td><td>0.313</td><td>0.305</td><td>0.294</td><td>—</td><td>—</td></tr>
<tr><td colspan="2">其中：中小化肥</td><td>0.252</td><td>0.245</td><td>0.236</td><td>—</td><td>—</td></tr>
<tr><td>大工业电价</td><td colspan="2">一般大工业</td><td>—</td><td>0.229</td><td>0.217</td><td>13.50</td><td>9.00</td></tr>
<tr><td rowspan="5">农业生产</td><td colspan="2">农业生产电价</td><td>0.254</td><td>0.246</td><td>0.233</td><td>—</td><td>—</td></tr>
<tr><td colspan="2">一般农业排灌电价</td><td>0.254</td><td>0.174</td><td>0.233</td><td>—</td><td>—</td></tr>
<tr><td rowspan="3">深井、高扬程电价</td><td>51～100 米</td><td>0.174</td><td>0.164</td><td>0.174</td><td>—</td><td>—</td></tr>
<tr><td>10～300 米</td><td>0.164</td><td>0.154</td><td>0.164</td><td>—</td><td>—</td></tr>
<tr><td>301 米以上</td><td>0.154</td><td>0.154</td><td>0.154</td><td>—</td><td>—</td></tr>
</table>

1997 年，山西省物价局、山西省电力工业局晋价工字［1997］82 号，转发国家计委、电力部计价管［1997］第 440 号《国家计委、电力部关于调整山西电网电价的通知》，调整后山西省电网销售电价见表 5－3－6。其中，深井及高扬程农业排灌用电电价仍按国家计委、电力部计物价［1993］1761 号文规定的优惠制度执行。居民生活用电自 1997 年 5 月 1 日起执行，其他用电自 1997 年 3 月 25 日起执行。

表 5－3－6　　1997 年山西省电网销售电价表

<table>
<tr><th colspan="3" rowspan="2">电价类别</th><th colspan="3">电量电价[元/(千瓦·时)]</th><th colspan="2">基本电价</th></tr>
<tr><th>不满 1 千伏</th><th>1～10 千伏</th><th>35 千伏以上</th><th>最大需量[元/(千瓦·月)]</th><th>变压器容量[元/(千伏·安·月)]</th></tr>
<tr><td colspan="3">居民生活</td><td>0.322</td><td>0.312</td><td>0.312</td><td>—</td><td>—</td></tr>
<tr><td colspan="3">非居民照明</td><td>0.380</td><td>0.368</td><td>0.367</td><td>—</td><td>—</td></tr>
<tr><td rowspan="2">非普工业</td><td colspan="2">一般非普工业</td><td>0.335</td><td>0.327</td><td>0.316</td><td>—</td><td>—</td></tr>
<tr><td colspan="2">其中：中小化肥</td><td>0.275</td><td>0.269</td><td>0.260</td><td>—</td><td>—</td></tr>
<tr><td>大工业电价</td><td colspan="2">一般大工业</td><td>—</td><td>0.241</td><td>0.229</td><td>16.50</td><td>11.00</td></tr>
<tr><td rowspan="5">农业生产</td><td colspan="2">农业生产电价</td><td>0.271</td><td>0.263</td><td>0.250</td><td>—</td><td>—</td></tr>
<tr><td colspan="2">一般农业排灌电价</td><td>0.271</td><td>0.263</td><td>0.250</td><td>—</td><td>—</td></tr>
<tr><td rowspan="3">深井、高扬程电价</td><td>51～100 米</td><td>0.191</td><td>0.191</td><td>0.191</td><td>—</td><td>—</td></tr>
<tr><td>1～300 米</td><td>0.181</td><td>0.181</td><td>0.181</td><td>—</td><td>—</td></tr>
<tr><td>301 米以上</td><td>0.171</td><td>0.171</td><td>0.171</td><td>—</td><td>—</td></tr>
</table>

2000年，按山西省物价局、山西省电力工业局晋价管字［2000］第351号文转发国家计委《关于调整山西省电网电价有关问题的通知》及国家计委办公厅《关于调整山西省电网电价有关问题的补充通知》执行，调整后山西省电网销售电价见表5－3－7。此次调价从2000年8月5日抄见电量起执行。

表5－3－7　　2000年山西省电网销售电价

<table>
<tr><th colspan="3" rowspan="2">电价类别</th><th colspan="3">电量电价[元/(千瓦·时)]</th><th colspan="2">基本电价</th></tr>
<tr><th>不满1千伏</th><th>1～10千伏</th><th>35千伏以上</th><th>最大需量[元/(千瓦·月)]</th><th>变压器容量[元/(千伏·安·月)]</th></tr>
<tr><td colspan="3">居民生活</td><td>0.379</td><td>0.312</td><td>0.369</td><td>—</td><td>—</td></tr>
<tr><td colspan="3">非居民照明</td><td>0.437</td><td>0.427</td><td>0.427</td><td>—</td><td>—</td></tr>
<tr><td colspan="3">商业电价</td><td>0.567</td><td>0.557</td><td>0.557</td><td></td><td></td></tr>
<tr><td rowspan="2">非普工业</td><td colspan="2">一般非普工业</td><td>0.384</td><td>0.374</td><td>0.364</td><td>—</td><td>—</td></tr>
<tr><td colspan="2">其中：中小化肥</td><td>0.325</td><td>0.315</td><td>0.305</td><td>—</td><td>—</td></tr>
<tr><td>大工业电价</td><td colspan="2">一般大工业</td><td>—</td><td>0.275</td><td>0.260</td><td>21.00</td><td>14.00</td></tr>
<tr><td rowspan="5">农业生产</td><td colspan="2">农业生产电价</td><td>0.311</td><td>0.301</td><td>0.291</td><td>—</td><td>—</td></tr>
<tr><td colspan="2">一般农业排灌电价</td><td>0.291</td><td>0.281</td><td>0.271</td><td>—</td><td>—</td></tr>
<tr><td rowspan="3">深井、高扬程电价</td><td>51～100米</td><td>0.231</td><td>—</td><td>—</td><td>—</td><td>—</td></tr>
<tr><td>10～300米</td><td>0.221</td><td>—</td><td>—</td><td>—</td><td>—</td></tr>
<tr><td>301米以上</td><td>0.211</td><td>—</td><td>—</td><td>—</td><td>—</td></tr>
<tr><td colspan="3">粮食加工电价</td><td>0.377</td><td>0.367</td><td>0.357</td><td>—</td><td>—</td></tr>
<tr><td colspan="3">农村粮食加工电价</td><td>0.311</td><td>0.301</td><td>0.291</td><td>—</td><td>—</td></tr>
</table>

2002年12月27日，山西省物价局以晋价管字［2002］第330号转发国家计委计价格［2002］2660号文件，《关于山西省疏导电价矛盾和实现城乡居民用电同价问题的通知》，调整山西电网销售电价，自2002年12月10日抄见电量起执行。山西省电网销售电价见表5－3－8。

表5－3－8　　2002年山西省电网销售电价

<table>
<tr><th rowspan="2">电价类别</th><th colspan="5">电量电价［元/(千瓦·时)］</th><th colspan="2">基本电价</th></tr>
<tr><th>不满1千伏</th><th>1～10千伏</th><th>35～110千伏</th><th>110千伏</th><th>220千伏及以上</th><th>最大需量［元/(千瓦·月)］</th><th>变压器容量［元/(千伏·安·月)］</th></tr>
<tr><td>居民生活</td><td>0.465</td><td>0.455</td><td>—</td><td>—</td><td>—</td><td>—</td><td>—</td></tr>
<tr><td>非居民生活</td><td>0.513</td><td>0.503</td><td>0.503</td><td>—</td><td>—</td><td>—</td><td>—</td></tr>
<tr><td>商业</td><td>0.647</td><td>0.637</td><td>0.637</td><td>—</td><td>—</td><td>—</td><td>—</td></tr>
<tr><td>非工业、普通工业</td><td>0.409</td><td>0.399</td><td>0.399</td><td>—</td><td>—</td><td>—</td><td>—</td></tr>
</table>

续表

电价类别	电量电价［元/(千瓦·时)］					基本电价	
	不满1千伏	1～10千伏	35～110千伏	110千伏	220千伏及以上	最大需量［元/(千瓦·月)］	变压器容量［元/(千伏·安·月)］
其中：中小化肥	0.345	0.335	0.325	—	—	—	—
大工业	—	0.289	0.274	0.264	0.259	21.000	14.000
其中：中小化肥	—	0.248	0.233	0.223	0.218	21.000	14.000
农业生产	0.331	0.321	0.311	—	—	—	—
农业排灌	0.271	—	—	—	—	—	—

2004年，闻喜县电业局执行国家发改委发改价格［2004］第1036号《国家发展改革委关于疏导华北电网电价矛盾有关问题的通知》特急通知。调整后的山西省电网销售电价见表5－3－9。自2004年6月15日抄见电量起执行。

表5－3－9　　2004年山西省电网销售电价表

电价类别	电量电价［元/(千瓦·时)］					基本电价	
	不满1千伏	1～10千伏	35～110千伏	110千伏	220千伏及以上	最大需量［元/(千瓦·月)］	变压器容量［元/(千伏·安·月)］
居民生活	0.465	0.455	—	—	—	—	—
非居民生活	0.570	0.560	0.560	—	—	—	—
商业	0.700	0.690	0.690	—	—	—	—
非工业、普通工业	0.466	0.456	0.446	—	—	—	—
其中：中小化肥	0.345	0.335	0.325	—	—	—	—
大工业	—	0.331	0.316	0.306	0.301	27.000	18.000
其中：中小化肥	—	0.248	0.233	0.223	0.218	21.000	14.000
农业生产	0.331	0.321	0.311	—	—	—	—
农业排灌	0.271	—	—	—	—	—	—

2005年，闻喜县电业局执行山西省物价局晋价商字［2005］第98号转发国家发改委《关于山西省电网实施煤电价格联动有关问题的通知》文件。调整后的山西电网电价见表5－3－10。自2005年5月1日抄见电量起执行。

2006年，闻喜县电业局根据国家发展和改革委员会法改价格［2006］第1228号、山西省物价局晋价商字［2006］第195号、山西省电力公司晋电财字［2006］第744号文件，从2006年6月30日抄见电量起执行新的电价。2006年山西省电网销售电价表见表5－3－11。

表5-3-10　2005年山西省电网销售电价表

电价类别	电量电价［元/(千瓦·时)］					基本电价	
	不满1千伏	1~10千伏	35千伏以上	110~220千伏	220千伏及以上	最大需量［元/(千瓦·月)］	变压器容量［元/(千伏·安·月)］
居民生活	0.456	0.455	—	—	—	—	—
非居民照明	0.602	0.592	0.592	—	—	—	—
商业电价	0.732	0.722	0.722	—	—	—	—
非工业、普通工业电价	0.498	0.488	0.478	—	—	—	—
其中：中、小化肥电价	0.345	0.335	0.325	—	—	—	—
大工业电价	—	0.363	0.348	0.338	0.333	27.00	18.00
其中：电解烧碱、合成氨、电炉黄磷	—	0.350	0.335	0.325	0.320	27.00	18.00
电石		0.340	0.325	0.315	0.310	27.00	18.00
中、小化肥		0.248	0.233	0.223	0.218	21.00	14.00
农业生产用电	0.331	0.321	0.311	—	—	—	—
其中：非贫困县深井及高扬程农业排灌用电	0.271	—	—	—	—	—	—
贫困县农业排灌用电	0.180	0.175	0.170	—	—	—	—

注　1. 表中所列价格，除贫困县农业排灌电价外，均含三峡工程建设基金0.007元（千瓦·时）。

2. 表中所列价格中，除农业生产、贫困县农业排灌外，均含城市公用事业附加，标准为：居民生活、非居民照明和商业电价每千瓦·时1分；非普工业电价0.007元/(千瓦·时)；大工业电价0.005元/(千瓦·时)，其中：电炉铁合金、电解烧碱、合成氨、电炉钙磷肥、电炉黄磷、电石0.005元/(千瓦·时)。

3. 电解铝企业生产用电价格，在表中所列大工业电价的基础上每千瓦时降低1.7分。其中：年产能10万吨以上的电解铝生产用电价格在表中所列大工业电价的基础上每千瓦时降低0.03元；关铝一期用电价格在上表所列大工业电价的基础上每千瓦时降低0.039元。

表5-3-11　2006年山西省电网销售电价表

电价类别	电量电价［元/(千瓦·时)］					基本电价	
	不满1千伏	1~10千伏	35千伏以上	110~220千伏	220千伏及以上	最大需量［元/(千瓦·月)］	变压器容量［元/(千伏·安·月)］
居民生活	0.467	0.457		—	—	—	—
非居民照明	0.630	0.620	0.620	—	—	—	—

续表

电价类别	电量电价［元/(千瓦·时)］					基本电价	
	不满1千伏	1~10千伏	35千伏以上	110~220千伏	220千伏及以上	最大需量［元/(千瓦·月)］	变压器容量［元/(千伏·安·月)］
商业电价	0.760	0.750	0.750	—	—	—	—
非工业、普通工业电价	0.526	0.516	0.506	—	—	—	—
其中：中、小化肥电价	0.404	0.394	0.384	—	—	—	—
大工业电价	—	0.379	0.364	0.354	0.349	33.00	22.00
其中：电解烧碱、合成氨、电炉黄磷	—	0.366	0.351	0.341	0.336	33.00	22.00
电石	—	0.356	0.341	0.331	0.326	33.00	22.00
中、小化肥	—	0.293	0.278	0.268	0.263	27.00	18.00
农业生产用电	0.357	0.347	0.337	—	—	—	—
其中：非贫困县深井及高扬程农业排灌用电	0.297	—	—	—	—	—	—
贫困县农业排灌用电	0.206	0.201	0.196	—	—	—	—

注　1. 表中所列价格，除贫困县农业排灌电价外，均含三峡工程建设基金0.007元/(千瓦·时)。

2. 表中所列价格中，除农业生产、贫困县农业排灌外，均含城市公用事业附加，标准为：居民生活、非居民照明和商业电价0.01元/(千瓦·时)；非普工业电价0.007元/(千瓦·时)；大工业电价0.005元/(千瓦·时)，其中：电炉铁合金、电解烧碱、合成氨、电炉钙磷肥、电炉黄磷、电石0.004元/(千瓦·时)。

3. 电解铝企业生产用电价格，在表中所列大工业电价的基础上每千瓦时降低0.017元。其中：年产能10万吨以上的电解铝生产用电价格在表中所列大工业电价的基础上每千瓦时降低0.03元；关铝一期用电价格在表中所列大工业电价的基础上每千瓦时降低0.039分。

（二）多种电价

1. 煤运加价

1985年，经国务院批准，电力部门计划内使用煤加价和铁路运输超产煤加价的费用，可由电网向用户征收“煤运加价”电费解决。

1986年，闻喜县电业局根据山西省电力工业局晋电财字［1986］第88号和晋电用字［1986］第18号文件要求，计算煤运加价，收取煤运加价款。

1987年11月1日，对非生活照明用电执行煤运加价为0.004元/(千瓦·时)标准。

1988年1~5月，煤运加价执行0.007元/(千瓦·时)标准，6~12月执行0.009元/(千瓦·时)标准。

1989年，煤价加价调整了三次，1~7月煤运加价调整两次，分别为0.0188元/(千瓦·时)和0.007元/(千瓦·时)，8月份增加了0.007元/(千瓦·时)，全年达0.0328

元/(千瓦·时)。

1989年，山西省物价局、山西省经委、山西省电力工业局晋价重字［1989］第115号，补充通知："暂对农药、农用地膜、合成氨、烧碱、肥皂、洗衣粉、棉布、纯棉针织品、纸张、食糖、粮食加工等18种生产用电免收煤运加价"。

1990年8月23日，山西省电力工业局晋电财字［1990］第75号文件通知，对非生活用电煤运加价新增0.0113元/(千瓦·时)，合计为0.0371元/(千瓦·时)。因上半年已过，故从7月1日起执行0.0434元/(千瓦·时)，计算加收煤运加价。

1991年，煤炭运输加价全年平均为0.0942元/(千瓦·时)。

1994年，煤炭运输加价全年平均为0.0785元/(千瓦·时)。

1993年，根据国家计委、电力部计物价［1993］第1121号文，"按照保持合理电价结构及比例关系原则，将近年来累计的煤运加价标准并入目录电价"。按照这一改革用电加价办法，从1993年4月1日，执行新的目录电价，煤运加价到此停止执行。

2. 新电新价

1990年，山西省物价局、山西省经委、山西省电力局晋价重字［1990］第42号《关于安排1990年"新电新价"的通知》，为了加速电力工业的发展，使电力集资和贷款项目投产后能够按规定期限偿还投资本息，经省政府同意，决定对1989年以后投产、集资、贷款建设的电力项目生产的电量实行"新电新价"，按0.25元/(千瓦·时）计价，从1990年4月1日起执行。

执行范围：省内除城乡居民生活照明用电和国家确定的贫困县农业排灌用电以外的全部用电和送往省外的全部用电。其中对超产自销用电户暂不执行。执行"两部"制电价的大工业用户，其基本电费不受新电新价影响，仍按国家现行电价执行。"新电新价"电费参加功率因数调整电费。

1991年4月，根据山西省物价局晋价重字［1991］第60号文件通知，对城乡居民生活照明、大化肥、农业排灌及计划内供国家和省统配的烧碱用电，免征"新电新价"电费。对小化肥和计划内供国家和省统配的电解铝电石用电量的50%计收"新电新价"电费，应从1991年1月1日起执行，加价0.00894元/(千瓦·时)；因1~3月未收，按9个月折算，平均为0.012元/(千瓦·时)，从1991年4月1日起执行。

1992年，继续执行"新电新价"，全年核定为平均加价0.013元/(千瓦·时)，执行范围仍按1991年规定范围执行，从1992年1月1日起执行。

1992年9月12日，山西省物价局晋价重字［1992］第262号《关于进一步明确我省1992年电加价执行范围的通知》中说，由于国家将"新电新价"加价并入煤运加价中计收，因此，原晋价重字［1992］第99号《关于安排1992年"新电新价"的通知》，从1992年7月1日起停止执行。

3. 峰谷电价

1985年，根据山西省电力工业局晋电财字［1985］第7号、晋电用字第4号《关于转发水电部〈关于试行高峰、低谷用电浮动电价办法的批复〉的通知》，利用经济手段调整用电负荷，缓解电力供不应求矛盾，是提高企业与社会的经济效益的一种积极措施，暂定在大工业和优待工业受电变压器容量为320千伏·安及以上的用户及非工业、普通工业变压器容量在160千伏·安及以上用户，试行峰、谷浮动电价办法。普通工业峰段电能电价为0.136元/(千瓦·时)；平段0.083元/(千瓦·时)；谷段0.040元/(千瓦·时)。在供电部门安装分时电能表后，从次月起即可实施。实施中电力建设资金、三峡工程建设基金、地方附加费和大工业基本电费不受峰谷时间影响，仍按规定标准执行。

根据1986年11月6日运城地区电业局运地电便用字［1986］第79号文通知，闻喜县电业局从1986年11月起对境内有调整用电负荷能力的用电单位试行峰谷电价，从12月抄见电量开始，计收峰谷电价电费。

从1987年起，造纸、化工、民用等部分工业企业，也开始实施峰谷电价。

1992年8月11日，根据山西省物价局、山西省经委、山西省电力工业局晋价生字［1992］235号《关于实施峰谷电价的通知》。实行范围为：铁路、煤炭、饭店、娱乐舞厅以及容量在100千伏·安以上的用户。

1993年，按照山西省电力工业局晋用字［1993］第17号文通知，对原山西省物价局、山西省经委、山西省电力工业局晋价重字［1992］第235号文件下发的峰谷电价表做了调整。

1996年，山西省物价局、山西省经委、山西省电力工业局晋价工字［1996］第106号文件，修定了山西省峰谷分时电价实施办法，调整了山西省电网峰谷分时电价，从1996年7月1日起执行。

1997年，山西省物价局、山西省电力工业局根据国家计委、电力部计价管字［1997］440号文件精神，以晋价工字［1997］第279号文调整了山西电网的峰谷分时电价，从1997年3月25日抄见电量起执行。

2000年，山西省物价局、山西省电力工业局晋价工字［2000］第351号文件规定，城市商业电价同时执行峰谷电价，从2000年8月5日起执行。

2002年、2004年、2005年，随着山西省电网价格的调整，对峰谷分时电价也做了相应调整。从2005年5月1日起执行的，山西省电网执行的峰谷分时电价见表5－3－12。2005年底，闻喜县执行峰谷电价的用户共有106户。

表5－3－12 2005年山西省电网峰谷分时电价表 单位：元/(千瓦·时)

用电分类	不满1千伏			1～10千伏			35～110千伏			110千伏		
	平	峰	谷	平	峰	谷	平	峰	谷	平	峰	谷
非居民照明	0.6020	0.8841	0.3397	0.5920	0.8691	0.3343	0.5920	0.8691	0.3343	—	—	—
商业	0.7320	1.1485	0.3364	0.7220	1.1325	0.3321	0.7220	1.1325	0.3321	—	—	—
一般非普通工业	0.4980	0.7296	0.2827	0.4880	0.7146	0.2773	0.4780	0.6996	0.2720	—	—	—
其中：中小化肥	0.3250	0.4801	0.1808	0.3150	0.4651	0.1755	0.3050	0.4501	0.1701	—	—	—
一般大工业	—	—	—	0.3630	0.5281	0.2095	0.3480	0.5056	0.2015	0.3380	0.4906	0.1961
其中：中小化肥	—	—	—	0.2280	0.3356	0.1280	0.2130	0.3131	0.1200	0.2030	0.2981	0.1146

表 5－3－13　　2006 年山西省电网峰谷分时电价表　　单位：元/（千瓦·时）

用电分类			不满 1 千伏			1～10 千伏			35～110 千伏以下			110 千伏			220 千伏		
			平	峰	谷	平	峰	谷	平	峰	谷	平	峰	谷	平	峰	谷
非居民照明电价			0.6300	0.9244	0.3562	0.6200	0.9094	0.3509	0.6200	0.9094	0.3509	—	—	—	—	—	—
商业电价			0.7600	1.1913	0.3503	0.7500	1.1753	0.3460	0.7500	1.1753	0.3460	—	—	—	—	—	—
非、普工业电价		一般	0.5260	0.7699	0.2992	0.5160	0.7549	0.2983	0.5060	0.7399	0.2885	—	—	—	—	—	—
非、普工业电价		中、小化（免征农网还贷）	0.3840	0.5669	0.2139	0.3740	0.5519	0.2086	0.3640	0.5369	0.2032	—	—	—	—	—	—
非、普工业电价		部分限制类高耗能行业	0.5460	0.7999	0 3099	0.5360	0.7849	0.3045	0.5260	0.7699	0.2992	—	—	—	—	—	—
非、普工业电价		部分淘汰类高耗能行业	0.5760	0.8449	0.3259	0.5660	0.8299	0.3206	0.5560	0.8149	0.3152	—	—	—	—	—	—
大工业电价		一般大工业	—	—	—	0.3790	0.5504	0.2196	0.3640	0.5279	0.2116	0.3540	0.5129	0.2062	0.3490	0.5054	0.2035
大工业电价	其他	80.7.1 以前电解烧碱、合成氨、电炉黄磷	—	—	—	0.3660	0.5314	0.2122	0.3510	0.5089	0.2042	0.3410	0.4939	0.1988	0.3360	0.3486	0.1961
大工业电价	其他	离子隔膜法氯碱生产	—	—	—	0.3540	0.5129	0.2062	0.3390	0.4904	0.1982	0.3290	0.4754	0.1928	0.3240	0.4679	0.1902
大工业电价	其他	80.7.1 以前商品电石	—	—	—	0.3560	0.5164	0.2068	0.3410	0.4939	0.1988	0.3310	0.4789	0.1935	0.3260	0.4714	0.1908
大工业电价	其他	中、小化肥（免征农网还贷）	—	—	—	0.2730	0.4014	0.1536	0.2580	0.3789	0.1456	0.2480	0.3639	0.1402	0.2430	0.3564	0.1375
大工业电价	其他	大化肥	—	—	—	0.3590	0.5304	0.1996	0.3440	0.5079	0.1916	0.3340	0.4929	0.1862	0.3290	0.4854	0.1835
大工业电价	其他	电解铝（允许和鼓励类）	—	—	—	0.3620	0.5249	0.2105	0.3470	0.5024	0.2025	0.3370	0.4874	0.1971	0.3320	0.4799	0.1945
大工业电价	其他	电解铝（限制类）	—	—	—	0.3820	0.5549	0.2212	0.3670	0.5324	0.2132	0.3570	0.5174	0.2078	0.3520	0.5099	0.2052
大工业电价	其他	电解铝（淘汰类）	—	—	—	0.4120	0.5999	0.2373	0.3970	0.5774	0.2292	0.3870	0.5624	0.2239	0.3820	0.5549	0.2212
大工业电价	其他	关铝一期	—	—	—	—	—	—	0.3250	0.4694	0.1907	0.3150	0.4544	0.1854	0.3100	0.4469	0.1872
大工业电价	其他	10 万吨以上电解铝	—	—	—	0.3490	0.5054	0.2035	0.3340	0.4829	0.1955	0.3240	0.4679	0.1902	0.3190	0.4604	0.1875
大工业电价	其他	原国有重点煤炭企业生产用电	—	—	—	0.3620	0.5334	0.2026	0.3470	0.5109	0.1964	0.3370	0.4959	0.1892	0.3320	0.4884	0.1865
大工业电价	其他	部分限制类高耗能行业	—	—	—	0.3990	0.5804	0.2303	0.3804	0.5579	0.2223	0.3740	0.5429	0.2169	0.3690	0.5354	0.2142
大工业电价	其他	部分淘汰类高耗能行业	—	—	—	0.4290	0.6254	0.2463	0.4140	0.6029	0.2383	0.4040	0.5879	0.2330	0.3990	0.5804	0.2303

注　1. 1980 年 7 月 1 日以后电解烧碱、合成氨、电炉黄磷、电石以及不论 1980 年 7 月 1 日前后的非商品电石均执行一般大工业用电各电压等级相应电价。

2. 表中“部分限制（淘汰）类高耗能行业”指铁合金、电石、烧碱、水泥、钢铁等 5 个行业。

2006年，闻喜县电业局根据国家发展和改革委员会法改价格［2006］第1228号、山西省物价局晋价商字［2006］第195号、山西省电力公司晋电财字［2006］第744号文件，从2006年6月30日抄见电量起执行新的峰谷电价。2006年山西省电网峰谷分时电价表见表5－3－13。

4. 优待电价

1960年开始，国家先后对合成氨、电炉铁合金、电炉钙镁磷肥等执行优待电价，按工业产品不同，比一般工业电价低18.2%到36.4%不等。

1975年底，山西省电力工业管理局以晋电用字［1975］第834号文通知，对农业生产高扬程提灌实行优待电价开始，国家对农业生产、深井高扬程等用电历年都执行优待电价。

1980年7月，山西省电力工业局晋电财字［1980］第61号文通知，对电解铝、电石、合成氨、电炉铁合金、电炉钙镁磷肥等11种工业产品用电，从1980年7月1日起，停止扩大优待电价。

截至2007年底，国家在历次调整电价中，均对国家产业政策鼓励类项目的电价给予优待，实行差别电价政策。

5. 超产自销电价

电网完成指令性发电量计划以外所发的电量为超产电量。超产电量少于指令性计划电量的1%时，按实际超产量自销，大于1%时按指令性计划电量的1%计算超产电量。

1988年8月1日，山西省实行超产自销电价。自销电价在原定电价基础上增加50%。

1993年7月16日，根据山西省电力工业局晋电用字［1993］第28号文件，调整了山西省电网价格，重新核定了超产自销电价。

1994年、1996年、1997年山西省电力工业局都对超产自销电价进行了重新的核定。1999年6月，超产自销电价停止执行。

1997年山西省电网超产自销电电价表见表5－3－14。

表5－3－14　　1997年山西省电网超产自销电电价表

电价类别	电量电价［元/(千瓦·时)］					基本电价	
	不满1千伏	1～10千伏	35～110千伏	110千伏	220千伏及以上	最大需量［元/(千瓦·月)］	变压器容量［元/(千伏·安·月)］
非居民照明电	0.570	0.552	0.551	—	—	—	—
一般非普通工业	0.503	0.491	0.474	—	—	—	—
其中：中、小化肥	0.413	0.404	0.390	—	—		—
大工业	—	0.362	0.344	0.392	—	24.75×k	16.50×k
其中：中小化肥	—	0.279	0.264	0.254	—	24.75×k	16.50×k

注　1. 不论新用户购买超产自销电均执行本表电价。

2. 大工业基本电价栏中的k值指用户当月购买超产自销电量占当月全部电量的比值。

6. 退役机组电量销售电价

1997年3月20日，山西省电力工业局晋电财字［1997］第27号转发山西省物价局晋价工字［1996］266号《关于山西省电力实业集团总公司退役机组电量销售电价的批复》。批复规定：退役机组电量由电网安排在山西省内定向销售，销售电价为0.36元/(千瓦·时)；销售对象为除居民生活照明、农业生产及支农工业企业生产用电以外的其他用电户，供用电双方应坚持自愿的原则，不准强制执行。

上述价格从1996年10月1日起执行，1999年1月停止执行。

7. 功率因数调整电费

1975年，水利电力部水电财字［1975］第67号文件，下达了《力率调整电费办法》，从1976年1月1日执行。主要针对于实行“两部”制大工业用户的生产用电。

1983年，山西省物价局、山西省电力工业局以［1983］晋电财字第96号文件，转发水电部、国家物价局颁发的《功率因数调整电费办法》，1976年颁发的“力率调整电费办法”同时废止。第96号文件对《功率因数调整电费办法》执行的步骤、期限做了详细规定。功率因数调整电费办法规定了功率因数的标准值及其适用的范围，功率因数的计算和对电费的调整。

1983~2005年底，《功率因数调整电费办法》没有变动。

2007年底，闻喜县电业局对407户用电户执行功率因数调整电费。

8. 农村综合电价

1994年1月4日，运城行署物价局、运城地区电业局［1994］运署价管字2号《关于对闻喜县农村综合电价执行标准的批复意见》，批复闻喜县农村分类综合电价自1994年1月1日起执行，标准为：

农村生活照明用电为0.29元/(千瓦·时)；非居民照明用电为0.37元/(千瓦·时)；非普工业用电为0.35元/(千瓦·时)；农业生产用电为0.27元/(千瓦·时)。

同时要求在执行中要做好宣传、管理和监督工作，并应对农村磨面加工、排灌浇地收费价格进行限价管理，严防搭车涨价。

1994年，闻喜县物价局闻价字［1994］第1号、闻喜县电业局闻电业字［1994］第11号联合转发了省物价局、山西省电力工业局晋价重字［1994］第22号文件及调整闻喜县农村分类综合电价的通知：根据晋价重字［1994］第22号文件，在市政府“关于实行农村分类综合电价的通告”中各分类综合电价的基础上，随国家电价的调整作相应调整；根据晋价重字［1994］第22号与［1993］第135号文件，山西电网价、三峡建设基金的提价差额为：居民生活用电0.001元/(千瓦·时)、非居民照明用电0.029元/(千瓦·时)、非普工业用电0.033元/(千瓦·时)、农业生产用电0.029元/(千瓦·时)。针对1月及2月电价差额部分予以补收；对井深50~100米每千瓦·时在农业生产电价中扣减2分；对井深101~300米每千瓦·时在农业生产电价中扣减3分。此文从1994年4月1日起执行，一直延续到城乡电网改造前。

1994年闻喜县农村用电分类综合电价情况见表5-3-15。

闻喜县农村分类综合电价执行标准（自2006年6月30日抄见电量起执行）见表

5－3－16。

表5－3－15 1994年闻喜县农村用电分类综合电价情况表 单位：元/(千瓦·时)

电价类别	综合电价	电价类别	综合电价
居民生活电价	0.291	非普工业电价	0.383
非居民照明电价	0.399	农业生产电价	0.299

表5－3－16 闻喜县农村分类综合电价执行标准 单位：元/(千瓦·时)

单位名称（以撤乡并镇前的乡镇名称为准）	居民生活	非居民生活	商业用电	非普工业	农业生产	非贫困县深井及高扬程农业排灌	
						51～100米	101～300米
闻喜	0.477	0.72	0.88	0.65	0.43	0.345	0.335
白石、后宫、酒务头	0.477	0.78	0.94	0.71	0.52	0.345	0.335

2005年5月9日，根据运城市物价局运价管字［2005］第59号文件，闻喜县农村居民生活用电与城市居民同价后，其他用电仍在执行农村综合电价。

9. 扶贫电价

1991年，国家确定闻喜县为贫困县。根据山西省物价局晋价重字［1993］第101号和山西省电力工业局晋电财字［1993］第41号文件精神，从1993年1月1日起，闻喜县农民享受贫困县农业排灌用电优惠电价（包括人畜吃水）。具体价格见表5－3－17。

表5－3－17 运城地区贫困县和非贫困县农业排灌用电价格表 单位：元/(千瓦·时)

项目	贫困县	非贫困县	备注
1. 分级优特电价			
50米以下	0.06	0.06	—
50～100米	0.04	0.04	—
101～300米	0.03	0.03	—
300米以上	0.02	0.02	—
2. 燃运加价	0.007	0.1005	—
合计 50米以下	0.067	0.1603	—
50～100米	0.047	0.1403	—
101～300米	0.037	0.1305	—
300米以上	0.027	0.1205	—

因上述文件到闻喜县电业局的时间是1993年6月底，故闻喜县农村排灌新电价从1993年7月1日起执行。1993年1～6月，农业排灌电量为1446.3万千瓦·时，差价金额142.1万元，因无据可查，电费无法退还农民。闻喜县电业局请示闻喜县政府后，将这

笔款作为农电基建款，用于农网改造。2005 年，闻喜县已脱贫，从此不再执行扶贫电价。

（三）随电费征收的其他费用

1978 年以后，先后出现随电费征收的其他费用有地方附加费、电力建设资金、三峡工程建设基金、山西省万家寨引黄入晋工程建设资金、电源基地建设资金。

1. 地方附加费

1978 年 12 月 5 日，国家计划委员会批准在工业比较集中的县（市）开征城市维护资金，称为公用事业附加费或地方附加费。

1979 年 4 月 3 日，山西省计划委员会、山西省基本建设委员会、山西省财政局下发《关于同意怀仁等 30 个县（市）开征公用事业附加费的通知》，闻喜县属于 30 个县（市）之列，通知要求从 1979 年 1 月 1 日起对社办以上工业，每月随电费征收 8% 的公用事业附加费。闻喜县电业局按县财政局提供的开征用户名单，每月收取电费时一并收回上缴县财政局。财政局每年按所缴城市附加费用的 0.3%，付给电业局收取附加费的手续费。

1980 年 6 月 17 日，华北电业管理局华北电财字（80）第 56 号文规定，今后代收地方附加手续费，不再列营业外收入上缴，从 1980 年 6 月 1 日起，全部留给基层企业，作为改善职工工作条件和福利等使用。

1984 年，闻喜县电业局对分布在全县 20 个乡镇的 40 个工业用户征收附加费，实行月征月清。所征费用如数划拨给县财政局。

1993 年 7 月，山西省物价局、山西省财政厅、山西省电力局以晋价重字［1993］第 146 号下发《关于我省电价改革后用电附加费征收办法及有关问题的通知》。对地方附加费，在电价改革后，仍按原标准执行不变。为了便于操作，决定将原来的按比例（电费的 8%）计征改为按绝对额收取，执行范围及征收使用办法仍按省原有关规定执行。1993 年山西省电网电力附加费标准见表 5－3－18。

表 5－3－18　　1993 年山西省电网电力附加费标准

电力附加费类别	电量电价附加费［元/(千瓦·时)］			基本电价附加费	
	不满 1 千伏	1～10 千伏	35 千伏及以上	最大需量［元/(千瓦·月)］	变压器容量［元/(千伏·安·月)］
居民生活用电	0.0112	0.01	0.01	—	—
非居民生活用电	0.0112	0.01	0.01	—	—
非工业普通工业用电	0.0068	0.0066	0.0064	—	—
大工业用电	0.0046	0.0046	0.0044	0.48	0.32
其中电解烧碱、电石、电炉黄磷、合成氨	0.0038	0.0038	0.0036	0.48	0.32

2000 年，山西省物价局、山西省电力工业局晋价管字（2000）第 351 号转发《国家计委关于调整山西省电网电价有关问题的通知》：电网销售电价表中将城市公用附加费并入了目录电价，统一根据用电电量定额征收，不得再在价外执行。

2003 年，根据山西省电力公司晋电营销字［2003］392 号和 469 号文件精神，在非典期间（2003 年 5 月 1 日至 2003 年 9 月 30 日），对随电价征收的公用事业附加费执行减免。

2. 电力建设资金

1988 年 2 月 10 日，山西省电力工业局晋电用字［1988］第 3 号文转发了山西省政府晋发［1988］第 5 号批转的省计委贯彻国务院国发［1987］111 号《关于征收电力建设资金的实施办法》的通知精神，具体规定：

（1）电力建设资金在全国所有省、自治区、直辖市征收，对所有企业（包括外资企业和中外合资企业）用电，原则上均征收电力建设资金。

（2）电力建设资金征收按用电量，标准为 0.02 元/(千瓦·时)，由用电户随电费缴纳。

（3）对电力建设资金免征各项税收。

（4）本规定从 1988 年 1 月 1 日起执行，至 1995 年 12 月 31 日止。

同时还规定对农灌用电暂时免征，化肥生产用电暂实行减半征收。在征收的资金中，0.01 元归省级地方用于地方电源建设，0.01 元归电网管理部门用于电力建设。

1996 年 3 月 21 日，国家计划委员会、电力工业部计价管［1996］第 521 号特急文件关于做好居民生活电价调整工作的通知：为了筹集电力建设资金，经国务院批准，原来价外征收的地方电力建设资金 0.02 元，“九五”计划期间继续征收，征收范围扩大到居民生活用电。

1996 年，国家局计划委员会计交能［1996］第 583 号文件特急规定，电力建设资金的征收自 1996 年 1 月 1 日起执行，2000 年 12 月 31 日截止，其中居民生活用电、农业排灌、抗灾、救灾及化工部发出生产许可证的氮、磷、钾肥、复合肥生产等用电免征。

2000 年，山西省物价局、山西省电力公司、晋价管字［2000］第 351 号转发《国家计委关于调整山西省电网电价有关问题的通知》，电网销售电价表中已将电力建设基金 0.02 元/(千瓦·时）并入了目录电价，统一根据用电电量定额征收，不得再在价外执行。

2002 年，根据山西省电力公司晋电营销字［2002］第 909 号文件，对闻喜县倒闭和政策关停的 7 家企业拖欠的电力建设资金 3.57 万元进行了核销。

3. 三峡工程建设基金

1992 年，国务院第 205 次总理办公会议决定，全国用电征收 0.003 元/(千瓦·时)，作为三峡工程建设基金，专门用于三峡工程建设。财政部、国家计委、能源部、国家物价局以财工字［1992］第 576 号《关于筹集三峡工程建设基金的紧急通知》的文件规定，三峡基金从 1992 年 1 月 1 日起执行，城乡居民生活用电开征三峡基金从 1993 年 1 月 1 日起执行。

1993 年，山西省电力工业局以晋电用字［1993］第 17 号转发华北电力联合公司《关于筹集三峡工程建设基金的紧急通知》，三峡基金的征收范围是除国家扶贫的贫困县农业排灌以外的各类用电量。三峡基金免征各种税费。三峡基金不再作为电费征收，因此不执行有关峰谷电价的规定。

1994年，国家计划委员会、电力工业部计价［1994］第87号文件规定三峡工程建设基金征收标准由0.003元/(千瓦·时）提高到0.004元/(千瓦·时)，仍按原规定范围和办法征收，从1994年1月15日起抄见电量执行，仍在目录电价外征收。

1996年，国家计划委员会、财政部、电力部计价管［1996］第277号特急文件，下发了关于进一步筹措三峡工程建设基金的通知：自1996年2月1日起，三峡工程建设基金征收标准在目前0.004元/(千瓦·时）基础上及三峡工程直接受益地区经济发达地区将0.004元/(千瓦·时）提高到0.007元/(千瓦·时)，对居民用电征收部分自4月1日起执行。

2000年，山西省物价局、山西省电力工业局晋价管字［2000］第351号转发《国家计委关于调整山西省电网电价有关问题的通知》，电网销售电价表中已将三峡工程建设基金0.007元/(千瓦·时）并入目录电价，统一根据用电电量定额征收，不得再在价外执行。

2002年，根据山西省电力公司晋电营销字［2002］第909号文件，对闻喜县倒闭和政策关停的7家企业拖欠的三峡工程建设资金1.97万元进行了核销。

4. 山西省万家寨引黄入晋工程建设资金

1993年，按照山西省物价局、省财政厅晋价重字［1993］第147号文件有关规定，国家批准通过电费收取的水资源补偿费，由山西省电力工业局收取后上交省财政厅，在山西省信托投资公司开设水资源补偿费专户，专项用于万家寨引黄入晋工程建设。

1994年12月7日，山西省物价局、山西省电力工业局晋价重字［1994］第207号《关于为万家寨引黄入晋工程筹集建设资金的通知》，根据1994年11月5日省常委会议精神，经省人民政府批准，决定通过用电收取水资源补偿费。具体规定如下：收取标准：省内为0.015元/(千瓦·时)；收取范围：省内除城乡居民生活、农业排灌、化肥生产用电以外的各类用电，实行农村分类综合电价的市、县以规定分类电价为基础，按上述规定的收取范围和标准向搭接在农电线路的用户计收；收取办法：由各级供电部门按用户用电量每月计收一次，单独核算，随同正常电费向用户收取，由省电力工业局集中，逐月交省财政厅的省信托投资公司开的水资源补偿费专户，专项用于万家寨引黄入晋工程建设；以上规定从1995年1月1日起执行。

5. 电源基地建设资金

1997年4月16日，山西省物价局、山西省电力工业局晋价工字［1997］第82号转发《国家计委、电力部关于调整山西电网电价的通知》中指出：经国务院批准，省内用电征收电源基地建设资金为0.01元/(千瓦·时)，征收范围为省内全部用电。各单位对此项资金要单独核算，按电费上交办法，单独上交省电力工业局财务处。

居民生活用电自1997年5月1日抄见电量起执行，其他用电自1997年3月25日抄见电量起执行。2007年，征收标准不变。

四、电费

闻喜县电业局在2005年以前，电费回收一直都是沿用先用电后交费制度，但是这种管理制度在20世纪六七十年代导致了先用电，拖交费，甚至不交费。尤其是在90年代，闻喜县的小造纸业发展迅猛，先后建设了108家造纸厂。90年代末21世纪初，由于环保治理，县委、县政府政策性“一刀切”，关停了108家小造纸厂，结果当月形成的欠费额高达140万余元，后经过五年的努力，才收回电费，没有形成呆坏账。

2000年以后，根据运城供电局的要求，闻喜县电业局的电费由银行代收。

2005年以来，闻喜县电业局把电费回收当作营销工作的重中之重来抓。根据省、市公司的要求，以闻电办字［2006］第60号文件下发了《关于电费回收管理办法的通知》，《通知》对回收电费的有关部门的任务、责任、职责及具体要求和责任追究等方面都作了明确的规定。

2006年，闻喜县电业局根据山西省电力公司晋电营销字［2006］第40号及运城供电局供电用字［2006］第76号文件精神，为了加强电费回收管理，防范电费呆坏账风险，确保回收月清月结，又以闻电字［2006］第67号文件下发了《关于进一步加强付费售电工作的通知》，《通知》对交纳付费售电金的范围、标准、时间要求、责任追究等作了相应的规定。

由于严格认真的管理和执行行之有效的管理制度，截至2007年，闻喜县电业局的电费回收实现了月结月清。

（一）抄、核、收工作

1960～1967年，闻喜县的抄、核、收及上报工作，由闻喜县发电厂线路组负责。

1968～1981年，闻喜县电业局由用电营业组、用电股负责抄、核、收及上报工作。

1982～1984年，闻喜县电业局由用电所抄表收费班和核算班负责抄、核、收工作。

1985～2003年，闻喜县电业局由各乡镇电管站负责抄表收费工作，用电所核算班负责核算及上报工作。

2004～2006年，闻喜县电业局用电营业实现了营销自动化。14个乡镇供电所负责各自所辖范围的抄表收费工作，大用户班负责大宗工业用户的抄表、催费工作，城镇供电站负责10千伏513、836线路的抄表、催费工作，用电所营业班负责核算及上报工作。

2007年，营销自动化覆盖到各乡镇供电所，闻喜县电业局实现了抄、核、收彻底分离。

（二）营销工作

1. 体制流程

1964～1966年2月，闻喜县电业管理所电力销售实行的是趸售制管理。从1966年3月起，将趸售制改为收支两条线报账直供直销、电费分级上缴制。直至2007年未发生变化。2007年闻喜县电业局营销管理流程图见图5－3－1。

2. 售电收入

1964年，闻喜县售电量为221.25万千瓦·时，售电收入25.84万元。

1965年，闻喜县售电量为265.29万千瓦·时，售电收入30.11万元。

1966年，运城电网接通闻喜县，闻喜县开始使用系统电力。

“三五”期间（1966～1970年），随着售电量的逐年增加，售电收入逐年增长。“三

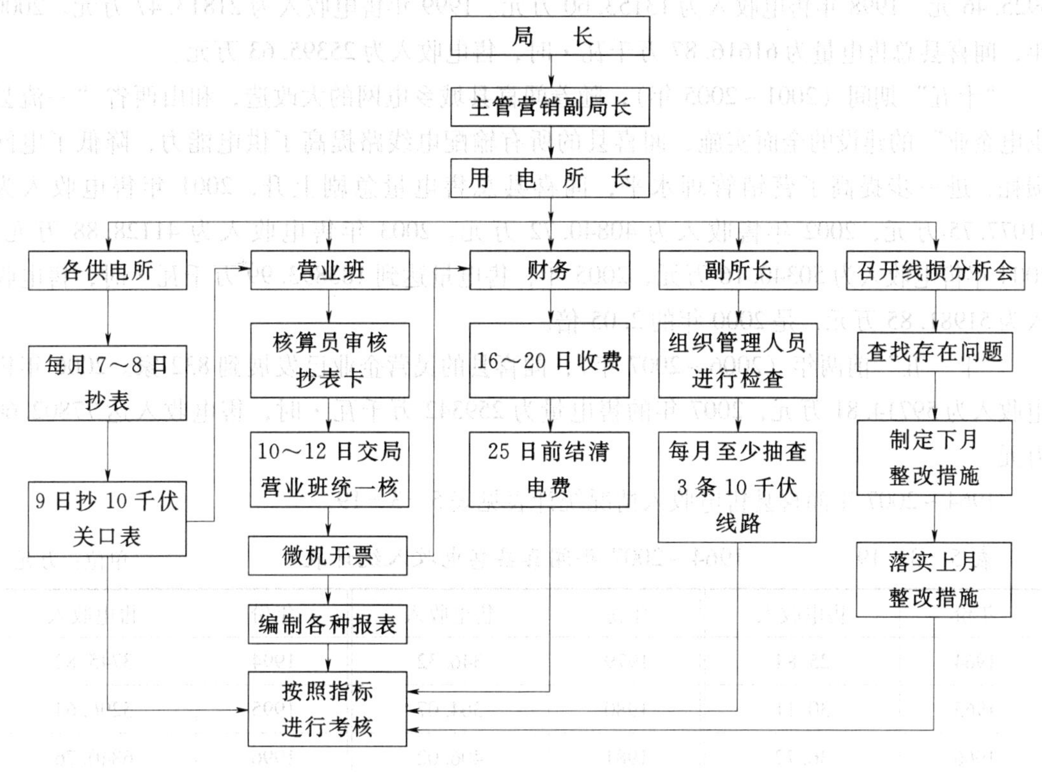

图5-3-1 2007年闻喜县电业局营销管理流程图

五”期末的1970年售电量为1012万千瓦·时，售电收入达108.29万元，是1964年的4.19倍。

“四五”期间（1971～1975年），售电收入大幅增长1975年售电量为2428.92万千瓦·时，售电收入达201.13万元，是1970年的1.86倍。

“五五”期间（1976～1980年），闻喜县电业局开始由生产型转向生产经营型，加强电业营销工作。1980年售电量为5831.71万千瓦·时，售电收入达364.07万元，是1975年的1.81倍。

“六五”期间（1981～1985年），闻喜县电业局随着国家对企业的整顿和逐步规范化管理，供电形势逐年好转，售电量逐年增长，售电收入随年增加。1985年售电量为7092.65万千瓦·时，售电收入达535.61万元，是1980年的1.47倍。

“七五”期间（1986～1990年），1988年，闻喜县电业局的售电量首次突破1亿大关，1990年，售电收入达1305. 51万元，是1985年的2.44倍。

“八五”期间（1991～1995年），闻喜县电业局售电量节节攀升，售电量突破2亿大关，1995年，售电量为25062.29万千瓦·时，售电收入达到5296.64万元，是1990年的4.06倍。

“九五”期间（1996～2000年），闻喜县电业局开始创建农村电气化县，开展“三为”服务达标、全面推行经济责任制和全面质量管理，使企业的营销工作取得较好的效益。全县售电量大幅攀升，1997年售电量为32977.48万千瓦·时，售电收入达到

6925.46元。1998年售电收入为13153.60万元。1999年售电收入为21813.47万元。2000年，闻喜县总售电量为61616.87万千瓦·时，售电收入为25395.63万元。

“十五”期间（2001～2005年），随着闻喜县城乡电网的大改造，和山西省“一流县供电企业”的建设的全面实施，闻喜县的所有输配电线路提高了供电能力，降低了电网损耗，进一步提高了营销管理水平，闻喜县总售电量急剧上升，2001年售电收入为31077.75万元，2002年售收入为40840.72万元。2003年售电收入为41128.88万元，2004年售电收入为50340.16万元，2005年，售电量达到183893.99万千瓦·时，售电收入为51981.85万元，是2000年的2.05倍。

“十一五”前两年（2006～2007年），闻喜县的民营企业已发展到832家。2006年售电收入为59714.81万元，2007年的售电量为259342万千瓦·时，售电收入达77802.60万元。

1964～2007年闻喜县售电收入情况统计表见表5－3－19。

表5－3－19　　1964～2007年闻喜县售电收入统计表　　单位：万元

年份	售电收入	年份	售电收入	年份	售电收入
1964	25.84	1979	346.32	1994	3745.82
1965	30.11	1980	364.07	1995	5296.64
1966	36.72	1981	406.02	1996	6840.76
1967	46.25	1982	406.85	1997	6925.46
1968	47.99	1983	451.71	1998	13153.60
1969	77.98	1984	478.78	1999	21813.47
1970	108.29	1985	535.61	2000	25395.63
1971	153.64	1986	687.69	2001	31077.75
1972	165.47	1987	810.50	2002	40840.72
1973	189.58	1988	944.01	2003	41128.88
1974	182.33	1989	1042.66	2004	50340.16
1975	201.13	1990	1305.51	2005	89670.25
1976	228.8	1991	1617.44	2006	59714.81
1977	240.66	1992	2213.21	2007	77802.60
1978	289.96	1993	2662.41		

五、计量

（一）机构与设备

1. 计量机构

1967年6月以前，闻喜县境内的电能计量由当时的企事业单位自行或上级供电部门负责管理，无统一的管理机构与电能计量修试设备。

1967 年 2 月，闻喜县供电局成立，计量管理归生产技术组负责，由专人负责计量工作。

1979 年，闻喜县电业局正式成立校表室，负责全县的电能表修理、校验和电能表及互感器的领用、发放工作。

1982 年，校表室更名为计量班，属用电所管辖，负责全县的计量管理，开始低压电流互感器的校验工作。

1982 ~ 2007 年，计量机构未变动。

2. 计量检定装置

1967 年，闻喜县供电局自己组装 1 台简易电能表校验台，用比对法校验电能表。

1982 年，山西省电力公司调拨 1 台单相电能校验台。

1985 年 8 月 12 日，根据运城地区电业局运地电用［1985］第 24 号文件，分配给闻喜县电业局上海电表厂生产的 XDBIa 三相校表台 1 台，精度为 0.6 级，1996 年停用。

1986 年 9 月 4 日，根据运地电用［1986］第 33 号文件，运城地区电业局分配给闻喜县电业局浙江岱山生产的互感器校验仪 1 台；临汾互感器厂生产的升流器 $CTHLS_2$ 一台；3 千伏·安单相 220 伏调压器 1 台。

1990 年 3 月 30 日，运城地区电业局分配给闻喜县电业局 SDTX－2 携带式电表试验台 1 台，SXWY－9 稳压电源 1 台。

1990 年 10 月 29 日，运城地区电业局分配给闻喜县电业局临汾互感器厂生产的 HEG 型互感器校验仪 1 台。

1992 年 11 月 1 日，根据运地电用发［1992］第 68 号文件，运城地区电业局分配给闻喜县电业局长春华电电力设备厂生产的 0.2 级三相校表台 1 台。

1996 年，运城地区电业局给闻喜县电业局配置 1 台 WXDB－2B 型三相电能表校验台，精度为 0.2 级。2006 年停用。

1998 年，运城地区电业局给闻喜县电业局配置海盐电力仪表厂产 YDD－C 型单相校验台，精度为 0.2 级。2004 年停用。

2004 年 2 月，运城供电局给闻喜县电业局配置 1 台郑州三晖产 DZ601 型单相电能表检定装置，使用至今。

2006 年 6 月，运城供电局给闻喜县电业局配置 1 台郑州三晖产 DZ603 型三相电能表检定装置，使用至今。

3. 计量标准传递

1967 年，从闻喜县开始有标准电能表到 2007 年底，闻喜县的标准计量器具，一直严格按上级电力部门的规定和计量检定装置管理规程要求，每年将计量器具按时到上一级计量室或实验所进行标准传递。

（二）计量资产管理

1. 计量资产

（1）关口计量设备（包括电能表、互感器及计量回路）和大用户计量设备。从闻喜县使用系统电力开始至2007年底，闻喜县的关口计量设备和大用户计量设备资产一直由运城地区电业局（运城供电局）管理。

（2）考核计量设备。考核计量设备，是指用来计算线损电量，进行内部考核，但不做计费计量装置用的计量设备。

从闻喜县使用系统电力开始至1992年，考核计量设备资产由运城地区电业局管理，1992～2007年，由闻喜县电业局用电所校表班管理。

（3）用户电能表及互感器。1966年，闻喜县35千伏七里店变电站建成投运，闻喜的用户电能表及互感器由上级统配，统一管理。用户的电能表及互感器领用有三个卡账，表库一份、用电管理站一份、用户一份。

20世纪60年代，农村照明用电很少，家用照明电费由村电工按包灯制收取，供电部门直接与生产大队或生产小队进行电费结算。县城用电户执行一户一表制，电能计量的统一配置基本能满足当时的需求。

20世纪70年代，随着用电户的快速增长，电能表烧坏、丢失数量不断增多，电力部门的统一配给逐渐不能适应要求，用户开始出现了自购电能表、互感器。自购的计量资产归属用户。

20世纪80年代至90年代，用户计量设备的配给制仍没有取消，但实际上电力系统配给的电能表与互感器所占比例已越来越小，电力部门配给的表计主要用在系统直接收费的计费点上。电能表的配给制，导引着闻喜计费计量表计一直保持着高质量、高准确的电能计量。

2007年底，电力部门配置的电能表和互感器主要用于电力系统内部考核使用。用户计费电能表、互感器和考核计量设备基本上由用电户自购，电力部门统一管理。

2. 电能表互感器校验、修理

（1）关口计量装置，大用户计量装置，一直由地（市）级供电部门校验，考核计量装置在1992年以前由地（市）级供电部门校验，1992年以后由闻喜县电业局所校表班校验，执行半年现场校验一次，两年轮换校验一次的规定。

（2）用户电能表及互感器校验。

1967年以前，用户电能表及互感器，由上级校验部门校验。

1965～1984年，闻喜的用户电能表由县电业局校表班进行校验、修理。1984年下半年，闻喜县电业局劳动服务公司成立校表班，主要担负低压考核表计及非电力系统直接收费表计校验，用电所校表班主要担负系统直接计费电能表的校验，并按规程要求按期轮校。

1988年初，用电所校表班启用电流互感器校验仪，开始了对所管辖范围内电流互感器的校验，至此，闻喜县范围内的直接计费计量装置按校验规程的规定，由校表班每年制定轮校计划，按期进行轮校，保证了电能计量的准确、公正。

2001年，闻喜县农村电网改造进入高潮，所有的农村生活照明用电将由原来的分表变为电力系统直接计费电能表，用电所校表班校验新的单相电能表满足了农村电网建设与改造工程的更换需要。

截至2007年底，用电所校表班管理轮校的直接计费电能表计为11.64万户。

3. 规章制度与规程标准

1967 年，闻喜县电业局从有第一台简易的电能表校验台开始，就建立使用电能表试验记录，电能表校验合格证，电能表卡账，严格按当时的电能表校验规程和计量装置管理规程要求进行操作，同时建立了表计库房管理制度。

1979 年，闻喜县电业局校表班成立，按上级要求和有关规程规定，制定了相应的管理制度，如：材料出入库制度，封钳管理制度，值班制度等。

20 世纪 80 年代，是计量管理健全完善各种规章制度的一个重要时期。1985 年 9 月 6 日，《中华人民共和国计量法》颁布。1986 年 7 月 1 日，《中华人民共和国计量法》开始实施。用电所校表班完成了标准化建设，对校表班的室内环境进行了改造，同时完善了各种规章制度。

20 世纪 90 年代初，校表班开始实施 JJG597－89 中华人民共和国国家计量检定规程，到 1995 年 5 月 1 日开始实施 GB/T 15282－94 中华人民共和国国家标准，2001 年 1 月 1 日，开始实施 DL/T 448－2000 中华人民共和国电力行业标准的电能计量装置技术管理规定。至此，校表班的有关技术规程与标准已比较完善。

截至 2007 年底，校表班共先后建立了计量标准使用维护制度、周期检定制度、检定证书记录核定制度、事故分析报告制度、试验室岗位责任制度等 20 种，使校表班的计量管理工作更加完善，更加规范。

（三）关口计量点

1. 公用变电站关口计量点

1966 年 2 月，35 千伏七里店变电站建成投运，关口计量点设在 110 千伏西官庄变电站西七线 35 千伏 363 隔离器和 220 千伏闻喜变电站闻七线 35 千伏 393 隔离器两处。由运城地区电业局计量中心管理。

1980 年 10 月，35 千伏阳隅变电站建成投运，关口计量点设在 35 千伏七里店变电站七阳线 35 千伏 435 隔离器处，由运城地区电业局计量中心管理。

1986 年 1 月 30 日，35 千伏河底变电站建成投运，该站的关口计量点设在 110 千伏东镇变电站东河线 35 千伏 377 隔离器处，由运城地区电业局计量中心管理。

1990 年 7 月 1 日，35 千伏郭家庄变电站建成投运，该站的关口计量点设在 110 千伏西官庄变电站西郭线 35 千伏 366 隔离器处，由运城地区电业局计量中心管理。

1997 年 5 月 25 日，35 千伏裴社变电站建成投运，该站的关口计量点设在 110 千伏西官庄变电站西裴线 35 千伏 364 隔离器处，由运城地区电业局计量中心管理。

2000 年 12 月 8 日，35 千伏礼元变电站建成投运，该站的关口计量点设在 110 千伏东镇变电站东礼线 35 千伏 378 隔离器处，由运城供电局计量中心管理。

2002 年 2 月 2 日，35 千伏凹底变电站建成投运，该站的关口计量点设在 220 千伏闻喜变电站闻凹线 35 千伏 386 隔离器处，由运城供电局计量中心管理。

2005 年 6 月，35 千伏柏林变电站建成投运，该站的关口计量点设在 220 千伏闻喜变电站闻柏线 35 千伏 387 隔离器处，由运城供电局计量中心管理。

110 千伏西官庄变电站的关口计量点设在 10 千伏 561、562 隔离器和 35 千伏 361、

362 隔离器四处，由运城供电局计量中心管理。

110 千伏东镇变电站的关口计量点设在 10 千伏 571、572 隔离器和 35 千伏 371、372 隔离器，以及东烟线 375 隔离器五处，由运城供电局计量中心管理。

110 千伏姚村变电站的关口计量点设在 10 千伏 531 隔离器处，由运城供电局计量中心管理。

110 千伏石门变电站的关口计量点设在 10 千伏 551 隔离器处，由运城供电局计量中心管理。

2. 用户变电站关口计量点

1991 年 8 月，闻喜县第二水泥厂的关口计量点设在 220 千伏闻喜变电站 35 千伏 388 隔离器处，由运城地区电业局计量中心管理。

1995 年 4 月，闻喜化肥厂变电站建成投运，该站的关口计量点设在 110 千伏西官庄变电站 35 千伏 365 隔离器处，由运城地区电业局计量中心管理。

1999 年，闻喜县化肥厂改称为晋丰公司闻喜分公司。2000 年 6 月，原闻喜化肥厂变电站增容改造，随之改称为晋丰公司闻喜分公司变电站，该站的关口计量点设在 220 千伏闻喜变电站 110 千伏闻化线 181 隔离器处，由运城地区电业局计量中心管理。

2001 年 10 月，鑫光水泥厂变电站建成投运，该站的关口计量点设在 110 千伏东镇变电站鑫光线 35 千伏 376 隔离器处，由运城供电局计量中心管理。

2004 年 8 月，联营稀土厂变电站建成投运，该站的关口计量点设在 220 千伏闻喜变电站 35 千伏稀土厂线 399 隔离器处，由运城供电局计量中心管理。

六、营业标准化、现代化

（一）标准化建设

2002 年 1 月 1 日，闻喜县电业局的营业管理开始步入标准化建设轨道。执行的标准化依据是运城供电局企业标准 Q/YG76－2001。

闻喜县电业局始终做到坚决执行国家和上级颁发的有关法规、规程、标准、规定、制度和办法，做到依法营业。用电营业中的工作程序从用电工作传票的建立、变更核算档案直到上缴电费、缴税金，完成统计报表六个步骤，始终做到环环紧扣，一环不漏。

为了检查营业管理中标准化执行情况，闻喜县电业局每年都对照《闻喜供电支公司责任制考核办法》，对用电营业班和用电营业员的工作进行检查与考核，做到奖励先进，激励一般，推动后进。

2007 年标准建设内容未变。

（二）现代化建设

1989 年，闻喜县电业局用电所开始配置了 1 台 AST386 型计算机。同年，城区小用户实现了微机开票。1994 年，淘汰 AST386 型计算机，更新为 AST586 型计算机，大大提高了用电营业的效率和质量。1997 年，山西省电力公司为闻喜县供电局配置了一套新的电费核算系统，主要用于大客户电费核算，此计算机型号为 IBMP4 计算机（4 台）。1999～2002 年，闻喜县电业局又先后配置了 10 台联想 P4 计算机，安装了专用报表程序，使各种报表更加准确及时。2003 年，闻喜县电业局又配置了 4 台联想 P4 计算机，用电营业班开始使用微机进行用电营业的总体核算与大用户开票。

2007 年，闻喜县电业局用电所共有 4 台 IBMP4 型计算机、14 台联想 P4 型计算机，并行运行于用电营业管理中。

第四节　线　　损

闻喜县电业局在 20 世纪 60 ~ 70 年代，供用电工作管理比较粗放性，计量设备不准、不全，漏电窃电现象也比较严重，加上电网布局不合理，线损率指标一直在 20% 以上。

1981 年，闻喜县电业局把降低线损列入重要议事日程，健全制度，制定措施，主要工作是：对线路进行改造，全县投入三处电容补偿设备，七里店变电站投入电容器 1050 千乏，电压提高 5% 。更换卡脖子线路导线两处，共计 12 千米，整修低压线路 25 千米；严格抄、核、收制度，职责明确，减少了差错；加强了电能表校验和轮换工作，严格按照规定的校验和更换周期，进行及时的校验和更换，消除了用户无表用电的现象；开展用电普查，当年普查了 17 个公社、269 个生产大队，追补电量 193. 35 万千瓦·时；整改计量设备，当年共整改计量设备 106 户，安装铁皮表箱 500 个，整改变压器 695 台；降低空载变压器损耗，农灌变压器不用时一律停止运行，对农村定时供电，减少不必要的空载损耗。经过一系列工作，当年线损开始大幅度降低。同年，线损率完成 16. 64% ，比 1980 年下降了 4. 22 个百分点。

1982 年，闻喜县电业局又一次开展了用电普查，整改变压器 595 台，整修低压线路 38 千米，安装表箱 520 个，线损率完成 14. 91% ，比 1981 年降低了 1. 73 个百分点。

1990 年 4 月 27 日，为了加强对节能降损工作的领导，闻喜县电业局根据闻电使用［1990］第 4 号文件，成立了线损领导组，组长由局长担任，副组长党支部书记、生产副局长担任，成员有 8 人，线损专责 1 人。

1990 年，全县共有有损线路 19 条。闻喜县电业局对各线路进行了单独考核。累计线损在 19% 以下的 16 条，线损在 19% 以上的 3 条。闻喜县电业局对此采取了有力的措施：加强以线路为单位的线损考核，线损与农电人员工资挂钩，并奖优罚劣；加强表计计时管理工作，及时排除故障；抓好大负荷线路工作；技术降损，及时停止空载配电变压器；责任到人，开展综合治理，主要是定时供电，清理线路通道，及时开展用电大普查。通过一系列工作，全年有损 9. 5% ，综合线损率 4. 8% ，完成了运城地区电业局下达的线损计划指标。

2002 年 9 月，闻喜县电业局下发了《母线电量平衡管理办法》、《线损管理办法》。

同年 10 月 21 日，闻喜县电业局下发了《变电站站用电管理办法》，目的是为了加强站用电管理，减少不必要的电量损失，降低线损率。

2003 年 1 月 10 日，闻喜县电业局下发了《下达 2003 年一季度线损率计划的通知》。《通知》根据各条线路的负荷大小、改造长度、理论计算情况，下达了线损指标，将指标分解到了 10 千伏有损线路、35 千伏有损线路、变电站站用电、10 千伏公变线损。任务明确、责任到人，目的是为了保证全年线损率计划的完成。同年8月4日，闻喜县电业局重新调整了线损领导组。

2004年1月5日，闻喜县电业局为了加强线损管理，明确各部门的职责和工作内容，理顺线损管理体制，下发了《闻喜供电支公司线损管理办法》。《办法》共有4章21条，分别从总则、管理体制、指标管理与考核、工作质量及要求五个方面加强线损管理，规范工作标准，明确责任分工，提高工作效益。

2004年1月8日，闻喜县电业局下发了《农村台区线损管理考核办法》，并成立了低压线损管理机构。

2005年，闻喜县电业局先后下发了《农村台区线损管理考核办法的通知》、《2005年一季度预控经济指标计划的通知》、《2005年度降损措施计划的通知》、《2005年度线损小指标的通知》、《2005年度经济指标计划的通知》、《2005年四季度线损指标计划的通知》。

2005年11月18日~12月10日，闻喜县电业局开展了“管理降损月”活动。此次活动采取了分片包干、内查与外查相结合的方法，进行了一次全面的用电普查。重点是对用户的计量装置进行了检查，表计运行是否准确、计量倍率的配置是否合理，实际倍率与核算倍率是否相同，封印是否齐全，有无窃电或违章现象。通过“管理降损月”活动，闻喜县电业局的线损管理工作更加规范化。

2006年1月10日，闻喜县电业局下发了《2006年线损预控指标计划的通知》，总体要求2006年比2005年的线损率要降低0.8个百分点。

2006年7月20日，闻喜县电业局调整线损领导组，组长由局长担任，副组长由党支部书记、用电副局长、农电副局长、行政副局长、主任工程师担任，成员由7个股长组成；同时设线损专责1人，确定了通调股、生技股、农电股及14个供电所的线损专责；明确了组长、副组长、领导组成员及各级线损专责的责任。2006年闻喜县电业局线损管理网络图详见图5-4-1。

2006年7月，闻喜县电业局下发了《线损考核管理办法》、《职工用电管理办法的通知》。

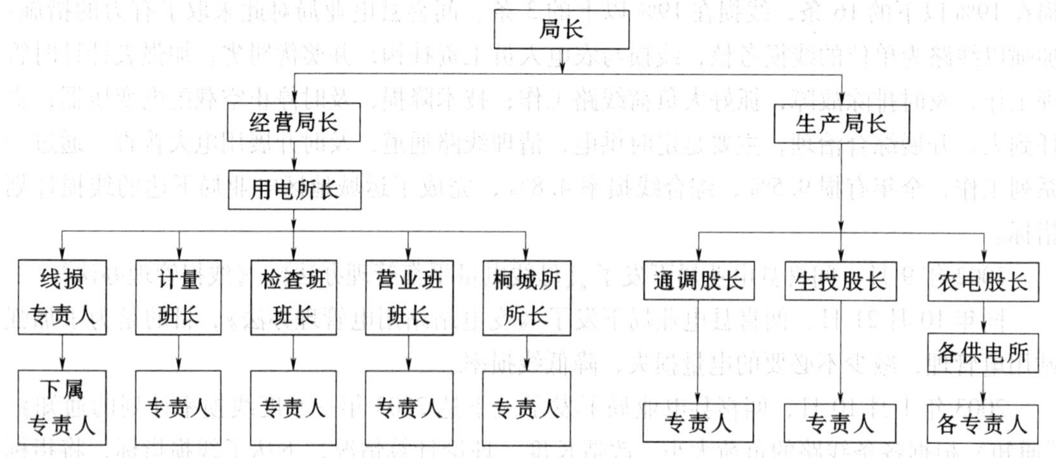

图5-4-1　2006年闻喜县电业局线损管理网络图

2007年1月8日，闻喜县电业局以闻电字［2007］第2号文件，下发了《2007年一季度经济指标预控计划的通知》，以保证从第一季度做起，夯实基础，确保全年各项经济指标的完成。2000～2007年闻喜县电业局线损率完成情况见表5－4－1。

表5－4－1　2000～2007年闻喜县电业局线损率完成情况

年度	计划指标（%）	实际完成（%）	比计划降低百分点
2000	8.6	8.56	0.04
2001	8.8	8.79	0.01
2002	8.6	8.59	0.01
2003	8.5	8.46	0.04
2004	8	7.87	0.13
2005	7	6.69	0.31
2006	7.2	6.67	0.53
2007	7	6.83	0.17

第五节　用电检查与“三电”工作

一、用电普查

1966年以前，闻喜县用电范围较小，行业种类较少，组织机构不太健全，用电普查工作尚未起步。

1966年以后，群众用电的积极性逐渐提高。但由于管理制度不健全，导致供电线路损耗大，人身触电、电气失火事故多，加之电力供需矛盾的日益突出，用电普查工作逐渐被列入议事日程。用电普查的具体工作，由用电所（组）组织进行的。用电普查工作，大体可以分为两个阶段：1978年以前，普查的内容主要有：安全用电普查；电费普查；计量普查；窃电普查；用电设备普查。1979年以后，普查的主要内容为消缺、堵漏、反窃电。

1980年，闻喜县电业局组织了40余人的普查队伍，杆杆过，台台到，查出计量缺陷45处，停用空载变压器516台，处罚了3个窃电户。在普查中发现个别线路线损率竟高达45%，普查后立即进行处理整改，使线损率明显下降。

1984年，闻喜县电业局开展用电大普查。大普查共组织7次，共普查937户，发现问题461处，追补电量48.32万千瓦·时，计电费6.34万元。

1988年11月，在全县开展了为期一个月（11月25日～12月25日）的用电大检查。检查范围：全县范围内10家县营厂矿企业，31家乡镇企业，以及商业门店。

1989年7月8日，闻喜县电业局根据闻喜县政府闻政发［1989］第36号文件精神，对全县的用电管理和“三电”工作，进行一次为期半个月的全面检查和整顿。由闻喜县电业局副局长负责，下设三个普查组。其普查的重点是城市工业企业和乡镇企业的生产用电和非生产用电，以及市政生活照明、商业门店、饭店和旅店等用电。

1993 年，闻喜县电业局开展用电普查，涉及面为 2280 户，发现其中 35 户违章，2 户窃电，20 户计量有差错，以上情况按照有关规定进行了一一处理。

1999 年，城乡电网改造开展以后，供电质量和可靠性得到保证，公民的用电素质不断提高，不再搞大规模的用电普查活动，而由用电检查班按部就班进行日常检查。

2004 年 5 月 17 日，闻喜县电业局成立了用电稽查大队，用电普查由稽查大队按工作日去完成，同时设立举报电话，如举报属实，立即查处，并对电业局所辖的大用户、高低压用户及 10 千伏专线用户进行用电营销稽查。主要工作是对用电安全、违章窃电、计量有无异常、电价是否到位、有无私建变台、备用电源是否有使用许可证、电工是否有进网作业证及计划用电等方面进行认真细致的检查。

2006 年，根据晋电总字［2006］第 113 号文件《山西省电力公司“三清理一普查”工作实施方案的通知》和晋电总函字［2006］第 30 号文件《2006 年营销普查大纲的通知》的安排，闻喜县电业局对所辖用户进行了拉网式、地毯式的营业普查工作。具体普查共分五个阶段：

第一阶段：2006 年 3 月 4 ~20 日为各股室、班、站、所现场自查。

第二阶段：2006 年 3 月 21 ~31 日为核对卡账、档案、现场普查卡入档，汇总分析自查报表，并对自查出的问题进行整改阶段。

第三阶段：2006 年 4 月 1 ~5 日为各股室、供电所、班站向局汇总上报自查报表和自查报告。

第四阶段：2006 年 4 月 5 ~13 日为抽查阶段。由用电所、农电股、稽查队分三组进行抽查。

第五阶段：巩固检查阶段。由于运城供电局互查时间的推后，2006 年 4 月 14 日 ~5 月 1 日，对全县大工业用电进行了再次全面检查巩固。

同年 5 月，迎接了运城供电局互查组的检查（历时 14 天）。互查的对象是所有大用户，东镇、礼元、桐城三个供电所。

同年 6 月，山西省电力公司抽查组对闻喜县的营销管理工作进行了抽查。抽查的大用户有山西银光集团有限责任公司（总厂）、宏业玻璃有限公司、闻喜东方新闻纸业有限公司、闻喜红星汽车配件厂、闻喜县宏伟玻璃器皿有限公司、闻喜第二水泥厂、永盛合金有限公司、宏福镁业有限公司、国营燎原仪器厂、顺通选矿厂，并且抽查了东镇、礼元、桐城三个供电所。

同年 9 月，山西省电力公司督查组又对闻喜县电业局的用电营销工作进行了督查。

通过这次自查、抽查、督查，闻喜县电业局的营销管理工作更加规范化。

二、查窃堵漏

1981 年，闻喜县电业局通过普查，查出问题 1772 起，追补电量 193. 35 万千瓦 · 时，追补电费 11. 49 万元，其中罚款 2123. 52 元。

1982年7月28日，山西省电力工业局发布了《违章用电或窃电的处理办法》，对什么是窃电行为与违章用电及处理办法作了明确的规定。闻喜县电业局根据该办法开展了查窃堵漏工作。

当年，闻喜县电业局共查处违章用电和窃电用户813户，追回电量55.42万千瓦·时，追补电费5.32万元，罚款2130元。

1985年，查出窃电用户43户，追补电量81.99万千瓦·时，追缴电费5.75万元。

1986年，根据山西省公安厅和山西省电力工业局颁布的《关于严禁窃电、违章用电的通告》，在全县开展了反窃电斗争，法院、检察院、公安局把反窃电斗争与打击五种严重犯罪活动一起抓，同布置、同检查、同总结，对查获的犯罪分子进行了严厉打击，实行公捕、公判、公开处理，极大地震慑了窃电犯罪，教育了广大群众，保卫了企业利益和电力资源，使全县电力能源不明损失大大下降，保证了国家下达的节能指标顺利完成。

三、“三电”工作

闻喜县的“三电”工作起步于1972年，20世纪70年代后，闻喜县的用电已进入发展阶段，尤其是20世纪80年代后，随着全县工农业生产的迅猛发展，供用电矛盾更加突出。闻喜县的“三电”工作才真正摆在了县委、县政府的日常工作之中。为此，“计划用电、节约用电、安全用电”“三电”工作，步入了规范化、正规化和科学化。

（一）领导机构

20世纪80年代后，闻喜县的玻璃、造纸业发展迅猛，用电负荷急剧增加，供电形势异常严峻，供、用电矛盾十分突出。

根据省、地“三电”领导组指示精神，1986年7月7日，闻喜县人民政府以闻政办发［1986］第40号文件，成立了闻喜县“三电”领导组及“三电”办公室。领导组组长由常务副县长担任，副组长为工经委副主任和农经委主任，成员有电业局副局长、县节能办副主任、电业局用电所所长。“三电”办公室主任由电业局副局长担任，副主任由电业局用电所所长担任。成员由电业局调度班班长担任。办公室设在闻喜县电业局，具体负责“三电”资料的收集和方案编制、措施制定等日常工作。同时，在各大用电企业建立了“三电”领导机构。

1988年1月，闻喜县委、县政府对“三电”领导组进行了调整。领导组组长由1名副县长担任，副组长为工经委副主任和农经委主任担任，领导组成员及办公室负责人未变。“三电”办公室仍设在闻喜县电业局。

1999年，闻喜县人民政府对“三电”办公室人员进行了调整。办公室主任由闻喜县经贸局副局长担任。办公室成员由经贸局和电业局有关人员组成。办公室设在闻喜县经贸局。

2002年，闻喜县人民政府在机构改革时，仍然设立了“三电”办公室。办公室主任仍由闻喜县经贸局副局长兼任。

截至2007年，闻喜县“三电”办公室仍设在闻喜县经贸局，办公室主任一直由闻喜县经贸局副局长兼任。

(二) 工作职责

在电力负荷紧张的情况下,"三电"领导组负责电力负荷的分配,根据农、轻、重的次序,统筹兼顾,适当安排。基本原则是:在农灌季节,压工保农,适当提高对农业用电的分配比例;首先保证县委、县政府、铁路、国防军工企业、通信及城乡居民照明和生活用电;工业用电根据其生产特点,分别采用连续(定量)、限量和轮换三种供电方式;农村用电先保生活,后保机电;鼓励企业办电,凡企业自办的电力,一律实行"谁办谁用"的原则,不列入统配电力之中。

(三) 工作任务

1. 节约用电

1988年1月,随着全县工农业生产的发展和城乡居民用电的增加,供用电矛盾更加突出,针对缺电的严峻形势,"三电"办公室采用各种措施节约用电,继续做好"削峰填谷",提高负荷率的工作。具体的措施是:

(1) 严格考核各厂矿的负荷率和峰谷率,违反者扣减电力负荷指标。

(2) 严禁用电炉取暖、做饭、消灭长明灯、大灯泡,对教育不改者,以电炉容量每天6小时计算,追收1~3个月的电费,对屡教不改情节严重的国家工作人员,要给予纪律处分。

(3) 更换高耗能变压器,安装无功补偿装置,当年全县更换高能耗变压器5台,节约容量900千伏·安,安装电容器90组、3700千乏,安装各种类型的限电器60只,从而大大降低了电力的浪费现象。

(4) 调整部分产品单耗定额,"三电"办公室转发了运城地区"三电"办公室《关于调整部分产品单耗定额的通知》,规定申报产品单耗的单位有化肥厂、造纸厂、水泥厂等11家。

1991~1992年,结合升级达标工作,闻喜县电业局将节能型配电变压器替换了原来的高能耗配电变压器,并对所有配电盘进行了更新,符合部颁电气设备升级达标标准,达标率达100%。

1992年开始,严格控制高耗能变压器的使用,做到杜绝新装,拒绝修复。由"三电"办牵头在全县推广节能灯,用电子镇流器代替电磁镇流器等节电新技术。

1995年,闻喜县经贸委、"三电"办公室积极贯彻全国节电会议精神,大力推行全国十大节电措施的首选项目——节能灯具,率先将县城所有的路灯更换为节能灯具,每月节约电量10.53万千瓦·时,全年可节约电量120万千瓦·时。

2000~2007年,闻喜县电业局本着建设节约型社会的原则,坚持节约用电不动摇。先后成立了电业局节能工作组,制定了电能损耗管理规定、线损考核管理办法、线损分析管理办法和线损小指标管理办法,严格杜绝高能耗配电变压器进入系统,不断更新改造企业高能耗配电变压器,认真考核用户用电单耗。2007年节约用电约300万千瓦·时。

2. 计划用电

(1) "三电"办公室每季度对重点企业的用电都作了详细安排,重点安排的单位有化肥厂、3531工厂、3534工厂、541总部等40余家,这些单位必须严格按照所分配的负荷用电。

（2）在对企业实行计划用电的同时，“三电”办公室对全县各条农业线路的用电负荷，也按计划进行了分配，每条线路实行24小时轮流供电，高峰时只供照明电。被分配的线路有563官庄、833岭西东、834下丁、836坑东等18条，总负荷3130千瓦。

1988年3月，为了保证春浇抗旱用电，调整6000千瓦负荷供农业电路使用，为此，“三电”办向各用电户提出了新的要求：春浇抗旱期间，各厂矿企业、乡镇企业和农副加工都要积极为春浇让电，要严格遵守用电时间和负荷指标，对不遵守用电时间和在用电时间内超用电力负荷者，按“三电”管理规定处以5～10元/千瓦的罚款，城市居民生活用电在春浇抗旱期间也要让电给农民（上午8～11时停电）；非连续生产的一、二班制厂矿企业和农副加工白天一律不准安排生产用电，从23时到次日6时为生产用电时间；连续生产的厂矿企业，要严格控制所分配的用电负荷指标，不得超用，否则除按规定扣还超用负荷外，还要处以5～10元/千瓦的罚款。因电力紧张，对农村照明和春浇同时保电还不可能时，在晚上6～10时的用电高峰期，春浇用电暂停，以便将这部分电力来供城市照明和农村照明。

1988年4月，“三电”办公室对早、晚高峰的时间进行了重新界定，早高峰为9～11时，晚高峰为16～21时，低谷为0～6时。规定各厂矿企业调整好生产班次，搞好早、晚避峰工作。按照电力负荷指标用电，不得超用，谁超限谁，超用扣还，每超一个千瓦罚款5～10元，按日计算。同年6月，为了保证农村夏收用电，决定电石、硅铁生产在夏收期间停止生产供电；军工等各大用户，严格控制生产用电，在系统电力特别紧张时，对其拉闸限电；城市线路限制早高峰用电，必要时晚高峰也进行限制。

1990年，“三电”办公室对电力负荷分配又做出了新的规定：抗旱时期工业为农业让电。工业用户一律以电定产，采取避峰、倒换周休日，轮流供电方式用电。主变压器容量在100千伏·安以上的用户必须采取技术措施限电。对连续性生产的企业，在高峰期间要实行避峰用电。一班制、个体户生产单位及其他不连续用电的设备，要避开两个高峰期用电。尽量保证党、政机关、学校和城乡居民生活用电。

3. 安全用电

20世纪80年代以前的安全用电管理工作，主要是由各用电户的行政主管，闻喜县电业局对其负责行业的安全技术、规章制度等贯彻情况及安全进行监察。

进入80年代后，安全用电工作主要由闻喜县电业局负责，但必须定期向闻喜县人民政府、“三电”领导组汇报工作。

90年代，根据能源部的指令，闻喜县“三电”办公室每年均对用户电工进行专业技术和安全教育培训，培训教材使用统一编写的“进网作业电工培训教材”。同时，每年对参加培训的用户电工进行考试，考试合格者，颁发“进网作业电工许可证”。闻喜县“三电”办公室对安全用电做出了新的规定：凡新建、技术改造项目，在选购设备时一定要优先选用节电产品，凡国家指明淘汰的电器产品严禁使用；由于用户责任引起电力系统断路器掉闸，6～10千伏停电，罚款300元，35千伏停电，罚款600元；由于用户责任引起电力系统设备损坏时，修理赔偿费由用户负责；由于用户责任引起对其他单位供电中断者，则处以少送电量（按停电前一小时负荷乘以停电时间）乘以现行平均电价的五倍罚款。

1999～2007年，安全用电主要由闻喜县电业局安教股具体负责。每月召开一次安全例会，通报安全用电情况。每月向闻喜县“三电”办公室汇报一次安全用电情况。闻喜县“三电”办公室主要做了三个方面的工作：一是每年对进网电工进行安全规程和专业技术培训考试，成绩合格者发给“进网作业电工许可证”；二是加强对用户的安全用电宣传，采取印发“安全用电知识”传单，刷写和悬挂安全用电标语、安全用电公益广告宣传用语，每年定期在街头、闻喜广场、西湖公园等公共场所进行“安全用电周”宣传活动，重大节日开展“安全用户”专场文娱宣传晚会等手段，达到安全用电的目的；三是配置和制定了客户安全用电的规程制度，如《电业安全工作规程》、《两票补充规定》、《缺陷管理制度》、《工作票制度》、《停送电联系制度》等14种规程制度。由于宣传到位、措施到位、检查到位，确保了安全用电。

4. 新世纪的“三电”工作

进入21世纪后，闻喜县的工农业生产发展势头强劲，尤其是工业发展异常迅猛，闻喜县年用电量以20%的速度递增。随之供需矛盾非常突出，为了保证全县工农业生产的快速发展，在解决用电供需矛盾中，闻喜县计划用电领导组发挥了重要的作用。

2004年4月12日，闻喜县计划用电领导组以闻电用字［2004］第3号文件，下发了《关于当前计划用电确保抗旱的紧急通知》，《通知》规定：高耗能、重污染、低效益的企业，从4月7～26日停产让电；今后所有用户新增容，都要经过计划用电领导组审批；凡今后企业根据性质和用电等级需架专用线，都必须经计划用电领导组审批后，方可实施。电力用户专用线路也可由计划用电办公室调配其他用户的使用；计划用电领导组办公室和闻喜县电业局组织有关人员，成立检查组加强检查，对未按要求停电的用户，严格按照《电力法》及其相应法规进行处理，并可强制执行停电及罚款措施。

2004年，闻喜县经济持续快速发展，全县缺电状况十分严峻。为了保证全县迎峰度夏期间居民生活和重要单位用电，6月26日，闻喜县计划用电领导组以闻用电［2004］第4号文件，下发了《闻喜县迎峰度夏电力供应实施方案的通知》，《通知》制定了闻喜县迎峰度夏供电应急预案，对全县94294户城乡居民、三大高中、25所初中、党政机关、医院、部队、铁路、电视台、农业排灌的供电制定了各种实施方案，主要有：负荷分配方案、停产让电方案、转休错峰用电方案、避峰用电方案等。

2006年7月20日，闻喜县计划用电领导组以闻用电［2006］第1号文件，下发了《闻喜县迎峰度夏电力供应实施方案的通知》。《通知》制定了闻喜县迎峰度夏供电应急预案。为了保证《应急预案》落实到位，闻喜县计划用电领导组组织闻喜县电业局、“三电”办公室及有关部门，对执行情况进行了定期与不定期的检查和监督。同时，闻喜县计划用电领导组还加强了对电力设施和场所的保卫，防止发生冲击供电场所的事件，对构成犯罪的要依法追究刑事责任；尚不构成犯罪的依法给予行政处分。

第六节　民　心　工　程

一、优质服务

1983 年，经过企业整顿后，社会承诺得到了规范和加强，在闻喜县的 340 个行政村的公告栏内，月月对用电指标、电价及收费人员名单进行公布，使各用电户明确自己的用电和交费情况。

1998 年，为了更加规范兑现社会承诺，更好地服务广大客户，根据有关文件精神，闻喜县电业局制定了供电服务承诺管理制度，使各项承诺落到了实处并在全县各乡镇和各大企业用户公开招聘行风监督员，办事程序时常处在社会的公开监督之下。

2000 年，闻喜县电业局客户服务中心（简称客服中心）成立。对外公布报修中心电话 7058280。客服中心与运城供电局客服中心及 14 个供电所形成电话网络，受理客户电话咨询、查询、投诉举报及故障报修业务。根据山西省电力公司《客户服务工作标准（试行）》、运城供电局《用电管理与优质服务制度》中的具体规定，做好优质服务工作。并做出了供电服务 10 项承诺和举报电话制度，公开服务标准，对电业职工的营业办理时间、使用的文明用语、用户申请办理用电手续、各类电价收费标准以及故障抢修奔赴现场的时间等，均做了具体规定，使广大客户做到了用电、交费心中有数，不跑冤枉路，不交冤枉钱，得到了用户的一致好评。

2001 年以后，随着体制的变化，对社会承诺服务也在不断的改进和完善，不断地打造承诺服务品牌。

2003 年，客服中心营业厅与中国银行合作，使用铁通公司的“银联系统”代收电费，使电费的收取、送交更加安全可靠，大大方便了客户。

2004 年，客服中心开通了“95598”热线电话，全方位为客户提供优质服务。同年，实现了城市供电营业窗口规范服务达标要求，顺利通过了山西省电力公司的达标验收。当年，客服中心共为客户用电咨询 500 次，接到客户报修电话 150 次，均做到了及时抢修服务，取得了良好的社会效益。同年 5 月，客服中心营业厅开始坐收城市居民及城边附近 4 个行政村部分用户、68 个企业大用户的电费。从根本上实现了抄、核、收分离，使用户用上了明白电、掏了明白钱。取缔了电费滞纳户和滞纳金，实现了电费对上对下月月结零。

2005 年，闻喜县电业局坚决贯彻国家电网公司规定的《供电服务“十项承诺”》。当年，现场抢修 105 次，用电咨询 200 次，全面兑现了“十项承诺”，得到了全社会的一致赞许，使闻喜县电业局的文明企业形象更加鲜明。同年，国家电网公司在全国电力系统推行“三公调度”暨供电优质服务活动。闻喜县电业局结合工作实际，全方位提高服务质量。认真履行供电优质服务“十项承诺”，对员工进行深入细致的职业道德教育和服务宗旨教育，用“努力超越、追求卓越”的企业精神，培养“忠诚于企业、敬业于岗位、奉献于社会”的优秀员工队伍。规范员工的行为，增强员工的责任心和服务意识，按照

“优质、方便、规范、真诚”的服务方针，将各项工作落到实处。主要做法有：

（1）闻喜县电业局将国家电网公司制定的公司员工优质服务的“十个不准”，制成板面置放在办公大楼前醒目位置，接受社会各界人士的监督。并在每个股室、每个办公室、每个公共场所公开悬挂，同时印制了国家电网公司的“三个十条”宣传单，人手一份，便于员工上下班随时默诵、熟记。

（2）闻喜县电业局坚持“三公”调度，认真贯彻落实“三个十条”，加强营业窗口管理，规范服务流程，树立服务品牌，开展“供电优质服务、营造和谐社会”系列活动。

（3）在用电高峰期，调度、巡检、检修人员对设备严密监控，及时处理线路和设备异常，合理调配负荷，各供电所抢修人员坚持24小时值班，随时处理线路故障，确保线路畅通无阻。

（4）在用电负荷紧张的情况下，及时向运城供电局和闻喜县委、县政府反映闻喜的用电形势，一方面向运城供电局争取更多的电力负荷；另一方面通过电视台等媒体大力宣传节约用电。此外还根据全县用电情况，科学合理地制订《负荷分配方案》和《应急预案》，坚持“先生活、后生产”的原则，搞好计划用电，积极采取有效措施，保证全县工农业生产和人民群众的正常生活用电。

（5）闻喜县电业局领导走访了水泥厂、金属镁、玻璃电容炉、机械加工等四大产业用户，了解其用电性质和生产过程，鼓励用户在低谷时段用电。急用户所急，想用户所想，为重要用户和大用户架设高压专线，保证他们的正常供电，把企业因缺电而造成的损失减少到最低点。

（6）闻喜县电业局积极推行客户首问责任制，实行“一站式”、“一条龙”服务，客户咨询和办理业务做到事事有回音，件件有着落。

2007年，闻喜县电业局召开了“同建用电和谐环境，共谋供电科学良策”恳谈会。在恳谈会上同各级领导、企业大用户的老总、行风监督员共同商定了电网、电源的建设良策，闻喜县电网建设能够又快又好地发展。正由于闻喜县电业局长期以来积极践行供电企业的社会责任和承诺，深得各级领导和广大用户的爱戴与拥护，连续十年在闻喜县的行风评议中获得了第一名。

二、两改一同价

闻喜县电业局自1999年12月30日至2005年底，在农村电网改造、农村电力管理体制改革、实现城乡同网同价（简称两改一同价）工程中，取得了阶段性的成果。农网改造工程和农村电力管理体制改革全面完成，居民生活用电同网同价已得到实施。

在“两改一同价”中，闻喜县电业局积极开展优质服务。一是在农网改造施工管理中实施“八不准、二公开、一监督”。“八不准”即不准扰民乱收费、乱摊派，加重农民负担；不准接受村委会宴请和赠送的纪念品，增加村委会负担；不准刁难群众和接受群众礼物；不准超收和挪用集资款；不准假公济私拿网改材料送人情；不准将非招标的劣质材料用于网改工程；不准插手农民的集资和管理集资款；不准打架斗殴、骂人、说秽话。“二公开”即开工前，督促村委会向群众公布集资款户数、金额、设计规程；竣工后，监督村委会及时向群众公布集资款使用情况、购料数量和价格。“一监督”即接受群众监督。施工验收做到“三严三细五到位”。“三严”是严格的质量，严格的标准，严格的手续；“三细”是记录细，工艺细，账目细；“五到位”是验收人对工程的各个环节验收到位，新材料管理及旧材料回收到位，资料管理到位，自筹资金管理和结算到位，工程全过程安全措施到位；竣工后达到“三心、三型、三满意”。“三心”是农民舒心、政府放心、电力企业称心。“三型”是安全型、效益型、标准型。“三满意”是群众满意、政府满意、电力企业满意。农民们称两改工程是“德政工程、民心工程、富民工程”。

二是端正行风，农民方便，服务优质。闻喜县电业局以“改善服务环境，提高服务质量”为主题，改制后的供电所实行24小时值班，无周休日制度，实施电话预约和用电延伸服务，建立了354个便民服务箱，354个电量、电价、电费三公开栏，设立了354个报修服务箱。全县354个行政村全部实行了坐收电费，实现了农村用电“三公开”（电价公开、电费公开、电量公开），“四到户”（收费到户、服务到户、销售到户、抄表到户），“五统一”（统一电价、统一发票、统一抄表、统一核算、统一考核）的管理目标。

第七节　大 宗 工 业 用 户

根据全国供用电条例规定，凡是主变压器容量大于或等于315千伏·安的工业用户都为大宗工业用户（简称大用户）。闻喜县大用户的发展大体分为三个阶段，20世纪60年代为起步阶段，90年代为发展阶段，21世纪为高速发展阶段。

1966年，闻喜县的大用电户有：造纸厂、纺织厂、陶瓷厂、玻璃厂、五金厂、八一厂等9家。

1973年，闻喜县大用户用电量见表5-7-1。

表5-7-1　1973年闻喜县的大用户及其用电量　单位：万千瓦·时

厂　名	用电量	其　中	
		动力	照明
五金厂	1.68	1.63	0.05
柴油机厂	1.32	1.21	0.11
水泥厂	4.57	4.52	0.05
棉织厂	2.25	2.17	0.08
造纸厂	6.21	6.14	0.07
粮食加工厂	1.62	1.58	0.04
陶瓷厂	0.34	0.17	0.17

1991年，闻喜县的大用电户有：造纸厂、附件厂、工具厂、五金厂、粮加厂、水泥厂等26家。

1996年，闻喜县大用户的用电情况见表5-7-2。

表5-7-2 1996年闻喜县大用户用电情况

用户名称	供电电压（千伏）	变压器容量（千伏·安）	最高负荷（千瓦）	年用电量（万千瓦·时）
海鑫公司	110	25630	16050	2456.13
十分支	10	720	600	459.51
3534工厂	10	1250	900	355.19
3531工厂	10	2450	2000	1228.61
二水泥	35	1250	800	531
出口厂	10	800	500	399.51
化肥厂	35	4600	3200	2776.29
陶瓷厂	10	850	400	176.34
六分支	10	1250	700	65.67
水泥厂	10	1250	1000	760.49
造纸厂	10	1750	1000	2252.94
钾肥厂	10	800	400	271.01
铁皮厂	10	500	200	143.68

20世纪90年代后期，尤其是进入21世纪，闻喜县的工业发展势头强劲，钢铁、化工、玻璃、机械加工、金属镁五大支柱产业带动其他产业迅速崛起。

截至2007年，闻喜县大宗工业用户明细见表5-7-3，以下介绍其中部分用户。

表5-7-3 2007年闻喜县大宗工业用户明细表

序号	厂　　名	主要产品	变压器台数	总容量（千伏·安）	年用电量（万千瓦·时）
1	海鑫钢铁集团有限公司	钢材	14	414500	125090.75
2	山西晋丰公司闻喜分公司	化肥	3	80000	51265
3	鑫光水泥有限公司	水泥	2	12600	6096
4	闻喜县华盛镁业有限公司	金属镁	3	2600	1387.86
5	际华3534公司	服装	4	2145	444.94
6	国营燎原仪器厂	机械加工	6	2110	789.88
7	永盛合金	金属镁	3	1630	692.81
8	宏富镁业有限公司	金属镁	4	3600	647.32
9	白玉二厂	金属镁	1	1250	631.98

续表

序号	厂　　名	主要产品	变压器台数	总容量（千伏·安）	年用电量（万千瓦·时）
10	金山公司	选矿	5	1050	205.19
11	丰喜肥业有限公司	化肥	1	1000	170.23
12	白玉一厂	金属镁	3	815	30.29
13	正大镁厂	金属镁	1	800	79.47
14	闻喜县丰源镁业有限公司	金属镁	2	800	598.93
15	鸿光选矿厂	铁粉	2	695	198.89
16	长安纺织责任公司	纺织品	1	630	371.26
17	昌达镁业	金属镁	1	630	161.68
18	鑫利选矿厂	铁粉	2	500	75.72
19	大运镁厂	金属镁	2	565	237.39
20	大运选矿厂	铁粉	2	715	184.26
21	华鑫合金	金属镁	2	500	331.53
22	鸿光选矿厂	铁粉	2	450	105.77
23	金泉锌业	苯	1	400	144.54
24	东海镁厂	金属镁	1	315	172.18
25	鑫旺选矿厂	铁粉	2	1000	215.04
26	国泰化工	化工品	2	750	23.17
27	闻喜县中鑫矿业有限公司（刘古庄）	铁粉	3	2600	200.67
28	向华合金制品有限公司	合金	2	500	115.11
29	山西文义水泥有限公司	水泥	3	2260	777.80
30	森特煤焦化工程公司	洗煤	3	750	103.33
31	恒德镁业有限公司	金属镁	2	630	100.39
32	银光镁业集团	镁粉加工	4	1130	233.88
33	山西文义水泥厂有限公司（分厂）	水泥	3	2260	716.28
34	慧众选煤	选煤	2	880	124.8
35	闻喜县新达玻璃器皿有限公司	玻璃	3	3300	2454
36	闻喜县宏伟玻璃器皿有限公司	玻璃	6	4480	6715.8
37	银海镁业	金属镁	2	800	117.8
38	闻喜县八达镁业有限公司	金属镁	1	1250	542.4

续表

序号	厂　名	主要产品	变压器台数	总容量（千伏·安）	年用电量（万千瓦·时）
39	闻喜县宏业玻璃器皿有限公司	玻璃	3	2650	1353.95
40	云海特种金属	金属镁	2	1300	102.7
41	彤阳炉料厂	化工原料	2	1370	604.25
42	山西维泰食业有限公司	食品	2	660	69.13
43	山西鑫钜中型机械厂	机械配件	1	400	59.20
44	银光华兴水泥厂	水泥	1	400	165.01
45	五金实业	还原罐	2	1260	327.00
46	方圆合金	还原罐	1	500	153.26
47	山西银光集团有限责任公司	金属镁	4	3750	2072.4
48	闻喜县振鑫镁业有限公司	金属镁	2	1430	486.81
49	闻喜县瑞格镁业有限公司	金属镁	1	630	367.40
50	闻喜县晋利镁业有限责任公司	金属镁	1	630	110.06
51	山西天王台建材集团有限公司	水泥	7	16100	20428.34
52	银光金属	铝合金	2	570	129.04
53	海龙镁业	金属镁	2	660	247.51
54	四通镁业	金属镁	3	1080	125.80
55	西吴铸钢	精炼锅	1	400	33.91
56	金盛铸造	精炼锅	2	800	208.77
57	闻喜县东方新闻纸业有限公司	有光纸	4	1355	923.30
58	博盛铸钢	精炼锅	2	960	102.96
59	银光征帆	金属钙	4	1065	368.78
60	桐城程家庄	配件	1	500	26.60
61	苏村镁业	金属镁	2	360	134.57
62	鸿浩特种钢	还原罐	1	1000	364.87
63	恒科磁业	恒磁	1	1000	219.42
64	新光镁业有限公司	金属镁	3	750	74.21
65	金岛选矿	铁粉	2	565	122.41
66	联营稀土厂	稀土	4	2668	132.65
67	正大镁业有限公司	金属镁	2	830	95.85
68	闻喜县中鑫矿业有限公司（裴社）	铁粉	4	3365	1244.10
69	义丰选矿厂	铁粉	1	500	235.49

续表

序号	厂　　名	主要产品	变压器台数	总容量（千伏·安）	年用电量（万千瓦·时）
70	新生选矿厂	铁粉	2	500	16.03
71	钜鑫球团厂	铁粉	4	2130	795.58
72	华丰新材料制品有限公司	海绵钛	2	3200	152.80
73	3531 工厂	军用品	9	3870	327.72
74	楚向阳选矿厂	铁粉	2	660	248.96
75	喜丰选矿厂	铁粉	2	900	167.41
76	山西闻喜银光镁业集团	合金	3	4800	1128.00
77	凯嘉惠炼镁设备厂	合金	1	800	95.85
78	红星汽配厂	汽车配件	7	2805	327.52
79	华贝食品有限公司	食品	1	630	28.64
80	闻喜县立华玻璃制品有限公司	玻璃器皿	1	1250	895.02
81	信德铸造	煤机配件	1	400	40.52
82	闻喜县金泰航空材料有限公司	配件、海绵钛	9	5345	680.40
83	山西闻喜宝盛镁业有限公司	金属镁	2	630	319.36
84	宏伟玻璃九分厂	玻璃	1	1250	679

1. 海鑫钢铁集团有限公司

海鑫钢铁集团有限公司（见图5-7-1）始创于1987年，是以钢铁为主业，集焦化、发电、水泥、房地产、金融、保险等行（产）业为一体的大型企业集团，拥有总资产92亿元、员工11680人，已形成年产100万吨焦、560万吨铁、600万吨钢、260万吨材的综合生产能力。主体设备1380米³高炉、1080米³高炉、120吨转炉等已达到国家特大型钢铁企业装备水平，80万吨棒材、70万吨高线的装备达到国际领先水平，国际钢铁企业追求的五项先进技术，海鑫已全部实现。主导产品高线是“山西省优质产品”、“山西省名牌产品”，螺纹钢是“山西省标志性名牌产品”、“国家首批质量免检产品”。“海鑫牌”钢筋曾两次以技术标和商务标双第一的绝对优势，中标杭州湾跨海大桥主体工程，成为该大桥主体工程钢筋的独家供应商。公司已跻身中国企业500强、中国钢铁冶金行业50强行列，是山西省第二大钢铁企业，也是全

图5-7-1　海鑫钢铁集团有限公司

省规模最大的民营企业。

公司先后被授予“山西省功勋企业”、“山西省优秀企业”、“AAA级信用千瓦·时企业”、“全国出口创汇先进企业”、“全国环境保护先进企业”、“全国质量管理先进企业”、“全国诚信守法乡镇企业”、“全国守合同重信用企业法”、“全国首批产品质量十佳免检企业”、“全国首选线材产品质量过硬放心企业”、“全国乡镇企业法管理先进单位”、“全国乡镇企业科技园区”、“全国五一劳动奖状”等多项荣誉称号。

海鑫钢铁集团现拥有110千伏变电站4座，2×25兆瓦热电厂1座，主变压器15台，总容量53.85万千伏·安，110千伏输电线路6条，总长17.396千米，主干电网实现110千伏联网。目前用电负荷139.54兆瓦，2006年用电量达1.12亿千瓦·时，位居运城市第二。公司由220千伏金鑫变电站和220千伏闻喜变电站出线。新建成3座110千伏变电站，其中二、三总降已具备送电条件，一总降正在建设之中。

2. 山西晋丰公司闻喜分公司

山西晋丰公司闻喜分公司（见图5－7－2），是山西晋城无烟煤矿业集团有限公司与山西丰喜肥业（集团）股份有限公司共同出资组建的大型煤化工企业。公司前身是闻喜化肥厂（厂址位于闻喜县太风东街）。公司经过三十年来的多次技术改造和项目扩张，完成了“两水闭路循环、4万吨合成氨、3万吨甲醇以及18万吨合成氨、30万吨尿素”等项目工程，由建厂初期的设计年产5000吨合成氨能力，发展为现在的年产综合氨28万吨生产能力，其中尿素40万吨、甲醇6万吨。公司也由过去单一生产碳酸氢铵的小型化工企业，发展为以尿素、甲醇等产品为主的综合性现代化企业。现公司占地420亩、拥有固定资产7.2亿元，员工1300余人，其中专业技术人员130人。

图5－7－2　山西晋丰公司闻喜分公司

该公司变电站主变压器共3台，总容量80000千伏·安（40000千伏·安×1＋20000千伏·安×2），年用电量为56160万千瓦·时。

3. 山西天王台建材集团有限公司

山西天王台建材集团有限公司（见图5－7－3）始建于1984年，位于大运公路以北1千米七里店村北。占地面积13万米^2，职工528人，固定资产达亿元以上。产品为“天王台”牌水泥，品种有复合硅酸盐水泥42.5号、32.5号，矿渣硅酸盐水泥42.5号、32.5号，普通硅酸盐水泥52.5号、42.5号、32.5号，抗硫酸盐水泥及砌筑水泥22.5号。最大负荷9000千瓦，2006年全年用电6680万千瓦·时。

图 5－7－3　山西天王台建材集团有限公司

该公司由 35 千伏七里店变电站供电，主变压器有 7 台，容量 16100 千伏·安（8000 千伏·安×1＋2000 千伏·安×4＋50 千伏·安×2），年用电量 20428.34 万千瓦·时。

4. 山西闻喜银光镁业集团

山西闻喜银光镁业集团（见图 5－7－4）地处闻喜县姚村工业园区，始建于 1988 年，是中国最大的镁及镁合金生产企业之一，是中国有色金属工业协会镁业分会副会长单位和市优势企业。公司下辖山西银光金属制品公司、银光华盛镁业公司、银光征帆镁业公司、银光阳隅镁业公司、银光特钢公司、银光华兴水泥公司、恒科磁业、银光镁粉厂、银光华瑞公司、银光华镁新技术开发公司、银光合金厂等 11 家子公司。公司占地 80 多万米^2，职工 5000 余人，总资产 10 亿元，年生产原生镁锭 6.5 万吨、镁合金 3 万吨、炼镁用还原罐 3 万支、水泥 5 万吨、深加工镁合金 1 万吨的生产能力。产品远销美国、加拿大、德国、英国、意大利等国家。公司长期保持良好发展态势，经济效益持续增长，企业综合实力不断增强。1997 年获自营进出口权，1998 年通过了 ISO9002 质量体系认证，2001 年通过了德国大众 VDA6.1 质量体系认证，2003 年 6 月通过 14001 环境管理体系认证，2006 年 4 月通过了 ISO16949 国际质量认证，公司连续多年被金融部门评为 AA＋信用等级企业，企业综合管理水平稳步提高。银光集团已成长为全国镁产业规模最大、深加工实力最强的企业。

图 5－7－4　山西闻喜银光镁业集团

该公司由 110 千伏姚村变电站供电，主变压器 4 台，容量 3750 千伏·安，年用电量

2072.4 万千瓦·时。

5. 闻喜县宏伟玻璃器皿有限公司

闻喜县宏伟玻璃器皿有限公司（见图5-7-5）创建于1993年，扩建于1999年，位于闻喜县神柏乡下岭后村。公司现有职工1820人，其中大专以上学历的技术骨干30人，中专以上学历78人，中级以上职称10人。公司占地面积12万米^2，主要设备为日产10吨电熔炉4座、环保炉3座、全自动电退火炉3座、全自动电烤花炉2座、半自动电退火炉3座。该公司取得了ISO9001质量管理体系认证和进出口自营权。主要产品有花瓶、饮具、风灯、蜡台四大系列3000余个品种，产品全部出口远销美国、英国、德国、瑞典等20多个国家和地区，并获得瑞典宜家公司的“质量优秀产品奖”。公司先后荣获山西省工商联合会、山西省国家税务局、地税局联合颁发的各种荣誉。公司董事长张启伟获“优秀企业家”及“先进厂长（经理）”奖，现任运城市政协委员、闻喜县人大常委、闻喜县玻璃器皿协会会长、闻喜县工商联副会长、闻喜县个体协会副会长。

图5-7-5 闻喜县宏伟玻璃器皿有限公司

该公司发展壮大后，引起各级领导的关注，原山西省省委书记田成平、原山西省委常委宣传部长申维辰、原副省长宋北杉，运城市市委书记高卫东、市人大主任黄有泉等领导先后多次到该公司视察指导工作。

该公司最早用电始于1993年，投资5万元，变压器1台，容量为50千伏·安。1999年，该公司步入了高速发展阶段，随之电力设备逐年增加。2000年，投资150万元，增加800千伏·安变压器1台。2002年增加800千伏·安变压器1台、315千伏·安变压器2台，总投资300万元，2003年增加1000千伏·安变压器1台。2004年增加1250千伏·安变压器1台。2004年公司投资150万元建成10千伏801工业线路，总长度为7.50千米，导线型号LGJ-150，混凝土杆80基。2005年公司又投资50万元建成了10千伏547玻璃园区线路，线路总长2千米，导线型号LGJ-150，混凝土杆30基。

截至2007年，该公司拥有变压器6台，容量为4480千伏·安（800千伏·安×2+1000千伏·安×1+1250千伏·安×1+315千伏·安×2），10千伏线路2条，总长9.5千米，累计电力建设投资700万元。该公司年用电量达到6715.8万千瓦·时。由35千伏七里店变电站和110千伏姚村变电站供电。

目前，闻喜县宏伟玻璃器皿有限公司是闻喜县玻璃行业的最大企业。

6. 闻喜县金泰航空材料有限公司

闻喜县金泰航空材料有限公司（见图5-7-6）位于闻喜县凹底镇西颜村南20米处，公司于1992年5月建成投产，现占地面积23200米^2，拥有职工286人，其中工程师2人，主任工程师3人。公司主要产品有海绵钛、无水氧化镁、钝钛制品、机械铸造配件、钛合金。公司产品主要用于航天、航空器建设，产品质量均达到国际水平。

图5-7-6 闻喜县金泰航空材料有限公司

公司由35千伏凹底变电站供电，现有变压器9台，主变压器容量达5345千伏·安（1000千伏·安×3+50千伏·安×2+315千伏·安×1+200千伏·安×2+630千伏·安×1），年用电量680.40万千瓦·时。

7. 山西闻喜宝盛镁业有限公司

山西闻喜宝盛镁业有限公司（见图5-7-7）集镁业之精华，创建于2003年。主要从事金属镁、镁基合金、稀土镁合金技术的开发与销售。公司位于县城以北（凹底镇辛村）15千米处，风景秀丽，气候宜人，交通便利，占地100余亩，拥有员工400人，经济师、工程师各2人，技术师24名，先进的检验设备及直读光谱仪器。

图5-7-7 山西闻喜宝盛镁业有限公司

公司主要产品是镁粒、镁粉。这两种产品是当今世界高科技领域发展较快、用途较广的有色材料之一，主要用于国防工业可做火箭头、导弹点火头、航天器材部件及照明弹等；用于冶金工业的铸造、钢铁脱硫；还可以制造徐香精、单晶硅、制药等其他工业产品。

该公司由35千伏凹底变电站供电，主变压器2台，容量630千伏·安（315千伏·安×2），年用电量319.36万千瓦·时。

8. 山西宏业玻璃器皿有限公司

山西宏业玻璃器皿有限公司（见图5-7-8）始建成于1993年，地处闻喜县太风西路94号，占地面积66700米^2，建筑面积35000米^2，环境优美，交通便利。现有职工

1700 余人，中、高级技术人员 80 人。该公司是国内最大的手工吹制，半机制玻璃器皿出口企业之一。公司下设：电熔炉、圆炉、深加工、包装四个分厂。产品包括酒具、花瓶、酒瓶、蜡台、杂件五大系列 3000 余个品种。与国外瑞典 IKEA（宜家）、法国 ARC（弓箭）、美国 LENOX（蓝纳克斯）、德国 GLASS-KOCH（莱奥拉多）等著名公司以及国内青岛、天津、山西、西安、深圳等口岸公司建立了长期稳固的合作关系。产品远销欧、美、日等十几个国家和地区。该公司历年来被市政府评为“先进企业”、“明星企业”、“重合同守信用单位”、“纳税先进单位 A 级企业”等荣誉称号，并拥有“自营出口权”的“封闭式管理企业”。

图 5-7-8　山西宏业玻璃器皿有限公司

两条日产 10 吨电熔炉生产线，能生产高档玻璃制品；六盘日产 12 吨圆炉生产线。该公司由 110 千伏西官庄变电站供电，主变压器 3 台，容量 2650 千伏·安（1250 千伏·安×1＋1000 千伏·安×1＋400 千伏·安×1），年用电量 1353.95 万千瓦·时。

9. 闻喜县新达玻璃器皿有限公司

闻喜县新达玻璃器皿有限公司（见图 5-7-9）位于县城以西，太风路 149 号。创建于 1997 年。公司占地面积 3.5 万$米^2$，建筑面积 2.5 万$米^2$，具有 6 吨、10 吨、12 吨全电式熔炉三座，固定式环保圆炉两盘，全电式连续退火窑三条，全电式烤花窑两条等主要生产设备 80 余台。公司现拥有职工 1200 余人，其中高级工程师 2 名，中级技术人员 11 名、7 个行政科室。全部实现了微机自动化控制，生产车间实行跟踪监控和封闭式管理。2003 年 1 月顺利通过质量管理体系认证。公司历年被市、县政府命名为“先进企业”和“环境保护先进单位”

图 5-7-9　闻喜县新达玻璃器皿有限公司

公司主营产品：酒具、水具、茶具、酒杯、花瓶、蜡台、风灯和杂件等十大系列 2000 多个品种，市场覆盖世界 30 多个国家和地区的上百个城市。

该公司由110千伏姚村变电站供电，主变压器3台，容量3300千伏·安（1250千伏·安×2+800千伏·安×1），年用电量2454万千瓦·时。

10. 闻喜县立华玻璃制品有限公司

闻喜县立华玻璃制品有限公司（见图5-7-10）位于闻喜县大运路168号。公司创立于1998年，占地面积33350米²，建筑面积6500米²。公司现拥有500名员工，其中工程技术人员5名，中高级以上管理人员24名，是运城市优秀民营企业之一。公司产品主要是以玻璃餐具为主的1500多个花色品种，主要销往美国、欧洲及东南亚等20多个国家和地区。公司取得了中华人民共和国产品进出口企业资格证书后，又被山西省农业银行评为“AA级信用级企业”。

图5-7-10　闻喜县立华玻璃制品有限公司

该公司由110千伏姚村变电站供电，主变压器1台，容量1250千伏·安，年用电量895.02万千瓦·时。

11. 山西银光集团有限责任公司（阳隅分公司）

山西银光集团有限责任公司（阳隅分公司）（见图5-7-11）位于闻喜县阳隅乡西杜村西南1.2千米处，2004年4月10日建成投产，占地面积351亩，建筑面积39580米²。公司目前拥有员工1700余人，年产镁锭25000吨，是闻喜县最大的金属镁锭生产基地。

图5-7-11　山西银光集团有限责任公司（阳隅分公司）

该公司由35千伏阳隅变电站供电，主变压器4台，容量3750千伏·安（1000千伏·安×2+1250千伏·安×1+500千伏·安×1），年用电量2072.4万千瓦·时。

12. 山西维泰食业有限公司

山西维泰食业有限公司（见图5－7－12）位于大运二级路仪张村路口处，建于1992年，现有员工500人。年产脱水蔬菜和速冻蔬菜两大系列产品3000吨。产品全部远销韩国、日本、欧美等国家和地区。

该公司由110千伏西官庄变电站供电，主变压器2台，容量660千伏·安（500千伏·安×1＋160千伏·安×1），年用电量69.13万千瓦·时。

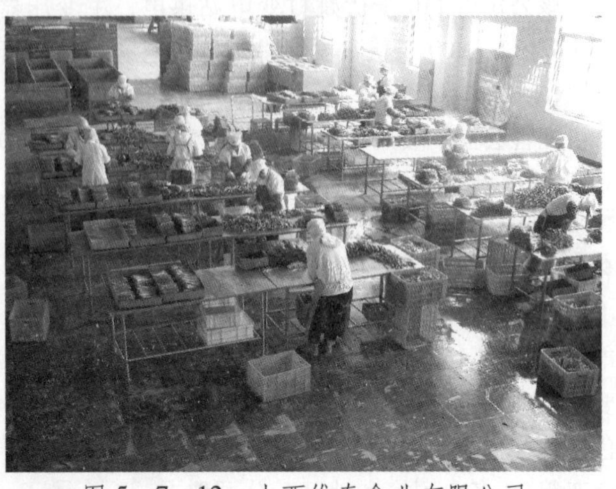

图5－7－12 山西维泰食业有限公司

13. 闻喜县瑞格镁业有限公司

闻喜县瑞格镁业有限公司（见图5－7－13）位于裴社乡上王村西200米处，占地面积150亩，目前公司拥有员工500余人，其中大专以上人员82人，高中级职称11人，主要产品有金属原镁、变形镁合金、镁合金。在同行业中生产规模、产品质量、技术力量、检测设施、管理水平等许多方面居全国镁行业的领先地位。

该公司由35千伏裴社变电站供电，主变压器1台，容量630千伏·安（630千伏·安×1），年用电量367.40万千瓦·时。

图5－7－13 闻喜县瑞格镁业有限公司

14. 闻喜县振鑫镁业有限公司

闻喜县振鑫镁业有限公司（见图5－7－14）位于裴社乡裴南村西300米处，占地面积200亩，目前公司拥有职工800余人，中、高级职称20人，主要产品是金属原镁，在同行业中产品质量、技术力量、管理水平等许多方面居领先地位。公司经理马小泉系运城市人大代表。该公司为闻喜县的社会福利和裴社乡的经济发展作出了很大贡献。

该公司由35千伏裴社变电站供电，

图5－7－14 闻喜县振鑫镁业有限公司

主变压器2台，容量1430千伏·安（800千伏·安×1+630千伏·安×1），年用电量486.81万千瓦·时。

15. 闻喜县中鑫矿业有限公司

闻喜县中鑫矿业有限公司（见图5-7-15）是于2004年6月投资组建成立的集矿山勘查、矿山开采、选矿加工和销售于一体的矿业有限公司。该公司占地面积1000余亩，现拥有职工1000余人。该公司董事长李春元同志先后受到了江泽民、乔石等党和国家领导人的亲切接见，先后被国家、省、地（市）、县各级党委政府授予了“全国助残先进个人”、“全国爱心捐助奖”、“中华慈善奖”、第十六届国际“科学与和平周‘和平使者’”、“山西省劳动模范”、“全省优秀共产党员”、“优秀党支部书记”、“人民的好代表”等100余项荣誉和奖励。

图5-7-15 闻喜县中鑫矿业有限公司

该公司由35千伏裴社变电站供电，主变压器7台，容量5965千伏·安（1250千伏·安×2+1600千伏·安×1+500千伏·安×1+315千伏·安×1+200千伏·安×3+400千伏·安×1+50千伏·安×1），年用电量3844.1万千瓦·时。

16. 闻喜县晋利镁业有限责任公司

闻喜县晋利镁业有限责任公司（见图5-7-16）成立于1995年6月，前身系闻喜县燕晋铝镁合金有限责任公司。原位于城关镇大运西路姚村路口。2003年9月按照环保治理要求，搬迁至郭家庄镇陈家庄村。现占地面积5万米^2，现有职工160多人。公司现建成2.5米×55米回转窑一座；全封闭自动原料车间一座；还原炉8座（其中两台蓄热体式、六台煤气直烧式）两台煤气直烧式精炼炉；煤气发生炉3台，主要生产金属镁及镁合金等产品，销售全国各地。

图5-7-16 闻喜县晋利镁业有限责任公司

该公司由35千伏郭家庄变电站供电，主变压器1台，容量630千伏·安，年用电量110.06万千瓦·时。

17. 闻喜县八达镁业有限公司

闻喜县八达镁业有限公司（见图5－7－17）位于闻喜县郭家庄镇柏林村，是一家集金属镁、镁合金制造销售为一体的股份制企业。公司成立于2002年9月。公司现有职工800余人，其中大中专毕业生54人。产品除销往南京、上海、广州等国内市场外，还远销日本、美国、东欧等发达国家和地区。

图5－7－17 闻喜县八达镁业有限公司

该公司由35千伏柏林变电站供电，主变压器1台，容量1250千伏·安，年用电量542.4万千瓦·时。

18. 闻喜县宏富镁业有限公司

闻喜县宏富镁业有限公司（见图5－7－18）创建于1995年8月，位于闻喜县东镇工业开发区涑阳路口，占地面积150余亩，建筑面积2万余米^2。公司现有员工1680人。已形成拥有7个分厂的集团企业，包括金属镁厂、镁合金厂、镁粉厂、还原罐厂、煤矿、白云石矿等相关产业。年产金属镁锭3万吨，镁合金1万吨，镁粉3000吨。

图5－7－18 闻喜县宏富镁业有限公司

该公司由110千伏东镇变电站供电，主变压器4台，容量3600千伏·安（1250千伏·安×2＋1000千伏·安×1＋100千伏·安×1），年用电量647.32万千瓦·时。

19. 闻喜县银光华盛镁业有限公司

闻喜县银光华盛镁业有限公司（见图5－7－19），位于闻喜县礼元镇工业园区，成立于2000年10月，是山西闻喜银光镁业集团原镁生产公司之一。目前占地300余亩，职工1300余人。公司现有50台还原炉、两个原料车间、两个精炼车间、一条全国同行业中规模最大的回转窑，年产镁锭1.7万吨，产品远销世界各地。

该公司由35千伏礼元变电站供电，主变压器3台，容量2600千伏·安，年用电量1387.86千瓦·时。

图 5-7-19　闻喜县银光华盛镁业有限公司

20. 闻喜县丰源镁业有限公司

闻喜县丰源镁业有限公司（见图 5-7-20）建于 2000 年，企业性质为有限责任公司、福利生产企业，主管部门为闻喜县民政局。公司位于闻喜县礼元镇白水滩工业园区 3 号，现有员工 538 人，其中技术管理人员 50 人，主要从事原生镁锭和铝镁合金制品的生产销售，产品主要销往辽宁、陕西、上海、河南等地。

图 5-7-20　闻喜县丰源镁业有限公司

该公司由 35 千伏礼元变电站供电，主变压器 2 台，容量 800 千伏·安，年用电量 598.93 万千瓦·时。

21. 闻喜县东方新闻纸业有限公司

闻喜县东方新闻纸业有限公司（见图 5-7-21）是经市、县经贸、环保等部门立项批准，2003 年 3 月成立的利用废旧报纸生产再生新闻纸的环保型企业。该项目符合国家产业政策，属国家鼓励发展的循环经济、资源节约型产业。公司位于闻喜县候村乡吕上窑村（原 1686 部队旧地），占地面积 50 亩，建筑面积 8000 米^2，员工 310 人，经过历年的投资建设，已粗具规模。目前拥有两条 1575 短长网纸机生产线和一条 2400 型多缸纸机生产线及配套设施，总资产 3650 万元。

图 5-7-21　闻喜县东方新闻纸业有限公司

该公司由 110 千伏西官庄变电站供电，主变压器 4 台，容量 1355

千伏·安，年用电量923.30万千瓦·时。

22. 山西文义水泥有限公司

山西文义水泥有限公司（见图5－7－22）是由创建于1996年的原山西闻喜水泥硅肥总厂改制而成的一家专业生产水泥及水泥制品的民营企业。公司位于桐城镇程家庄村口。公司几经技术改造，已形成20万吨/年的水泥生产能力，是山西省较大的水泥粉磨站之一。

图5－7－22 山西文义水泥有限公司

该公司由35千伏七里店变电站供电，主变压器6台，容量3880千伏·安，年用电量1494.08万千瓦·时。

第六章　农　　电

第六章　农　电

闻喜县农电事业的发展变化，经历了从无到有、由小到大的发展历程。1966年，运城电网延伸到闻喜。1985年，根据上级有关精神，成立了20个乡镇电管站，理顺了农电机构，加强了农电队伍管理，规范了农村用电秩序，由此开展了农村电网的标准化建设。1987年底，20个乡镇的341个行政村全部通电。1999年，闻喜县开始了农村电网改造和农电体制改革。2001年将原来的20个乡镇电管站改制为14个乡镇供电所。1999～2005年，闻喜县完成了43条公用10千伏线路，329个行政村的8.18万户的农网改造任务，改造后的农村电网布局更加合理、规范、供电可靠性和电压合格率均达到了国家标准。

第一节　农村电气化建设

一、农电的起步与发展

1964年9月，七里店至道北10千伏836工业线路建成投运，导线型号LGJ－70，线路总长13.4千米，（其中干线4.1千米，支线9.3千米，自筹4.3千米）年供电量645万千瓦·时，年最高负荷840千瓦；同时建成投运的还有七里店至活塞厂10千伏835线路线，导线型号LGJ－50，线路总长13.4千米，年供电量360万千瓦·时，年最高负荷700千瓦；七里店至岭西东10千伏833线路和七里店至下阳10千伏838线路，导线型号LGJ－35，线路总长70.4千米，年供电量465万千瓦·时，年最高负荷1480千瓦；七里店至神柏10千伏834线路，导线型号LGJ　25，线路总长29.7千米，年供电量203万千瓦·时，年最高负荷550千瓦。

1965年1月20日，闻喜至裴村10千伏线路建成，线路总长16.33千米，总投资122.430元，安装变压器4台，容量350千伏·安。

1965年7月，七里店变电站至坑东村10千伏836线路建成，0～120号杆总长14.55千米，总投资60.296元，担负着郭家庄公社15个大队的供电任务，安装变压器50台，总容量2500千伏·安，用电2580户，用电量1850千瓦·时。1965年10月，七里店变电站至裴村10千伏线路建成，线路总长16.33千米。1965年12月，城关至东镇10千伏线路建成，线路总长5.71千米。

1965年12月24日，城关至东镇10千伏线路建成，线路总长5.71千米，安装变压器8台，容量300千伏·安。

1966年12月，东姚、宋店10千伏线路建成，线路总长2千米，安装变压器3台，容量 130 千伏 · 安。

1967 年 10 月 4 日，七里店变电站至河底 10 千伏 883 线路建成，线路总长 50.2 千米，安装变压器 34 台，总容量 1205 千伏 · 安。同年，七里店变电站至裴社 10 千伏线路建成投运，该线路从七里店变电站至河底 10 千伏线路 115 号主杆处“T”接，线路总长 60 千米，导线型号 LGJ－25。同年，七里店变电站至后宫 10 千伏线路建成，该线路从 10 千伏 883 线路末端 165 号杆处续接，线路总长 8.3 千米，导线型号 LJ－35，配电变压器容量为 790 千伏 · 安（其中深井变压器 5 台，容量为 190 千伏 · 安）。

1968 年 7 月 17 日，柴庄至吕上窑 10 千伏线路建成，线路总长 0.92 千米，总投资 3.912 元，容量 30 千伏 · 安的变压器 3 台；同年 10 日，西横水至坡底 10 千伏线路建成，线路总长 2.17 千米，总投资 12.541 元，变压器 2 台，容量 150 千伏 · 安。

1968 年，由东镇九五医院 35 千伏变电站出线的 10 千伏 706 线路建成，线路总长 16 千米，导线型号 LJ－25，安装变压器 3 台，容量 230 千伏 · 安。

1969 年，10 千伏 706 接续线路建成投运，线路总长 27.5 千米，安装变压器 11 台，容量 670 千伏 · 安。

1969 年，随着 110 千伏西官庄变电站的建成投运，10 千伏 574 线路、578 线路、575 线路建成投运。10 千伏 574 线路总长 15 千米，导线型号 LJ－25；10 千伏 578 线路总长 5 千米，导线型号 LJ－35；10 千伏 575 线路总长 30 千米，导线型号 LJ－50。

1969 年，由东镇九五医院 35 千伏变电站出线的 10 千伏 701 线路建成投运，线路总长 6 千米，导线型号 LJ－25，安装变压器 2 台，容量 180 千伏 · 安。

1970 年 11 月 30 日，裴村至西横水 10 千伏线路建成，线路总长 11.4 千米，安装变压器 4 台，容量 225 千伏 · 安。

1970 年，由 35 千伏七里店变电站出线的 10 千伏 836 线接续线路柏林线建成。该线路从 836 线 100 号杆处“T”接，线路总长 5.8 千米，安装变压器 7 台，容量 380 千伏 · 安。

1971 年 12 月，七里店变电站至西凹底 10 千伏线路建成，线路总长 15 千米，安装容量 75 千伏 · 安的变压器 1 台。

1971 年，由 35 千伏七里店变电站出线的 10 千伏 836 线路接续线路七里坡线建成，该线路从 836 线路坑东 125 号杆处“T”接，线路总长 3.4 千米，导线型号 LJ－25，安装变压器 5 台，容量 270 千伏 · 安。

1973 年 10 月，闻喜至石门公社 10 千伏线路建成，线路总长 15 千米，安装容量 75 千伏 · 安的变压器 1 台。

1973 年，10 千伏 701 线路接续工程竣工投运，线路总长 32.1 千米，导线型号 LJ－25，安装变压器 11 台，容量 575 千伏 · 安。

1975 年 6 月，总投资 143.44 万元，兴建 10 千伏 833 岭西东线路，线路总长 35.86 千米，安装变压器 81 台，总容量 7110 千伏 · 安。

1975 年 7 月，再次投资 182.32 万元，兴建 10 千伏 838 下阳线路，线路总长 45.58 千米，安装变压器 96 台，总容量 10870 千伏 · 安。

1975 年 11 月，闻喜至七里坡 10 千伏线路建成，线路总长 12 千米，安装容量 50 千伏 · 安的变压器1台。

1978年3月，投资102.4万元，兴建10千伏515城东线，线路总长25.6千米，安装变压器75台，容量9970千伏·安。

1978年6月，投资585万元，兴建3条10千伏线路，分别是896线路、893线路、897线路，线路总长118.27千米，安装变压器238台，总容量16080千伏·安。

1980年11月，由阳隅变电站出线，建成投产的10千伏线路有3条，分别是阳隅至凹底884线、阳隅至薛店883线、阳隅至阳隅885线路，导线型号LGJ－35，线路总长109.9千米（其中自筹6.9千米）。

同年，由110千伏西官庄变电站出线的10千伏501河底线路建成投运，线路总长14.5千米，线路型号LJ－50，新增配电变压器容量310千伏·安。同年，由110千伏西官庄变电站出线的10千伏563裴社线路建成投运，线路总长92千米，其中主干线59千米，导线型号LJ－35。

1984年，由东镇九五医院出线的10千伏706二次接续线路架通投运，线路总长33.8千米，安装配电变压器11台，容量570千伏·安。

1985年，由35千伏七里店变电站出线的10千伏接续线路柏林线建成，该线路在836线路100号主杆处“T”接，线路总长22.3千米，导线型号LJ－25，安装变压器12台，容量625千伏·安。

1985年，由35千伏七里店变电站出线的10千伏836线路接续线路七里坡线在836线路坑东125号主杆处“T”接，线路总长19.3千米，导线型号LJ－25，安装变压器11台，容量610千伏·安。

1986年1月，由110千伏东镇变电站出线的3条10千伏线路建成投运，分别是10千伏501工业线、10千伏507礼元线、10千伏576东鲁线。10千伏501工业线总长4.8千米，导线型号LJ－35；10千伏507礼元线总长4.3千米，导线型号LJ－35；10千伏576东鲁线总长11千米，导线型号LJ－35。

1986年12月，由河底变电站出线的3条10千伏线路建成投运，分别是10千伏896河东线、10千伏893河西线、10千伏894白石线。10千伏893河西线总长45.72千米，导线型号LGJ－70，安装配电变压器98台，容量3415千伏·安；10千伏896河东线总长29.52千米，导线型号LGJ－50，安装配电变压器108台，容量4230千伏；10千伏894白石线全长61.03千米，导线型号LGJ－70，安装配电变压器47台，容量2530千伏·安。同时河底至裴社10千伏897线路也建成投运，导线型号LGJ－50，线路总长14.7千米。

1988年1月，国家投资9.5万元兴建10千伏884线路，安装变压器4台，容量250千伏·安。

1990年12月，郭家庄至七里坡线建成投产，导线型号LGJ－35，线路总长36.5千米（其中主干线7千米，支线29.5千米，自筹5.5千米）。

1991年，国家投资145万元的郭家庄变电站建成投运，新建成的10千伏801郭东线路、874郭西线路，也同时投运。10千伏801郭东线路总长26千米，导线型号LGJ－50，安装配电变压器55台；10千伏874郭西线路总长17.9千米，导线型号LGJ－50，安装配电变压器48台。

同年，国家投资63万元，将原来的10千伏575城关线路更改为10千伏873道南线路，由35千伏郭家庄变电站供电。10千伏873道南线路总长21.29千米，共有7个行政村。1992年3月，由于用电比较紧张，在夏县用电的杨家庄村，于3月份并入到873道南线，安装变压器47台。

同年，由35千伏郭家庄变电站出线的877柏林线路建成投运，线路总长48.2千米，导线型号LJ－35。10千伏876七里坡线路建成投运，线路总长36.4千米，导线型号LJ－35。

1994年，10千伏511城市线路架通，线路总长35.7千米，导线型号LGJ－120；同年，西官庄变电站10千伏513市政线路架通，线路总长15.20千米，导线型号LGJ－120,；西官庄变电站10千伏515城东线路架通，线路总长25.6千米，导线型号LGJ－120；西官庄变电站10千伏564东吴线路架通，线路总长32.38千米，导线型号LGJ－120/70/50，安装变压器86台，容量1195千伏·安；西官庄变电站10千伏565上郭线路架通，全长32.19千米，导线型号LGJ－120/70/35，安装变压器64台，容量4765千伏·安。

1996年，投资28.7万元（国家投资25万元，自筹3.7万元），架设了裴社至集镇10千伏826线路总长5.76千米，同年，又投资46.17万元（国家投资31.17万元，自筹15万元），架通了裴社至店头线路，线路长度15.39千米，解决了小王村、西郭村、东张村、西张村、寺头村、店头村、店头堡等村的人畜吃水及农民生活用电。同年，由国家投资142.5万元，自筹50万元，续建了10千伏线路2条，分别是裴社至仁义庄823线和裴社至十八坪829线，安装变压器133台，容量8510千伏·安。

2000年3月，国家投资148万元，兴建5条10千伏线路，分别是10千伏534神柏线路（1）、10千伏834神柏线路（2）、10千伏535姚村线路、10千伏511城西线路、10千伏528城北线路。10千伏534神柏线路（1）总长44.5千米，导线型号LGJ－70/50，安装变压器55台，容量4610千伏·安。10千伏834神柏线（2）总长2.1千米，导线型号LGJ－70/50，安装变压器2台，容量500千伏·安。10千伏535姚村线路总长3千米，导线型号LGJ－70/50，安装变压器10台，容量1220千伏·安。10千伏511城西线路总长35.7千米，导线型号LGJ－120，安装变压器97台，容量11510千伏·安。

2000年4月，随着35千伏礼元变电站的建成投运，国家投资313.86万元兴建了5条10千伏线路，分别是10千伏801礼元工业线、10千伏865西山线、10千伏866槐林线、10千伏867集镇线、10千伏869东山线。10千伏801礼元工业线总长8.839千米，导线型号LGJ－95，安装变压器25台，容量4565千伏·安。10千伏865西山线总长26.59千米，导线型号LGJ－70，安装变压器39台，容量2690千伏·安。10千伏866槐林线总长14.42千米，导线型号LGJ－70，安装变压器31台，容量2600千伏·安。10千伏867集镇线总长5.08千米，导线型号LGJ－35，安装变压器16台，容量1860千伏·安。10千伏869东山线总长28.462千米，导线型号LGJ－70，安装变压器53台，容量4715千伏·安。

2005年2月，随着35千伏凹底变电站的投运，国家投资39万元兴建的10千伏856集镇线路，变压器19台，容量1770千伏·安。同时，国家又投资130万元，兴建了10千伏857薛店线路，安装变压器39台，容量4090千伏·安。

2005年7月，随着35千伏柏林变电站的建成投运，由该站出线的10千伏844柏林线路总长48.2千米，导线型号LGJ-35；10千伏846七里坡线路全长42.3千米，导线型号LGJ-70；10千伏849八达镁厂线路总长2.2千米，导线型号LGJ-120。

2007年12月28日，随着110千伏石门变电站的竣工投产，10千伏5501店上线路架通投运，线路总长46千米，导线型号LGJ-50，年用电量110万千瓦·时，10千伏5504白家滩线路架通投运，线路总长42千米，导线型号LGJ-50。

二、山区通电

闻喜县的20个乡镇中，除城关、郭家庄两镇外，其余的18个乡镇均为山区乡镇。

为了减轻农民负担，特别是山区农民的负担，实现村村通电，闻喜县电业局积极同闻喜县财政局协调配合，多方争取国家山区通电扶贫项目，取得了政府的大力支持，顺利地解决了山区通电工程建设中遇到的困难和问题。同时，加强工程管理，降低工程造价，加快建设速度，保证工程质量。经过长期的努力，1982～1992年共争得国家山区通电项目72个，国家山区通电补助资金84.24万元。

1982～1990年，山区通电情况如下：

石门乡的青山村、白家滩大队、东峪沟村等7个自然村架设了7条10千伏线路，线路总长19千米，安装变压器12台，容量为350千伏·安，总投资10.6万元。

酒务头乡的连家坡、核桃耙、夹峪、大峪、常家岭、还家岭、赵家坡7个自然村架设了7条10千伏线路，线路总长32千米，安装变压器8台，容量230千伏·安，总投资10万元。

后宫乡的刘古庄村、侯村垣村、新阳庄村、阳庄村、刘家庄村架设了5条10千伏线路，线路总长18千米，安装变压器3台，容量150千伏·安，总投资3万元。

白石乡的小庄自然村、三河口自然村、崔家庄村、茨庙村、长岭坡村、东西坡自然村、石甲村、崔家庄村、支家园自然村、界元村架设10千伏线路15千米，安装变压器11台，容量为330千伏·安，总投资9万元。

七里坡乡的石硷村、榆淆自然村、七里坡村、前岭东自然村、七里坡村、黄家岭自然村、吕家湾村架设10千伏线路总长5.2千米，安装变压器4台，容量90千伏·安，总投资4万元。

柏林乡的郑家庄、蒿峪村、冰池村、郭家庄村、郭家庄自然村、陈家庄村、翟淆自然村、皇甫底自然村、柴家山自然村架设10千伏线路9.57千米，安装变压器8台，容量265千伏·安，总投资6.97万元。

神柏乡的上丁村、东山、西山村自然村、史家坡村3个自然村架设10千伏线路7千米，安装变压器3台，容量为110千伏·安，总投资3万元。

礼元镇小郝村、牛道自然村架设10千伏线路3.9千米，安装变压器3台，容量70千伏·安，总投资2.1万元。

裴社乡十八坪村、寺家庄村、南坡村、北坡村、西坏村、南川沟自然村、北坪村、庙凹村架设10千伏线路14.9千米，安装变压器9台，容量300千伏·安，总投资9万元。

凹底镇户头村、东雷阳村、西雷阳村、东凹底村架设10千伏线路6.5千米，安装变压器5台，容量为260千伏·安，总投资3.92万元。

薛店镇郝北村、沟车自然村、南张村、岳原村架设10千伏线路3.5千米，安装变压器3台，容量150千伏·安，总投资2.42万元。

阳隅乡丈八村、翁村、屯元村、大张村、坡底村、邢家庄村、上庄村、张才岭村、岭南村、吴吕村、东回坑村、西回坑村、祝家堡村、西社村仪家坡自然村架设10千伏线路27.4千米，安装变压器14台，容量670千伏·安，总投资18.76万元。

河底镇大尾沟自然村、乔水沟自然村、上水沟村、洞子沟自然村架设10千伏线路4.6千米，安装变压器4台，容量为120千伏·安，总投资3.04万元。

下丁乡东山村、西山自然村、车堵自然村、杨卜庄自然村架设10千伏线路2.957千米，安装变压器3台，容量110千伏·安，总投资2.48万元。

自1982年以来，尽管闻喜县已采取多种形式为79个村庄通了电，但是截至1991年8月，闻喜县还有29个行政村、自然村尚未通电。为了解决这些村庄的通电问题，闻喜县电业局会同闻喜县扶贫领导组对全县通电情况做了大量的排查工作，并对缺电自然村用电做了详细地勘察设计，做出了《1991年山区10千伏通电计划》。1991年8月13日，与闻喜县扶贫领导组共同向山西省扶贫办、山西省农电局、运城行署扶贫办、运城地区供电局递交了《关于尽快解决山区乡村通电问题的报告》。并在1991年底解决了柏林乡的关家庄自然村、七里坡乡的侯家庄自然村、裴社乡的崔家庄自然村、白石乡的玉沟自然村、礼元镇的西村垣自然村、神柏乡的史家坡、新村6个自然村的通电问题，争取国家山区通电补助资金18.6万元。闻喜县电业局1991年山区10千伏通电完成情况见表6-1-1。

表6-1-1　闻喜县电业局1991年山区10千伏通电完成情况

乡（镇）名称	村名	线路		变压器		合计金额（万元）
		合计（千米）	金额（万元）	台（千伏·安）	金额（万元）	
柏林乡	关家庄	3.0	3	1/20	0.6	3.6
七里坡	侯家庄	2.0	2	1/20	0.6	2.6
裴社乡	崔家庄	3	3	1/20	0.6	3.6
白石乡	玉沟	2.5	2.5	1/20	0.6	3.1
礼元镇	西村垣	2.5	2.5	1/20	0.6	3.1
神柏乡	史家坡 新　村	2.0	0.2	1/20	0.6	0.8
合计	6	15	13.2	6/120	3.6	16.8

1992年后，闻喜县电业局再次和闻喜县扶贫领导组积极向山西省扶贫办、山西省农电局、运城地区扶贫办、运城地区电业局申请，先后用两年的时间为23个山区农村解决

了通电问题。共争取山区通电补助资金约26.68万元。

1992～1994年农村通电工程统计表见表6－1－2。

表6－1－2　　1992～1994年农村通电工程统计表

乡（镇）名称	行政村名称	自然村（个）	户/人	线路（千米）	变压器［台/（千伏·安）］
白石乡	金马庄	2	30/120	7	2/20
	小产岭	3	40/200	9	3/30
	石　甲	3	—	9	3/30
	郭家沟	3	—	12	3/30
	吴家庄	4	—	5	2/20
	木　渣	5	—	6.5	3/30
	杨　庄	3	—	7.5	3/40
	汾水洼	3	—	6	3/50
	南欢头	3	—	7	3/40
	砖石窑	3	—	6	3/30
	黄路洼	2	—	2	2/30
	张家庄	3	—	4.5	3/40
	界元坡	4	—	6	4/40
酒务头乡	东　庄	4	—	5	2/30
	南盖寨	3	—	8	2/40
后宫乡	大石沟	3	—	6	3/90
礼元镇	西村垣	2	—	3.5	2/80
东镇镇	河底垣	3	—	3	1/30
阳隅乡	南　沟	3	—	6	3/90
七里坡乡	南　庄	3	—	6.7	3/60
神柏乡	小百淆	2	—	4	2/30
	史家坡新　村	1	—	2.5	1/30
裴社乡	茅　沟	6	—	5	3/30
合计	23	71	70/320	137.2	58/940

三、电力扶贫

1983年10月至1990年10月，闻喜县电业局根据山西省发展资金使用精神，对经济不发达的8个大队架设高压线路21.526千米，扶持资金11.24万元，以实物拨款做设备补助。1983年闻喜县受到扶持的生产大队名单见表6-1-3。

表6-1-3 1983年闻喜县受到扶持的生产大队名单

大队名称	线路长度（千米）	拨款额（元）	大队名称	线路长度（千米）	拨款额（元）
青 山	4.100	19636	阳隅上庄	4.100	20617
白家滩	4.190	20779	阳隅岭南	0.825	6323
刘古庄	1.124	6729	阳隅张才岭	1.982	10133
侯村垣	1.361	7283	总 计	21.526	112396
礼元小郝	3.844	20896			

1983年11月，闻喜县电业局和闻喜县财政局分拨了第二批农电扶持款，享受款项的村是：界元村1.27万元，架设输电线路2.58千米；桃沟村1.78万元，架设输电线路2.909千米；总计拨款3.05万元，架设输电线路5.489千米。

1990年8月，运城地区电业局下拨扶持款，支援农村10千伏线路建设工程，总计拨款2.7万元，输电线路1.5千米，20千伏·安的变压器2台。裴社乡北坪村南川口自然村拨款0.9万元，架设输电线路0.5千米；凹底镇西雷阳村西沟自然村拨款1.2万元，架设输电线路1千米；阳隅乡西杜村义家坡自然村投资0.6万元。

1990年12月，根据运城地区电业局运地电计字［1990］第107号文件，为神柏乡拨款2万元，架设输电线路2千米，20千伏·安变压器2台。

四、村村通电

1962年：南宋村、邱家庄村、西官庄村、东官庄村、下邵王村、上邵王村、西关村、东关村、柴庄村、梨凹村、香山庄村、下邱村、上邱村、西邱村、黄花岭村、李家房村、上郭村、吴家房村、韩家房村、赵家房村、金家房村、赵家岭村、邱家岭村23个行政村通电。

1963年：乔庄村、李家庄村2个行政村通电。

1964年：下阳村、仪张村、丁店村、冀鲁村、程家庄村、冯家庄村6个行政村通电。

1966年：孙村、冷泉村、冯村、中申村、南阳村、南王村、河底村、苏村、小寺头村、阳社村、坡里村、上庄村、卫村、北郭村、董村、马军庄村、南吴村、小泽村、西张村、大泽村、东张村、西郭村、小王村、裴社村、裴南村、南郭村、店头村、寺头村、店头堡村、柏底村、后宫村、前桥村、上桥村、北阳村、南街村、涑阳村、东鲁村、裴村、西宋村、东韩村、西韩村、卫家庄村、郭家庄村、辛庄村、西阜村、晋庄村、坑东村、吴家坡村、吕上窑村共49个行政村通电。

1967年：东坪村、西坪村、郭店村、向阳庄村、文生村、峪堡村、任村、薛店村、新仪张村、曹家庄、东庄村、神柏村、下丁村、上丁村、上岭后村、下岭后村、涧西村、窑头沟村共18个行政村通电。

1968年：宋店村、庄尔头村、崔家庄村、杨家庄村、侯村、寺底村、柴西村、蔺家庄村、龙到头村、史家坡村、上周村、下周村、下庄村、东山村共14个行政村通电。

1969年：文典村、县农场、仁和村、西刘家村、下峪口村、上峪口村、黄芦庄村、西阳村、东峪村、柴家峪村、吉家峪村、王村、桃园村、五里头村、王家房村、新李房村、西李房村、大里村、郭店村、西社村、新生村、西关村、崔家房村、尚家房村、东社村、南关村、东河口村、西城庄村共28个行政村通电。

1970年：官庄村、仓底村、新农村、上镇村、中庄村、东姚村、川口村、西街村、张家庄村、沟东村、沟西村、后堡头村、陈家庄村、柏林村、郎家凹村共15个行政村通电。

1971年：六一村、仁义庄村、东窑村、上王村、宋家庄村、王赵村、保安村、小王沟村、西窑村、小堆后村、堆后村、下七里坡村、七里坡村、石涧村共14个行政村通电。

1972年：保安坡村、圪马石村、西郭坡村、北坪、川口村、南凹村、刘家庄村共7个行政村通电。

1973年：胡村、阜底村、行村、卫家元村、东赵村、西赵村、南支村、北支村、椿榆村、昙泉村、古赵村、玉坡村共12个行政村通电。

1974年：东凹底村、西凹底村、小马村、东大马村、西大马村、柴家庄、南张村、北张村、后交村、店上村、后川村、石门村、横榆村共13个行政村通电。

1975年：东干庆村、西干庆村、三交村、上白村、下白村、东白村、丁家庄、上泉村、任家山村、密家山村、栗村、西颜村、东颜村、胡城村、新仪张村、吉鲁村、冯家庄村、东庄村、东薛庄村、任村、峪布村、乔庄村、文生村、丁店村、程家庄村、曹家庄村、李家庄村、七里店、岭西东、岭西西、岭东、张石沟、店头、宽峪、下白土、黑峭、上白土、山家庄、坡底、北薛庄、家坪村、青山村、西坪村共43个行政村通电。

1976年：康村、白家滩村共2个行政村通电。

1977年：巨村、辛村、郝北村、阳隅村、回坑村共5个行政村通电。

1978年：关村岑、关村、西雷阳、东雷阳、上官张、薛店、丈八村、坡底村、邢家庄村、东庄村、西庄村、瓮村、屯云村共13个行政村通电。

1979年：中凹底村、下官张、户头庄、户头、上宽峪、下宽峪、中宽峪、岳原村、堡头村、沟渠头村、苏店村、任村庄、丰乐庄村、大张村、小张村共15个行政村通电。

1980年：北坡村、南坡村、庙凹村、高家坡村、隆昌凹村、寺家庄村、对深沟村、上院村、大罗庄村、小罗庄村、营里村、西沟村共12个行政村通电。

1981年：大尾沟村、上水沟村、乔水沟村、井子沟村、后凹村、下院村、汾村、刘家庄村、孔家庄村、杨家庄村、樊家庄村共11个行政村通电。

1982年：北白石村、南白石村、茨庙村、十八埝、西无井沟村、东无井沟村、郭家沟、硷沟村、上张樊村共9个行政村通电。

1983年：马安桥村、三河口村、崔家庄村、前岑条村共4个行政村通电。

1984年：焦山村、东王村、马家庄村、庄儿头村、刘古庄村、宁家庄村、侯村垣村、郭家庄村、兴姚村、杨庄村、新阳庄村共11个行政村通电。

1985 年：柴家庄村、西川、太平庄村、张樊、王家庄村、蛇虎涧村、沟东、沟西、后堡头、陈家庄、刘家岭村、冰池村、郑家庄村共 13 个行政村通电。

1986 年：皇甫庄村通电。

1987 年：十八坪村通电。

1988 年：野峪村、牛道门村、东坡村、车元沟村共 4 个行政村通电。

1989 年：崔家庄村、茅沟村 2 个行政村通电。

1990 年：元圪垯村、小郝村 2 个行政村通电。

1991 年：景家庄村、吕家湾村、西村垣 3 个行政村通电。

1992 年：长岭坡村、石甲村 2 个行政村通电。

1993 年：南庄村、榆淆 2 个行政村通电。

1994 年：安圪垯村、于沟村、梨树凹村 3 个行政村通电。

随着安圪垯村、于沟村、梨树凹 3 个行政村的通电，闻喜县的行政村已经全部通电。

第二节 农 电 管 理

一、农电机构

1966 年，闻喜县已有 12 个公社、240 个大队使用电力排灌、加工、照明。为适应快速发展的农电事业，2 月 12 日，闻喜县农业机电管理局以县农电字［1965］第 3 号文件下达“关于设立电业管理站的通知”，决定成立坑东、河底、东镇、城关 4 个电业管理站。主要任务是管理大队电工、办理供用电手续、抄表、收缴电费、维护 10 千伏线路、监察农村用电。大队电工的主要任务是管理本大队、小队的低压线路和用电设备、对分表抄表收费及向电业管理站交纳大队电费。

坑东电业管理站：管理郭家庄、柏林 2 个公社各用电大队及所辖范围内在闻喜县电业管理所立户的厂矿企业的用电工作。

河底电业管理站：管理河底、裴社、后宫 3 个公社各用电大队及所辖范围内在县电业所立户的厂矿企业的用电工作。

东镇电业管理站：管理东镇、礼元、仁和、下阳 4 个公社各用电大队及所辖范围内在县电业所立户的厂矿企业的用电工作。

城关电业管理站：管理城关、西官庄、岭西东 3 个公社用电大队及所辖范围内在县电业所立户的厂矿企业的用电工作。

1967 年，随着闻喜县供电局的成立，原电业管理站改称为电业服务站。

1969 ~ 1975 年期间，各电业服务站一方面组织各生产队电工维护所辖低压配电线路和配电变压器，按时抄表、收费，完成对农村用电的服务工作；另一方面按照闻喜县电业局的安排，协助完成无电村通电或人畜吃水通电工程。随着闻喜农电事业的蓬勃发展，电业服务站的工作量越来越大，1972 年，供电局与当地人民公社协商，从农村现有电工中选拔思想好、技术过硬的青年为亦工亦农电工，协助电业服务站工作。当年麦收前确定 6

名，到1975年全县20个人民公社分别聘请了1名亦工亦农专职电工，协助电业服务站，管理各生产队的兼职电工开展农电工作。

1978年，山西省制定了《山西省农村人民公社管电办法》。闻喜县各公社随之很快成立了“人民公社电力管理委员会”，各生产大队相应增设了水电主任，领导村电工管理低压部分的用电，开始了人民公社管电体制。公社管电体制为社队专兼职相结合的农电机构，公社聘用专职亦工亦农电工，每个生产大队确定1至2名兼职农电工。

1985年5月，运城地区行署以44号文件批转了运城地区电业局关于《颁发农村用电管理办法》，决定成立乡、镇电管站。闻喜县电业局向县政府汇报后，得到大力支持，以闻喜县政府文件行文，制定了具体实施办法。1986年，成立了裴社乡、后宫乡、酒务头乡、白石乡、西官庄乡、侯村乡、岭西东乡、神柏乡、七里坡乡、阳隅乡、下阳乡、柏林乡、河底镇、东镇镇、礼元镇、薛店镇、凹底镇、郭家庄镇、城关镇、城市20个乡、镇电管站。

1992年，闻喜县电业局根据运城地区电业局运地电［1992］第16号文件通知，决定设立“闻喜县乡（镇）电力管理总站”（即农电总站）。农电总站与电业局农电股为一套人马，两块牌子。同时任命了总站站长，总站办公室主任和办公室副主任。

1994年8月25日，运城地区电业局运地电农总发［1994］第14号“关于下达农电人员岗位设置审批表和执行岗位工资的通知”，对闻喜县电业局农电总站的岗位设置是：农电总站定岗5人，总站办主任（兼）1人、总站会计1人、总站出纳1人、总站安全专责人2人，总站司机1人。下属乡电管站，定岗100人，其中站长20人、会计20人、安全员20人、电管员40人。

1997年3月，增设城东电管站。至此，全县乡镇电管站共计21个。

2001年5月，闻喜县电业局根据运城供电局关于乡镇供电所机构设置及人员定编的通知，成立了14个基层供电所，开始了县乡电力一体化管理。2007年继续运行，未有变化。

二、管理与制度

闻喜县农村用电管理经历了四个阶段：1966～1976年为电业部门成立的电业服务站管理阶段；1976～1985年为人民公社管理阶段；1985～2001年为乡镇电管站管理阶段；2001以后为乡镇供所管理阶段。

（一）电业服务站管理阶段

这是闻喜县农村用电的起始阶段，其指导思想是协助电业部门，发展农村电网，让更多农民用上电，但是安全用电并没有引起电业服务站的重视。1975年7、8两个月就发生了6起人身伤亡事故。根据运城地区电业局运地电用字［1975］第134号文件，闻喜县电业局以闻电［1975］第7号文件作出了九条规定：各社队领导要加强政治思想工作，要把安全用电列入各级党委的议事日程，引起重视，加强领导；各社队迅速建立健全管电组织和用电管理制度，并贯彻执行；各驻社电工每月召开二次会议，组织农村电工进行理论和业务学习，不断加强农村安全用电工作；杜绝非电工人员私自安装电气设备和接火用电；各驻社电工应及时向公社党委汇报电业管理工作，组织农村电工抓紧、抓好低压整修改造工作；凡新建、迁移高压线路、变压器、高压用电设备，必须经闻喜县电业局批准和验收方可接火送电；对农村用电设备进行一次安全检查，取消一线一地用电，对农村照明要实行分路控制，昼停夜送的办法；继续开展安全用电宣传教育，各大队电工要包学校、教师包学生、学生包户包人的“三包”办法进行宣传；各社队管电组织，各大队电工，对所发生的事故要引起足够的重视，加强安全工作，根据上级指示，今后再要发生触电死亡事故，定要查清责任，严肃处理。

（二）人民公社管理阶段

经历了电业服务站管电阶段后，在总结经验教训的基础上，各人民公社成立了“人民公社电力管理委员会”，由公社副主任担任委员会主任，专门负责管理生产大队水电主任和农村电工。该阶段的指导思想也发生了变化，在重视建设、扩大用电范围的同时，强化安全用电。根据运城地区电业局运地电用字［1982］第69号文件精神，闻喜县电业局对农村电工每年培训一次，每期为7～10天，夏收前完成，不误农时。重点培训内容是《电业安全工作规程》、《农村低压电力技术规程》、《农村电工技术问答》、《农村电工培训教材》以及《防止农村人身触电的安全措施和触电急救法》、《触电保安器的安装和维护》、《人工呼吸法》等，通过培训，农村电工的专业水平有了很大的提高。同时，闻喜县电业局还制定了《农村安全用电制度》、《农村电工管理制度》、《农村电工岗位责任制度》、《用电管理制度》、《电费管理制度》等制度，这一阶段的电工都成了农村电气化建设的主力军，从而使闻喜的农村用电向正规化迈出了第一步。

（三）乡（镇）电管站管电阶段

1980年，农村实行了联产承包制。为了适应农村的新形势，加大农村用电设施的管理与维护，达到规范化和标准化管理。1985年，闻喜县电业局成立了农电股，并于1986年成立了20个乡镇电管站，分别是：岭西东乡、七里坡乡、柏林乡、酒务头乡、侯村乡、后宫乡、白石乡、裴社乡、下阳乡、西官庄乡、神柏乡、阳隅乡、凹底镇、河底镇、东镇镇、薛店镇、礼元镇、郭家庄镇、城市、城关镇电管站，共有职工65人，农村电工427人。这20个乡镇电管站的成立，对稳定农村用电管理局势，规范农村用电秩序，起到了很大作用。

乡（镇）电管站是新形势下农村集体所有制的农电管理组织机构，行政上受当地乡（镇）政府领导，业务技术上受闻喜县电业局领导。其主要任务是严格执行电力部门的规章制度，负责管好全乡（镇）集体所有的供电设备，为全乡（镇）人民管好电、用好电服务。不仅要做好原人民公社专职电工所负责的工作，而且更主要的是要做好新的工作。

1988年，闻喜县电业局开始标准化建设，其主要内容是对乡（镇）电管站的强化管理和10千伏线路及配电变压器的标准化建设，先后制定了《乡镇电管站农村电工管理办法》，其中规定的管理流程见图6－2－1，《农村低压用电管理办法》，其中规定的管理流程见图6－2－2。

1992年5月，根据运城地区电业局运地电农发［1992］第16号文件要求，成立了“闻喜县乡镇电力管理总站”（简称农电总站），办公地址设在电业局，农电总站是县政府对乡镇电管站的人、财、物实行管理的职能机构。其主要职责是：负责农村“三电”管

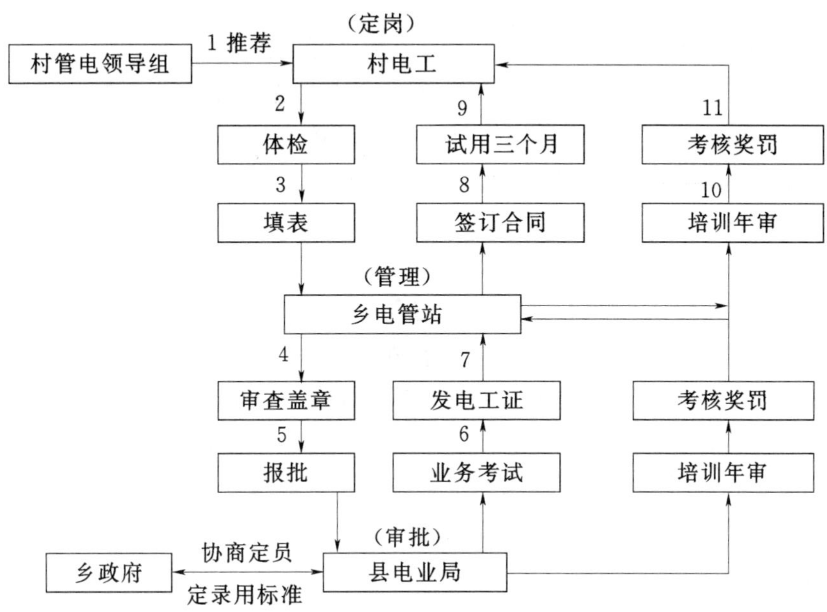

图6-2-1 1988年闻喜县乡镇电管站农村电工管理程序图

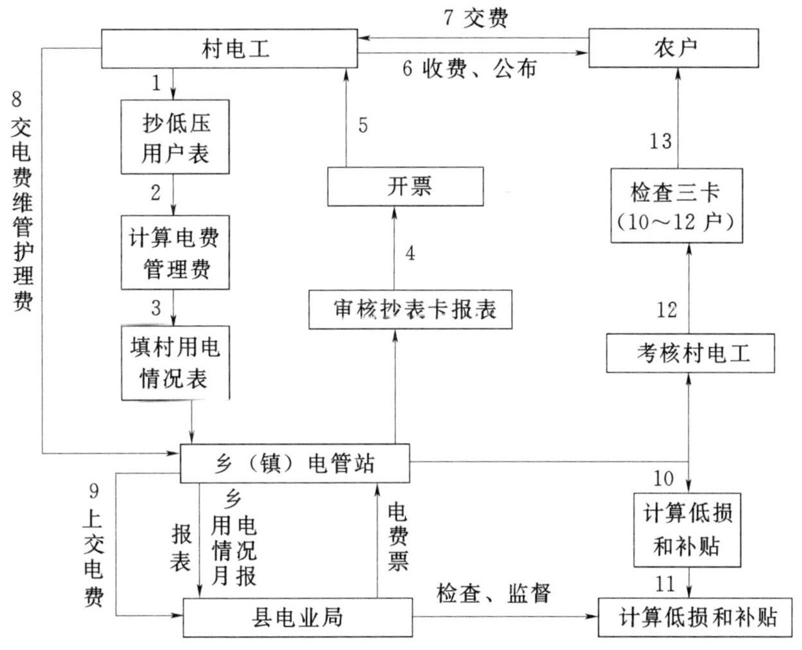

图6-2-2 1988年闻喜县农村低压用电管理流程图

理工作；负责对农村电工、乡电管站人员的选聘、培训和考核管理；负责对乡电管站维管护理费收支的统一管理和对集体电力固定资产的管理；负责编制农村低网发展规划和对自筹高压设备、低网设备的维护管理；负责监督、检查农村电价的执行情况；协调安排农村用电的负荷分配计划；接受政府和电力部门的有关工作任务。

（四）乡镇供电所管电阶段

2001年，闻喜县电业局根据国发［1997］第2号、国办发［1998］第134号文件精神和山西省电力公司晋电农字［2001］第15号《山西省电力公司乡镇电管站体制改革管理办法的通知》精神，开始对乡镇电管站现行管理体制进行了改革，将原乡镇电管站一律改为闻喜县电业局所属的乡镇供电所，实行了县、乡、村电力一体化管理。

2001年5月9日，运城供电局以运供电人劳字［2001］第33号文件《关于乡（镇）供电所机构设置及人员定编的通知》，对闻喜县电业局各乡镇供电所机构设置及人员定编做出明文规定。根据第33号文件通知，并结合闻喜用电的分布情况，闻喜县电业局共设立了桐城、西官庄、裴社、河底、后宫、东镇、礼元、侯村、岭下、神柏、凹底、郭家庄、七里坡、石门14个乡镇供电所，并在凹底、河底2个供电所设立了2个专职电工管理站，招聘专职电工226名。

2001年6月底，14个乡镇供电所相继挂牌，正式对外办公。2001年闻喜县电业局乡（镇）供电所机构设置及人员定编情况表见表6－2－1。

表6－2－1　　2001年闻喜县电业局乡（镇）供电所机构设置及人员定编情况表

单位：人

序号	供电所名称	总人数	管理岗位					专职电工
			小计	所长	线损及电费营业	报装及用电检查	设备及安全管理	
1	桐城供电所	27	4	1	1	1	1	23
2	西官庄供电所	16	4	1	1	1	1	12
3	裴社供电所	22	4	1	1	1	1	18
4	河底供电所	24	4	1	1	1	1	20
5	后宫供电所	15	4	1	1	1	1	11
6	东镇供电所	22	4	1	1	1	1	18
7	礼元供电所	22	4	1	1	1	1	18
8	侯村供电所	17	4	1	1	1	1	13
9	岭下供电所	23	4	1	1	1	1	19
10	神柏供电所	13	4	1	1	1	1	9
11	凹底供电所	40	4	1	1	1	1	36
12	郭家庄供电所	17	4	1	1	1	1	13
13	七里坡供电所	18	4	1	1	1	1	14
14	石门供电所	4	2	1	1	—	—	2
合计		280	54	14	14	13	13	226

随着乡镇供电所的成立，彻底理顺了农电管理体制，使闻喜农电管理工作已步入健康、科学、规范的管理轨道。

乡镇供电所在制度管理上主要有三方面内容。第一方面，是对基层供电所实行“标准型”岗位管理。岗位工作管理标准有供电所所长工作标准、线损及电费营业岗位工作标准、业扩报装及用电检查岗位工作标准、安全及配电管理岗位工作标准等10种。第二方面，对供电所从营销、线损、安全及设备、优质服务、考核的工作业绩管理，制定了29种制度。第三方面，对供电所基础工作进行了统一规范，明确了台账18种、记录26种、报表16种，并实行了定职定责管理，提高了供电所人员的工作效率。

随着农电体制改革，各项指标和任务都取得了优异成绩。2007年底，闻喜县电业局的14个供电所全部达到“规范化供电所”；礼元、桐城、郭家庄、凹底4个供电所获得山西省电力公司“一流供电所”荣誉称号。

三、农电财务管理与人员报酬

（一）财务管理

1986年，为了加强乡镇电管站的财务统一管理，闻喜县电业局在农电股配备了专职农电会计，在农业银行开设专用账户，乡镇电管站亦配备了专职会计，并在当地信用社开设专用账户，使用电业局统一印制的账簿、单据、凭证、报表和统一规定的科目。各站均设总账、分类账、分类明细账等。会计科目的设置是：资金类科目设有银行存款、现金、应收账款、其他应收款、原材料、固定资产、在建工程等，负债及所有者权益科目设有应付账款、其他应付款、应付工资、应付福利费、收支结余等科目，损益类科目设有维管护理费收入、其他业务收入、其他业务支出、设备维护费用、管理费用等。统一采用“增减记账”法。各项财务由农电股审批，执行月初预算审批，月末决算报表的“先批后支”的原则，开支实行日清月结，按月、季、年向局农电股报送会计报表。电管站的会计账簿、凭证、报表均按规定建立档案、保存。农电股对各乡镇电管站每年组织两次财务大检查（6月底一次，年终一次）。

闻喜县电业局根据运城地区电业局的规定，按照“取之有度，以电养电”的原则，决定对各电管站的维管费由农电股统管，采取收支两条线的财经管理制度。通过资金统管，使农电财务正规化、规范化，上了一个新台阶。

为了进一步搞好农电资金的统管工作，严肃财经纪律，真正做到维管费“取之于民，用之于民”，1988年闻喜县电业局做出了关于《农电资金统管的规定》。对农电财务管理要求是分文必惜，严明纪律。对财会人员的要求是廉洁（做到一分钱不贪占）、严细（做到一分钱不乱花）、敬业（做到一分钱无差错）。

1994年，根据《山西省乡镇电管站会计核算的规定》，农村分类综合电价一律“借贷记账”。闻喜县电业局统一执行山西省的规定，对农村分类综合电价的财务核算，按照“合理适度，以电养电，取之于民，用之于民”的原则，不得挪作他用。对农村分类综合电价的财务管理，实行“统一管理，分乡记账，适度统筹，费用包干，指标考核”的管理办法。

1995 年，闻喜县电业局对农电财务实行统管和报账制，并制定了农电财务管理的 7 种制度，即财务统管的有关规定、分类综合电费收入管理、流动资金管理、工程管理、财产管理、固定费用管理、财务管理。

1999 年，闻喜县电业局制定了农电财务管理制度和财经工作十大纪律，坚持每年对农电财务大检查一次，并接受运城地区审计局和运城地区电业局的审计。

2000 年，闻喜县电业局为了适应改革发展的需要，更好地服务于“两网”改造工作，不断加强农电经营管理和农电财务管理，经局长办公会议决定成立农电财务室。农电财务室的职责是严格执行和维护财经纪律，负责全县农电财务管理和财务监督，负责各乡（镇）电管站的电费营核、电费回收、固定资金、计划编制、费用开支和材料管理等，加强成本管理，提高使用效益，保证完成各项指标。

2005 年以后，农电财务室根据国家经贸委发［1998］134 号及《工业企业财务制度》、《运城地区县（市）乡镇电力管理总站财务会计制度》等有关文件要求，在原农电财务管理办法的基础上，制定了更严格、更规范的农电财务管理办法，使闻喜县农电财务管理工作更上一层楼。

（二）人员报酬

1972 年 12 月，根据山西省革命委员会晋革发［1972］第 128 号文件通知，闻喜县革命委员会供电局支付各公社的亦工亦农电工（简称公社电工）每人每月工资 34 元，公社电工业务技术上属闻喜县革命委员会供电局指导，行政上归当地革命委员会领导，按社办人员对待。

1980 年，由于国家对全民所有制人员每人每月增加 5 元副食补助费，闻喜县电业局决定给亦工亦农人员每人每月增加 2.5 元副食补助。至此亦工亦农人员月工资为 36.5 元。

农村电工的报酬大体经过以下演变：1966 年农村电工工资实行“工分制”，由生产大队按日记工分，年底分红兑现现金；1980 年实行家庭联产承包责任制。土地下放后村电工工资由各村委会研究制定，各村情况不同，报酬多少不等。有从电费中加收 10% 作为村电工当月工资，有向所属各用户收取管理费，作为电工当月的工资。每个照明户每月收 0.1 元，每个动力用户每月按月用电量折算成照明用户计算管理费（每户 6 ~ 8 千瓦 · 时）。按维护变压器台数和低压线路长度、用电量大小收取管理费（即：维修一台变压器、1000 米低压线路、用电 6000 千瓦 · 时，收取管理费 10 元），作为电工当月工资，但月收管理费不得超过 30 元。有的是由大队付给相当于本大队干部同等标准的工资，由于各大队实行的经济责任制情况不一样，所以电工报酬都是根据本大队的实际情况而制定，但是村电工必须要保证管好电、用好电，如实、及时上缴电费，做到每月向群众公布一次电费账；1985 年运城行署 44 号文件规定，乡镇电管员工资由固定工资（15 元）、岗位工资（按职务岗位的不同分为 5、10、15 元）和浮动工资（本人固定工资加岗位工资总额的一倍）三部分组成。村电工工资为基本工资加浮动工资，基本工资 15 元，浮动工资最多不超过 25 元。奖金发放、电管员和村电工实行季度综合奖，数额为 10、15、20 元三等；1992 年 5 月，成立农电总站之后，按照运城行署［1995］第 44 号文件精神，村电工和电管员的工资、劳保和福利等费用由闻喜县电业局农电股支付。人均工资达到 470 元。

2001～2007年，乡镇供电所电工工资由两部分组成，即基本工资加岗位工资，2001～2005年10月基本工资每人每月平均650元；2005年11月～2007年4月基本工资每人每月平均850元；2007年5月后基本工资每人每月平均500元。

四、乡镇供电所管理

（一）定员定岗与人事管理

按照山西省电力公司晋电人字［2001］第349号和运城供电局运供电人劳字［2001］第33号文件精神，规模大的供电所管理人员岗位定员6人，中等规模的供电所定员5人，规模小的供电所定员3人。14个供电所共定编人员280人，其中定员管理人员54人。各供电所管理人员业务岗位设置为：所长1人，副所长1人，业扩报装及用电检查员1人，线损及电费营业员1人，设备及安全管理员1人。对供电所人员实行分批招聘、异村使用、定点上班、动态考核、末位淘汰的管理模式。

各供电所专职电工定员人数是根据辖区范围及业务量大小确定。专职电工招聘上岗后，其人事档案、劳资关系、社会保险及综合统计均纳入统一管理。

在各乡镇供电所工作的电业局正式职工，其工资福利待遇执行供电企业内部标准，由供电所考核，电业局发放；供电所管理人员及专职电工工资结构与电力系统内部工资结构相同，工资水平按照山西省电力公司规定的标准执行。招聘人员的养老保险由个人和单位各按规定比例标准，按月从工资中提取（扣除），由电业局统一管理，专户储存，建立内部个人账户，解除劳动合同或协议时，一次性付给本人。各供电所辞退管理人员或专职电工必须按有关规定执行。

各供电所全体人员的劳动保护用品发放与闻喜县电业局正式职工相同，福利待遇按规定统一执行。

（二）资产管理

根据国家和山西省的文件精神，对于农村集体的电力资产，采取“自愿上交、无偿划拨”的原则，由闻喜县电业局统一管理、经营。资产移交时，闻喜县电业局与资产主体签订无偿移交划拨协议，并须经公证部门公证。农村集体的电力资产包括10千伏配电线路、配电变压器、配电室及其设施，低压架空线路、接户线和集装表箱（含电能表）以及电力设施所占土地使用权，由电业局统一负责农村电网的运行和维护管理，维护管理费用列入供电成本统一进行核算。

乡镇、村办企业、事业单位和私人个体用户的专用电力资产不移交，但须服从供电部门的统一整体规划，由用户自行维护和整改。

（三）财务管理

闻喜县电业局对各供电所实行人、财、物统一管理，实行收支两条线，统一核算，统一报账。供电所不设财务。农电维护费设立专用账户，使用范围不变。

（四）营业管理

各供电所营业区内主变容量达315千伏·安以上的用户，由闻喜县电业局用电所负责管理；其余的农村用户实行一户一表，集中表箱由供电所统一管理。电费收取实行定时抄核、微机开票、定点坐收。各供电所均严格执行科学规范的电力营销制度，实行“五统一”（统一电价、统一发票、统一抄表、统一核算、统一考核）、“四到户”（抄表到户、开票到户、收费到户、服务到户）、“三公开”（电量公开、电价公开、电费公开）、“二监督”（群众监督、新闻舆论监督）及“一户一表”的工作制度，规范了营业管理，提高了工作效率和用户的满意率。

（五）设备维护管理

各供电所负责本辖区内的10千伏配电线路、配电变压器、配电室设施、低压线、接户线和表计运行、检修维护、事故抢修以及新建、改造、大修、业扩等工程，负责组织领导辖区内用户自筹线路设备的运行、检修、安全监督和检查工作。

（六）考核管理

闻喜县电业局建立三级考核体系，即：电业局考核到农电股，农电股考核到供电所，供电所考核到人。对供电所考核从供电量、售电量、平均电价、线损率、电费回收率、供电安全可靠率、电压合格率及优质服务等方面，进行全方位考评、打分，每月按评分排名，考核结果直接与工资、奖金挂钩。与此同时，各供电所依据上级有关规程制度和标准，结合各自的职责与工作性质，对所属人员的业务工作，制定各种详细的工作标准、技术标准、管理标准、考核标准、安全制度及安全责任制，完善各种台账、图纸等技术资料，实行计算机动态管理。

（七）培训管理

2001年7月，14个供电所工作人员招聘全部到位后，闻喜县电业局根据专职电工成分多样，思想素质和业务水平参差不齐的现状，为了尽快提高专职电工的思想素质和业务水平，每年专门抽调理论、实践经验丰富的兼职教师，对所有专职电工进行一次理论和技能全方位培训教育。电业局每年参加山西省电力公司的供电所长培训，组织全体人员参加运城供电局的各种技能、对口专业的轮训，为了强化培训教育管理工作，对培训教育的考核实行末尾淘汰制，对其进行严格考核。经过长期的努力，不仅激发了所有供电所工作人员的学习积极性，更重要的是在农电工队伍中涌现出了一批技术过硬、服务优质的农电管理行家和优秀农电工，使他们真正成为闻喜县农村电气化建设的主力军。

第三节 电力“三为”服务达标

根据国家能源部1991年提出的电力“为农业、为农民、为农村经济”服务（简称“三为”服务）精神，闻喜县电业局着重围绕以下几个方面展开工作。

一、夯实安全基础，保证农民安全用电

为了搞好“三为”服务，闻喜县电业局农电总站为了加强农村安全用电、计划用电和节约用电的管理工作，对于农村电工、乡镇电管站人员的选聘，农村电力发展规划，农村电价的执行等管理工作都做了详细的统一安排并取得了实效。

二、加强用电管理，减轻农民负担

1992 年，闻喜县新增变压器 200 台，容量为 13400 千伏·安。全县共涌现文明用电村 80 个。低压线损率达 7%。闻喜县电业局坚持“取之于民、用之于民”的原则，对农电维管费实行统筹管理，统一由县电业局农电股负责。全年共完成低压整改村 60 个，整改费 90 余万元。

1995 年，闻喜县电业局投资 98.56 万元，在全县更换高耗能变压器 123 台。还先后投资 85 万元，对河底等 12 条 50 千米配电线路进行改造，解决了输配电线路的“卡脖子”问题。同年，闻喜县电业局认真作好了农电财务管理、设备表计管理、电工管理工作，在电费收取上严格执行“三卡”，在供用电手续上实行“四公开、一监督”的制度，体现“公平、公开、公正、合理”的原则，真正减少农民在用电中的不合理负担。

1996 年 1 月，闻喜县电业局对全县 20 个农电站会计和农电站站长进行了异地任职调整，极大地调动了员工的积极性，促使一批农电站的工作进入了先进行列。3 月，在山西省电力工业局组织的“三为”服务验收中以高分达标，顺利通过验收，成为省级达标单位。

三、“以人为本”树形象，服务质量创品牌

为了弘扬“从严求实，让用户信得过”的企业精神，闻喜县电业局始终坚持“以人为本”的职工队伍建设宗旨，牢固树立电力工人的新形象，坚持对职工进行爱党、爱国、爱局、爱岗的“四爱”教育和“人民电业为人民、闻喜供电为闻喜”服务宗旨教育，注重抓精神文明建设和职业道德规范建设工作，开展“端正行风，优质服务，信誉第一”的新局风建设活动，培养职工的集体意识，在具体工作中以“急用户所急，想用户所想、解用户之困”为契机，全面实施“为用户排忧解难”的用户工程。

1994 年，闻喜县出现了建局以来空前的供需矛盾，闻喜县全天负荷总共需要 12 万千瓦。但是，上级部门下达的负荷指标最多为 6 万千瓦，最少为 2 万千瓦，同时三伏天，出现了十年不遇的大旱。怎样保证农民的生活和生产用电成为闻喜县电业局的头等大事，主要采取了以下三个方面的措施：一是向上级部门申请应急用电负荷；二是压工保农，压城保乡；三是科学合理分配仅有的负荷。与此同时，闻喜县电业局领导和各有关职能股室负责人，深入全县 20 个乡镇现场办公，具体解决农民的用电难问题，与农民共谋良策，携手共渡难关。经过艰苦的努力，深得广大农民的理解和拥护，受到了闻喜县委、县政府、县人大、县政协的大力表扬。

1995 年，在严格执行农村分类综合电价，遏止“三乱”的基础上，闻喜县电业局实行了农村电价公开，增加了电价的透明度，全县 354 个行政村全部设置了电费公布栏，做到每月定期公布电费，并向群众公开承诺“三不掏钱”，即“不明确电价不掏钱、三卡不符不掏钱、不是统一票据不掏钱”，从而稳定了农村电价，减轻了农民负担。

1997 年，闻喜县电业局在创建农村电气化县过程中，进一步拓宽了“三为”服务的

范围，制定了“三为”服务《考核细则》，将“三为”服务的标准、内容、服务区域、服务礼仪及规定时限等，具体落实到班组和个人。

2000～2005年，闻喜县电业局在农网改造过程中，将“三为”服务作为一项重要工作来抓，向农民宣传“富民工程”功在当代，“德政工程”利在千秋的重大意义。同时，闻喜县电业局重点抓的是施工队伍的建设，对21支施工队伍明确规定“不吃民、不扰民”，21支施工队伍各自都成立了食堂，每人每天的伙食费为5元。施工队伍干在“三伏天”和“三九天”，顶着烈日，冒着严寒，他们这种精神深受群众赞扬。

闻喜县电业局通过开展“三为”服务工作，提高了全体职工、乡镇电管站电管员的“三为”优质服务意识，树立了电力职工的行业新形象。闻喜县电业局历年来被运城市委、市政府，闻喜县委、县政府授予“小麦、棉花生产优质服务先进单位”、“文明单位”、“特殊贡献”等荣誉称号。

第四节　乡镇供电所

一、桐城供电所

桐城供电所位于距大运二级路1千米处的七里店村，占地面积655米^2，建筑面积280米^2。工作人员27名，其中管理人员4名，专职电工23名。

桐城供电所是一个城镇型的供电所，辖区共有10千伏线路85.8千米，低压线路65.1千米，共有配电变压器131台，容量1.26万千伏·安。用电客户5375户，其中动力客户199户，照明客户5176户。年供电量1500万千瓦·时，售电量1380万千瓦·时，综合线损率9.20%。

二、西官庄供电所

西官庄供电所（见图6－4－1）位于闻喜县桐城镇西官庄村，占地面积1161米^2，建筑面积143.6米^2。工作人员16名，其中管理人员4名，专职电工12名。

西官庄供电所管辖区共有10千伏线路64.57千米，低压线路78千米，共有配电变压器131台，容量1.2万千伏·安。用电客户5029户，其中动力客户251户，照明客户4778户。年供电量1900万千瓦·时，售电量1758万千瓦·时，综合线损率9.20%。

图6－4－1　西官庄供电所

三、凹底供电所

凹底供电所（见图6－4－2）位于闻喜县凹底镇三级路边的东颜村口，占地面积1600米^2，建筑面积940.91米^2。工作人员40名，其中管理人员4名，专职电工36名。

图6－4－2　凹底供电所

凹底供电所管辖区共有10千伏线路151.6千米，低压线路157.3千米，共有配电变压器146台，容量1.43万千伏·安。用电客户1.07万户，其中动力客户742户，照明客户9971户。年供电量2167万千瓦·时，售电量2080万千瓦·时，综合线损率9.50%。

四、柏林供电所

柏林供电所（见图6－4－3）位于闻喜县柏林乡柏林村，占地面积1050米^2，建筑面积741.45米^2。工作人员18名，其中管理人员4名，专职电工14名。

图6－4－3　柏林供电所

柏林供电所管辖区共有10千伏线路105.36千米，低压线路68.73千米，共有配电变压器99台，容量6445千伏·安。用电客户3552户，其中动力客户170户，照明客户3382户。年供电量65万千瓦·时，售电量57万千瓦·时，综合线损率8.70%。

五、郭家庄供电所

郭家庄供电所（见图6－4－4）位于闻喜县郭家庄镇郭家庄村口，占地面积696.42米^2，建筑面积363.5米^2。工作人员17名，其中管理人员4名，专职电工13名。

郭家庄供电所管辖区共有10千伏线路88.08千米，低压线路56.08千米，共有配电变压器149台，容量1.04万千伏·安。用电客户4344户，其中动力客户227户，照明客户4117户。年供电量849万千瓦·时，售电量765万千瓦·时，综合线损率9.00%。

图6－4－4　郭家庄供电所

六、神柏供电所

神柏供电所位于距闻喜县神柏乡大运高速1千米处下白土村。占地面积655米^2，建筑面积531米^2。工作人员13名，其中管理人员4名，专职电工9名。

神柏供电所管辖区共有10千伏线路48.2千米，低压线路38.59千米，共有配电变压器59台，容量8960千伏·安。用电客户2382户，其中动力客户73户，照明客户2309户。年供电量670万千瓦·时，售电量613万千瓦·时，综合线损率9.00%。

七、岭下供电所

图6－4－5　岭下供电所

岭下供电所（见图6－4－5）位于闻喜县桐城镇七里店村的北垣路边。占地面积655米^2，建筑面积821米^2。工作人员23名，其中管理人员4名，专职电工19名。

岭下供电所管辖区共有10千伏线路90.911千米，低压线路116.37千米，共有配电变压器53台，容量7810千伏·安。用电客户6646户，其中动力客户53户，照明客户6593户。年供电量2613万千瓦·时，售电量2404万千瓦·时，综合线损率9.00%。

八、侯村供电所

侯村供电所（见图6－4－6）位于侯村乡西阳村边。占地面积487米^2，建筑面积700.3米^2。工作人员17名，其中管理人员4名，专职电工13名。

图6－4－6　侯村供电所

侯村供电所管辖区共有10千伏线路77.32千米，低压线路85.61千米，共有配电变压器131台，容量1.26万千伏·安。用电客户5375户，其中动力客户199户，照明客户5176户。年供电量1500万千瓦·时，售电量1380万千瓦·时，综合线损率9.20%。

九、礼元供电所

图6－4－7　礼元供电所

礼元供电所（见图6－4－7）位于闻喜县礼元镇二级路边礼元街，占地面积532米^2，建筑面积246.54米^2。工作人员22名，其中管理人员4名，专职电工18名。

礼元供电所管辖区共有10千伏线路95.13千米，低压线路105.34千米，共有配电变压器157台，容量1.81万千伏·安。用电客户7570户，其中动力客户420户，照明客户7150户。年供电量2750万千瓦·时，售电量2470万千瓦·时，综合线损率8.90%。

图6－4－8　东镇供电所

十、东镇供电所

东镇供电所（见图6－4－8）位于闻喜县东镇二级路边川口村，占地面积345米^2，建筑面积1135.84米^2。工作人员22名，其中管理人员4名，专职电工18名。

东镇供电所管辖区共有10千伏线路101.2千米，低压线路105千米，共有配电变压器178台，容量21775千伏·安。用电客户6852户，其中动力客户22户，照明客户6830户。年供电量1441.78万千瓦·时，售电量1312.02万千瓦·时，综合线损率9.10%。

十一、后宫供电所

后宫供电所（见图6－4－9）位于闻喜县后宫乡后宫村，占地面积1020米^2，建筑面积306.71米^2。工作人员15名，其中管理人员4名，专职电工11名。

后宫供电所管辖区共有10千伏线路65.1千米，低压线路81.6千米，共有配电变压器82台，容量4960千伏·安。用电客户5706户，其中动力客户13户，照明客户5693户。年供电量420万千瓦·时，售电量380万千瓦·时，综合线损率9.00%。

图6－4－9　后宫供电所

十二、裴社供电所

图 6－4－10　裴社供电所

裴社供电所（见图 6－4－10）位于闻喜县裴社镇裴社村，占地面积 225 米²，建筑面积 342.4 米²。工作人员 22 名，其中管理人员 4 名，专职电工 18 名。

裴社供电所管辖区共有 10 千伏线路 110.5 千米，低压线路 85.1 千米，共有配电变压器 167 台，容量 9370 千伏·安。用电客户 4568 户，其中动力客户 211 户，照明客户 4357 户。年供电量 900 万千瓦·时，售电量 890 万千瓦·时，综合线损率 9.80%。

十三、河底供电所

河底供电所（见图 6－4－11）位于闻喜县河底镇河底街。占地面积 600 米²，建筑面积 420.16 米²。工作人员 24 名，其中管理人员 4 名，专职电工 20 名。

河底供电所管辖区共有 10 千伏线路 131.4 千米，低压线路 129.1 千米，共有配电变压器 204 台，容量 12260 千伏·安。用电客户 6406 户，其中动力客户 555 户，照明客户 5851 户。年供电量 941 万千瓦·时，售电量 852 万千瓦·时，综合线损率 9.00%。

图 6－4－11　河底供电所

十四、石门供电所

石门供电所位于石门乡政府办公楼二楼，办公室面积 15 米²，工作人员 4 名，其中正、副所长各 1 名，专职电工 2 名。

石门供电所管辖区共有 10 千伏线路 88 千米，低压线路 50 千米，共有配电变压器 52 台，容量 4355 千伏·安，用电户 2391 户，其中动力用户 30 户，年售电量 336 万千瓦·时。

第七章　安　全　管　理

第七章　安　全　管　理

从1964年“闻喜电业管理所”成立之日起，就把安全管理作为一切工作的重中之重，建立了安全领导机构，对企业的安全工作根据当时的实际情况进行综合检查、督导和管理。20世纪70年代前，安全管理制度不够健全。1978年，中共十一届三中全会以后，随着经济形势的平稳发展，安全生产越来越受到重视，逐步形成了安全工作的预控、可控、能控、在控的良好局面，全面地贯彻了各项规程制度，保证了安全生产的正常进行。同时逐年加大安全培训工作的力度，提高了员工的安全意识和责任感。特别是2003年以后，根据建设现代化公司的需要，进一步落实了安全工作的预控、可控、能控、在控管理，建立了安全保证体系和监察体系，强化、规范了安全管理工作，实现了全员、全过程、全方位的网络式安全管理过程，确保了供电生产长期、安全、可靠运行。

第一节　安　全　机　构

1964年，闻喜县设立电业管理所。电业管理所设有安全领导组，负责安全工作。安全领导组下设安全员，负责全县配电设备的安全、全体电力职工的安全教育和农村电工的培训工作及各种安全规章制度的制定。

1967年2月，闻喜县电业管理所更名为“闻喜县供电局”，安全工作逐步向正规化、制度化发展。此后，安全管理机构成为常设机构。随着领导班子的变更，及时调整安全组织机构。

进入20世纪70年代，闻喜县电业局把安全工作放在第一位，安全领导机构的组长都由一把手担任。在计划、安排、检查、评比、总结工作时，都把安全工作列在其中。安全领导机构及安全工作承办部门建立了岗位责任制，制定了安全考核细则，不定期开展安全竞赛活动。

1983年，闻喜县电业局在企业的整顿中，认真贯彻执行了安全责任制，不断完善了安全管理制度和健全安全机构，制定反措计划及加强安全教育，做到上下结合层层抓，布置检查有着落。具体的做法：一是重新建立并完善了从上到下的安全网，生产副局长主管安全生产工作，全局有专职安全员、各股室、班组都有兼职安全员；二是狠抓安全教育工作，首先根据省、地安全会议精神，利用每周五的安全日活动，组织全体职工学习事故通报、安全规程，进行安全测验，其次组织职工分析典型事故，消除麻痹思想，加强职工的责任心，牢固树立“安全第一”的思想；三是坚持每月23日为安全例会活动，各班组每周五为安全日活动。同时开展百日无事故竞赛活动。

1985年，安全网络机构更加完善，成立安全委员会，主任由局长担任，副主任由分管生产的副局长担任；同时设专职安全监察员；此外各股室、班组站设安全员监察员，还在各乡镇成立农电安全小组，组长由公社分管水电的副主任担任，成员由各行政村的分管副村长和电工组成。

进入20世纪90年代后，安全管理更进一步规范化，明确了局长负责制、安全第一责任者的地位，重新整顿了安全管理体系。

1993年，闻喜县电业局安全领导组及安全管理网络愈加正规和完善。局长任组长，党支部书记、副局长、工会主席、主任工程师任副组长，生产股长、农电股长、用电所长、办公室主任、团支部书记、安全员为成员。截至1993年6月，共有5座变电站、8个生产班组、20个农电站、3个供电站、共配备兼职安全员33人，形成一个非常系统的安全管理网络。闻喜县电业局安全网络图详见图7－1－1。

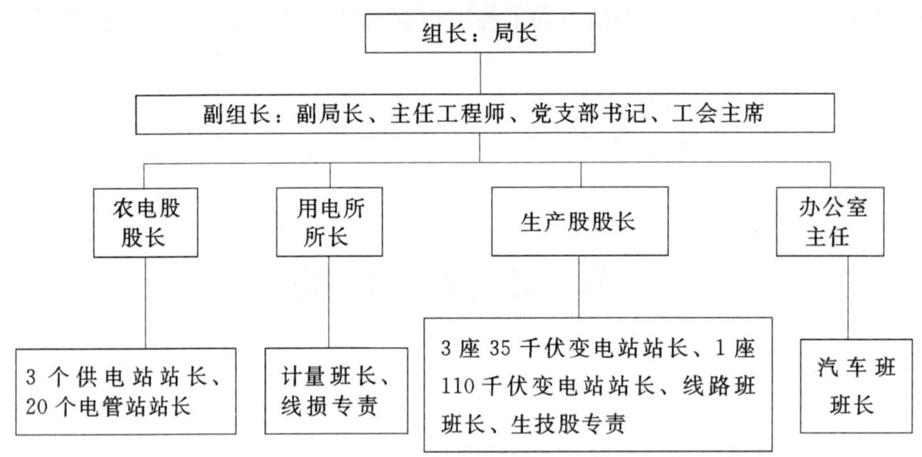

图7－1－1 1993年闻喜县电业局安全网络图

1999年，根据上级指示精神，进一步做好安全教育工作，闻喜县电业局成立了安全教育监督股（简称安教股），将全局安全教育归入该股室负责。

2004年，闻喜县电业局根据国家电网公司《安全生产工作规定》及运城供电局的要求，为了进一步加强安全管理工作，强化安全管理机构，提高安全管理水平，实现安全管理由分散性逐步向集约化转变，促进整体工作的开展。下发了闻电办字［2004］第47号文件，重新修定《安全保证体系》和《安全监察体系》，建立了安全保证体系和安全监察体系，并成立了安全委员会、安全监察机构领导组、反违章纠察队、治安综合治理组、“二十五项反措”落实领导组，各个安全组分别开展活动，由局长、党支部书记、生产副局长、有关股长分别担任各组的正副领导及成员。各股室、班、站的安全员由股室、班、站长兼任。

第二节 安 全 制 度

20世纪六七十年代，闻喜县电业局开始制定了简便易行的安全工作规定，并力求把安全工作落实到各环节，为建立安全工作网络的雏形奠定了基础。

1978 年，闻喜县电业局编制了《电业安全竞赛办法》。

1980～1984 年，闻喜县电业局采取各种不同方式执行《电业安全工作规程》、《电业安全监察规程》、《工作票和操作票的补充规定》、《防止误操作的反事故措施》、《关于严重违章违制考核办法》等安全制度，促进了安全生产。

1985 年，根据上级关于安全考核的精神，闻喜县电业局制定了《安全考核方案》。同年，根据省局下达的第二次竞赛考核条件要求，结合本局的实际情况，制定了《第二次安全竞赛考核条件》。同时，又制定了《关于“两票”写实报告执行情况的奖惩办法》、《关于中断“两票”无差错规定及事故调查规程》。

1987 年，执行了 9 种规章制度：《安全生产管理制度》、《双文明建设制度》、《缺陷管理制度》、《调度管理制度》、《安全生产奖罚条例》、《生产股考核方案》、《安全竞赛考核条件》、《关于中断、签发、许可、执行工作票》、《关于中断操作票无差错记录的规定》。这些规章制度使全体员工有章可循。

1988 年，闻喜县电业局根据山西省电力工业局颁布的《关于贯彻能源部安全生产批示的通知》，执行《电力安全生产条例》，并对各级人员的安全职责、安全培训与考核、安全生产的全过程管理等均做出了明确的规定。1988 年 8 月 31 日至 1991 年 5 月 31 日，闻喜县电业局安全运行长周期天数首次达到 1000 天。紧接着，第二长周期安全运行活动开始并全面实现。同时，闻喜县电业局根据运地电安发［1991］第 31 号文件精神，制定了《反事故措施》和《安全月活动的奖罚方案》。为此，不断加大了安全生产的考核力度。

1992 年，闻喜县电业局认真贯彻能源部一、二号指令，层层分解、深入实行各级安全第一责任者责任制，根据山西省电力工业管理局［1992］第 11 号文件，又制定了《关于乡镇电管站管理的若干规定》。同年，还制定了《关于加强班组安全工作规定》、《关于各股室、检修、运行人员、司机安全责任制考核办法》。

1993～1994 年，根据《国务院关于加强安全生产工作的通知》和电力工业部关于安全工作的 10 条规定精神，闻喜县电业局结合工作实际，认真总结安全管理经验，将一些规定、制度、规程重新作了修订补充，制定了《对电管站管理、考核、奖罚办法方案》、《安全生产奖罚考核办法》。

1995 年，闻喜县电业局主要执行了上级部门颁布的 21 种安全规程。这些制度，使闻喜县电业局的全体员工安全生产有了行动的准则。

1996 年国务院改制双休日后，各班、组、室、站、所、机关的安全活动日改为每周四上午，时间不少于 2 小时。电业局安全委员会每季的第 1 周周一上午召开安全管理研讨会，安全例会定为每月 1 次，每月 7 日举行。

1998 年，闻喜县电业局制定了“安全活动”制度，详细地阐明了“安全活动”的要求和标准。要求必须全员参加，个人签名，有事实行请假制度，但事后必须将本次活动内容由专人负责补上，活动时间每次不得少于 2 小时。活动内容包括学习上级有关安全文件、规程制度、事故通报、安全简报和安全会议精神等；总结分析上周安全情况，安排下周安全工作；查找本班组安全隐患，制定针对性的整改和防范措施；检查各项规程制度和已制定的安全措施（包括两措）完成情况。

1999 年，为了保证农网改造工程安全顺利进展，闻喜县电业局制定了《农网建设与改造工程施工安全管理规定》、《城网建设与改造工程管理办法》、《10 千伏配电建设与改造工程管理实施细则》等制度。

2000 年，闻喜县电业局多次修订安全管理细则，并制定了安全管理办法和制度，包括运行、检修、技术监督、设备定级、备品备件、调度、事故处理及其他 8 个方面 27 种制度。这些制度的制定，规范了全体员工的安全生产的行为，保证了企业生产的安全、正常进行。

2003 年，闻喜县电业局为了防止大面积停电事故的发生，做到“预防为主、超前控制”，根据闻喜电网运行特点，制定了变电站全站停电和 35 千伏线路停电等 27 种事故应急预案和变电站启动方案，并有针对性地进行了反事故演习，以应对各类突发事故，做到了预控、能控、可控、在控，制定了《各级各类人员安全职责到位标准及考核办法》。

2004 年，国家电网公司颁布了新的《国家电网公司电业安全工作规程》。根据新的“电业安全工作规程”要求，立即组织进行了学习培训，并进行了考试，合格率达 100%，并对生产现场进行了整改。同时安全管理工作以规程制度作为一个保证系统，完善了安全管理的各个衔接环节，确保安全工作实现全方位的可控局面。这个系统包括：一是健全规章制度，实施法制管理，结合上级颁发的安全生产的法规、技术规程、反事故措施、设备制造说明书等，编制闻喜县电业局的现场规程，并对不符合上级规定和现场操作实际的条文进行修订；对需要修改的现场规程必须履行审查、审核和批准程序；二是反习惯性违章，实现“三不伤害”（不伤害他人、不伤害自己、不被他人伤害），要充分利用血的教训，加强正面安全教育，举办丰富多彩的安全讲座、安全知识竞赛和安全演讲等活动；发动群众学习规程、列出习惯性违章的事例进行分析，强化职工的安全意识；党政工团齐抓共管，杜绝习惯性违章，不厌其烦地认真纠正每一次违章，形成一个上下左右共同负责、干部群众共同监督的局面；三是坚持“四不放过”，即事故原因不清不放过、事故责任者和应受教育者没有受到教育不放过、没有采取防范措施不放过、事故责任者没有受到处罚不放过，杜绝同类事故重演。四是以人为本，抓管理，在抓安全的同时，提高人员的基本素质，杜绝一切装置性违章，加强人员的自我防护意识和保护措施。

2005～2007 年，闻喜县电业局根据省、地局的精神，先后制定了《闻喜县电业局安全保证体系》、《闻喜县电业局安全监察体系》、《各级领导安全生产责任制》、《闻喜县电业局局长安全生产责任制》、《闻喜县电业局党支部书记安全生产责任制》、《闻喜县电业局副局长安全生产责任制》、《工会主席安全生产责任制》、《各股室安全生产责任制》、《消防工作奖励与处罚规定》、《消防安全管理制度》、《闻喜县电业局逐级消防责任制》、《股长、班站长安全到位标准》、《班组安全生产管理工作规定》等 13 种安全管理制度。

第三节　安　全　措　施

一、安全教育

闻喜县电业局从建局之日起，各部门均设有兼职安全员，主管安全教育工作。1990年，闻喜县电业局开始设立专职安全员。1999年增设安教股，进一步加强了安全教育工作。以人为本，狠抓教育，提高人员的自我保护意识和防护能力，做到超前控制，是闻喜县电业局一贯做法，安全工作从教育抓起，安全教育一般分预防教育与现场教育两部分，并坚持"预防为主"的方针。

（一）预防教育

1. 定期安全预防教育

（1）一年一度的电业安全工作规程培训及考试，在春季定期检查（称"春检"）前进行。电业局局长、生产副局长、安教股长、生产技术正副股长、农电股正副股长、用电所正副所长、调度股长和电气工程师由运城供电局考试，闻喜县电业局内主业从事电气人员及生产管理人员由本局安全员、安教股组织考试，不及格不得上岗工作。

（2）每年定期在春检与秋检前进行安全教育，教育内容为《电力安全工作规程》、《反事故措施》、《事故通报》及《当年"两检"的计划、措施、特点》等内容。一般由生产副局长、安教股负责安全、培训考试，然后由各班、站再针对其具体情况进行各种形式的安全教育活动。从1990年开始，每年在春检前开展一次触电急救和消防知识培训，聘请专家进行现场讲课，对于考试不及格者，进行补考，补考不及格者，按规定进行处罚。

（3）班组每周一次安全日活动，股室每月定期召开"安全分析会"，以学习事故通报、反事故措施及当前安全情况等为活动内容。

（4）认真搞好过夏"六防"（防洪、防风、防雷和防过电压、防暑、防暴雨、防树害和鸟害）、过冬"六防"活动。

2. 不定期的安全预防教育

不定期的安全预防教育是针对安全形势、季节、气候等情况及时开展现实教育意义的安全教育活动。如临时确定的安全活动月、安全活动周及交通事故等安全教育活动。认真学习上级有关文件和安全会议精神，并根据具体情况制定出具有可操作性的防范措施。

（二）现场安全教育

现场安全教育是在开工前或操作前，由班组长、安全员及领导对参加工作和操作的人员进行有关安全规程、规定、安全注意事项等安全教育。在施工和操作中由监护人对工作人员和操作人员进行启发性、指导性、纠正性的安全教育。

1975年，针对110千伏西官庄变电站带地线合刀闸事故，闻喜县电业局组织全体人员开展了为期一周的现场教育，重点检查人员的安全责任意识，对事故前不预防，事故后不分析的错误做法作了批评和纠正，对事故责任人进行了处罚，并及时进行了整改。

1986 年，为了防止误操作事故的发生，确保变电站的安全运行，创建标准化变电站。根据运地电技字［1986］第 93 号文件，闻喜县电业局下达了在西官庄变电站安装 CZS 型大连机械程序任务。

1987 年 5 月，针对 35 千伏七里店变电站人身触电死亡事故，闻喜县电业局开展了为期 1 个月的现场教育。根据“三不放过”的原则，检查了人员的责任意识，查找了工作中的薄弱环节，学习通报，对照检查自己工作中存在的问题，制定了严格的防范措施。经过现场教育，广大职工受到了深刻的教育，进一步明确了安全工作的重要性。

1990 ~ 1998 年，闻喜县电业局重点开展了现场安全检查和教育，尤其在每年的“春检”和“秋检”中，以及在大型的操作和工作现场，均实行了专人督导和把关，及时纠正违章行为，教育职工爱惜自己的生命和企业的荣誉，严格执行各种规章制度。其中 1990 年，现场发现违章行为 1 次，现场安全教育 50 次；1993 年，现场纠正违章 3 次，现场安全教育 50 次；1996 年，现场检查装置性违章 2 处，全部进行了整改；1997 年，发现不严格执行安全工作规程 1 人/次，对其进行了安全教育，并令其做出了深刻检讨，在全体人员会议上进行了检查；1998 年，发现两票执行不到位 1 次，立即进行了纠正。

2000 ~ 2007 年，闻喜县电业局在大规模的电网改造中，成立了反违章纠察队，深入现场进行检查把关，五年共下现场 1000 余次，共查出违章行为 10 人/次，现场教育 300 余次，3 人进安全教育室进行学习，由于加强了现场安全督察，现场教育到位，确保了在电网改造中人员、设备、电网的安全。

（三）农网改造中的安全教育

1. 施工前的安全管理

1999 年农网改造开工前，闻喜县电业局首先对参与农网改造的施工人员进行安全教育和安全培训，强化施工人员的安全意识和安全理念。先后举办了为期 10 天的 3 期培训班，参加施工的 1000 人全部进行了《电业安全工作规程》的培训，通过考试合格后，发给“上岗证”，方可施工。持证人员全部与局长签订了“三不伤害保证书”。参加施工的 21 支施工队，全部通过了闻喜县电业局的资质审查，每支施工队均配备了 1 名安全员，行使安全监督、检查职责。农网改造工作票签发人、工作负责人的资格全部通过了闻喜县电业局的考核认定，改造开工前，又为每位施工人员入了人身保险。对于外包工程，同样严格审查考核施工单位的资质和技术等级，对其人员同样进行了施工前的安全培训和考核发证工作，为“两网”改造工程顺利完成奠定了坚实的安全基础。

2. 施工中的安全管理

在整个农网改造施工过程中，严格以“五制”（项目法人责任制、资金责任制、设备招投标制、工程监理制、合同管理制）来规范工程建设行为。

制定了《农网建设与改造管理办法、合同监理、承包办法及相关规范和实施细则》确保“网改”工程的顺利开展。同时还确立了“两会”、“三制”制度。两会，即周一和周四“网改”专题会；三制，即综合检查制度、领导现场办公制度和施工验收制度。从农网改造开始，始终把安全放在首要位置，正确处理好工程进度与安全的关系，进行全过程的安全监督把关，及时发现问题，立即进行整改，将一切隐患消除在萌芽状态。由于安全管理到位、措施得力，确保了农网改造各项任务圆满顺利完成。

二、管理措施

（一）系统性的安全网络

1966～2007年，闻喜县电业局始终建有以局长挂帅、生产副局长主管、专职安全员及股、室、班、站兼职安全员的三级安全网络，党、政、工、团齐抓共管。

（二）全员性的目标管理

每年年初，闻喜县电业局都制定有本年度的安全生产奋斗目标，并将其层层分解、责任到人，使得人人肩上有担子，个个心中有目标，上下一条心，团结拼搏保安全。1997～1998年，电业局先后六次举办了全局职工及厂矿电工、农村电工的《安规》、《电力法》、职业道德的培训，规定培训不合格的人员坚决下岗，进安全教育室脱产学习，直到合格才准上岗。由于措施得力，工作扎实。从1988年8月13日至1999年12月31日，安全生产长周期天数达4147天。2001～2007年，闻喜县电业局全面实施安全目标管理，制定了安全目标，落实了安全目标的实施步骤，进行安全目标考核，健全安全责任制，实现安全工作制度化、规范化、经常化。

（三）经常性的安全教育

多年来，闻喜县电业局坚持做到：工作时召开班前班后安全工作会，交待注意事项，检查安全措施，总结工作中的经验和教训；每周开展一次安全日活动；每月7日召开一次全局安全例会，分析安全方面存在的问题；按照国家有关部委的安排，每年开展一次“安全生产月”活动，围绕活动主题，发动群众，教育群众，增强安全意识；在执行“两票”时，做到“无票不工作、不操作；无监护人不工作、不操作；无人下令不工作、不操作；无安全措施不工作、不操作”。

（四）群众性的安全竞赛

闻喜县电业局先后多次组织全体职工经常开展“电业安全知识竞赛”、“百日安全生产无事故竞赛”、“千项操作无差错竞赛”、“个人无事故、身边无事故、所在班组无事故竞赛”、“为安全多说一句话，多办一件事，多操一份心竞赛”、“安康杯竞赛”等活动，通过开展群众性的安全竞赛活动，使职工明白“以人为本，安全第一”、“安全大如天，责任重于山”、“安全没有礼拜天，安全没有休息时”、“宁听骂声，不听哭声”、“宁做恶人，不做好人”的道理，从而能够时刻保持高度清醒的头脑。

（五）季节性的事故预防

根据季节性气候对安全生产的影响，闻喜县电业局将全年分成4个时期，包括春季安全大检查，确定检查目标和安全要求，重在防雷电及发现设备事故性隐患缺陷；炎夏来临，必须做好过夏“六防”，重在防风、防雷、防暴雨；秋季安全大检查，重在防冻；入冬以后，必须做好过冬“六防”，重在防雪冻。

（六）针对性安全检查

每年在春秋两季开展安全大检查，摸清设备的健康状况，清除设备缺陷隐患，确保全年安全供电。事故特别巡视重点检查对被短路电流通过的导线接头。大负荷特别巡视一般在春浇、夏收、冬季等季节性负荷来临时进行，侧重对线路、设备的迎峰检查。

（七）安全日活动

“安全日活动”是管理措施的一个主要制度，是闻喜县电业局一项雷打不动的活动。此项活动主要是以班站为单位进行。1988 年 1 月，闻喜县电业局做出《关于坚持做好安全日活动的规定》。《规定》下发到各股、室、班、所、站、劳服公司，并强调每周一次安全日活动，时间为星期五。

（八）实行各级各类人员安全职责到位标准 1000 分量化制度

闻喜县电业局正职（局长）、党支部书记；副职（主管生产、农电及用电的副局长）、工会主席、团支部书记、生技股长、农电股长、安教股长、用电所长、开发公司经理、反违章纠察队员、调度、通信、线路班长、调度值班员、变电站站长、变电站主副值班员、司机班长、司机班成员、线路、修试班成员、变电检修、线路专职人员、变电运行专责人员等，实行安全职责到位 1000 分制，从安全的要求和目标的各个方面、各个角度，提出了对上述人员的安全标准和考核办法，使闻喜县电业局的安全工作再次跃上了一个新台阶。

三、组织措施

（一）严把六关

1. “安全第一”关

闻喜县电业局始终坚持“电力生产，安全第一”的方针，牢记“安全是基础”这个宗旨。党政领导一直把安全放在一切工作的首位，在计划、布置、检查、总结、评比工作的同时，都有安全工作内容和项目。

2. 执行制度关

规程制度是一切工作安全顺利进行的必要保证，在制度执行方面，闻喜县电业局以“三铁”精神（即铁的面孔、铁的制度、铁的处理），踏踏实实抓有关规程制度的执行和落实，开展反“三违”（即违反劳动纪律、违章作业、违章指挥），成立了安全文明生产考核领导组，月考核、月兑现、奖优罚劣。

3. 事故处理关

在事故处理方面，闻喜县电业局严格按照“四不放过”的原则，对事故认真调查分析，吸取事故教训，严肃处理有关人员，做好防范措施。对未遂事故处理决不姑息迁就，把未遂当作已遂抓。对兄弟单位事故暴露出来的问题，本着“有则改之，无则加勉”的原则，引以为戒，时常反省，激励自己，警钟长鸣，确保电网和人身安全。

4. 技术培训关

为了提高全体人员的安全意识和业务能力，闻喜县电业局极其重视培训工作，每年都对变电、线路、修试、农电、调度等生产人员进行岗位强化培训。培训的内容包括《电工基础知识》、《变电技术问答》、《继电保护》、《电业安全工作规程》等。培训的形式包括在岗培训、系统培训、社会培训、专业培训、资格培训、规范培训、基础知识培训，更重要的是把培训和考试同工资、奖金挂钩，进一步调动了全体员工参加培训的积极性。截至2007年，已有70余人获得了大专以上文凭。

5. 操作监护关

为了防止误操作事故的发生，严格把好“两票”关（“两票”即：工作票、操作票）。对所有的运行操作都必须有监护人监护方可进行；重大复杂性操作，分管局长、生技股股长、运行专责等有关管理人员必须到现场监督监护。

6. 检修施工监督关

为确保检修工作安全顺利进行，闻喜县电业局规定，所有检修，均须有安全员现场把关，重大检修施工工作，必须预先制定出施工“三措”方案，明确各级人员的职责，并经有关领导或专业技术人员审核签名，并在施工中严格执行。

（二）加强班组安全建设

班组是企业活动的主体，是执行制度的主体，更是安全生产的主体。只有切实抓好班组的安全教育、技术培训，才能夯实以班组为立足点的安全基础。只有班组生产活动安全了，企业安全生产才有保障。闻喜县电业局充分发挥了班组长在安全生产中的作用，要求班组长必须要做到认清自己的责任；组织班组人员认真学习《安规》，严格考试，不走过场；落实班组安全的制度和措施；加强人员的培训，提高班组人员的素质，培养严、细、实的作风；开好班前会和班后会。每天上班前，班组长要强调当天工作的安全措施，交代安全注意事项；下班后，要认真进行总结。无论在什么时候、什么条件下都要把安全生产具体落实到班组。

（三）制定可操作性措施

根据不同时期工作的重点和特点，均预先制定出具有针对性的、可操作性措施。

（1）春季安全大检查。该项工作是确保电力设备安全运行的关键所在。春检开始前首先成立春检领导组，各级领导、专职人员都必须到位并且列出具体检修项目、检修时间、检修标准、检修重点和注意事项。其次做好春检前各种准备工作，对检修所需试验器材、工器具，备品备件均进行安全检查，对各种安全工器具进行试验并达到合格；对所有春检人员进行“安全规程、工作票、操作票”培训，不合格者禁止上岗。第三制定严格的安全防范措施，正确使用各种安全标识、标志，防止人身触电、高空坠落、设备损坏等事故的发生。

（2）过夏“六防”检查，每年7月要对防洪、防雨、防雷和防过电压、防风、防暑、防树害、鸟害、鼠害，要做出详细检查，制定不同措施，抵御自然灾害。

（3）秋检，由生产副局长领导，生技股和安教股牵头执行，每年10月中旬开始实施，11月下旬结束。其迎峰检查包括防火、防冻、防鼠害；变电站的蓄电池、储能电容、继电保护及直流回路；主变压器、刀闸和35千伏以上变电站的主设备及引线、线卡、螺丝情况；门窗、孔洞、电缆沟封堵情况，防止进水而冻裂电缆；二次设备、继电保护、自动装置、直流系统及其所有二次电缆、端子箱、仪表等设备；杆塔、导线距离、弧度、横担、瓶子绝缘；注油设备油位计是否正常，并对断路器的附加油箱、油位进行全面检查，防止因缺油烧坏断路器。总之，消除设备缺陷，确保设备安全运行。

四、技术措施

（一）“两票”

闻喜县电业局历年来非常注重加强“两票”的管理工作，特别是在建设一流县级供电企业中的“两票”合格率达 100%，并制定了严格的管理标准，局长、生产副局长、安教、变电站、调度班的工作票签发人、工作负责人、工作许可人都要从不同角度严格工作票、操作票的相关程序，把“两票”的管理落到实处。

（二）“两措”

闻喜县电业局对“两措”始终进行严格管理，每年根据实际情况，编制出下年度“两措”计划。“安措”计划上报运城供电局安监科审批，“反措”计划上报运城供电局生技科和农电科审批。

各班站在安排日常工作时，要及时对“两措”计划做到“四落实”，即落实负责人、落实检查人、落实完成时间、落实技术方案。

安全员每月对各班站“两措”计划完成情况检查一次，每季对“两措”计划完成情况全面检查一次，并写出书面总结上报闻喜县电业局领导和上级单位。

（三）其他措施

在搞好“两票”、“两措”的同时，每年检查两次设备防误闭锁及隔离护网，在移动电源及变电站生活电源加装漏电保护器，线路拉线时加装绝缘子和防风拉线。完善双电源管理制度，杜绝一切事故。建立用户双电源台账，做到心中有数。对进网作业电工实行考核发证。经常强调调度纪律及运行值班纪律。配电高压套管加护套预防鼠害、鸟害发生。配电线路支线加装接地指示器。全县所有低压用户加装漏电保护器。电缆沟增砌防火隔墙、高压室加防鼠隔板。车辆实行统一管理，严格用车申请、派车制度，确保安全生产正常运行。

此外，还采取了其他方式，加强技术监督与技术管理，建立巩固的安全管理基础；加大科技进步力度，努力实现安全技术现代化；加强安全信息工作，建立安全信息反馈系统；坚持持证上岗，促进安全生产。

五、奖罚措施

闻喜县电业局在不同时期都及时修定《安全生产奖惩条例》，始终体现了“奖优罚劣”、“安全情况与效益挂钩”，“安全一票否决制”、“安全奖罚与安全责任挂钩”，层层签订安全生产责任合同书，规定对在安全生产中作出贡献的单位和个人应给予奖励表扬；对由于失职、违章操作、违章指挥以致造成损失者，给予经济处罚和行政处分。

（一）奖励

奖励可分为：表扬、奖励、记功、记大功、晋级、授予荣誉称号等。

在考核周期内，无中断安全记录奖励。特殊贡献奖，由各班站及股室负责人提出核实，经局长审核上报运城供电局。

安全奖励分为长周期安全无事故奖、特殊贡献奖、千项操作无差错奖及安全生产目标奖4种。

长周期安全无事故奖（以安全风险抵押形式兑现）全年分4个阶段，即1月1日至4月1日；4月2日至7月19日；7月20日至10月27日；10月28日至12月31日。长周期安全无事故奖设4道防线，即个人防线、班组防线、股室防线、全局防线。长周期安全无事故奖，标准基数为1.0，标准基数的奖金数额则根据当年具体情况而定，标准基数乘以系数为个人的安全奖金。

闻喜县电业局规定，每年11月份开展“两票”竞赛活动，通过交叉评比，从而提高职工执行“两票”的合格率。

按局内制定评比项目及标准，在评比中取得第一名的班站，奖100元；取得单票第一名的奖30元（分变电第一种、第二种工作票、操作票，线路第一种、第二种工作票5种）。

（二）处罚

按照《电力安全生产工作条例》规定，凡发生特大事故者，按水电部颁发的有关规定予以处罚。凡发生重大和一般事故的，按华北电网有限公司、山西省电力公司制定的考核办法处罚。经济处罚可分为罚款、赔偿经济损失两种。处分可分为警告、记过、记大过、降级、撤职、留用察看、开除。凡中断安全记录的事故，由闻喜县电业局根据事故的性质、危害程度向上一级部门提出处罚建议。其处罚范围包括中断安全记录、未完成安全生产目标。

（三）奖罚新规定

2005年，闻喜县电业局制定了《安全生产奖惩规定及责任制考核实施细则》（以下均简称《细则》）。《细则》共分2章21条。

1. 安全奖励规定

对积极主动纠正违章，发现或处理了事故隐患，避免了重大的人身、电网和设备事故的个人，给予特殊贡献奖。对避免人身死亡及群伤事故者，即参加抢险救火、防止事故扩大；对避免主设备重大损坏事故者，特、重大生产火灾事故者，对解决了安全生产中关键及难点问题做出重大贡献者，分别给予不同等级的奖金奖励。对变电运行人员当年实现500项、800项、1000项操作无差错者、对调度值班员实现全年操作无差错者、对工作票签发人、工作负责人、工作许可人、专责监护人根据所执工作票的数量和质量分别给予奖励。

同时发现重大缺陷、事故性缺陷并及时处理的也给予奖励。对参加抢险救灾，防止事故扩大，做出特殊贡献者的安全特殊贡献奖，由所在班组、股室、闻喜县电业局提出申请，经运城供电局安监科审核，局长批准后，报省公司安监部门核实，经省公司生产领导批准后，按规定给予奖励。获得省公司安全特殊贡献奖的人员，运城供电局将视情况予以适当奖励。

2. 处罚规定

闻喜县电业局按照制定的《细则》办法对有关事故单位、有关责任者给予处罚；对由政府部门组织调查的事故，若处罚意见严于本办法，按政府部门组织调查的事故报告意见给予处罚。发生特大人身伤亡事故和重大人身伤亡事故及重大电网、设备事故、重大火灾事故以及一般生产人身伤亡、重伤有关责任人和单位给予不同形式的处罚。

对发生生产人身事故、误操作（误调度）事故的、人员责任一般事故、一类障碍、人身轻伤或严重人身未遂事故、发生习惯性违章，但未造成后果，对违章责任者都按规定进行处理。对以上未提到的其他有关责任人员的处罚，可参照上述相应的条款实施。凡是事故责任者触犯国家法律的，由司法机关追究刑事责任；对隐瞒事故的责任人和发生电网、设备、人身伤亡、造成重大社会影响的误操作事故，事故的班组负责人及时到闻喜县电业局做专题汇报，实行“说清楚”制度。

第四节 典 型 事 故

闻喜县电业局历年来主要典型事故简况如下。

（1）1978 年 3 月 11 日，城关公社西社大队在为疗养院路旁树木移旧换新时，由于缺乏安全措施方面的教育，施工人员不按程序操作，致使 10 千伏 573 开关事故掉闸，城内 574、575 两条线路被迫拉闸停电。

（2）1989 年 8 月 7 日，裴社乡东窑村西的 10 千伏高压线路 1～9 号杆被一股龙卷风从根部折断，断线 1.2 千米，随后下了半小时的暴雨加冰雹，又使 13 基高压杆严重倾斜，由于应急措施跟不上，致使夏县堰掌村停电 58 小时。

（3）1992 年 5 月 25 日，由于避雷装置不完善，在闻喜县境内的 10 千伏线路及配电变压器遭受了严重的雷电袭击，造成 7 台变压器烧毁、2 千米线路多处烧断的电气设备事故，其中，岭西东 3 队、礼元镇文典村、东镇镇西街村、侯村乡小茅西村、下阳乡曹家庄村、神柏乡小白峪和河底镇卫村的变压器都被烧坏，柏林线路和神柏线路遭受雷击断线。

（4）1986 年 8 月 31 日，由于一鼠洞未堵严，110 千伏东镇变电站 10 千伏母线接地，伴随有弧光，运行人员检查发现 570 断路器与 5702 隔离开关母线支接瓷瓶被击穿，并发现一只死鼠，当即用 500 旁带 502 并 10 千伏 Ⅱ段母线及站用变，Ⅱ段母线除 502 外，其他出线均停电，误拉 5022，造成带负荷拉隔离开关事故。

20 世纪 70 年代，发生的触电死亡事故较多，大都是因为私自乱用电源，不按规程办事，必须加大对农村电工的培训，减少人员伤亡。

第五节 保 卫 与 消 防

一、保卫

1985 年，闻喜县电业局成立了治安保卫委员会。党支部书记任组长，政工副局长、工会主席任副组长。根据全省电力系统建立公安机构的批示精神和晋公安［保］第 45 号文件《关于在全省电力系统建立公安制度的通知》，闻喜县电业局设置专职公安员，划归办公室，抽调专人负责公安管理工作。1993 年调整公安电警，2005 年对公安电警进行了调整。在公安业务上实行上级公安机关和县公安局的双重领导，开展了全局的公安、消防、保卫等综合治理工作，尽管中途几经变更人员，但都确保了保卫工作的连续性。

电力系统作为关乎国计民生的行业。历年来，各变电站及电力设施被列为公安局的要害保卫部门。同时电业局成立以各村分管用电的副村长、治保主任和专职电工为主的群众性安全保卫机构，每次机构调整，都对安全保卫工作进行了加强和充实。此外把配电线路和配电变压器也列为安全保卫任务来管理，坚持“预防为主，确保重点，保障安全”的工作方针，对变电站严加管理，在要害部位挂有闻喜县公安局和闻喜县电业局联合制定的“未经许可，不得进入”的标识牌。运行人员严格进行审查、组织培训实习，安全技术考试合格，批准上岗。上班佩戴主值班员、副值班员卡证，在安全保卫委员会的领导下，各股室、所、班站配有兼职安全保卫人员。发动各乡镇、各村庄组织保护线网，加强电网设施的管理和安全保卫工作。

1966 ~ 1984 年，为了保卫国家和乡村电网的安全运行，防止外力破坏、盗窃电力线路设施，造成严重事故发生，除电业部门搞好专责巡线任务外，还在闻喜县公安局统一领导下，组织群众性护线网，搞好线路防范工作。

同时组成了护线网，各乡镇由公安特派员任网长，组织机电主任、治保主任、武装部长、供电站长、专职电工等成员参加；各村由治保主任、机电主任担任正副组长，组织民兵、电工和热心护线的群众参加。

二、消防

消防管理每年进行一次消防人员培训，组织考试，实地操作，使值班人员都会正确熟悉使用。并从全县建设变电站开始，分别给材料库房、修试车间、汽车库、变电站等部门在固定地点按要求都配备了合格的消防器材，灭火器材都在 4 种以上。闻喜县电业局每年检查 4 次，发现问题及时更换。

1983 年，在企业整顿中，闻喜县电业局把消防工作纳入到企业管理序列，与抓安全生产一样，同布置、同检查、同总结、同评比、同奖惩。健全修订了《变电站、调度、修试班、仓库、汽车库等防火安全管理制度》。

1985 年起，消防管理工作统一由局长领导，办公室具体负责，并采取了多种方式。广泛宣传《消防条例》，发挥各股室、班组的作用，齐抓共管，各班班长是本单位消防工作第一责任人。局长与各股室、班组层层签订消防安全承包合同，落实奖罚制度，对消防工作作出贡献者给予奖励。

20 世纪 80 年代末至 90 年代后，不断组织消防竞赛，开展消防培训、比武等，消防工作逐步深入人心。

截至 2007 年，消防安全工作仍归办公室公安员负责。各种消防设备配备齐全，各种消防管理制度健全，1964 ~ 2007 年从未发生过任何火灾事故。

2007 年闻喜县电业局消防器材配置情况见表 7 - 5 - 1。

表 7-5-1 闻喜县电业局消防器材配置情况

购、修日期											
器材类别 / 数量 / 部位	50kg干粉	35kg干粉	8kg干粉	4kg 1211	2kg 1211	消防铣	消防桶	消防斧	消防钩	消火栓	消防沙地
七里店变电站	—	2	5	—	4	2	2	2	2	—	2
裴社变电站	—	2	5	1	2	2	2	2	2	—	2
西官庄变电站	1	1	14	—	9	2	2	2	2	—	2
礼元变电站	—	2	5	2	2	2	2	2	2	—	2
河底变电站	—	2	8		2	2	2	2	2	—	2
郭家庄变电站	—	2	6	—	4	2	2	2	2	—	2
阳隅变电站	—	1	5	2	—	2	2	2	2	—	2
凹底变电站	—	1	5	4	—	2	2	2	2	—	2
姚村变电站	1		10	2	2	2	2	2	2	—	2
柏林变电站	—	1	5	—	4	2	2	2	2	—	2
石门变电站	2	—	12	4	—	22	20	20	20	—	1
生产调度楼	—	—		45	—	—	—	—	—	17	—
库房	—	—	4	—	—	—	—	—	—	—	—
车库	—	—	4	—	—	—	—	—	—	—	—
车队	—	—		—	—	—	—	—	—	—	—
合计	4	14	88	60	29	42	40	40	40	17	21

注 生产调度楼配备消防水带、水枪 12 个。

第八章　企　业　管　理

第八章 企 业 管 理

20 世纪 60 年代初期，闻喜县电业局企业管理实行的是指令性和集中管理体制，按其隶属关系进行管理，对各项经济指标实行定额管理。

中共十一届三中全会以后，实行“统一计划、分级管理”的体制，企业管理实行行政、经济、法律三种手段，根据责、权、利一致的原则，建立了计划经济和计划工作的管理体系。

进入 21 世纪后，企业管理从计划型、粗放型、集中型向集约型模式转变，紧紧围绕“建设一流县级供电企业”和“同业对标”的标准实行管理，主要从“计划统计、财务、劳动人事、物质、档案、现代化、生活后勤”7 个方面细化管理，使企业管理逐步迈入了现代化的管理轨道。

第一节 计 划 统 计

闻喜县电业局在各个不同时期均实行全面计划管理。计划管理的目的是保证供电企业完成和超额完成上级供电部门下达的各项计划指标。供电生产计划分综合计划和专业计划两种。综合计划包括年度综合计划、季度工作计划和月度部门计划三类。专业计划分为安全指标、经营指标、生产技术指标三类。

一、管理体制

1966～1977 年，是闻喜县电力工业发展的初期阶段，计划管理实行前苏联的电力企业管理模式，对各项经济指标实施定额管理，实行的是指令性计划和集中管理体制。

1978 年，中共十一届三中全会以后，实行“统一计划、分级管理”的体制，计划指标实行指令性计划、指导性计划和市场调节相结合的原则。计划管理实行行政、经济、法律三种手段，根据责、权、利一致的原则，建立计划经济责任制和计划工作的决策体系。

1983 年，山西省电力工业局制定了《生产计划管理办法》，开始规范电力企业生产计划管理工作。闻喜县电业局根据上述管理办法，制定了自己相应的计划管理办法，明确了计划管理的范围和工作内容：按时编制、上报年度供电量、售电量、平均电价、线损率等生产建议计划；按照运城地区电业局下达的年度供电生产计划，分解编制季度、月度生产技术经济指标和相应的工作措施计划，并组织月度经济活动分析，监督计划的实施和完成；编制各种安全生产和安全管理年度计划，并监督计划执行；编制年度基本建设计划，包括电网基建技术改造、零星购置、非生产设备大修等工程计划，监督经上级批准的各类更改、大修工程项目资金的使用和管理情况；编制、上报并监督经批准使用的供配电贴费和用户集资工程费用的管理使用情况；编制、上报人事劳资年度计划、生产建筑及非生产性建筑、生活福利设施，包括职工住宅的申请计划；编制、上报农网低压线路改造、检修、安全等年度计划；编制、上报各种科研项目年度计划。

1966～1988 年，计划统计的职能归办公室，由办公室人员兼管。

1989 年，闻喜县电业局设立了专职统计员和专职劳资员，统计员设在用电所，劳资员设在办公室，具体负责收集、汇总各股、室、班、组的各种月度、季度、年度计划（或规划），进行分类、分析，编制综合性年度计划，截至 2007 年仍然实行“统一计划、分级管理”的管理体制。

二、计划

闻喜县电业局各种年度建设计划的拟定，一般在上级主管部门安排下进行。需报省级批准的基建工程、更新工程、科研计划，一般在前一年的第三季度由主管部门提出，经主管局长、局长审批后上报。其他生产经营、安全措施、技术措施等计划，一般在前一年的第四季度做出。计划分为综合计划与长远计划。

1. 综合计划

工资计划，各股室的任务指标，在运城供电局批准的计划下达后，经领导批示，下达各有关股、室、所执行。

1983 年，闻喜县电业局经过企业整顿，对生产计划的内容与要求更为具体，责任到人。推行目标管理，实行经济责任制，按指标项目完成情况与工资奖金挂钩。这种目标管理与经济责任制相结合的办法，促进了计划管理的具体落实。

从 1986 年起，闻喜县电业局上报的计划包括供电量、售电量、线损率、供电最大负荷。另外，还报出电量负荷测算表，主要项目有农业分类用电、工业分类用电、市政生活用电等；从时间段上分为年、季、月计划。

基建、大修、更新等工程计划，根据实际需要，由有关股室做出，经主管局长、局长批准上报。

生产计划历来都是由生技股制订，由生技股在上一年的 12 月份下达下一年度的生产计划及经济指标分解计划。将运城地区电业局下达给县电业局的供电量、售电量、线损率、收费率、负荷率、平均电价等生产指标，按各班、组、站管辖范围的具体情况，分解到各班、组、站，并要求按项目总结上年或季度的完成情况，依次在每季前一个月做出下一季的计划。

1986 年 10 月，运城地区电业局以计字第 76 号文，制定了《运城地区电业局电力生产计划管理办法》，要求各县局落实电力生产计划的专责管理，加强各项生产计划，明确各县局计划管理具体的业务管理范围与工作内容：编制县局主要生产技术经济指标计划，并监督计划执行情况，在局长主持下，组织各股室进行经济活动分析；编制本县电网规划及年度分析、分月供电计划方案的上报工作；协同生技、农电、用电部门，编制县局电网技术改造、大修更改工程计划，及时上报运城地区电业局；协同办公室做好县局生产建筑及非生产建筑、生活福利设施等规划、申请、计划的上报工作；完成县局统计工作和临时安排的专业及综合普查的统计工作任务。闻喜县电业局认真贯彻执行了此办法。

1989年，闻喜县电业局执行质量管理制度，每月按照“计划、执行、检查、办理”的PDCA循环法进行操作，于次月9日进行分析总结；根据分析总结情况进行经济责任制项目打分，按分数兑现工资奖金。

1994年，闻喜县电业局按照山西省电力工业局和运城地区电业局的要求，实行党政工团对双文明齐抓共管，强化了全面计划管理。并将行风建设、精神文明、职业道德建设的考核，分解成多项量化指标，按月、季、年计划进行考核。

2005~2007年，闻喜县电业局的计划按时间区分为月、季、年三种；按项目内容区分为综合工作计划、各部门业务工作计划等。各股室的月、季工作计划由各股室制定，报分管局长批准。各股室的年工作计划报办公室，由办公室汇总，经局务会通过，并提请职代会讨论通过后执行。

2. 规划

闻喜电网发展规划工作，是在山西省电力公司、运城供电局和闻喜县政府的统一指导与要求下进行的。它以当地政府国民经济发展规划为依据，对境域内电力需求要进行深入调查研究，收集电力用户负荷拓展信息，分析预测，统一整理，然后编制成一定年度的发展规划（草案）。规划主要有生技股牵头，经局长主持召集办公室、生技股、农电股、调度班、用电所、财供股等股室领导及专业技术人员对规划草案进行反复讨论、论证、修订后定稿，然后上报运城地区电业局计划科。各类规划按时间段分为长期、中期、短期三种。

1964~1969年，闻喜县电业局先后编制了《1964年闻喜县电气化发展规划》、《闻喜县1966年至1970年电力发展规划》、《闻喜县1966年至1970年电力发展规划》、《闻喜县1967年农电工程规划》、《闻喜县农业电气化七年发展规划》。

1971~1978年，闻喜县电业局编制了《闻喜县1971年至1975年电力发展规划》、《关于闻喜县第五个“五年计划”电力生产安排规划》、《关于闻喜县电业局新建和扩建35千伏变电站的规划》。

1980~1989年，闻喜县电业局编制了《闻喜县“六五计划”期间农电发展规划》、《闻喜县创建“六好”企业规划》、《闻喜县电业局“七五计划”期间农电发展规划》、《闻喜县“八五计划”期间农电发展规划》、《闻喜县电业局1991年至2000年电力工业发展远景规划》。

1997年，闻喜县电业局编制了《闻喜县农村电气化县建设发展规划》，并报请闻喜县人民政府批准。

2000~2007年，闻喜县电业局编制了《山西省闻喜县2001年至2005年“十五”计划电网发展规划》、《闻喜县电业局2002年至2010年企业发展战略》、《闻喜县电业局2002年至2010年企业建设目标规划》、《山西省闻喜县（2006年至2010年）电网发展“十一五”规划》和《山西省闻喜县2006年至2020年电网发展远景规划》、《山西省闻喜县南垣110千伏变电站建设及电网建设规划》。

三、统计

统计工作，主要是按月、季、年统计报表，有时按特殊时期的需要，如春检、百日无事故活动等需要进行统计。

统计工作主要按上级机关统一拟定的表格、项目进行统计，每月5日前报送上月报表。

1982年闻喜县电业局统计报表有：综-1表工业总产值（年报）；综-5表主要工业产品生产能力（年报）；省电-7表供电生产月报；电综-4表电力收支分类表（月报），附1表电力收支分类表（月报）、附2表工业用电分类表（月报）；电综-7表线路变压器情况表（年报），附1表新增或减少35千伏线路表（年报）、附2表新增或减少35千伏变压器数（年报）；系统无功设备情况表（年报）；年度6~10千伏线路及变压器统计表（年报）。

1985年以前，行业用电统计口径分为农业、工业、交通运输和市政生活共4大类，包括用户报装容量、户数、用电量等指标。1985年以后，国家改变了统计口径，将原来的4大类改为农林牧渔水利业、工业、地质勘探、建筑业、交通运输、商业仓储和其他事业共7大类，加上城乡居民生活用电，亦称8大类。

2000年，闻喜县电业局执行的统计报表有：电力收支平衡表（电综4表-1）；行业用电分类表（电综4表-2）；主要用户电量负荷表；山西省电力公司关口电能表分段电量综合月报表；农业用电分类统计月报表；运城供电分公司供电生产及经济指标综合月报表。

2005~2007年，闻喜县电业局执行的统计报表有：行业用电分类表（电综4表-2）（月报）；电力收支平衡表（电综4表-1）（月报）；年度35千伏线路明细表（年报）；年度35千伏变电（变压器）明细表（年报），附表-1年度35千伏输电线路增减情况表（年报）、附表-2年度35千伏变电（变压器）增减情况表（年报）；年度6~10千伏线路及变压器统计表（年报）；电力无功补偿情况表（年报）；电力工业产品生产能力表（年报）；电力用户报装情况表（季报）；山西省电力公司关口电能表分配分段电量综合月报表。这些统计报表均由职能股室对口上报运城供电局。

第二节 财 务 管 理

一、财务管理体制与规章制度

（一）管理体制

1962年10月，闻喜县办电领导组成立时，其财务尚由闻喜县机电局管理。

1964年1月，在电力经营上与电力系统实行趸售关系，电业管理所即成为独立核算单位，开始成立财务室，设专职会计。

1965年财务工作从电业管理所办公室分离出来，组建为财务组。

1966年11月，闻喜县电业管理所划归电力系统以后，在财务上一直实行收支两条线的管理体制，即：收入电费专户储存，定期直接如数上交山西省电力工业局；所需经费支出，由上级直拨，采用报表核算制。

1974年，财务组改称为财供组，负责财务及物资供应工作。财会体制实行地县两级核算，分级管理的报表核算制度，便利了基层单位的生产和经营。

1981年企业实行经济责任制。

1982年，山西省电力工业局将经济责任制完善为“收入包干”的形式。当年，根据上级指示精神，闻喜县电业局实行“内部利润包干”的经济责任制，包干指标主要包括：固定费用、材料费、差旅费、车辆消耗费、售电量、线损率、平均电价、安全等内容。

1988~1996年，闻喜县电业局在企业升级达标活动中，实行工资总额与经济效益相挂钩的内部承包经营责任制。该制度概括为“两包、两挂、六考核”。“两包”，即包内部利润总额、包技术改造与大修工程；“两挂”，即工资总额与售电量和峰谷用电量挂钩；“六考核”，即考核安全、线损率、劳动生产率、平均电价、固定费用、财经纪律。在财会核算上，实行“总挂分提”的办法。“总挂”，即工资总额同售电量挂钩；“分提”，即工资来源分提，原在电力成本中开支的仍从成本中提取，原在留利中开支的仍从利润留成中提取。

1999~2007年，闻喜县电业局实行安全生产、资产经营、党风廉政建设“三项责任制”，其中资产经营责任制，主要是考核包干利润、其他应收款降低率、贷款降低率等指标。闻喜县电业局连年完成各项经济责任制考核指标。这些各个时期的规章制度，从根本上保证了企业的财务管理。

（二）规章制度

1964年，闻喜县电业管理所财务室制定了《财务管理制度》，对财务负责人、财会人员的职责做出了明确规定。

20世纪70年代，闻喜县电业局对财务管理制度曾做过几次修订和完善，规范了财会人员的应知应会职责及严格的财经纪律。

80年代，闻喜县电业局根据不同时期的工作需要，制定和修订了相应的财务规章制度。内容包括：财务管理办法；差旅费开支管理规定；财供股股长及核算员考核办法；加强发票使用的有关规定；固定资产的管理规定；现金及支票管理办法；财务管理办法补充规定；资金管理制度；内部审计工作管理办法；内部审计实施办法；财务分析制度；产权管理制度；物资订货、采购、招标、投标管理制度；事故备品备件管理制度；纳税管理制度；绩效评价管理制度；财务信息管理规定；价格分析制度；采购合同管理制度；成本管理制度；价格管理制度；物资管理制度；加强物资、商品内部购销管理制度；物价（收费）管理暂行规定；废旧物资（设备）、低值易耗品的回收管理办法等25种管理制度。

90年代，进行会计制度改革，闻喜县电业局执行《企业会计准则》和《工业企业会计核算办法》。在企业的升级达标活动和创一流县供电企业等活动中，闻喜县电业局根据工作的需要，对财务管理规章制度不断进行了新的调整和补充。

2000~2007年期间，闻喜县电业局认真贯彻执行了新的《会计法》和《会计准则》，增加了新的企业财务管理内容，使企业的会计行为和财经纪律更加规范和标准化。

（三）会计工作电算化

闻喜县电业局会计工作的计算机运用，是在运城供电局财务科的统一部署下进行的，1996年以前是手工做账和报表。1997年上半年，实现了计算机工资核算、做账和报表，使用的计算机系统名称是“远宏财务管理新纪元2.0”。以后随着科目体系及科目代码升级，取数运算加快，使用系统升级为“远宏财务管理新纪元2.1”。1999年新装“闻喜县电业局网改账页”。2007年没有发生变化。

会计工作电算化的运用，使会计管理迈向科学化、现代化的大台阶，不仅提高了财务工作准确性、快速性，而且大大减轻了财会人员的劳动强度。

二、固定资产管理

（一）管理与使用

闻喜县电业局固定资产执行1965年水利电力部颁发的电力工业会计制度《关于固定资产的划分标准》规定，即：使用年限在一年以上，单位价值在800元以上的即列为固定资产。

固定资产一般分为8类：生产用固定资产；非生产用固定资产；未使用的固定资产；不需用的固定资产；租出的固定资产；封存的固定资产；土地、房屋的固定资产；融资租入的固定资产。

国家资产主要包括：变电站、输配电线路、供用电设备、仪器仪表、各种建筑物、设施、土地、运输工具等。

固定资产的管理，按照运城供电局的规定，采取二级核算和四级管理体制。二级核算，即地区电业局为一级，各县电业局为二级；四级管理，为运城地区电业局、各县电业局、班组和具体负责人。不论是土地、房屋等不动资产，还是变压器、线路等可动资产，财务产权是主要形式。一经形成固定资产后，财务即建账建卡，建立台账，定期核点，并负责办理变动、报废等管理事宜。

固定资产的产权，主要分供电部门与用户两种：供电部门的固定资产都属国有性质。20世纪80年代以前，固定资产主要分国有与集体所有制两种形式，80年代后期才出现了私有制电力设备固定资产。

用户的电气设备，其运行、检修等使用管理由用户负责。部分用户线路经双方签订协议，由闻喜县电业局线路班或供电站代理运行与检修维护管理。

固定资产的使用管理，主要分四大部分：一是生产设备，生产设备又分线路设备和变电设备，其中农村10千伏配电线路及配电变压器，1985年以前由供电站管理，1985～1986年各乡镇农电站相继建立后，由供电站与农电站共同管理，90年代供电站取消后，则由农电站管理，35千伏变电站由变电站值班员负责管理，行政、业务上属生技股管辖，35千伏输电线路设备由生技股的线路班负责运行维护与检修；二是用电经营设备，用电经营的城市高、低压供电设备及计量、计算、校验等设施，由用电所所辖的城镇供电站、营业班、计量班分别管理；三是办公设备，办公设备按各行政部门，谁用谁管；四是生活服务设施，生活服务设施从80年代起，一直由办公室后勤服务专责人负责管理。

固定资产的使用管理单位，都建有台账，台账的固定资产基本情况与财务部门的台账相符，并记录管理使用、修理、更改等状况，定期与财务台账核对。

固定资产的调拨，不论有偿或无偿调拨，均由调出单位填制“固定资产调拨单”，经调出、调入双方单位签字后，再经运城供电局批准后，方可办理调拨手续。调拨单一式五份（调入、调出、生技、农网、财务各一份），财务要注明增加、减少时间。调入、调出单位均以调拨单作为增加或减少的财务处理。有偿调拨的固定资产要合理作价，新的固定资产要按照国家规定的调拨价格计价。

固定资产的报废：保管使用部门提出固定资产报废申请，分析报废原因，提出鉴定意见；各单位要组织三结合小组，对需要报废的固定资产进行鉴定，不论价值多少，均要报送运城供电局审批，审批之后，运城供电局留一份，其余两份退报送单位；凡属上级批准的基建或更新改造工程计划必须拆除房屋、建筑物或设备时，可根据批准文件办理拆除报废手续，并报送运城供电局审批。

2007 年闻喜县电业局固定资产管理流程图见图 8－2－1。

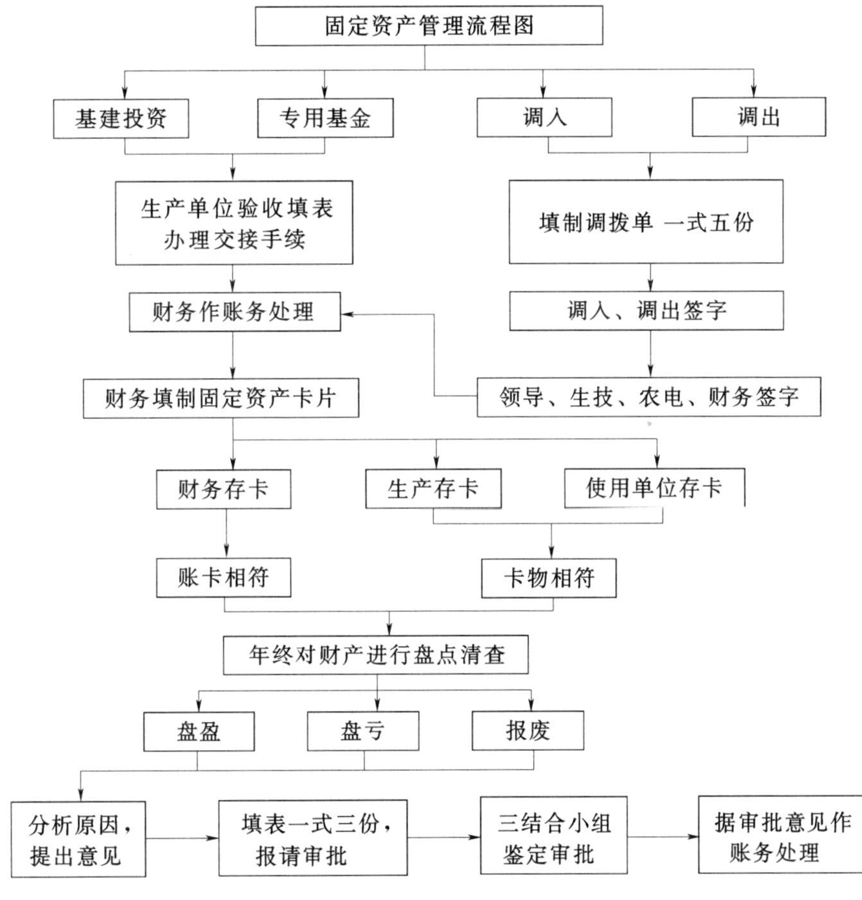

图 8－2－1　2007 年闻喜县电业局固定资产管理流程图

1972～2007 年闻喜县电业局固定资产构成情况见表 8－2－1。

表 8－2－1　　1972～2007 年闻喜县电业局固定资产构成情况表　　单位：万元

项目 年份	合计	输电线路	变电设备	配电线路及设备	用电计量设备	通信线路及设备	自动化仪器仪表	制造及检修维护设备	生产管理用工器具	运输设备	非生产用设备及器具	房屋建筑物	土地
1972	101	58.45	26.44	16.11	未统计	未统计	未统计	未统计	未统计	未统计	未统计	未统计	未统计
1973	116.18	58.45	26.44	30.27	未统计	未统计	未统计	未统计	未统计	未统计	未统计	1.02	未统计
1974	134.9	58.45	26.44	48.99	未统计	未统计	未统计	未统计	未统计	未统计	未统计	1.02	未统计
1975	184.83	58.45	26.44	98.92	未统计	未统计	未统计	未统计	未统计	未统计	未统计	1.02	未统计
1976	245.32	58.45	26.44	157.58	未统计	未统计	未统计	未统计	未统计	未统计	未统计	2.85	未统计
1977	253.85	58.45	26.44	166.11	未统计	未统计	未统计	未统计	未统计	未统计	未统计	2.85	未统计
1978	263.8	58.45	26.44	174.91	未统计	0.85	未统计	未统计	未统计	未统计	未统计	3.15	未统计
1979	483.35	58.45	26.44	393.42	未统计	1.71	未统计	未统计	未统计	未统计	未统计	3.33	未统计
1980	497.52	58.45	26.44	407.59	未统计	1.71	未统计	未统计	未统计	未统计	未统计	3.33	未统计
1981	561.15	54.82	29.67	436.2	未统计	7.77	未统计	1.75	1.71	7.75	未统计	7.97	未统计
1982	561.15	54.82	29.67	436.2	未统计	7.77	未统计	1.75	1.71	7.75	未统计	7.97	未统计
1983	574.11	54.82	29.67	443.66	未统计	4.77	未统计	2.33	1.81	8.11	未统计	15.36	未统计
1984	598.25	54.82	61.46	413.12	未统计	4.77	未统计	2.33	3.18	10.25	未统计	34.88	未统计
1985	632.22	54.82	61.46	442.3	未统计	4.77	未统计	2.33	3.18	10.25	未统计	53.11	未统计
1986	632.22	54.82	61.46	442.3	未统计	4.77	未统计	2.33	3.18	10.25	未统计	53.11	未统计
1987	744.23	78.28	60.4	446.76	25.12	8.26	7.82	1.47	未统计	12.84	9.87	93.41	未统计
1988	744.23	78.28	60.4	446.76	25.12	8.26	7.82	1.47	未统计	12.84	9.87	93.41	未统计
1989	799.03	78.29	57.91	481.65	25.27	15.55	7.89	2.21	2.8	14.28	9.07	104.11	未统计

续表

项目 年份	合计	输电线路	变电设备	配电线路及设备	用电计量设备	通信线路及设备	自动化仪器仪表	制造及检修维护设备	生产管理用工器具	运输设备	非生产用设备及器具	房屋建筑物	土地
1990	1025.62	126.29	115.2	569.21	27	20.69	10.51	2.2	10.11	18.88	2.39	123.14	未统计
1991	1215.31	148.29	194.75	577.57	29.58	11.66	10.81	2.21	9.03	51.68	12.49	167.25	未统计
1992	1248.54	148.29	194.75	610.8	29.58	11.66	10.81	2.21	9.03	51.68	12.49	167.25	未统计
1993	2089.48	210.47	247.91	1252.34	38.4	12.29	11.74	未统计	9.03	51.02	15.2	241.08	未统计
1994	2094.24	210.47	247.91	1255.72	38.4	12.29	13.12	未统计	11	51.02	15.2	241.08	未统计
1995	2038.96	210.47	155.22	1272.35	33.4	22.29	14.02	未统计	9.03	68.02	15.19	210.02	21.98
1996	2247.62	210.47	222.52	1286.01	33.4	37.79	14.02	未统计	9.03	68.02	17.16	219.42	124.78
1997	2819.84	334.47	419.82	1376	33.4	113.28	15.02	未统计	9.03	75.02	25.49	288.53	124.78
1998	3054.65	334.47	1393	520.52	38.4	113.28	105.02	未统计	9.03	75.02	36.81	304.32	124.78
1999	3055.18	334.47	1393	520.52	38.4	113.28	105.02	未统计	9.03	75.02	37.34	304.32	124.78
2000	7180.48	484.47	593.02	5285.2	38.4	113.28	115.62	未统计	9.03	9.44	20	1496.2	124.78
2001	7181.85	484.47	593.02	5285.2	38.4	113.28	116.99	未统计	9.03	84.02	36.34	1254.57	124.78
2002	9537.75	649.66	743.84	7067.5	38.4	156.43	164.58	未统计	9.03	75.02	16.34	720.94	124.78
2003	9537.75	649.66	743.84	7067.5	38.4	156.43	164.58	未统计	9.03	75.02	37.34	471.17	124.78
2004	11312.39	649.66	921.29	8354.85	11.72	190.71	236.54	10.5	未统计	75.02	37.34	471.17	124.78
2005	16514.47	1743.41	2818.02	9209.02	59.91	290.67	870.1	10.5	13.13	75.02	37.34	304.32	124.78
2006	16710.52	1688.15	2460.94	9613.65	61.11	238.03	999.76	0.31	18.15	75.02	37.34	304.32	124.78
2007	17080.66	1715.81	2361.49	9965.46	61.01	292.88	964.66	3.76	18.65	9.44	20	1542.73	124.78

（二）清产核资

1979～1980 年，组织财供股等单位，进行了一次严细的清产核资。

1992 年，根据运城地区电业局运电财字［1992］第 112 号文《清产核资有关财务问题及会计处理的规定》精神，进行了清产核资，并将清产核资结果上报运城地区电业局。运城地区电业局批复闻喜：核销流动资产盘亏 16457 元，报废 28324.98 元，处理呆账损失 1 万元。

2004 年，根据运城供电分公司运供电财字［2004］2 号文《关于印发运城供电分公司清产核资工作安排的通知》精神，3 月 1 日，成立了清产核资工作领导组，开始了清产核资。清产核资的主要内容为应收账款、其他应收款、原材料、固定资产损失等，要求“见账就查、见物就点、不重不漏、不留死角”。对清查出的问题，如实上报。对各项资产清查出的盘盈、盘亏、报废、毁损，都按规定进行必要的技术鉴定，最后得到山西省电力公司的认定。

2006 年，根据山西省电力公司的具体要求，开展了“拉网式、地毯式”的清产核资工作。坚持“实事求是、尊重历史、不重不漏、不留死角”的原则，对所辖固定资产进行了逐项盘点，以物对账，以账对物。本次共清查出“有物无账”资产共计 4 个，按同类或类似固定资产的市场价格作为重置价值，预计净值 45.42 万元，增加营业外收入 45.42 万元；报废资产共计 605 个，原值 811.39 万元，累计折旧 732.55 万元，变价收入 24.86 万元，预计残值 5.05 万元，损失金额 48.94 万元。盘亏资产 61 项，原值 477.10 万元，累计折旧 419.50 万元，损失金额 57.60 万元，共计增加营业外支出 106.54 万元。对利润影响额为 -61.12 万元。

三、成本费用

1964～1965 年，闻喜县电业管理所成本费用开支实行独立核算，自负盈亏。

1966 年 1 月起，成本费用开支一律由上级主管部门解决，即由闻喜县电业管理所编制费用开支计划，报上级主管部门审批，之后由上级主管部门下达批复文件，闻喜县电业管理所按上级批准的费用开支标准执行。

1973 年，闻喜县电业局供电成本按固定费用计划完成情况进行考核。运城地区电业局下达年度费用计划，按月拨付经费，实行计划管理，季度考核，年终结算，并分析执行情况。

1980 年根据运城地区电业局运电财字［1980］第 103 号文件，在所属单位全面开展班组经济核算工作。班组成本核算方式采用“一图”、“二表”、“三台账”。“一图”是设备系统图。“二表”是材料计划表和材料消耗登记表。“三台账”是费用台账，成本台账、标准台账，实行标准考核，定额控制；工器具台账包括工具、办公器具、仪器、劳保用品，做到专人保管，领用有据；设备检修台账包括输电线路、配电变压器、电度表和互感器，做到责任到人。

1982 年以前，成本费用的控制与管理分两种形式：生产需用的材料，需向单位申报计划，经主管领导批准后，按照计划采购与领用；工资、办公费、旅差费、劳保费、取暖费、业务费、煤水电费、福利基金、工会群团经费等，皆由主办部门按规定使用，实行财供负责人签字，主管领导批准报销的办法控制管理。

1983 年企业整顿后，闻喜县电业局对各股室的成本费用开支实行承包，每季初下达各项经费指标。指标确定的依据按照各股室班组人员、车辆、工作内容等情况，分别将维修费、车油费、修缮费、办公费、电话费、旅差费、医药费、煤水电费等，按一定比例分配指标，对指标承包使用，不得突破，仍实行主管领导批签的财务报销制度。

1992 年实行内部银行控制制度。

1998 年 1 月，对成本大修、更新、改造资金全部实行预算管理。

2005 ~2007 年，闻喜县电业局成本费用的核算，实行“按季下达、年终考核”的办法，在每月的财务报表中，发现某项开支数额过大时，及时向主管局长汇报，经过经济分析会议等形式，查找原因，采取措施，及时纠正。

1971 ~2007 年闻喜县电业局成本费用情况见表 8 -2 -2。

四、资金管理

资金管理历来实行集中统一管理的办法。资金包括固定资金、流动资金和专用资金 3 种。闻喜县电业局对各项资金的使用管理，均制定了操作性和监控性强的制度或规定。

（一）固定资金

固定资金是通过其实物形态即固定资产表现的，固定资金的管理与运用，实质上就是固定资产的管理和运用，固定资产管理见本节第二目“固定资产管理”。

（二）流动资金

为了节约资金，提高企业管理水平，有利于加速资金周转，提高资金利用率，使有限的资金更好地服务于安全生产。对材料采购要本着“少储备、勤进货”的原则，按计划资金情况合理采购。闻喜县电业局认真执行运城地区电业局制定的《流动资金管理办法》，同时还制定了切合本局实际的其他辅助管理规定。

闻喜县电业局对流动资金的控制与管理，主要是对生产材料等的采购管理。按备品备件定额适当库存，减少积压，坚持用料有计划。用料单位由负责人提前编制计划，经领导审批核定后，财供部门按计划采购，严把材料质量关，出库按出库单程序层层把关领用。历年流动资金的平均占用额，都在控制范围之内。

（三）专用资金

专用资金包括更新改造、大修、业务扩充、生产发展、代管农电维护、职工福利及奖励基金等项。资金来源：一是上级拨款；二是财务按规定比例提留。

专用资金的管理，主要分生产与非生产两种。所有更新改造、大修、业扩等，都先由主管部门一般在前一年度造出项目及费用计划，经县局核定后，正式报运城地区电业局批准。上级批准后的项目及费用，则正式行文下达，批准项目实施由设备主管部门进行，实行专款专用，仍统一执行财务报销、材料领用等规定办法。项目实施完成后，先由工程部门做出工程决算，然后由财务部门正式纳入财务决算。

闻喜县电业局执行收支两条线的财务管理制度，职工福利基金及奖励基金等，财务按比例提留，每年开支的定额都由上级核定批准，在定额范围内由领导按有关规定分配。

表 8－2－2 1971～2007年闻喜县电业局成本费用情况表 单位：万元

项目 年份	工资	福利	折旧	大修理	材料费	一般修理费	管理费用																	
							办公费	差旅费	劳动保护费	运输费	业务费	取暖费	业务招待费	器具费	其他费用	无形资产返销	职工教育费	工会经费	保险费	坏账准备	房产税	土地使用税	其他税用	合计
1971	1.56	—	1.72	—	1.45	—	0.15	0.14	0.16	—	—	—	—	—	0.02	—	—	—	—	—	—	—	—	0.47
1972	1.75	—	3.62	—	1.34	—	0.16	0.2	0.17	—	0.11	—	—	—	0.03	—	—	—	—	—	—	—	—	0.67
1973	1.87	—	3.86	7.12	3.39	—	0.16	0.25	0.19	—	0.5	0.08	—	—	0.03	—	—	—	—	—	—	—	—	11.34
1974	1.87	—	3.86	—	3.39	—	0.16	0.25	0.19	—	0.5	0.08	—	—	0.03	—	—	—	—	—	—	—	—	11.34
1975	2.72	—	—	—	5.38	—	0.24	0.27	0.34	—	—	0.11	—	—	0.54	—	—	—	—	—	—	—	—	10.74
1976	3.13	—	—	—	5.34	—	0.29	0.31	0.29	—	—	0.11	—	—	3.88	—	—	—	—	—	—	—	—	11.18
1977	3.5	—	—	1.42	6.73	—	0.39	0.36	0.28	—	0.35	0.11	—	—	0.3	—	—	—	—	—	—	—	—	13.83
1978	3.97	—	—	6.54	5.45	—	0.42	0.41	0.36	—	0.41	0.11	—	—	0.22	—	—	—	—	—	—	—	—	13.31
1979	4.15	—	—	6.54	7.26	—	0.37	0.44	0.5	—	0.25	0.1	—	—	0.1	—	—	—	—	—	—	—	—	15.32
1980	5.49	—	—	3	6.62	—	0.5	0.56	0.44	2.43	0.63	0.08	—	—	0.08	—	0.01	0.09	—	—	—	—	—	19.69
1981	5.58	—	16.07	2.85	11.2	—	0.5	0.62	0.57	—	—	0.08	—	—	0.09	—	0.01	0.1	—	—	—	—	—	21.81
1982	6.13	—	18.16	5.67	11.33	0.27	0.64	0.76	0.56	—	0.03	0.09	—	—	0.12	—	—	0.11	—	—	—	—	—	22.38
1983	6.34	0.64	18.65	5.34	10.12	0.32	0.53	0.64	0.22	—	0.03	0.08	—	—	0.1	—	0.02	0.012	—	—	—	—	—	1.632
1984	8.48	0.89	—	2.45	8.62	0.31	0.81	1.05	0.65	—	—	0.39	—	—	1.67	—	0.11	0.16	—	—	—	—	—	4.84
1985	9.11	0.94	—	0.73	7.44	0.53	0.99	1.46	0.66	—	0.03	0.08	—	—	0.25	—	0.06	0.18	0.14	—	—	—	—	4.21
1986	10.95	1.14	—	5.2	7.53	0.41	1	1.35	0.64	—	0.02	0.46	—	—	0.02	—	0.03	0.21	0.29	—	—	—	—	4.02
1987	11.5	1.14	—	6.07	8.62	0.84	1.16	1.36	0.82	—	0.04	0.43	—	—	2.4	—	0.05	0.29	0.81	—	0.52	—	—	7.88
1988	14.24	1.42	34.7	7.35	10.55	—	2.04	1.72	0.914	—	0.04	0.87	—	—	0.71	—	0.04	0.26	0.42	—	0.79	—	—	7.80
1989	15.51	1.28	35.36	8.12	11.19	—	2.38	2.31	1.45	—	0.06	3	—	—	1.18	—	0.01	0.23	0.66	—	0.78	—	—	11.96

续表

项目 年份	工资	福利	折旧	大修理	材料费	一般修理费	管理费用																	合计
							办公费	差旅费	劳动保护费	运输费	业务费	取暖费	业务招待费	器具费	其他费用	无形资产返销	职工教育费	工会经费	保险费	坏账准备	房产税	土地使用税	其他税用	
1990	18	1.86	37.56	11.43	13.91	0.81	2.3	2.11	1.08	1.19	0.25	2	—	—	—	—	0.03	0.55	0.53	—	0.78	0.46	—	11.28
1991	20.92	2.1	58.16	25.64	22.11	0.64	2.06	2.77	1.2	1.32	0.05	0.9	—	—	1.46	—	—	6	0.69	—	1.02	0.5	—	17.97
1992	25.76	3.68	81.7	35.96	20.78	1.07	3.02	3.75	2.2	2.29	0.01	1.28	—	—	4.45	—	—	6.71	—	—	1.14	0.47	—	23.96
1993	26.7	6.75	122.01	42.19	19.87	1.24	3.61	3.96	1.22	1.66	—	1.57	0.9	0.41	9.41	—	—	0.85	8.72	—	1.7	0.47	0.06	34.13
1994	53.16	7.85	123.51	41.79	22.97	3.21	5.25	16.5	1.45	2.02	—	1.65	1	1.5	5.43	—	—	1.29	25.82	—	1.55	0.5	—	62.43
1995	58.03	10.14	123.97	41.46	25.71	2.29	6.93	17.64	2.55	5.68	—	3.13	1	1.21	15.2	—	—	1.55	30.22	—	1.73	1.31	0.11	86.24
1996	77.39	16.03	118.82	39.41	17.07	1.66	8.44	28.09	3.28	0.65	1.33	3.19	1	2.6	21.07	—	—	2.46	39.07	—	1.25	1.31	0.28	111.42
1997	95.7	16.52	99.45	41.7	21.82	2.23	11.03	24.23	4.06	1.07	—	2.05	1	2.12	18.1	—	—	2.51	30.17	—	1.21	1.42	0.08	96.82
1998	132.61	17.09	91.78	70.5	21.47	2.14	13.88	27.88	3.19	1.33	—	1.74	1	1.38	8.42	—	0.3	2.61	43.37	—	1.45	2.62	0.17	106.76
1999	128.66	19.91	98.07	76.37	24.27	1.31	10.81	25.04	4.24	0.48	—	2.76	1	1.4	9.88	1.02	0.15	3.14	49.85	—	1.12	2.54	0.3	112.41
2000	100.98	16.18	100.35	76.4	22.51	1.67	13.21	22.72	3.07	1.08	—	1.83	1	1.73	8.31	12.22	0.22	2.31	43.92	—	1.12	2.54	0.19	113.74
2001	160.52	22.47	377.58	179.51	25.74	4.35	16.93	29.35	4.12	2.72	—	0.53	1	3.41	13.36	12.22	0.28	3.21	53.05	—	1.12	2.54	0.98	141.41
2002	142.53	20.97	377.58	41.4	33.45	4.71	18.45	28.02	2.07	1.59	—	1.35	6.00	6.3	13.73	12.22	1.4	3.01	44.14	—	1.12	2.54	0.8	131.44
2003	200.29	29.11	527.42	35.8	35.71	9.29	19.58	35.44	9.13	2.71	—	—	2.00	10.02	14.78	12.22	0.55	4.16	40.8	—	1.12	2.94	0.55	156.00
2004	270.43	28.04	693.35	90.04	75.86	6.43	22.02	19.15	5.33	5.51	—	1.27	2	36.7	21.25	12.22	0.87	3.36	55.87	—	1.84	3.38	0.06	189.83
2005	448.43	62.78	940.7	184.78	95.69	2.9	23.31	19.92	7.86	5.94	5.74	—	1	1.66	25.53	12.34	2	9.31	96.13	-15.28	9.52	4.38	25.3	235.66
2006	544.4	76.22	1481.5	95.2	119.82	5.18	21.37	11.67	6.84	5.36	9.58	0.86	2	18.45	22.87	14.04	2	10.89	136.40	-57.28	5.54	1.80	3.97	216.36
2007	641.5	0	1553.33	229.7	241.87	16.69	23.86	18.28	7.23	6.52	4.94	9.92	1	0.61	24.84	17.55	4.36	14.53	217.25	-17.81	5.54	5.4	59.07	408.09

1973 年 7 月 1 日起，执行新的会计制度，取消专用基金账户，设“所有者权益账户”，包括实收资本、资本公积、盈余公积和负债类账户。

截至 2007 年，闻喜县电业局的资金管理仍执行山西省电力公司、运城供电局规定的管理办法。

五、销售收入

闻喜县电业局历来重视销售收入工作，尽一切努力，扩大售电量，节约省俭，降低成本，努力提高售电平均电价，积累了不少的经验，使企业销售利润不断提高，企业效益明显凸现，连年受到上级供电部门的表彰。1971 ~ 2007 年闻喜县电业局销售收入、税金统计详见表 8－2－3。

表 8－2－3 1971 ~ 2007 年闻喜县电业局销售收入、税金统计表 单位：万元

年份	销售收入	税金	年份	销售收入	税金
1971	153.66	23.36	1990	1305.51	138.92
1972	165.25	24.95	1991	1617.44	169.83
1973	189.58	15.12	1992	1997.04	234.52
1974	189.58	15.12	1993	2662.42	157.38
1975	201.13	30.17	1994	3499.15	142.62
1976	228.80	34.32	1995	4527.05	250.04
1977	240.66	36.10	1996	5846.80	322.13
1978	290.00	43.49	1997	7253.29	429.98
1979	346.32	51.53	1998	6125.06	338.30
1980	364.07	55.03	1999	6017.96	356.23
1981	406.02	60.90	2000	5379.84	327.57
1982	406.85	24.41	2001	6105.52	378.17
1983	451.71	未统计	2002	7238.42	449.04
1984	478.78	33.77	2003	9243.31	565.39
1985	535.61	53.56	2004	10735.86	634.16
1986	704.30	74.32	2005	14968.94	826.13
1987	810.50	84.48	2006	18269.33	1029.22
1988	944.01	97.99	2007	26292.30	1303.28
1989	1042.66	108.01			

闻喜县电业局除了在努力增加销售收入、提高平均电价、降低线损率和其他成本开支的同时，狠抓电费回收工作。闻喜县电业局自成立之日起，做到了电费月月节零和按时足额上缴，不仅创造了很好的经济效益。而且年年都完成了上级部门下达的各项经济指标，多次受到省、地供电企业的表彰和当地税务部门的表彰。

六、财务审计

闻喜县电业局在1995～2007年期间，大约共进行了10次财务审计，具体审计情况如下：

（1）1995年，根据运城供电局关于固定资产投资许可审计的办法通知，对本局固定资产的投资情况进行了自我审计。审计结果，是各项固定资产的投资完全符合上级规定，无违纪现象。

（2）1999年3月，山西运城黄河会计师事务所受闻喜县电业局委托，审计了该公司1998年12月31日的资产负债表及1998年度损益表。审计结果是，上述会计报表符合《企业会计准则》和《工业企业会计制度》的有关规定。

（3）2000年3月，山西运城黄河会计事务所受闻喜县电业局委托，审计了该公司1999年12月31日的资产负债表及1999年度损益表和现金流量表。审计结果是，上述报表基本符合《企业会计准则》和《工业企业会计制度》的有关规定，在所有重大方面，能公正地反映闻喜县电业局1999年12月31日的财务状况、经营结果及资金变动情况。

（4）2002年3月，山西运城条山会计事务所受闻喜县电业局委托，审计了2001年企业所得税汇算清缴。审计结果是，闻喜县电业局2001年度应纳税所得额为523.55万元，符合企业所得税税前扣除办法等有关规定。

（5）2003年1月，闻喜县电业局根据运城供电分公司运供电审字［2003］第1号文件精神，对本公司2001年、2002年的资产经营、工程建设以及相关的财务收支等，进行自审。财务、用电、农电等职能部门做好了各自职责范围内的纵向自审工作。

（6）2003年3月，闻喜县电业局对闻喜县农村电网建设与改造项目进行了审计。审计结果是，核减工程结算款65.75万元。

（7）2003年10月，运城供电局审计科对闻喜县电业局2002年财务收支进行了审计。审计结果是，各项指标完成情况与财务状况完成情况均好；生产、财务和多种经营等管理均好。

（8）2004年，闻喜县电业局对生产调度楼及配套工程结算进行了审计，报审结算74.17万元，核减造价5.35万元。

（9）2006年，运城供电局审计科对闻喜县电业局局长离任及2005年经营情况进行审计，审计结果，未发现重大问题，各项指标完成情况较好，生产、经营、财务、多经管理到位。

（10）2007年，对闻喜县电业局县级城网工程结算与决算进行审计，选审金额138.70万元，核减31.98万元。

第三节 劳 动 管 理

一、劳动组织

（一）职工队伍

闻喜县电业局自成立以来，职工主要来自以下6个方面：

（1）电业局成立时，将闻喜发电厂的供电班、线路班及少数管理人员调入；1981年3月，闻喜电厂停办后，原电厂部分管理人员和技术骨干调入电业局。

（2）1972年4月至1973年9月，电业局属县政府直接领导期间，由县其他部门调入了少数干部和职工。

（3）1980年以来，由太原电力专科学校、太原电力学校、临汾电力技校、大同电力技校分配的毕业生。其中，太原电力专科学校、太原电力学校生源来自社会，临汾电力技校和大同电力技校的学生属定向招生，生源为电力系统职工子女，至2000年终止。

（4）1980～1992年，有部分老工人退休后，由子女顶替。

（5）属本单位人员直系亲属的复转军人。

（6）全日制大、中专毕业生，多数在2000年以后进入。

（二）职工队伍结构

1. 性别结构

1964年，闻喜县电业管理所成立后，20世纪70年代前，职工性别全部为男性，进入80年代后，由电力系统外单位调入1名女同志，占职工总人数的0.01%，从此，随着外单位人员的调入、大中专、电力技校毕业生的分配，女职工人数逐年增加，截至2007年，全局女职工39人，占职工人数的28%。

2. 年龄结构

1967年，闻喜县供电局成立时，由于职工全部来自于闻喜县发电厂，年龄呈年轻化，平均年龄在35岁以下。1970～1979年，未曾向社会招工，大中专、技校毕业生亦不多分配，职工年龄呈老化趋势。进入80年代后，由于1980～1992年家在农村的单身职工大部分退休，由子女顶替．再加上大中专学生的分配，职工年龄逐年下降。截至2007年，全局职工平均年龄为40岁左右，呈老化趋势。

3. 文化结构

闻喜县电业管理所成立时，职工文化素质较低，除1名大学生，2名中专生以外，其余职工均为初中以下文化程度。20世纪70～80年代分配来的毕业生大多数为大同电力技校、临汾电力技校毕业生，进入90年代后，陆续分配有大中专院校毕业生，再加上年轻职工参加社会函授教育，职工文化素质逐年提高。截至2007年，大学本科文化程度9人，占职工总数的0.06%，大学专科文化程度67人，占职工总数的48%，技校及高中文化程度22人，占职工总人数的16%。

4. 技术等级结构

1982 年以前，闻喜县电业局没有进行过专门的专业技术人员职称评定工作。

1983 年，在上级供电部门的领导下，开始了评定专业技术职称。

1988 年，实行了专业技术职务聘任制，专业技术人员队伍日趋壮大，专业技术人员的评定工作逐步走向正规化。

1991 年，国家能源部和华北电管局下发《重新组建专业技术职务评定委员会有关事项的通知》，进一步加强和改善了专业技术职务评审工作。闻喜县电业局根据运城地区电业局的文件精神，责成专人负责职称的评审、推荐工作。此项工作主要由电业局办公室负责。对国家全日制毕业的大、中专学生，见习期满后，经考试合格，即可聘任相应的专业技术职务，勿需评审。

1997 年，闻喜县电业局的专业技术干部聘任了高级工程师 2 人、工程师 4 人、助理工程师 15 人。

1999 年，农村电网改造开始启动，专业技术人员在农网改造中发挥了重大作用，对促进科技进步意义重大。是年，新增评聘高级工程师 2 人，工程师 3 人，经济师 1 人，会计师 1 人，助理工程师 10 人，技师 3 人。

2000 年，闻喜县电业局新增评聘高级工程师 1 人，助理工程师 25 人。

2003 年，闻喜县电业局新增评聘高级工程师 1 人，工程师 6 人，助理工程师 27 人，技师 3 人。

2004 年，闻喜县电业局聘任工程师 5 人，助理工程师 34 人，技师 7 人。

2005 年，闻喜县电业局有高级工程师 1 人，工程师 4 人，助理工程师 38 人，技师 7 人。

2006～2007 年，闻喜县电业局累计在职专业技术人员共 55 人，其中高级工程师 1 人、工程师 5 人、助理工程师 30 人、技师 19 人。

二、干部管理

（一）局级干部

1962～1965 年，闻喜县办电领导组、闻喜县农村电气化办公室、闻喜县电业管理所的正副职党政领导干部均由中共闻喜县委、闻喜县人民委员会任命和调整，人事管理权限属于县委和县人委。1966 年 12 月，闻喜县电业管理所转为电力系统管理，但正副职党政领导干部的任命、调整权限仍暂由地方代管。

1970 年，闻喜县革命委员会与运城地区电业局革命委员会协商，由中共闻喜县委核心小组和闻喜县革命委员会任命正副职局长、党支部正副书记。

1979 年以后，体制发生变化，实行归口管理，局级党政领导干部由电力系统任命。

1983～2007 年，实行局长聘任制后，县局局长、副局长、工会主席、主任工程师由运城供电局聘任，聘任期每届 3 年。

1984～2007 年，党支部书记、副书记按照党支部届满后向运城供电局提出书面请示，并提出候选人名单，经运城供电局党委批复，再上报闻喜县委组织部批准后，召开党员大会选举，并将选举结果上报县委组织部，再报运城供电局党委批复。

（二）股级干部

1966～1970 年，闻喜县供电局下设室和组，也属股级。股级干部一般是经供电局会议研究后指定就职，多定为负责人，承担股级干部管理任务，行使股级干部权限。

20 世纪 70 年代，股级干部一般经局长办公会或局务会议研究决定，大会宣布就职。

1983 年，实行局长聘任制后，局内股级干部由分管副局长提名，经局党支部委员会或局长办公联席会议讨论通过，由局长聘任，聘任期一年。股级干部也接受职工民主评议。

2007 年，闻喜县电业局共有股级干部 12 人。

（三）一般干部

1962～1965 年，一般干部由闻喜县人事局批准后调入调出。

1966～2007 年，分别由晋南电业局、运城地区电业局、运城供电局批准调入调出。

三、离退休人员

1978 年，闻喜县电业局离退休工作正式列入议事日程。符合条件的离退休职工，由办公室负责承办，经运城地区电业局劳资科批准，干部经地区电业局政治处批准。办理离退休手续后，由办公室负责管理，上级对口部门为运城地区电业局劳资科。

1979～1993 年，是闻喜县电业局职工离退休较多的时期，以家属在农村的职工为主，多为退休后由子女顶替，先后办理过四批。

1995 年，闻喜县电业局累计离退休干部 2 名，工人 36 名。

2007 年，闻喜县电业局共有离退休人员 56 人，其中离退休干部 5 人，退休职工 51 人。

闻喜县电业局十分重视离退休干部职工的健康和生活状况。离休干部每年由运城供电局统一进行一次体检，退休职工每年由闻喜县电业局随同在职职工统一进行一次体检。对退休职工的重病用车及医药费报销等方面给予方便。每年九月九日重阳节，闻喜县电业局都要召开离退休职工座谈会。征求他们对企业发展的意见和建议。不定期组织离退职工旅游参观，重大节日组织离退休职工参加文体活动及比赛。每逢元旦、春节等节日，由局长、书记及领导班子成员带队，深入离退休职工家庭进行慰问，帮助解决生活中的困难，送去温暖、关怀，使离退休职工健康、平安、幸福地度过晚年生活。同时，局里还不定期不定时倾听离退休人员对电业局展提出的意见、建议，并且对离退休人员在生活上的困难和要求，尽最大努力帮助解决，使离退休人员的晚年生活更加和谐、安乐、祥和。

四、定员管理

1967 年 2 月，闻喜县电业管理所改称为“晋南电业局闻喜供电局”，2 月实行发、供分家，闻喜供电局共有职工 24 人。

1973 年 6 月，按照部颁供电企业定员定额标准，运城地区电业局按照线路长度、变电站个数、变压器容量等情况，核定闻喜县电业局定员定额 50 名。1983 年，推行局长负责制，经过企业整顿，实行经济责任制目标管理，根据部颁标准和华北局《关于企业整顿验收实施细则的规定》，上级对闻喜县电业局定员职工94名，实有固定职工94人。

1985年，上级对闻喜县电业局定员职工98人，实有固定职工98人。

1994年3月15日，运城地区电业局以人劳便字第21号文下达闻喜县电业局定员128人，其中固定职工96人，合同制工人32人。

1995年10月，调整内部结构和劳动组织，实行科学定员定岗，“公开考核、择优上岗”，按平等、自愿、协商的原则，签订劳动合同。

1997年，运城地区电业局以人劳字［1997］第39号文下达闻喜县电业局定员133人，实行全员劳动合同制。这是国家劳动制度的一项重大改革，闻喜县电业局按照相关文件的有关规定与133名职工分别签定了年限不同的劳动合同。

1999~2007年，闻喜县电业局正式职工一直保持在145人左右。

五、工资与奖金

（一）工资

1965年以前，闻喜县电业管理所干部及职工工资级别都保持原单位执行的不同类别及标准。1966年移交电力系统后，行政干部仍执行行政级别，技术干部主要执行电力企业简化级，工人工资实行八级工制。

1972~1985年，职工工资种类比较繁杂。依照国家统一部署，共进行5次较大范围和1次较小范围的工资调整，都在运城地区电业局的统一安排下进行。

1977年，根据运地电人劳字［1977］第218号文件，闻喜县供电局对部分职工工资进行调整。1966年底前参加工作的二级工10人，1971年底前参加工作的可调人数24人，1966年底前参加工作，工资不足41元的1人，共35人调整了一级工资。

1980年10月15日，根据晋计劳字［1980］第684号文件《关于闻喜电业局生产工人工资标准的批复》，闻喜县电业局执行省政府晋政发［1980］第96号文件通知和附件“山西省部分企业事业单位调整后新工资标准表”，省电力一类工资标准（序号12)：即一级31元，二级37.3元，三级43.7元，四级51.0元，五级59.6元，六级69.8元，七级81.6元，八级95.6元。

1985年，按照国务院31号文件，统一了工资标准，理顺了工资种类，干部与工人都分别实行了国营大中型企业工资级别标准。从同年7月1日起，根据国务院、国家劳动总局、省电力工业局及运城地区电业局一系列关于企业工资制度改革的通知精神，在运城地区电业局的具体部署下，闻喜县电业局认真进行了工资改革工作。工资改革共分两个阶段进行。第一个阶段为提高工资地区类别，调整套入标准工资工作，工资标准由四类地区改为五类地区。第二个阶段是升级，从当年7月1日起执行，闻喜县电业局在册的98人全部执行了新的工资标准。

1986年2月，闻喜县电业局根据华北电管局及省电力工业局、运城地区电业局的有关规定，将原来职工的浮动工资改为固定奖金，按岗位责任制考核，闻喜县电业局发放。原来无浮动工资的，至1986年底批准转正及新调入已经3个月考核的人员，按7元固定奖执行。此次升级的工资从1986年1月1日起执行。同年，又根据运城地区电业局下达的人均2.47元的增资指标，以1985年12月在册人数为基数，给部分职工升级或升半级。

1987年，根据山西省电力局晋电劳字［1987］第6号文件精神，以1986年9月末人数为基数，给25%的职工升了固定级。

1988年9月，根据山西省电力局晋电劳字［1988］第79号文件，闻喜县电业局制定了从1988年4月1日起执行效益工资方案，一部分将浮动工资改为效益工资，一部分仍为效益工资。

同年11月，根据山西省电力局晋电劳字［1988］第82号文件，从1988年7月1日起实行了工龄工资，冲销固定奖金。

1989年4月，根据山西省电力局晋电劳字［1989］第17号文件《关于贯彻执行华北电力联合公司"关于1989年结合承包经营责任制进行企业职工效益工资升级"的通知》，利用自有资金，对符合效益工资升级条件的职工分别升一级或半级效益工资。同年12月，根据晋电劳字［1989］第73号文件《关于将效益工资部分转为固定工资的通知》，自1989年11月1日起，将职工效益工资部分转为固定工资，所升工资从1989年1月1日起执行。

1990年，根据国务院第83号文件批转劳动部、国家计委、财政部《关于1989年国营企业工资工作和离退休人员待遇实施安排意见的通知》和华北电力联合公司第30号、第31号、第32号文件《关于1990年度企业效益工资升级办法，效益工资转为固定标准工资实施意见和适当提高离、退休人员待遇的实施意见》，给符合条件的职工调升或调转一级效益工资。所升工资从1989年11月1日起执行。

同年11月，根据华北电力联合公司劳字［1990］第92号文及山西省电力公司劳字第51号文件，闻喜县电业局按1990年6月30日在册固定职工、合同制职工人数核定，给60%的职工升了半级标准工资，给40%的职工升了半级效益工资，并提高了大中专技校毕业生见习定级工资标准和离退休人员的待遇。

1991年，运城地区电业局以人劳发［1991］第33号文下发《运城地区电业局关于建立企业效益共享工资，离退休职工生活困难补贴，调整学徒工、熟练工待遇及转正定级工资和1991年上半年职工升级、工龄津贴补充办法若干规定和实施方案》的通知，其效益共享工资是华北电力联合公司利用自有工资和奖励基金而设立的企业内部的一种工资分配形式，其目的是为了激励全体职工团结治网，为企业提高经济效益和劳动生产率作出贡献。按1991年在职固定职工和合同制工人每人每月3元，从1991年1月1日起执行。对离退休职工生活困难补贴每人每月5元，从1991年1月1日起执行。按1990年末在册职工，每人升半级工资（不包括学徒及未定级人员），其中40%人员可升标准工资，其余人员升效益工资。对职工工龄津贴按职工工作年限分两段累计计算，工龄在10年以内的，每年津贴由0.5元改为0.8元；工龄在11年以上的每年由0.6元改为1元，均按月发给。

1992年，运城地区电业局以人劳发［1992］第16号文下发《一九九二年效益工资升级，调整企业职工工资标准和工人津贴的实施办法》的通知，以1991年末在册固定职工人数为基数，闻喜县电业局81.5%人员升一级工资。所升工资从1992年1月1日起执行华北电力联合公司所属企业各类人员工资标准。对10年以内的工龄津贴，改为每年1元，从1992年1月1日起实施。

1993年，根据华北电力联合公司劳发［1993］第18号、第19号文件和山西省电力公司劳发［1993］第6号文件及运城地区电业局劳发［1993］第6号文件，1993年上半年职工标准工资和效益工资升级，所升工资从1993年3月1日起执行。

1994年，运城地区电业局以劳发［1994］第49号文转发《省电力公司转发华北电力集团公司技能工资入轨实施办法的通知》，《通知》规定技能工资入轨是实行岗位技能工资的重要内容，是推动“三改”（劳动、人事、工资制度改革）向更深层次发展的要求。闻喜县供电局对符合标准的职工全部将其技能工资入轨，工资从1994年3月1日起执行。同年，根据山西省电力公司劳字72号文件转发华北电力集团公司劳字98号文件《关于调整岗位工资、工龄工资标准及建立运行工龄工资标准的通知》，闻喜县供电局对符合标准的职工全部进行了调整，其中工龄超过10年的工龄工资增加为每年3元，运行人员运行工龄工资每年再加3元，工资从1994年7月1日起执行。

1995年，运城地区电业局以劳字［1995］第64号文下发《运城地区电业局关于调整岗位工资标准及建立浮动工资制度实施细则》的通知，其中岗位工资由原一级工资起点90元调整为120元，级差仍为10元。为了更好地调动职工的生产积极性，根据华北电力集团公司人字第255号及山西省电力公司劳字第50号文件，自1995年7月1日起建立浮动工资制度。浮动工资标准限于工龄在11年及以上职工，工龄每满1年，每月核增2元。同时取消效益工资，其中效益共享工资并入浮动工资。同年，运城地区电业局以劳字［1995］第77号文件，转发山西省电力公司《关于调整技能工资标准的通知》，将技能工资标准由原来的72～660元提高到97～840元。工资从1995年10月1日起执行。

1997年3月8日，运城地区电业局以运地电人劳发［1997］第12号文件下达《提高岗位工资标准、调整工资结构实施方案》的通知。《通知》规定，此次岗位工资调标，只提高岗位工资标准，不调整岗位等级，各单位岗位等级按全局规范化的岗级执行。岗位工资起点由现行的一级120元调整到一级150元。“标准一”，级差由现行的10元调整到25元；“标准二”，级差由现行的12元、14元、16元调整到25元；“标准三”，级差由现行的12元、14元、16元调整到30元，国家限定的26元物价补贴统一纳入岗位工资标准，在津贴中不再体现，各单位不得重复列支。待岗人员待岗期间的补贴为110元（含26元补贴）。此次岗位工资调整属工资结构调整。在职职工从1997年1月1日起执行。

1999年11月11日，运城供电局以运供电人劳字［1999］第110号文件下达《调整基本工资标准增加职工收入的实施细则》的通知。《通知》规定，岗位工资标准由原来的一级200元调整为一级210元；岗位工资级差由原来的35元调整为40元（运行人员由40元调整为45元）。待岗补贴由150元调整为155元。技能工资标准由原来的起点97元调整为118元；新进人员工资待遇由起点97元调整为118元。1999年11月1日执行岗位技能工资的在册正式职工均属于调整工资标准范围。

1999年12月16日，运城供电局以运供电人劳字［1999］第122号文件，根据省调资文件追补了调资所增加的全部工资，根据运行人员夜餐费的加班工资的文件要求，追补了其差额部分。

2001年10月21日，运城供电局以运供电人劳字［2001］第69号文件，做出《提高工资标准调整工资分配结构的实施办法》的通知。《通知》规定，岗位工资起点仍执行210元标准，岗位工资级差由40元调整为55元（运行人员由45元调整为60元）；各级各类学校毕业生见习期工资也作相应调整，调整后，标准是：取得双学士学位毕业和未取得硕士学位的研究毕业生为827元（其中技能工资177元）大学毕业生为709元（其中技能工资169元）大学专科毕业生为591元（其中技能工资161元）、中专毕业生为474元（其中技能工资154元）、技校（职高）毕业生为356元（其中技能工资146元）。调整工资结构后：①技能工资，将原共享工资缴费增资与原技能工资合并，就近就高纳入技能工资标准后再晋升二级工资；②工龄工资，原浮动工资与工龄工资合并，新的工龄工资按工龄每满一年7元计算；③基础补贴，将原用电津贴和物价补贴（含交通费）合并，标准统一为60元，离退休人员的洗理卫生费、交通费、书报费、用电津贴仍按原标准执行。

2002～2007年，工资计划均由运城供电局下达指标控制。预控工资计划原则是："工效挂钩，绩效考核，动态平衡，兼顾合理"。根据运供电人劳字［2005］第48号文件精神，第一工资计划与定员挂钩，超员40人以上的单位，扣减超员人数基数工资的10%；超员14～39人的单位，扣减超员人数基数工资的15%；超员在14人以下的单位，扣减超员人数基数工资的20%。缺员单位按上述标准追补年度预控工资计划。第二建立绩效考核长效机制，工资分配向一线倾斜。第三实行加班工资和年度风险保证金。第四实行三项责任制考核兑现奖。同时，根据运城电人劳字［2005］第64号文通知，运城供电局由大型二类企业调整为大型一类企业，从2005年11月起，每个全民职工调整一级岗位工资，多经岗位的全民职工此次也随同主业调整一级岗位工资。

截至2007年，闻喜县电业局定员人数133人，年度工资计划为400余万元。

（二）奖金

闻喜县电业局的奖金在1978年以前没有下发过现金。对于本单位的安全奖、节约奖、先进生产者奖大都以奖状或少许文具、书籍等作为奖品。

1978年10月，运城地区电业局根据国家劳动部局劳薪字［1978］第82号文及财政部财企字［1978］第24号文件《关于年终奖金发放总额的通知》精神，闻喜县电业局才开始发奖金。此后1979～1985年按经常性生产（工作）奖励办法、小指标竞赛计分奖励办法、百日无事故奖励办法、降低线损奖励办法、安全长周期奖励办法等，通过实际考核，逐渐增多了对职工个人计发奖金，大大促进了职工的劳动生产积极性，体现了多劳多得的分配原则。

1985年以后，除安全奖、线损奖、年先进生产者奖、年终奖、小指标奖、安全长周期奖外，对各种竞赛、各种考试、科技成果、合理化建议、精神文明等等，对企业实现物质文明与精神文明有贡献、有突出成绩的，一般都予以适当奖励，且以奖金为主体现多劳多得的鼓励方式。

1992年，闻喜县电业局对各乡镇电管站实行"以乡镇承包，一级核算，合理考核，与工资奖金挂钩”的办法。

1994年，闻喜县电业局实行按照售电量、线损、平均电价、三电管理、双达标等指标考核奖惩兑现的办法。

1999年，闻喜县电业局发放了档案工作目标管理、安全生产、综合先进班组、安全先进班组、先进个人（包括安全先进个人）公安保卫和交通安全、调整负荷、平均电价、水资源补偿费征收目标、线损、安全500天、社会节电和低谷用电负荷考核等奖金。

2002年，闻喜县电业局根据运城供电局的通知，发放了三星级企业、优质服务先进个人专项奖、可靠性奖、“国电一流企业”奖、电压无功奖等奖金。

2004年7月，闻喜县电业局制定了《奖励办法》。《办法》规定，奖金发放范围为正式在册上岗的全民职工和大集体职工，内退人员、事假、病假期间的人员不享受奖金。奖金分配原则：奖金系数为1，一线班组系数为1.05（包括线路班、调度班、变电运行人员、检修班、自动化班、巡检班、多经工程队、司机班、城市站），班（组）长奖金系数为1.1，股（所、室）长奖金系数为1.15，经理、书记、副经理奖金系数为1.2。每月考核领导组进行一次检查，根据检查情况进行计分。根据计分结果分配奖金，闻喜县电业局发放给股室，再由股、室、班长发给职工本人。奖金实行月考核、季兑现。对特殊奖励内容作了11项规定。同年12月2日，运供电人劳字［2004］第51号《关于下发〈运城供电分公司关于建立岗位奖金的实施办法〉的通知》。《通知》规定，在公司范围内的所属单位，建立每岗级20元的岗位奖金，岗位奖金按每个人的岗位等级计算，闻喜县电业局经过考核后按月发放。公司所属各单位定级，并对竞聘上岗的人员执行岗位奖金。下列人员如：新分配的见习期大中专毕业生，新录用的学徒期间的学徒工，待岗和请各种长假的人员，受到各种处分的人员，发生各种事故直接责任的并使企业经济受到损失的人员等不得执行岗位奖金。岗位奖金从2004年12月1日起执行。

2005年，闻喜县电业局根据运城供电局的通知，发放了双先表彰奖、迎峰度夏奖、农电安全目标及兑现责任低压考核奖、行风建设奖等奖金。

2006年，闻喜县电业局根据运城供电局的通知，发放了先进供电所及所长、双先表彰、电网安全运行考核、绩效考核兑现奖、迎峰度夏等奖金。

2007年，闻喜县电业局根据运城供电局的通知，发放了双先表彰等奖金。

（三）劳动保护用品管理

1964～1965年，闻喜县电业管理所的劳动保护按地方劳动保护标准执行。闻喜电业管理所发放的主要劳保用品有棉鞋、棉帽、雨衣、雨靴、口罩、毛巾、肥皂、手电、电池、棉手套、工作服、工作帽、棉大衣、绝缘鞋、防护镜、线手套、凉草帽等。对参加电力工程建设和深入生产第一线的干部职工，也发给主要劳保用品，但延长使用期。

1966年转入电力系统管理后，劳动保护标准按照晋南电业局下达标准执行。劳动保护使用期限，按工种做出了详细规定。摩托车驾驶员配备了头盔、皮棉鞋、皮帽、皮裤或皮护膝等防护用品。

1970年，根据山西省《国营企业职工个人防护用品发放标准》和山西省电力工业局《关于认真贯彻执行职工防护用品等四个暂行管理制度的通知》，闻喜县供电局按照运城地区电业局劳动保护用品标准细则规定发放。干部职员参加施工、检修、收费，也发给劳动保护用品，延长使用期限，交旧换新。

1979 年 11 月，根据晋电劳字［1979］第 113 号文件转发山西省劳动局晋劳护字［1979］第 264 号文转发国家劳动总局《关于主要副食提高销价后相应给以保健食品补贴的通知》中规定，每人每个月补贴现金 1 元。

1980 年 2 月，按照运城地区电业局转发山西省电力局《关于提高夜餐津贴标准的意见的通知》，根据华北电管局华北电劳字［1980］第 20 号文件规定，夜餐标准由原来的 0.24 元提高到 0.28 元。新标准从 1979 年 11 月 1 日起执行。

1982 年 6 月，按照运地电劳字［1982］第 180 号文件，转发的华北电管局《职工个人防护用品管理办法》，闻喜县电业局发放标准开始执行新的标准。

1983 年 9 月，按照运地电劳字［1983］第 367 号文规定“关于经常性参加生产第一线干部，从实际出发，可发给必要的防护用品，但不得超过本系统工人发放规定”，闻喜县电业局对第一线干部发放了劳动保护用品。

1984 年 6 月，按照运地电劳字［1984］第 239 号文件，转发山西省电力局的转发华北局《关于执行〈防暑保健用品发放办法〉的通知》，运城地区电业局制定了发放标准及执行办法。

同年，按照晋电劳字［1984］第 57 号文《关于专设胃肠道传染病门诊实行临时医疗卫生津贴的通知》，山西省电力工业局规定可以实行临时医疗卫生津贴的标准为每人每月 8 元。新标准 1984 年 5～10 月执行，以后每年均按此执行。

1986 年 12 月，按照运地电劳字［1986］第 28 号文件，转发山西省电力工业局《关于修改夜餐费标准的通知》，变电运行人员由原来的标准提高到 1 元，其他人员夜餐执行 0.6 元。新标准从 1986 年 12 月 1 日起执行。

在劳动卫生方面，闻喜县电业局主要重视了防寒防暑、防冻及野外作业保护工作，对女工在生产过程中的安全和健康实行保护措施，避免女工从事特别繁重体力劳动或有害女工生理机能的工作；女工怀孕期间可适当照顾孕满 7 个月的妇女；从 1987 年 5 月起，女工享受产后留休一年至两年的假期，期间领取基本工资的 80%；独生子女第一胎产假半年，工资全发。

1989 年，山西省电力工业局为变电运行人员统一制作了工作服。为了加强对全局劳保用品的管理工作，运城地区电业局对山西省电力局统一制作的变电站运行人员值班工作服的使用，制定了管理办法：①凡发放运行人员值班工作服的不再发工作服，即不得重复发放；②运行人员值班工作服只能在上班时穿戴，其他时间一概不准穿戴；③这次发放的运行人员值班工作服使用期限核定为 5 年；④运行人员值班工作服的费用开支一律在各单位劳保费用中开支。

1990 年 4 月，按照运供电人劳发［1990］第 78 号文件，运城地区电业局转发了山西省电力公司《关于颁发〈山西省电力公司职工个人防护用品管理办法〉的通知》。该管理办法规定，从 1990 年 1 月 1 日起，职工个人防护用品的工作服、工作帽、棉背心在布料的颜色、款式、价格标准等方面由山西省电力公司统一选定、统一加工制作、统一供应发放，其他个人防护用品仍由县电业局发放，到当地劳动部门的劳保用品销售部购置，不得到外省进行采购。

闻喜县电业局对从事接触有毒物质和放射性工作、季节性传染病管理的医疗及高温作业人员发放津贴，对在偏僻环境中工作的职工也给补贴。

2005～2007 年，闻喜县电业局依旧执行晋电人字［2002］第 445 号文件，即《山西省电力公司职工劳动保护用品管理办法》等 5 个办法（或规定）。

六、考核与奖惩管理制度及办法

1975 年 7 月 1 日，闻喜县电业局执行运地电劳字［1975］第 94 号文《关于运城地区电业局劳动考勤制度的通知》，并对考核与奖惩做出了实施细则。考核劳动出勤内容，主要有请假和销假制度及各种假期的待遇，包括：病假（非工负伤）待遇；工伤假待遇；生育假待遇；供养直系亲属抚恤费；供养直系亲属救济费；亲属抚恤费；丧葬费；丧葬补助费；供养直系亲属丧葬补助费；临时工、季节工及使用人员劳动保护待遇的规定；职工探亲假；职工婚丧假等。全局由劳资员主管，各单位由单位负责人实施按日、月、年的劳动考勤管理。

1982 年，运城地区电业局以运电劳字［1982］第 178 号文件，转发《国务院关于发布〈企业职工奖惩条例〉的规定》。此后，闻喜县电业局即按《条例》对职工进行考核奖惩。同年 6 月，按照运地电劳字［1982］第 177 号文件，转发山西省电力局颁发的《山西省电业职工考勤请假管理制度》的通知及运城地区电业局规定的《细则》。这些《制度》和《细则》从 1982 年 6 月 1 日起执行。

1986 年 6 月，按照运电劳字［1986］第 4 号文件《运城地区电业局加强劳动纪律的 18 条规定》，从 1986 年 4 月 1 日起，对于违反上下班时间、8 小时工作制、考勤登记、请销假、加班加点、劳动纪律等规定了处罚内容。

1990 年以后，闻喜县电业局严格强化劳动纪律，逐步建立健全各种规章制度。对少数违犯劳动纪律造成责任事故，工作失职造成重大损失和严重违法乱纪者，都受到不同程度的行政处分和经济处罚。

1999 年 3 月 4 日，闻喜县电业局以闻电企发［1990］第 1 号文件，下发了《安全生产考核制度》，对奖励、处罚做出了 10 条规定；同时，制定了《经济指标及经营管理考核制度》，以上两个文件都通过了闻喜县电业局八届三次职工大会。

进入 21 世纪以后，各种考核更加细化和量化，考核工作由办公室具体负责。2001 年 7 月，闻喜县电业局制定了《资产经营责任制考核办法》，考核内容包括售电量、平均电价、线损率、固定费用、应收电费，2001 年不发生新欠和 1998 年以前电费压缩百分点及其他应收费降低百分点。考核方式是对各股室建立考核制度，根据上述 6 项指标实际完成情况，测算发放利润额进行奖罚；按照考核年度各股室班组工资基金的 20%，核定其经营指标的“风险金”。经营指标“风险金”由劳资员计算，财供股按月扣除。奖罚方式规定各股室超额完成下达指标者发放奖励；完成指标者不奖不罚；完不成指标者扣罚经营指标风险金。

2002 年 6 月，闻喜县电业局制定了《劳动纪律管理办法和劳动纪律考核补充规定》。考核管理办法涉及劳动纪律共 23 项内容等方面，具体细致，可操作性强。

2003 年 5 月 15 日，根据运城供电局下发的《三项责任制考核管理办法》，即资产经营责任制考核办法、安全生产责任制考核办法和党风廉政责任制考核办法，制定了切合本局实际《三项责任制考核办法》，并严格执行。

2004 年 6 月，闻喜县电业局下发了《关于成立考核领导组的通知》，《通知》后附《综合考核评比办法》和《考核评分细则》两个附件，对本企业的各种考核做出了科学的、具体的、操作性强的、量化了的规定，对考核结果做出了详细的奖罚规定。

2005 年 1 月 24 日，“企业管理办公室”（简称企管办）受经理办公会议委托，负责本企业综合考核管理工作，并对［2004］51 号文的两个附件做了修订。同年 10 月，还制定了《全员资产经营目标风险抵押办法》。此办法规定的风险抵押范围是支公司全体在职职工（含大集体），科级、副科级为 2000 元/人、股长、副股长为 1500 元/人、其他人员为 1000 元/人；风险抵押时间为 2005 年 10 月 1 日至 12 月 31 日；考核的内容为年初制定的安全生产、经营指标、廉政建设及支公司建设一流企业等。风险抵押管理运作方式：按时完成本岗位全年工作任务者，到期全部返还抵押金，未能按时完成本岗位全年工作任务者，扣除全部抵押金。考核部门由企管办牵头、各股室配合。

2005 年，闻喜县电业局下发了《岗位能手考核管理办法》，年底，又对劳动纪律考核管理办法作了重新修订。修订后的劳动纪律考核管理办法对组织领导、考勤单位、上班规定、各种假期规定和考核细则都做了科学的、规范化的界定，可操作性强，奖罚更加分明。

2006 ~ 2007 年，闻喜县电业局的考核与奖罚管理制度及办法参照《省一流县级供电企业考核细则》执行。

第四节　物　资　管　理

闻喜县电业管理所阶段的物资管理由生产技术组兼管，负责全所电力设施工程建设、施工材料、设备的维护与检修等物资的计划上报、物资领取和保管。办公室负责生活、办公等物资。所有材料都均由上级部门按上报计划调拨。

1977 年以后，闻喜县电业局根据上级的指示精神，由财供股负责 13 种电工产品的组织供应和管理工作，直至 1998 年。

1998 年后，13 种电工产品仍由财供股负责管理，开发公司负责组织供应材料。电网改造开始后，物资管理工作由财供股负责，为了保障电网改造的顺利开展，财供股下设了“材料供应和回收组”专门负责此项工作。截至 2007 年，闻喜县电业局 13 种电工产品的管理职责仍归财供股负责，具体管理办法没有发生变化。

一、物资计划与定额

（一）物资计划

闻喜县电业局从成立之日起，物资供应实行的就是计划管理，一直沿用至 2007 年。

具体管理经过了以下6个阶段：

（1）1964年，13种电工产品和二类机电产品由上级主管部门统一采购，按实际情况上报计划，领取所需物质。三类物资自行采购或外出加工。

（2）1972年后，物资计划工作具体划分为年度计划、季度计划、周计划和临时计划。年度计划，为大修、技术改造业务扩充、事故备品备件和基本建设；季度计划，为日常维护计划材料；周计划、临时计划，为根据巡视输配电设备所发现故障的急需材料。闻喜县电业局根据各股室所报计划，经局领导办公会议批准后，上报运城供电局批准领取。财供股为监督、审计管理部门。

（3）为了进一步明确物资计划的范围和有关股室的计划职责，从1985年开始，具体分为生产维护材料计划和基本建设、大修改造、业务扩充工程计划。生产维护材料计划，均由生技股、农电股、用电所编写，后报局财供股由财供股统一汇总、归纳、平衡、调剂，再报上级主管部门。凡属基本建设、大修改造、业务扩充工程项目，施工单位根据上级的批复和设计资料、图纸及设备材料清册编写物资计划，报投标委员会审定后由财供股备案。

（4）闻喜县电业局从1994年起，农电股的物资计划实行单独编写、管理、使用，由开发公司供应物资。

（5）2006年，闻喜县电业局的物资管理仍实行计划体制，具体管理流程是：生产维修计划由生技股汇总报财供股，财供股将物资计划交主管副局长审批，并组织生技股长和财供股长参加会审，然后上报运城供电局计划科。

（6）城网、农网改造中，A、B、C三类工程物资计划，全部上报运城供电局“两改办”，并由其统一调配。

（二）物资定额

物资定额包括材料消耗定额、物资储存定额、事故备品定额等。为了提高企业经济效益，加强流资管理，减少物资积压，闻喜县电业局制定了物资储备定额管理办法，要求各股室严格遵照执行。此后，随着生产规模不断扩大或变化情况，储备定额亦曾不断修订。

物资消耗定额、储存定额，由生技股、农电股、用电所、财供股结合年度大修、维修情况编制。

事故备品定额，由财供股、生技股、农电股、用电所联合制定。备品范围包括：在正常运行情况下，不易磨损，检修时一般不换或少换的备品，但损坏后造成输变电设备终止正常运行，必须立即更换的零部件；一旦损坏后不易修复、不易购买、制造或材料特殊又属恢复性生产急需的零部件等。

二、物资供应与保管

（一）物资供应

闻喜县电业局的物资分配和供应体制自1964年建所以来，一直执行三种办法：第一，凡属一类、二类物资（即由国家统一分配或由部统一分配的物资及二类机电产品）由运城供电局供应科组织分配与供应；第二，3 类物资由闻喜县电业局财供股自行组织采购或外出加工；第三，13 种电工产品受运城供电分公司委托，并下拨流动资金，可由支公司兼办此项业务，以服务农电事业的发展。

1964 年，闻喜县电业管理所设采购员 1 人，负责物资的保管与供应。

1976 年，闻喜县电业局财供股设专职采购员 2 人，负责物资供应采购工作。供应的物资范围主要是低压线路设施及低压设备的部分物资材料。

1976～1990 年，闻喜县电业局设 2 人负责物资供应，其中采购员 1 人，计划、开票员 1 人。物资材料计划上报运城地区电业局，由运城地区电业局统一订货、采购、备料和下达。闻喜县电业局按批复后的指令到运城地区电业局仓库提货，回来后在县电业局办理入库、出库、供应等手续。

1990 年以后，闻喜县电业局设 3 人负责材料供应，其中采购员 1 人，计划及开票员 1 人，专职保管 1 人。一般物资材料由县电业局电力开发公司供应，使材料供应渠道更加流畅，流通领域活化，材料质量更加提高，数量更加保证。

1995～2007 年，物资供应实行现代化管理。年度、季度、月度的物资工作计划与执行，供应与保管，均实行“目标展开图”的形式进行。期间在 2002 年 5 月配置计算机 3 台，开始应用计算机管理。

1964～2007 年，闻喜县电业局的物质供应在不同的时期推出了与系列物资采购、验收、保管、发放、管理的办法，主要从以下 6 个方面加强供应管理工作：第一，采购员要注意掌握物价政策和物资价格，订购物资要注意比质比价，力争物美价廉，组织催、运、装、卸要经济合理，努力做好核算，提高经济效益；第二，验收中保管员要把好数量、质量关，若发现品种、规格不符，质量低劣或损坏，以及数量不符时，有权拒绝验收，除做好检验记录外，及时向有关人员联系交涉，以求解决；第三，物资的维护保养，是根据物资的物理化学性质，所处条件，按不同要求，采取各种措施，延缓物资变化，保持物资完好，要做到定期或不定期检查，发现问题，及时处理；第四，物资的发放必须凭“物资领料单”出库，对非正式手续等任何方式一律不予出库，事故性特殊情况必须经领导批准，但事后要及时补办手续；第五，发现物资质量低劣，计划不准，盲目采购，仓库管理不善等原因造成物资损失者要按其责任分别按损失价值给予赔偿：损失在 200 元以下的扣当月效益工资，损失 200～500 元的扣除三个月效益工资，损失在 500～1000 元的扣除全年奖金，千元以上的要严肃处理追究责任；第六，“两网”改造期间的物质供应，严格执行运城供电局、山西省电力公司的有关规定。

1991～2007 年闻喜县电业局物资供应金额情况见表 8－4－1。

（二）物资保管

闻喜县电业局物资保管工作由财供股负责，配备物资保管员一名。并制定了《物资保管制度》、《保管员工作职责》等制度。根据工作需要，一般性办公用品、清洁用品、劳保用品等由办公室采购、验收、入库、保管和发放。其他物资则均由财供股保管发放。

闻喜县电业局严格物资出入库手续。保管员必须按照来料清单验收物资品名、规格、型号、数量、质量、完好率等，验收确认无误后方可办理入库登记、立卡手续。物资产品所带的技术资料如合格证、说明书、技术鉴定等文字资料，由生技股、档案室会同清点、验收、造册、移交、归档。凡出入库物资均须由经手人办理手续，进行账簿登记，做到账物相符。

表 8-4-1 1991~2007 年闻喜县电业局物资供应金额统计表

年度	库存材料品种（种）	物资供应金额（万元）	备注
1991	98	195.99	生产库存劳保
1992	30	60.55	
1993	10	10.61	
1994	10	16.55	
1995	11	22.17	
1996	15	39.94	
1997	35	66.44	
1998	16	39.13	
1999	25	59.49	
2000	1180	2065.95	两网工程与生产
2001	650	980.88	
2002	1126	1564.97	
2003	780	1060.28	
2004	258	467.13	
2005	185	588.38	城网工程与生产
2006	309	669.21	
2007	96	171.08	

1973 年以后，闻喜县电业局的物资保管工作逐步走向规范化、科学化。物资保管实行分类堆放，分种排列，入库及时，出库方便迅速，严格出、入库手续，坚决执行专料专用原则，不准挪借顶替。

2000 年，闻喜县电业局物资保管达到了“六无标准”（无锈、无腐、无变质、无坏漏、无破损、无事故）。

2006 年，闻喜县电业局物资保管按照同业对标标准，实行定置管理，有序存放。

2007 年，闻喜县电业局的物资管理已实现了计算机管理。将入库和库存的所有物资、物品全部输入计算机，实行计算机开票。

三、两网改造中的物资管理

1999 年 11 月，闻喜县新中国成立以来最大规模的电网建设与改造工程全面展开。按照上级部门统一规定，两网改造的材料分为 A、B、C 三大类，闻喜县电业局严格执行了上级部门规定的管理办法。物资供应具体管理办法如下：

（一）A 类物资供应

A 类物资由运城供电分公司“两网”工程领导组统一招标、统一定价、统一订货、统一结算、统一负责签订各种合同。

A 类物资品种主要有：导线（LGJ、LJ 型）；防老化线；变压器；电表箱、综合配电箱；自动化综合类、调度自动化、直流设备、载波机、通信总机、扩频设备等。

（二）B 类物资供应

B 类物资由运城供电分公司“两网”工程领导组统一招标、统一定价，闻喜县电业局按照指定厂家范围自行选厂订货和结算。

B 类物资的品种有：电杆；铁塔及钢管杆；电能表；漏电保护器；氧化锌避雷器；开关类（如六氟化硫及真空断路器、柱上油断路器、隔离开关及高低压开关柜）；综合类（如电力电容器、补偿装置、互感器等）；吊瓶（10 千伏及以上）。

（三）C 类物资供应

C 类物资由闻喜县电业局在运城供电分公司选定的厂家内自行选厂订货和结算。

C 类物资的品种有：定型金具；铁配件；钢绞线；直瓶（含 p－15、p－20 等长把、短把）；茶台；跌落式熔断器；低压绝缘子；瓷夹板、刀闸、熔断器等消耗性材料。

第五节 档 案 管 理

在运城供电局和闻喜县档案局的领导下，闻喜县电业局不断改进完善档案管理工作，规范各种管理制度，实现了档案管理的规范化、科学化、程序化、计算机化。2007 年闻喜县电业局档案管理网络图见图 8－5－1。

一、管理办法

闻喜县电业局从成立之初，各项档案管理尚不健全，并且遗失各种资料较多。1987 年 3 月 1 日至 2007 年，特别是从 1999 年以后，根据上级档案升级工作的要求，闻喜县电业局把档案升级工作纳入了企业的管理工作之中，纳入了各个部门的岗位责任制和经济责任制的考核之中，使档案工作程序化、规范化。并对过去的各项管理制度进行了全面、系统的修订完善，重新确定了各类档案的归档程序。

（一）归档分类

1. 归档

1987 年以前，闻喜县电业局还未建立档案室，有两种归档办法：①党务、行政、生产技术、用电营业、财务、生活后勤等部门编写及工作形成的各种文件、计划、总结、报告、统计报表等资料，由主办人员各自整理分类保管；②上级来文在电业局各领导审阅批签后，文件保存在执行人手中。由于人员的更换、变迁，这两种保存办法使文件资料遗失较严重。

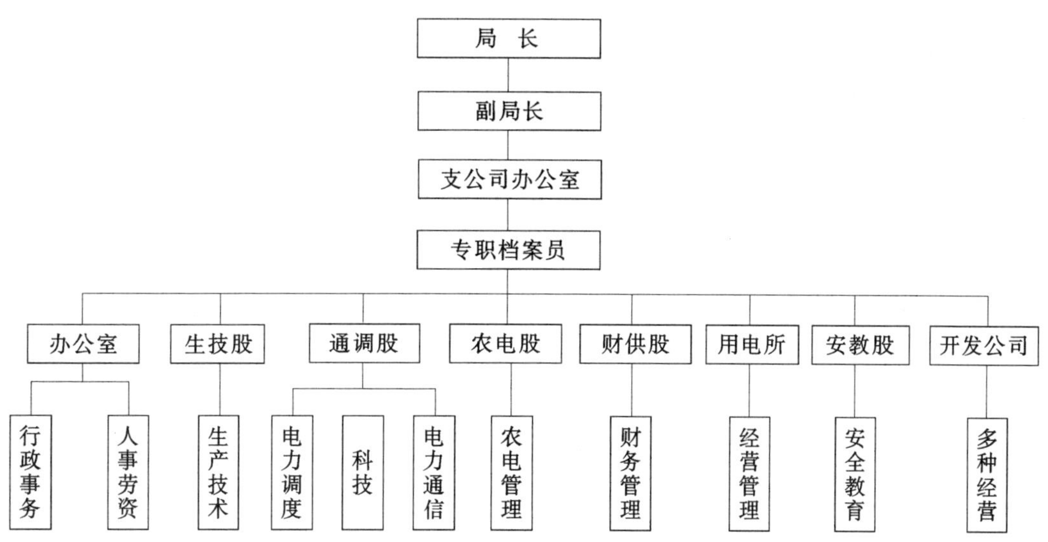

图8－5－1　2007年闻喜县电业局档案管理网络图

1987年3月，闻喜县电业局成立了综合档案室，从3月1日开始，每年年初由办公室统一安排，专职档案员根据要求按季度统一收缴、统一分类保管。档案分类归档按照会计档案、科技档案、照片（底片）档案、音像档案、荣誉（实物）档案、文书档案、经营档案、人事档案等八类分类归档。1987～2007年分类归档的具体内容如下：

（1）会计档案。

1）会计档案的归档范围：会计凭证类包括原始凭证、记账凭证、汇总凭证、其他凭证；会计账包括总账、明细账、日记账、固定资产卡片、辅助账簿、其他会计类账簿；账务报告类包括月度、季度、年度（包括会计报表、附表、附注及文字说明)，其他财务报告；其他类包括银行存款余额调节表、银行对账单、保管清册、其他有保存价值的会计核算专业资料、会计档案移交清册（由财务部门填写）和会计档案销毁清册（由档案部门填写)。

2）会计档案的归档要求：应在年度终了后，在会计部门保存一年，于第二年八月底前将所形成的档案移交档案室。移交清单由会计部门责任人逐项填写，一式二份，经双方核实无误后，按规定办理盖章签字交接手续。

（2）科技档案。

1）科技档案的归档范围：科技档案是指记述和反映本公司在生产基建、科研等活动中形成的文字材料。应当归档保存的有竣工图、图表、运行记录、计算材料及各类原始材料。其具体工作内容包括：收集、整理、保管、鉴定、统计、利用、检索和编研等工作，要做到齐全、完整、准确、系统、安全、有效利用、全方位为电力建设和科研服务。

2）科技档案的归档要求：科技文件归档立卷必须符合《供电企业档案分类表》和科技档案室6～9大类分类编号方案；科技文件的归档工作由科技部门责任人或有关部门兼职档案员负责。科技档案是否齐全完整及时归档，由分管领导和科技部门负责人承担；凡应归档的科技文件要求纸质优良，文件材料应书写工整、字体标准、图纸清晰、干净整洁，能够长久保存；为了使科技档案符合成套性、系统性要求、凡应归档科技文件材料，必须经科技部门收集齐全、认真细致审核，并系统整理，组成各个项目保管单位后，方可移交归档；科技档案中的蓝科应遵照上级规定，按 A4 纸幅面的标准进行折叠装盒。

（3）照片（底片）档案。

1）照片（底片）类档案的归档范围：闻喜县电业局召开的党代会、职代会、团代会等重要会议及活动形成的；上级领导人和著名人物到本公司检查，指导工作等重大公务活动形成的；重大人身、设备事故等异常情况形成的；本公司组织或参加其他重要活动形成的；其他有保存价值的。

2）照片（底片）类档案归档的要求：照片经冲洗加工后，由办公室摄照者或者承办单位摄照者，注明摄照人，系统整理，并按事件编写题名、地点、主要人物等照片说明，连同相应底片及时移交综合档案室；凡归档的照片（底片），未经鉴定和批准任何部门和个人不得私自外借、销毁、冲洗、涂改；照片（底片）在移交时，需核对清内容及张数，并在照片档案移交清单上签字，须核对清内容、张数；如果所归的照片（底片）及编写文字说明不清晰或不符合要求的，档案工作人员一概不签收，并有权拒绝在购买原材料凭证上签字。

（4）音像档案。

1）音像档案类的归档范围：闻喜县电业局召开的党代会、职代会、团代会、先代会等重要会议及活动形成的录音、录像带；反映本公司各职能部门行使职责、进行科研和社会活动形成的录音和录像带；各种重大人身、设备事故形成的录音、录像带；反映本公司重要活动形成的录音、录像带；上级领导来公司检查指导工作等重大活动形成的录音、录像带。

2）音像档案类的归档要求：具有保存价值的录音、录像档案必须及时向综合档案室移交；移交时需填写移交清单（一式二份），交接双方各一份；准备移交归档的录音、录像带必须注明录制日期、内容、录制单位、录制人、录制地点。

（5）荣誉（实物）档案。

1）荣誉（实物）类档案的归档范围：闻喜县电业局各项工作取得显著成绩，受到市、县级以上奖励并发放荣誉证书、奖状、奖章、奖杯、锦旗等；被评为市、县级以上先进单位的荣誉实物；荣获市、县级以上重大科研成果的证书、奖章等；电力优质服务或其他协助服务所发放荣誉实物；上级领导给本公司的题词（会诗、词、字）等实物。

2）荣誉（实物）类档案的归档要求：档案工作人员在接收荣誉实物后，应及时登记并按规定要求进行分类归档。如有的部门因工作暂需使用实物时，应先履行移交手续，然后经部门领导同意后，方可签字借用。借用时要求妥善保管，用后及时归档、注销。

（6）文书档案。

1）文书档案的归档范围：所属各股室、班、站、所在各项活动中形成的具有查考利用价值的文件材料。包括收文、发文（带原稿）收电、发电印稿、内部文件的签发稿、印发稿、重要文件的修改稿；工作计划、总结、报告、请示、批复、统计报表、会议记录、各种合同、协议书、出版物原稿、凭据、印模等，均属归档范围；文书档案是企业档案的重要组成部分，必须实行集中统一管理，任何股室或个人都不得将其归为已有。对有些不符合立卷归档的文书材料禁止擅自立卷归档；企业文书档案一般分为：党群工作、行政管理、经营管理、生产技术管理、财会审计、人事劳资等六个大类。

2）文书档案归档的具体要求：分类方法采用年份问题分类法。

（7）经营档案。

1）经营档案的归档范围是：历年上级下达的各项工程、生产、资金、财务、“三电”等计划文件；本级上报下发的各类计划、电力发展、人才开发、生活福利设施建设等计划；闻喜县电业局及下属单位签订的合同、协议、保证书；各类定额以及有关供电、用电、电费、农电、运行、“三电”、集体经济的台账、凭证、原始记录、统计报表；下属开发公司、乡镇电管站的统计报表，各类工种预算、开工报告、竣工决算；县局内开发公司和各乡（镇）电管站人员变动、财务开支审批；固定资产增减的审批表、申报表及有关手续。

2）经营档案的归档要求：属长期、永久保存的案卷，归文书档案序列排列，归档时间与文书档案相同。

（8）人事档案。

人事档案的归档范围是：闻喜县电业局干部、固定工、合同工、集体工、临时工、离退休人员档案。归档时间按照劳资员通知转入转出。本年发生的提干、升级、奖励等人事档案资料在次年 8 月底前入档。1998 ~2007 年，从事档案统一由运城供电局保存。

2. 分类

1994 年以后，全部档案的整理、分类、编号，依照能源部的《供电企业档案分类表》的要求来办。分类的原则是：按企业职能结合档案构成的内容特点，既保持档案之间的有机联系，又便于科学管理与综合开发利用的原则设置。主表共分 10 类，编号及名称如下：0—党群工作；1—行政管理；2—经营管理；3—生产技术管理；4—财务审计；5—人事劳资；6—电力系统生产调度；7—科学技术研究；8—基本建设；9—设备仪器。

2007 年，依然实行以上归档管理办法。

（二）保管

1987 年 3 月份以前，闻喜县电业局办公室、生技股、用电股、农电股等各部门及各级领导、各专业人员的档案、资料都由各自保管。

1987 年 3 月份设立档案员后，才将各类各种档案资料交由档案员统一回收、统一整理、统一保管。档案进库前，首先由档案员按《档案统一分类编号办法》进行分类整理，编入检索目录，然后按系统排列、分柜存放。

入库档案按永久、长期、短期三类保管：永久卷指反映闻喜县电业局主要职能活动及历史面貌变化，并在国家经济建设、政治斗争和科学研究中需长远利用的档案；长期卷指在相当长时间内需查看，且具有重要保存价值的档案，保管期限为 50 年左右。其中：财务档案中涉及外事以及私有制改造方面的凭证、账簿、会计年度决算报表永久保存；现金及银行存款日记账簿，会计档案移交、销毁清册，保存 25 年；原始凭证、明细账、辅助账、移交清册保存 15 年；短期卷指在一定时间内对本单位有参考价值的档案，保存期为

15年。

档案库房管理按“七防”（防火、防尘、防窃、防光、防虫、防鼠、防潮）和“四检”（档案员下班前检查门锁，每次离室前检查门锁，每月末检查1次档案情况，每月检查1次有无虫、鼠危害）的要求进行管理。

2007年，档案保管制度依然未变。

（三）借阅

为了维护档案的完整和安全，延长档案的使用寿命，保证其利用效果，闻喜县电业局特制定了档案资料借阅制度。

凡本单位职工因工作或其他需要均可通过正常手续查、借阅本股室业务范围内有关档案、资料（必须清楚其查阅内容、范围、年代、字号等，任何人不许盲目查阅）；党支部、行政会议记录未经党支部、行政主管负责人批准，不得提供利用；财会人员需要会计档案作凭证时，不能复制（抄录或复印）原件，不得取出原始凭证；干部、职工提供利用必须严格执行干部、职工档案管理相关规定；机密档案原则上不准外借，更不予复制，如因工作确需查阅时，需征得主管部门领导同意签字，限在档案室内查阅；正常情况，档案只能在阅览室查阅，特殊情况确需借阅时，经分管领导同意签字，方可借阅，期限不得超过两周，如需续借另办手续，逾期停借收回并罚款；档案是反映本局历史面貌的原始依据，借阅者必须加以爱护，不得随意转借、调换和拆卷，不得在卷内涂改、圈点、填注、涂抹、删除、污染档案，保证档案卷完好和卷面整洁；利用者归还档案，应填写利用效果，档案人员应当面审查案卷，无损坏时方可签收、注销，如发现案卷损坏、散失、泄密等现象，应及时向有关领导汇报，进行严肃处理；职工调离本局工作时，须经档案室签字后，方可办理调离手续；外单位查、借阅档案，应一律持介绍信并经主管领导批准。档案室为社会提供档案信息服务，可按规定收取服务费、复制工本费、技术转让费等有关费用；不论本单位或外单位需要复制、拍照、翻印有关档案资料时，必须征得档案室同意、分管领导签字后，才能执行；阅览人员要爱护阅览室内设备和物品，保持清洁、肃静；借阅档案人员要填写《档案借阅登记》、《档案利用效果登记表》，主动提供档案利用效果，及时填写档案利用反馈记录；凡违反借阅规定并造成档案损坏、丢失者，按《中华人民共和国档案法》、《实施办法》的有关规定条款予以处理。

（四）复制

为了搞好档案安全保密工作，闻喜县电业局制定了《档案复制制度》。

档案图纸资料的复印、复制，要严格执行档案安全保密制度，复制密级以上的，必须有分管档案领导的指示才能复制，并填写档案资料复印单；复印、复制一般性图纸资料，应由需要部门提出申请并填写复制单，写明复制图纸资料的名称、图号、数量，分管领导及部门领导同意后可复制；外单位需要复制我单位的一般性图纸资料，须持单位介绍信，经主管领导批准，并按有关规定收取一定的复制费用，才能给予复制；严格按复制单中列出的复制份数，页数及纸张规格进行复制，如因机器故障等原因造成的多余复印件，应马上销毁；复制出的图纸、资料要保证质量，做到字迹清晰，不歪斜、缺角或少边；在复制过程中，要严格保护案卷及图纸原貌，杜绝折叠揉拆，防止对档案原件造成损坏的一切事故；档案室工作人员有权拒绝不符合复印手续和规定的复制要求；复印部门应建立档案资料复制台账，作好复制记录，为档案室年终做统计提供资料。

（五）鉴定、销毁

为了保证延长档案的使用寿命，保证其利用率，闻喜县电业局制定了《档案鉴定、销毁制度》。档案鉴定的主要任务是根据上级有关规定和本局实际制定调整档案的保管期限，并据此对无保存价值或失去保存坐标的档案提出销毁意见；各类档案的鉴定由档案专业鉴定小组负责，严格按照档案使用价值鉴定的标准、原则、方法和程序进行；档案鉴定采用直接鉴定法，即直接对保管期满的档案内容进行具体分析和详细检查，逐卷逐份（文件或图表）评价其价值得出存毁意见，力求慎重；对于具有重要参考坐标的档案资料应单独抽出立卷，延长或重新确定其保管期限；经鉴定确需销毁的档案，由档案人员编制销毁清单，一式两份，经鉴定人员签字，主管领导批准，一份上报主管部门备案，一份留存备查；档案室和各股室兼职档案员每年在收集文件资料时，对清理出的不需归档材料，不准随意堆放，需征专业鉴定小组意见进行销毁；销毁档案由专业鉴定小组审核批准后，指定具体时间、地点、方式、并指派两人以上监销，应在规定的造纸厂销毁，不准随意散失，严防泄密；销毁人及监督人工作完毕后，要在销毁清册上注明“已销”字样和销毁日期，并签字盖章，档案销毁清册应长期保存。

二、工作绩效

1. 档案室藏

闻喜县电业局档案室建立于1987年3月，隶属办公室管理，设专职档案管理员1人，开始收集管理本单位文书、科技、图书资料、财会、用电营业等类文档。至1989年8月，共保存各类档案1032卷（册），其中文书类102卷48盒，科技类160卷96盒，地图300张，会计类96卷，经营管理类120卷，图书类5种486册（其中科技图书466册）。声像档案类有录像带3盘，照片78张。2007年，共保存1987～2007年科技类档案707卷，1971～2007年文书类档案1303卷，1989～2007年会议档案805卷，荣誉档案53件。以上档案共计2868卷（册）。

2. 制度建设

1989年7月30日，成立档案管理升级领导组，由分管副局长任组长，成员11人。领导组将档案管理列入全局发展规划，完善了文件材料的形成、积累、整理等归档制度，同时建立了有关文书档案管理、科技档案管理、经营会计档案管理、库房管理、图纸修改补充、借阅、保密等8项制度。建立了资料管理制度、收发文登记和借阅移交制度，健全了检索手段，对相关防火、防虫、防鼠、防尘、防光、防潮、防盗等工作的制度和设施进行了落实。

3. 标准化、规范化建设

档案室建立之初，占房屋面积33米^2，铁皮档案柜16套。为了提高档案的数量和质量，1989年初，档案管理升级领导组拨出专款5000元，增添设备，抽调5名职工，在闻喜县档案局专职人员的指导下，历时4个月，对库存档案进行整理。按统一格式折叠、修补蓝图1028张，底图300张，更换了400个不合格的档案盒，对全部档案逐卷编号整理，图书重新编号排列。1990年，通过企业档案省级先进单位认定。1998年，档案室房屋使用面积扩大到47米^2，分设了库房、办公室、阅览室，购置铁皮柜14套，重新配备灭火器2个，温湿度计2个，电脑1台，安装了防盗门，进一步完善落实了“七防”措施。当年经考核验收，档案归档率达到96%，完整率达到97%，准确率达到97%，查全率和查准率达到98%，通过了企业档案管理、国家标准二级认定。

2003年1月，闻喜县电业局生产调度楼建成，档案室迁入新楼，使用房屋面积达到210米^2，配置密集柜8组，替代了原有的铁皮柜并配备电脑1台，实现了现代化管理。

4. 开发利用

为方便查阅，档案室编制了三套目录。同时，及时为电业局各部门提供所需要的档案，促进档案转化为社会效益和经济效益服务。

1987年，电业局在建设家属院时，与东社村发生土地纠纷。档案室及时查出1979年69号凭账，证明已征收的3亩土地中只有0.13亩无征地手续。电业局据此赔偿东社村500元，了结了纠纷，挽回了一大笔经济损失。

1996年7月16日，生技股查阅了《郭家庄35千伏变电站计划任务书》，根据该档案资料，合理规划设计了35千伏裴社变电站，节省勘测费0.8万元，并节省时间提前了工期，创效益3.6万元。

第六节 现代企业管理

闻喜县电业局的企业管理，在20世纪60～80年代，一直都是在学习大庆经验的基础上，结合自己的实际情况，逐步建立起了一些管理制度，曾经为本企业的发展作出了巨大贡献。

1983年，党中央和国务院制定了“三个条例”，即《国营工业企业职工代表大会工作暂行条例》、《中国共产党工业企业基层组织工作暂行条例》、《全民所有制工业企业厂长工作暂行条例》。

1984年6月，中国共产党运城地区电业局委员会制定《关于进一步实行局长负责制、扩大基层自主权的七条规定（试行）》。同年，闻喜县电业局实行了国营企业（试行）厂长负责制。

1985年实行国营企业厂长负责制后，闻喜县电业局开始执行局长任期目标责任制和经济责任制两种管理模式。

1986年，国家经济委员会以经企字［1986］第123号文件发布了《企业管理现代化纲要》；同年7月4日，国务院以国发［1986］71号文颁布了《加强工业企业管理若干问题的决定》。《纲要》和《决定》发布之后，在山西省电力工业局和运城地区电业局的领导下，闻喜县电业局局长和副局长等人，先后参加了上级举办的《电力企业管理》、《企业管理现代化》培训学习和统一考试。

20世纪90年代以后，企业大力推行以“承包”为主的经济责任制，建立了以安全可靠和经济效益为中心的质量管理体系，推行了 TQM 和 ISO9000 系列国际标准等现代化管理模式，大大促进了企业管理上等级及双文明达标工作。

1994 年以后，闻喜县电业局应用计算机软件，建立了企业管理 MIS 系统。

1997 年以后，闻喜县电业局大力开展创星级企业活动。

2001 ~ 2007 年，闻喜县电业局大力开展建设“一流县供电企业”和“同业对标”活动，使企业的现代化管理水平得到了前所未有的提升。

一、制度管理

闻喜县电业局的制度管理经历了从无到有、从粗放型到精细型、从密集型到现代化三个阶段。

1964 年，闻喜县电业管理所成立，标志着闻喜历史上第一次有了专门的电力管理机构。机构从设立之日起，就始终不渝抓企业的整顿工作。

1968 年，闻喜县供电局制定了“一二三四”型工作制度，规范整顿企业生产和经营行动。“一”，即“一套资料”：线路台账；变压器台账；计费设备台账；电费卡台账；设备缺陷台账；人身伤亡及设备损坏台账；加工浇地成本统计。“二”，即“两种措施”：安全措施；反事故措施。“三”，即“三种规程”：线路运行规程；检修规程；配电变压器运行规程。“四”，即“四种制度”：工作票制度；操作票制度；安全工作制度；工具仪表使用管理制度。

1975 年，闻喜县电业局制定了《山西省闻喜县电业局各室、所、站、班职责范围及工作条例试行方案》，共 7 款 69 条，分别是：生产办公室职权范围 12 条；营业管理所职权范围 10 条；管理办公室职权范围 7 条；供电服务站工作职责条例 12 条；调度值班员工作职责条例 8 条；修试班职责条例 10 条；校表室职责条例 10 条。同年，又规定了几项管理制度：材料费开支制度；办公费开支制度；亦工亦农工资制度；医药费开支制度（3 条）；职工借款制度（3 条）。

1977 年 5 月，闻喜县电业局针对企业管理方面存在的问题，制定出《考勤制度》、《财务管理制度》和各班、组、站、室生产岗位责任制。同年 12 月制定《线损管理暂行办法》。

1978 年，闻喜县电业局又制定了《仓库管理制度》、《现金管理制度》、《借款制度》、《物资管理制度》、《设备材料领用制度》、《旧料回收制度》等 6 种制度，以整顿和规范企业工作。

1979 年 2 月 22 日，运城地区电业局召开了所辖 35 千伏变电站站长会议，决定立即建立健全 5 种图表、7 种制度、10 种记录簿，以此规范变电站工作程序。“5 种图表”是：主变压器分接头位置图；开关掉闸次数指示图；安全记录台；变电站一次系统结线模拟图；开关、刀闸钥匙存放图。“7 种制度”是：岗位责任制；交接班制；巡回检查制；缺陷管理制；技术培训制；设备管理专责制；清洁卫生制。“10 种记录簿”是：运行记录簿；交接班记录簿；继电保护及自动装置动作记录簿；继电保护及自动装置工作记录簿；绝缘电阻测试记录簿；设备检修试验记录簿；工作票登记簿；设备缺陷记录簿；雷电观察记录簿；倒闸操作记录簿。同年，闻喜县电业局编印“农村电工安全工作规程《实施细则》”共八章二十五节，以此整顿和规范农村电工工作程序。

1981 年，闻喜县电业局组织职工学习水利电力部电生字［1981］第 124 号文件和运城地区电业局运地电办字［1981］第 14 号文件《关于端正态度，改进作风，提高服务质量的决议》，开展了“我是一个用户”的活动，规定了四不准：不准把供电权变特权，以电谋私；不准吃请；不准收礼；不准用公物送人情，损公肥私。

1982 年 6 月，闻喜县电业局按照运城地区电业局的安排部署，再一次进行全面整顿。首先成立了企业整顿领导组，整顿内容是：按照“四化”（革命化、知识化、年轻化、专业化）要求，整顿领导班子和内部机构，加强党对基层组织的思想政治工作；整顿和完善经济责任制，改善经营管理，提高经济效益；整顿劳动纪律，严格奖罚制度；整顿劳动组织，按定员定额组织生产，有计划地开展职工培训；狠抓安全文明生产，提高设备的健康水平，改善职工物质文化生活等。

1983 年 9 月，闻喜县电业局制定印发了《生产管理制度汇编》。汇编内容有：安全生产管理制度、大修更新改造工程管理制度、技术培训管理制度、技术材料管理制度、缺陷管理制度、生产费用（材料费）管理制度、工具仪表管理制度、运行检修管理制度、技术线损管理制度、备品备件管理制度、值班调度室工作条例、9 种规程等。

1987 年 2 月，闻喜县电业局做出《加强企业管理的若干规定》，以此整顿和规范企业行为。《规定》共分指标考核及奖励办法、缺勤和事故扣奖规定、考核分配奖金办法、有关费用开支规定等四大部分。

1988 年，闻喜县电业局为整顿企业，又健全和完善了一些规章制度。这些制度是：工作标准 72 种；劳动定额工时管理 44 种；计量管理网络图 10 幅；班组建设 5 种规定。

1991 年，闻喜县电业局印发了《管理制度汇编》。其中《党群分册》有党支部大会制度等 24 种；《财务供应分册》有财经十大纪律等 21 种；《用电、三电分册》有业扩报装和接电管理制度等 25 种；《行政后勤分册》有办公室责任制等 15 种。

1992 年，闻喜县电业局出台了《经济责任制考核办法》，以此规范企业行为。同年又制定了《关于整顿劳动纪律的实施办法》。办法主要有强化劳动纪律、严格考勤制度；严格执行劳动纪律检查制度；考核处罚办法等内容。同年，闻喜县电业局还制定了《安全生产责任制奖惩条例》，使企业生产和经营得到了进一步规范。

2005～2007 年，闻喜县电业局的企业整顿渗透在各项日常工作之中，先后对各种规章制度和管理办法进行了多次修订与完善，先后制定了《安全生产管理制度》、《精神文明建设制度》、《用电管理与优质服务制度》、《行政经营管理制度（上、下）》、《经营管理制度》、《调度管理制度》、《用电检查管理制度》、《党建工作制度汇编》、《财务审计管理制度》、《生产管理制度》、《行政管理制度》、《人劳与科技管理制度》、《党支部规章制度》、《乡（镇）供电所岗位工作标准》、《乡（镇）供电所管理标准》、《乡（镇）供电所规范化管理规定》、《乡（镇）供电所规范化管理补充标准》等规章制度，逐渐形成了一套切实可行的科学管理体制，保证了企业的良性运转。

二、经济责任制

1983 年，闻喜县电业局制定了《经济责任制总体设计方案》、《实行经济责任制的管理办法》和《关于严重违章专项考核处理办法实施方案》。

1985 年，闻喜县电业局在企业整顿后很快进行了三项改革。一是改革机构，实行安全和经济“包干服务、指标考核”；二是人事制度改革，实行局长、股所长负责制；三是实行岗位责任制，对经济责任制考核制度进行改革。当年取得了四项历史最好成绩：售电量达 7092.65 万千瓦·时，比上年多售电量 495.55 万千瓦·时；线损率达 15%，比上年下降 1.2 个百分点。

1986 年，对乡镇电管站实行“线路承包”，经济效益明显提高。

1991 年，在安全、优质供电创水平达标中，本局制定了安全、文明“双达标”经济责任制实施细则。当年取得了三项历史最好成绩：售电量达到 12466.47 万千瓦·时，是 1985 年的 1.8 倍。

1993 年 1 月 5 日，执行山西省电力公司制定的《付费售电办法》，建立运行用电经营质量体系，同时在农电方面以电力“三为”服务为宗旨，重新对乡镇电管站的承包进行合理考核，并与工资奖金挂钩，效果明显。

1994 年实行“内部利润承包”，分月份按小指标百分制进行考核，考核结果与奖金、岗级工资浮动挂钩。

1998 年以后，根据上级指示，闻喜县电业局实行内部经营合同制管理办法，从局长到班组长，层层签订“一岗双责、双文明抵押责任书”，使经济责任制考核管理更加坚实。

2000～2007 年，在上星级、建设一流企业、同业对标的活动中，将经济责任制的深层次考核贯穿于“安全生产、资产经营、党风廉政”三项责任制中，促进了两网改造工程和农电体制改革的顺利进行，取得了两个文明建设的最好成绩。

三、全面质量管理

1989 年，运城地区电业局以运地电企字［1989］第 10 号文件印发了《运城地区电业局全面质量管理试行办法》。闻喜县电业局根据第 10 号文件精神，全面开展了质量管理（简称 QC）工作，但是没有设立专门机构，归办公室具体负责。

1990 年，闻喜县电业局成立了以局长为组长的全面质量管理领导组，形成了局、股、站三级质量管理网络。

1991 年，闻喜县电业局实施 PDCA 循环管理办法，由各股室负责填写下月重点工作，PDCA 循环表、分管局长需审签后交局办公室，由局办公室汇总协调后，每月月初下发全局，月底办公室及时总结考核。

1992 年，闻喜县电业局成立了西官庄运行 QC 小组，研究的课题是《完善微机防误闭锁，严防误操作事故》。

1994 年，闻喜县电业局学习贯彻 ISO9000 系列标准，按照标准要求，确定了本局用电营业质量环节，并据此选择了质量体系要素，分配了专业质量职能。为了便于质量管理直观易控，闻喜县电业局又制定了《全面质量保证体系表》、《全面质量管理工作方法图（即 PDCA 循环法）》、《全面质量信息管理及反馈流程图》、《线损管理标准化体系表》、《线损工作程序图》、《质量信息系统图》、《TQC 职能保证体系表》和《安全质量管理保证体系表》等 8 种图表，上墙或制板，形成了系列"目标展开图"。

1998 年 7 月，为"第七个合理化建议月"。闻喜县电业局成立了以局长为组长的领导组，发动广大职工围绕安全生产、企业管理、班组建设三个方面，以主人翁的态度，开动脑筋，献计献策。

1999 年以前，由于没有设专业管理人员，再加上 QC 活动小组没有被全体职工真正认识，导致效果不佳。1999 年成立了企管办。1999 年 3 月 15 日，闻喜县电业局下发了闻电企发［1999］第 4 号文件，关于《重新认定 QC 小组的通知》，并成立了 19 个 QC 小组，同时对全质管理 QC 小组活动做出了详细的规定：QC 活动是人人参加企业管理工作的一种方式，各小组本着提高企业质量、效益的原则，展开活动；每月最少一次，并做好记录，对积极参加发布的小组进行专项奖励。由于全员参与了企业的民主管理，全面推行质量管理，在很大程度上提高了企业的整体素质和职工的政治、技术业务素质。

2000 年，由于农网改造全面进行，大量的高科技技术随之应用，激发了全体员工的积极性，使 QC 活动有了质的飞跃。

QC 活动成果：

2003 年 12 月，用电 QC 小组的《运用 QC 方法，为用户降损节能》和线路班 QC 小组的《改进 35 千伏绝缘子结构方式》荣获分公司二等奖。

2004 年 4 月，调度光明 QC 小组的《降低 10 千伏 513 市政线故障停电时间》荣获省公司优秀 QC 小组。

2004 年 7 月，西官庄变电站的 QC 小组的《严把设备巡视关，确保设备安全运行》荣获分公司优秀 QC 小组。

2005 年 9 月，西官庄变电站的 QC 小组荣获省公司优秀 QC 小组。

2007 年 11 月，营业班 QC 小组的《运用 QC 方法，提高服务质量》荣获分公司二等奖。

四、企业升级达标

1999 年 6 月 8 日，闻喜县电业局下发了闻电企发［1995］第 5 号文件，关于《"创二星级供电企业实施计划"的通知》，并成立了创一流企业工作领导组。组长由局长担任，副组长由党支部书记、2 名副局长、局长助理担任，领导组下设办公室，主任由企管办主任兼任，成员由办公室主任、桐城供电所所长、通调股长、生技股长、农电股长、财务股长、开发公司经理、安教股长组成。其指导思想为：高举邓小平伟大旗帜，深入贯彻党的十五大精神，全面落实全省电力工作会议要求，以争创一流供电企业为龙头，以安全文明生产为基础，以经济效益为中心取优质服务为宗旨，以创建二星级企业为目标，坚持两手抓，两手都要硬，全面推进改革，深化两个转变，以优异成绩向中华人民共和国成立 50

周年献礼，以崭新的面貌跨入21世纪。1999年底，闻喜县电业局通过了山西省电力公司验收。

五、建设“一流县级供电企业”及“同业对标”

2003年前，闻喜县电业局根据上级建设一流企业的具体要求，按照华北电力集团的《星级供电企业考核标准》，并下发了相关文件，同时制定了相应的实施细则，做了大量的工作，但是建设一流县级供电企业的真正实质阶段还是从2003年做起。

2003年，闻喜县电业局按照《一流县供电企业考核标准》的要求，制定目标，明确责任，自加压力，扎实工作，把“建设一流”贯穿于企业管理和经济活动的全过程。经过全体员工的共同努力，2006年，闻喜县电业局通过山西省电力公司一流县级供电企业的评比验收。

（一）规范基础管理

规范化的管理，是确保各项工作有序进行的重要手段。闻喜县电业局从各项工作入手，按照“程序化、规范化、制度化、明细化”开展日常工作，坚持一流工作日常化、日常工作一流化。

（1）加强基础资料的管理。健全完善规章制度，理顺优化工作流程，把同业对标作为提升企业管理水平的切入点，以同行业先进单位为标杆，寻找自身差距、制定赶超措施、不断改进提高工作质量，对各股室、班组的台账资料进行充实和规范，对14个供电所实行“半军事化”管理，各项工作做到有计划、有安排、有检查、有总结，建立用指标评价工作业绩，用指标考核员工工作的长效机制。

（2）加强科学管理，提高企业现代化水平。为每个办公室、每个供电所配备了电脑，更换办公设施，实现了调度自动化、营销管理自动化和办公自动化，公司所属的8座35千伏变电站和2座110千伏变电站全部实现无人值班。对办公楼、营业厅、会议室和供电所进行视觉识别系统的推广，实行定置管理，积极稳妥地将该系统渗透到企业管理的各个环节，提升了企业形象。

（3）闻喜县电业局严格执行标准化作业指导书，抓设备整治和环境治理，及时对设备进行检修、清扫和治理，确保所有输、变、配电设备达到“四无”，做到设备铭牌标识清楚、线路杆塔编号准确、色标清晰，坚持对生产场所和办公场所进行硬化美化，营造良好的生产氛围。

（4）闻喜县电业局扎实推进“三清理、一规范”工作，控制费用成本，对各股室、供电所的固定资产、电费回收等进行核查，围绕量、费、价、损四个环节，对所有用户进行拉网式营业普查。并做好费用指标的分解与考核，规范招投标的全过程，严格物资进出库手续，将“三大一严”的理念渗透到各项管理中。

（二）加强安全管理

（1）闻喜县电业局坚持“安全第一、预防为主”的方针，摆正安全与效益、安全与服务、安全与其他工作之间的关系，认真贯彻落实安全生产责任制，确定安全生产目标，建立健全安全管理监督检查机制，用“三铁”反“三违”的要求，确保人员零违章，设备零事故，安全生产可控、在控、能控。

（2）闻喜县电业局加强教育培训，提高广大员工的业务技术水平和安全防护意识，积极组织员工开展“安全生产月”和“安康杯”竞赛活动；成立职工夜校，开展素质教育；认真学习省级部门安全生产电视电话会议精神，结合实际制定防范措施，落实“三防”、“十要”；开展事故预想的反事故斗争，树立“大安全”理念，实施“平安工程”。在参加运城供电局组织的“安全知识竞赛”活动中，闻喜县电业局连续两次荣获团体第一名。

（3）闻喜县电业局深入开展状态检修、过夏、过冬“六防”和季节性安全大检查，及时处理各类缺陷，开展设备评级和安全性评价，确保输、变、配电设备安全、可靠、经济运行。

截至2007年6月30日，闻喜县电业局安全生产长周期天数达2560天。

（三）加强电网建设

（1）坚持科学规划，搞好电网建设。闻喜县电业局根据山西省电力公司、运城供电局《电网建设“十一五”发展规划》，从闻喜县城经济的发展实际出发，编写了《闻喜电网发展规划》，超前研究提升电网战略地位的优化布局，研究制定负荷中心的电网布点方案，先后完成6座35千伏变电站的自动化改造和主变增容，2005年新建投运了凹底、柏林两座35千伏变电站和110千伏姚村变电站，2007年，110千伏石门变电站建成投运，同时加快实施双电源建设，截至目前，已有6座35千伏变电站具有两个电源点互为备用。经过积极争取、多方努力、220千伏金鑫变电站于2006年12月建成投入运行，城区配电网实现了“手拉手”供电条件。

（2）闻喜县电业局根据上级指示精神和要求，经过5年的紧张施工，按期完成了闻喜县的农网改造任务。并对农网建设与改造工作进行了“回头看”，从工程的规划设计、工程管理、物资供应到预决算等各个环节进行自查，抽调专人对每项工程、每条线路进行核对。2005年11月，闻喜县电业局代表运城供电局接受了山西省人民政府农网改造验收组的验收。各位专家通过听汇报、看资料、查设备、访用户等方式，一致认为：闻喜县电业局历时5年的农网改造工程标准高、工作细、质量好、底子清，供电环境明显改变，供电可靠性和电源质量显著提高、切实减轻了农民的负担，真正达到了“让政府放心、使群众满意”。

第九章　科 技 与 教 育

第九章 科 技 与 教 育

第一节 科 技 管 理

闻喜县电业局科技工作，早期由于组织机构不健全，再加上科技手段不完善，工作内容相对简单。中共十一届三中全会之后，健全了科技领导组，科技工作逐步展开，有的同志参与科技攻关，有的同志撰写科技论文，并得到上级主管的奖励。进入20世纪90年代后，科学技术在企业发展中的应用更加广泛，先后实现了调度自动化、8座35千伏变电站、2座110千伏变电站实现了无人值班并取得了MIS系统和办公自动化、营销自动化系统以及需求侧管理自动化等科研成果。

一、组织机构及科技队伍

1974年，闻喜县电业局在用电所配备科技兼职负责人，负责全县电力建设工程的设计、规划、测量、勘察、技术施工、检修改造等科技方面工作，以及农村电工的培训工作，这种管理模式一直延续到20世纪80年代末90年代初。

1996年，成立了以局长为组长的科技领导组，办事机构设在生技股。

1999年，由于人事变动，闻喜县电业局根据闻电生发［1999］第19号文件，对科技领导组进行了调整。2000年，为了进一步强化科技管理工作，再次调整了科技领导组，重点是配备了科技专责人。2003年10月28日，闻喜县电业局又充实了科技领导组，设立了科技专责、计算机专责、信息专责。

2004～2007年，科技机构没有变化。闻喜县电业局科技工作管理网络图见图9－1－1。

二、科技活动及成果

闻喜县电业局的科技活动是伴随着电力事业的不断发展而不断开展。虽然没有发明创造，但是小改小革，学、用、赶、超先进科技活动也取得了一定的成果，总的来讲是围绕“线路、计量、设备治理、技术攻关、网络建设”进行的。

（一）设备治理与技术攻关

1966年，运城电网延伸到闻喜。60～70年代，闻喜县电业局组织技术人员从线路改造和表计管理两个方面入手，进行科技攻关。对线路的改造主要是将8号、10号铁丝更换为裸铝线，更换绝缘子。当时闻喜县电业局既没有计量校验设备，也没有专职技术人才，当务之急是表计的校验与安装。技术人员采用了灯泡校表法，自制简易校表台，解决了计量的校验问题。

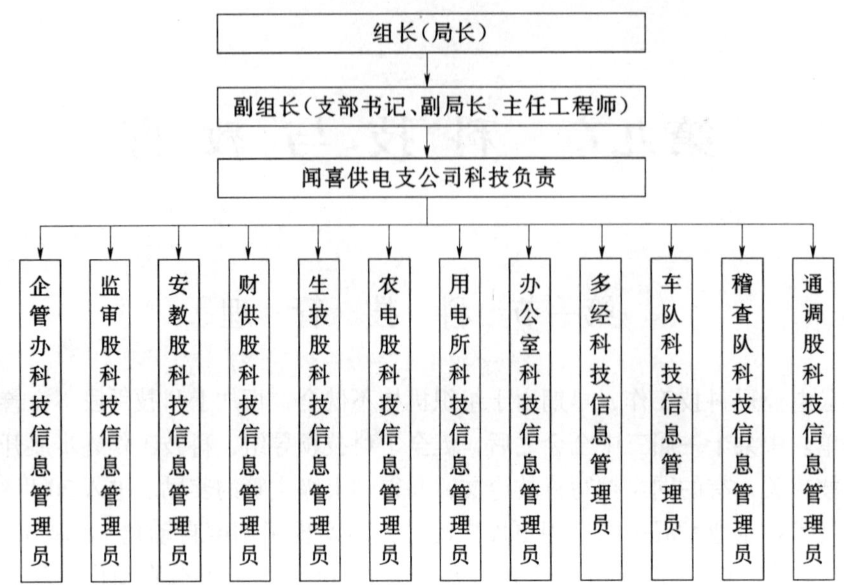

图 9－1－1　2007 年闻喜县电业局科技工作管理网络图

80～90 年代，闻喜县电业局主要进行了设备治理技术攻关，重点对设备进行了改造。1984 年对 35 千伏七里店变电站、阳隅变电站完成了隔离开关操作把手加锁装置的改造，这一成果此后在全县 6 座 35 千伏变电站得以推广。

1985 年，35 千伏河底变电站开始承建，当时闻喜县电业局电气安装技术几乎等于零，局领导采取了“走出去、请进来”的方式，组织修试班人员精心学习，刻苦钻研，绘制出了原理图和安装图，特别是二次保护取得了实质性突破，不仅完成了河底变电站的承建任务，而且为闻喜县电业局变电运行培养了第一批技术人才。

90 年代，局领导又组织科技人员对各变电站的一、二次设备的渗、漏、锈做了专门攻关，经过努力，根治了渗、漏、锈的顽症。

1998 年 4 月，对 35 千伏郭家庄变电站进行了技术改造，将 35 千伏及 10 千伏油开关更换为真空开关，共更换 35 千伏开关 2 台，10 千伏开关 8 台，首次完成了无人值班变电站的改造任务。

进入 21 世纪后，局领导又组织科技人员主攻 35 千伏变电站的设备改造，实现无人值班变电站。

2003 年 4 月，对 35 千伏七里店变电站进行了技术改造，将 35 千伏及 10 千伏油开关更换为真空开关，共更换 35 千伏开关 4 台，10 千伏开关 13 台，并且将原二次设备全部更换为综合自动化设备，实现了无人值班。

2003 年 10 月，对 35 千伏阳隅变电站进行了技术改造，将 35 千伏及 10 千伏油开关更换为真空开关，共更换 35 千伏开关 2 台，10 千伏开关 4 台，实现了无人值班。

2004 年 8 月，对 35 千伏河底变电站进行了技术改造，将 35 千伏及 10 千伏油开关更换为真空开关，共更换 35 千伏开关 2 台，10 千伏开关 9 台，实现了无人值班。

2004年10月，对35千伏裴社变电站进行了技术改造，将35千伏及10千伏油开关更换为真空开关，新增35千伏真空开关4台，10千伏真空开关11台，实现了无人值班。

（二）科技论文

从20世纪80年代起，职工开始撰写论文。论文包括电力调度通信设备运行可靠性、10千伏供电网络线损的改进措施、10千伏高压线路安全、变压器经济运行、农电如何进一步转换经营机制、35千伏站用变交流回路的接线改进、箱式35千伏变电站的推广应用、变电站低压照明的改造和10千伏线路加装故障显示器等方面的内容，并分别获得二、三等奖和优秀奖。

（三）科研项目

进入21世纪后，随着电力事业的高速发展，闻喜县电业局领导十分注重科学项目的研究，积极组织科技人员钻研科技项目，获得运城供电局、山西省电力公司的嘉奖。

2003年，闻喜县电业局的“远程视频会议系统项目”获得运城供电局科技三等奖。

2005年，闻喜县电业局的“用户侧远程监控管理系统”获得运城供电局科技项目一等奖和山西省电力公司科技项目二等奖。

（四）信息化系统

截至2007年，经过全局干部职工的努力，闻喜县电业局实现了调度自动化、变电站无人值班、建立了MIS系统、办公系统实现了自动化、营销自动化系统软件升级、建立了需求侧自动化管理系统、与网通公司合作在家属区建立了小区宽带、计算机开发与应用，并且都取得了明显的业绩。

2003年7月以来，闻喜县电业局网络建设迅速发展，不断更新设备。

第二节　教 育 与 培 训

一、职工教育

20世纪60~70年代，闻喜县电业局的职工教育主要是进行岗位培训。进入80年代后，主要采取文化补课、业务培训、夜校学习、函授教育4种方式。

（一）文化补课

1982年，国家教委提出对各行各业青壮年职工（1945年1月1日以后出生），凡实际未达到初中文化和未经初级技术培训的，都应参加“初中文化”和“初级技术”补课的规定。闻喜县电业局20余名中青年职工脱产补课三个月，学习完毕后统一考试，成绩合格者承认原文凭，不合格者不承认原文凭。

2000年，闻喜县电业局选派男、女职工（男职工45周岁及以下者，女职工40周岁及以下者）30余名同志参加了山西省电力公司在大同电力高级技工学校组织的脱产学习。

（二）业务培训

1982年，闻喜电业局的22名同志，参加了运城地区电业局组织的“职工技术普测”培训。

1983～1984年，运城地区电业局统一组织初级文化水平的30名职工，分批在运城电力职工学校进行了脱产文化补课。

1986～1989年，为了巩固“补课”的成果，闻喜县电业局组织20余人参加运城地区电业局举办的初级工培训。培训对象主要是学徒工、复转军人、三级工以下的青年工人。学习的课程有《电工基础》、《农村供用电安全技术》、《农村架空输配电线路运行和维护》、《变压器和开关设备》、《电气测量和电工仪表》、《屋内布线和民用电器》、《电动机和起动设备》等，同时，又补派2名职工进大专院校进行深造。

1990年，电业局组织了班组长等22人，参加了运城地区电业局举办的两期岗位培训，主要授课教材有《电业安全工作规程》、《线损手册》、《实用供电手册》、《农村电工手册》等10个专业教材，文化课程有中学数学、中学物理、中学化学等。

1991年，随着企业改革的深入发展，闻喜县电业局对职工重点加强了企业道德教育，目的是让职工涌入到市场经济竞争的潮流中。同时，为了保证企业安全发展，营造良好、和谐的安全氛围，重点对职工家属进行了安全知识教育，以达到“亲人叮咛、情感回应”的目的。

1994年，闻喜县电业局组织全体职工学习运城地区电业局编印的《供电职工职业道德教育》一书，学习了水利电力出版社出版的《用电营业管理》等用电培训教材。

1997年8月7日，运城地区电业局制定出《普及中等职业技术培训管理办法》。8月19日，对闻喜县供电局的8名初中及以下水平的职工进行了为期一年的培训。

1999年，派3人参加了“农网继电保护试验培训理论”的学习。

2000年，选派男、女职工（男职工年龄不超过45周岁，女职工不超过40周岁）50名参加了运城供电分公司组织的“职工轮训”。

2005年6月6日，闻喜县电业局根据运供电字［2005］第43号文件，启动了“员工素质教育工程”，同时制定了《员工基础素质教育管理办法》和《员工素质教育考核细则》。

2007年，根据运城供电局的安排，闻喜县电业局11名复转军人先后在临汾电力技校参加了脱产培训学习。

（三）职工内部教育

2005年6月8日，闻喜县电业局做出了开办职工夜校的决定，职工夜校制定了相应的学习内容和制度与纪律。

（四）函授教育

1994年以前，闻喜县电业局职工具有大专以上学历者只有9人。1995年以后，局领导把提高职工的文化水平作为强化职工素质的重中之重，积极引导鼓励职工参加各类成人教育，选择报考与专业对口的大专院校，截至2007年，全局已有2人获得了大学本科学历，72人获得了大学专科学历。

二、岗位培训

（一）上岗前培训

60～70年代，闻喜县电业管理所成立后，岗前培训的主要对象是对农村电工和学徒工的培训学习。经过业务技术培训后，使之成为农村电气化建设中的主力军。

为适应闻喜县国民经济的发展，电力工业急需一支政治合格、技术过硬的队伍。1973年，运城地区做出了进一步加强对学徒工的管理规定，闻喜县电业局根据这些规定，对30名学徒工进行了培训上岗，先后对22名复转军人进行了岗前的培训，上岗后并由老职工做好传、帮、带。

1992年，闻喜县电业局的培训计划和考核方案要求各股室、班、站要根据培训计划内容按时进行培训，并制定出奖励规定。

1992年7月15日，闻喜县电业局对各大用户的用电管理人员进行了为期5天的“触电现场急救培训”。

截至2007年，闻喜县电业局都要在春、秋两次迎峰检修前，对全局职工进行安规培训和考试。

（二）生产岗位培训

20世纪60年代，闻喜县电业管理所成立之后，在每年的3月，对各个生产大队的电工进行培训，内容主要有《安全用电常识》。

70年代期间，每年都在县供电局举办1～2次在岗职工业务培训。培训形式分理论讲授和实践操作。讲授的内容主要有《农村电工手册》、《怎样装修电灯》、《电工基础》、《怎样使用和维护电动机》等。

1983年12月起，根据山西省电力工业局和运城地区电业局对生产培训的具体规定，在每年的春检前，对各级生产人员及有关领导干部均进行《电业安全工作规程》以及工作票、操作票的培训和考试。农村电工及企事业单位的电工，也同时参加每年的培训和考试。

1985年，农电股成立后，每年对农村电工和厂矿企事业电工的培训，农村电工由农电股组织培训，厂矿企事业用户电工由用电所组织进行。

1989年，股级以上干部参加了运城地区电业局组织的全面质量管理知识培训与考试。

1993年8月5日，为了能熟悉掌握各种电表的性能、用途和使用方法，对全局员工进行了一次培训。

1997年，为了提高员工素质，制定了全员培训管理办法，采取集中培训和班组培训相结合，以班组为主；集中辅导和个人自学相结合，以自学为主；培训内容包括电气基础、微机基础，安全教育等，并规定了每个员工培训后必须参加考试考核。

2000年，有130人次参加了运城供电分公司组织的各项培训。培训的项目主要有：年度安规考试及安全资格证复审、基层培训员业务知识培训、中层干部工商管理知识培训、管理干部微机应用培训、用电营销人员微机应用培训、农网运行专业培训、可靠性管理新软件培训、线损管理新软件培训、班组长培训、无人值班变电站管理工作培训、微机防误闭锁装置培训、主网检修专业培训、直流系统培训、高压技术培训、继电保护专业培训及主网变电运行技术比武等。

2004年，闻喜县电业局在礼元供电所举办“用电高峰话安全”有奖知识问答、安全知识竞赛、生产人员低压两票培训班等活动，促进了员工学技术的热情。

2005 年 6 月，为了建设高素质的职工队伍，适应闻喜电力发展的需要，启动了员工素质的教育工程。职工通过基础素质教育，培养“科技兴企”的良好学风，基础素质教育是一项长期的、循序渐进的工程，为了搞好此项工作，闻喜县电业局制定了详细的培训目标、管理办法和考核细则，使培训工作真正达到提高员工业务综合实力的目的。

2005 年 10 月，对生产人员进行了为期 3 天的新安规、新两票培训，组织了一次全局性事故演习。11 月近 200 人参加了运城供电局举办的“技能鉴定”。

2006 年 10 月举办了调度、巡检、修试、线路、桐城供电所反事故演习，提高了各班组分析和处理事故的能力。

2006 ~ 2007 年，厂矿企事业单位用户的电工均由运城供电局职工学校组织培训，并建立了运城供电局、闻喜县电业局、厂矿企业三级培训网络。

（三）职业技能鉴定

根据全国电力行业及山西省电力公司的规定，2005 年是全国电力行业全面实施资格准入的第一年。闻喜县电业局根据上级指示精神，于 10 月 12 日做出了《关于 2005 年度职业技能鉴定工作的安排》，全面落实职业技能鉴定准入制度。制度规定：从 2005 年起，没有取得国家职业资格证书的人员，不得从事电力行业特有的 88 个岗位和 90 个通用工种岗位。已经取得资格证书的人员，要按从业岗位对技能水平的等级要求，参加竞聘上岗、兑现工资收入。

第十章　生活后勤与多种经营

第十章 生活后勤与多种经营

闻喜县电业局自成立以来，非常关心职工的生活。但是，在1976年以前由于当时的客观条件限制，职工的生活、办公设施条件一直处于60年代后期的状况。1976年，建成了第一座单面生产营业办公楼，办公条件得到了改善。1987年将原单面生产营业办公楼改造为双面，办公条件得到了很大改善。2002年，建设了生产调度大楼，从根本上改变了职工的办公条件。在1987年以前职工的宿舍与办公室合二为一，从80年代起就开始着手职工住宅建设。截至2007年，全局共建设职工住宅楼4栋，建筑面积达1.45万米^2，使职工的生产、生活环境有了很大的改善。

闻喜县电业局的多种经营是在党的十一届三中全会以后，遵照“一业为主、多种经营”的指导方针，本着安置职工子女待业青年、安置企业富余职工；服务于生产，服务于生活，服务于全社会的宗旨，逐渐发展壮大。

1986年11月，为了扩大发展第三产业，广开社会青年就业门路，闻喜县电业局在原知青商店的基础上，成立了劳动服务公司。经营上实行独立核算，自负盈亏。

第一节 生 活 后 勤

一、生产建筑

（一）生产营业办公楼

1976年11月13日，开始动工兴建生产营业办公楼，由河津县小梁建筑公司施工队施工，于1977年10月31日竣工投入使用。总建筑面积1767米^2，总投资24.95万元。

1987年5月20日，根据运地电计发［1987］第40号文件，投资26.7万元，将原单面营业办公楼改建成双面营业办公楼。其中，改双面340米^2，费用6.8万元；改造营业厅102米^2，费用3.5万元；原营业办公楼续建520米^2，费用12.4万元；原营业办公楼的加固费用3万元；整个楼面装饰费用1万元。1987年7月1日竣工使用，至此，生产营业办公楼总建筑面积为0.26万米^2。

1990年，为了运行多种经营，安置本单位职工子女就业，经党政领导联席会议研究决定将生产营业办公楼的底层894米^{2}全部无偿调拨给劳动服务公司。

2003年，随着生产调度大楼的投入使用，原生产营业办公楼整体移交给开发公司使用。

（二）变压器检修车间

1981年1月，在机关三院北侧建设了变压器修理车间，建筑面积为169.8米^2，总投资1.85万元。2002年，随着生产调度大楼的动工兴建被拆除。

（三）知青商店

1983年，闻喜县电业局在机关前院西侧修建了知青商店，建筑面积230米^2，总投资2.1万元。

（四）修试楼

1987年12月，闻喜县电业局在三院西侧建设了两层修试楼，建筑面积为320米^2，总投资3万元。同年，闻喜县电业局又建设了小车库，建筑面积48.5米^2，投资0.78万元。2001年，随着生产调度大楼的动工兴建被拆除。

（五）会议办公楼

1987年12月，闻喜县电业局在机关前院东侧新建二层会议办公楼，由河津县小梁建筑工程公司施工，建筑面积364.8米^2，于1988年12月投入使用，总投资8.5万元。2003年，随着生产调度大楼的建成，移交给开发公司使用。

（六）车库综合楼

1989年，闻喜县电业局在机关二院新建了一座两层车库综合楼，由河津县施工队施工。其中一层为汽车库，建筑面积为344.6米^2，投资3.58万元；二层为单身宿舍，投资3万元。该楼总建筑面积为689.2米^2，总投资65284元。2001年，随着生产调度大楼的动工兴建，原车库综合楼被拆除。

（七）城市供电站

1990年，闻喜县电业局在机关前院东侧建设了城市供电站，建筑面积为67.5米^2，总投资6600元。2001年，随着生产调度大楼的动工兴建，原城市供电站被拆除。

（八）生产调度大楼

2002年，根据闻喜县人民政府、闻政办发［1999］第7号文件，闻喜县电业局经山西省电力工业局、运城供电局的批准，由河南省三门峡市建筑设计院设计，山西晋投监理公司晋南分公司监理，山西省宏图建筑公司晋南分公司施工，距太风东路37号临街25米处建造了一座2400米^{2}的生产调度楼，工程造价800元/米^2，总计投资192万元。

二、职工住宅

1974年，闻喜县电业局建成家属宿舍200米^2，投资1.6万元。

1983年9月13日，根据运地电计字［1983］第827号文件，闻喜县电业局投资2万元，建成单身宿舍200米^2。

1985年3月20日，闻喜县电业局为解决县局仅剩12户住房的问题，根据闻电字［1985］第3号文件，在局现有家属院的西侧，新建二层简易家属楼，建筑面积400米^2，单位造价120元，总投资4.8万元。

1985年8月16日，闻喜县电业局根据闻电财字［1985］第15号文件，为解决县局家属宿舍不足的困难，在苗圃申请征购土地三亩六分，建筑家属宿舍850米^2，并向闻喜县建委付款6500元，职工集资7万元。

1993年2月，闻喜县电业局建设1号住宅楼，建筑面积2646米^2，住户27户。

1999年1月4日，局务会研究决定，建设2号、3号职工住宅楼。其中：2号住宅楼3480米^2，住户30户，3号住宅楼4320米^2，住户40户，2000年投入使用，共解决了70户职工住房问题。此时，已为97户职工解决了住房问题。

2003年，闻喜县电业局又为职工建设了4号住宅楼，建筑面积4050米^2，解决了30户职工住房问题。

截至2007年，闻喜县电业局已全部解决了职工住宅问题，职工户均一套住房。职工住宅楼室外设施的修缮与管理由闻喜县电业局负责，房屋的修缮与管理由职工本人负责。

三、物业管理与房屋修缮

（一）物业管理

物业管理分三部分：一是机关住宅区；二是闻喜县苗圃住宅区；三是闻喜县工具厂住宅区。苗圃住宅区、工具厂住宅区随社会物业管理，机关住宅区（又称电业局家属院）由闻喜县绿源物业公司管理。

1985年，闻喜县电业局成立了物业管理领导组，后经不断的发展、完善，一直发展到文明小区的综合治理。

进入20世纪90年代后，随着家属区的建设，为了搞好物业管理，闻喜县电业局将物业管理委托给闻喜县绿源物业公司管理，使物业管理走向市场化。为了建设安全文明小区，闻喜县电业局同时成立了社会治安综合治理领导小组、社会治安综合治理领导小组办公室、矛盾纠纷排查调查处理领导组三个领导组。并制定了法制教育制度、综合例会制度、目标管理制度等十种管理制度。

（二）房屋修缮与更新

1983年7月25日，根据运地电计字［1983］第262号文件，闻喜县电业局投资2万元，新建材料棚库250米^2。

1984年，县电业局对库房进行了大修，修房子12间，打院基地面650米^2，垒砖墙130米^2，盖门市部4间，汽车库改墙2间，投资3万余元。

1986年7月24日，根据运地电财字［1986］第13号文件，闻喜县电业局投资1.12万元，对家属宿舍四排560米^{2}添椽、檩进行翻修，重新裱顶棚。

1986年12月26日，根据运地电财字［1986］第22号文件，对小灶房进行了翻修，投资1万元。

1988年，根据运地电计［1988］第79号文件，闻喜县电业局投资29.7万元，对局生产营业楼进行了改造。

1991年，根据运地电财发［1991］第33号文件，对城市供电站屋顶渗漏进行三油两毡大修处理（含隔热层），总共83米^2，投资0.29万元。

1997年7月，根据运地电财发［1997］第16号文件，投资3.5万元，对办公楼的屋面进行大修，其大修内容是对办公楼屋面拆除原防水层，补修找平层，做 SBS 防水层 320 米^2。

2005 年 12 月 10 日，根据运供电财字［2005］第 28 号文件，闻喜县电业局投资 10 万元，对机关围墙进行大修 250 米^2，排水沟大修 250 米。

截至 2007 年，闻喜县电业局的公共房屋及设施维护管理均由机关负责。从 1983 ~ 2007 年闻喜县电业局对公共房屋及设施共进行了 8 次修缮与更新，总投资 50.61 万元。

四、土地使用

截至 2007 年，闻喜县电业局土地使用总面积约为 13.31 万米^2，其中机关办公大院占地面积 0.9 万米^2，职工住宅占地面积 0.85 万米^2，35 千伏变电站（含两个座所合一站）占地面积 23872.25 米^2，110 千伏变电站占地面积 2.91 万米^2，220 千伏变电站占地面积 5.62 万米^2，供电所占地面积 0.64 万米^2。

闻喜县电业局土地占用及建筑面积统计详见表 10 - 1 - 1。

表 10 - 1 - 1　闻喜县电业局土地占用及建筑面积统计表　单位：米^2

<table>
<tr><th colspan="2" rowspan="2">单位名称</th><th rowspan="2">占地面积</th><th colspan="2">建筑面积</th></tr>
<tr><th>小计</th><th>其中</th></tr>
<tr><td colspan="2" rowspan="7">支公司办公大院</td><td rowspan="7">9007.117</td><td rowspan="7">5831.8</td><td>生产调度大楼 2400</td></tr>
<tr><td>开发公司办公楼 364.8</td></tr>
<tr><td>沿街办公楼 2627</td></tr>
<tr><td>简易汽车库 120</td></tr>
<tr><td>门卫房 30</td></tr>
<tr><td>修试车间 60</td></tr>
<tr><td>知青商店 230</td></tr>
<tr><td colspan="2" rowspan="8">职工住宅</td><td rowspan="8">8468.709</td><td rowspan="8">16197.75</td><td>灯光篮球场 552.25</td></tr>
<tr><td>灯光门球场 549.50</td></tr>
<tr><td>1 号家属住宅楼 2646</td></tr>
<tr><td>2 号家属住宅楼 3480</td></tr>
<tr><td>3 号家属住宅楼 4320</td></tr>
<tr><td>4 号家属住宅楼 4050</td></tr>
<tr><td>职工之家与多功能会议室 540</td></tr>
<tr><td>锅炉房 60</td></tr>
<tr><td rowspan="5">35 千伏变电站</td><td>阳隅变电站</td><td>2533</td><td colspan="2">93</td></tr>
<tr><td>七里店变电站</td><td>4548.36</td><td colspan="2">103</td></tr>
<tr><td>河底变电站</td><td>2866</td><td colspan="2">300</td></tr>
<tr><td>裴社变电站</td><td>2265</td><td colspan="2">440</td></tr>
<tr><td>礼元变电站</td><td>1732.99</td><td colspan="2">150</td></tr>
</table>

续表

<table>
<tr><th colspan="2" rowspan="2">单 位 名 称</th><th rowspan="2">占地面积</th><th colspan="2">建 筑 面 积</th></tr>
<tr><th>小计</th><th>其 中</th></tr>
<tr><td rowspan="3">35 千伏变电站</td><td>凹底站所合一</td><td>3794. 14</td><td colspan="2">150</td></tr>
<tr><td>郭家庄变电站</td><td>2759. 76</td><td colspan="2">286</td></tr>
<tr><td>柏林站所合一</td><td>3373</td><td colspan="2">73</td></tr>
<tr><td rowspan="4">110 千伏变电站</td><td>西官庄变电站</td><td>10180</td><td colspan="2">500</td></tr>
<tr><td>姚村变电站</td><td>3055. 25</td><td colspan="2">336. 49</td></tr>
<tr><td>石门变电站</td><td>3800</td><td colspan="2">200</td></tr>
<tr><td>东镇变电站</td><td>12073. 937</td><td colspan="2">300</td></tr>
<tr><td rowspan="2">220 千伏变电站</td><td>金鑫变电站</td><td>26800. 13</td><td colspan="2">350</td></tr>
<tr><td>闻喜变电站</td><td>29421. 471</td><td colspan="2">400</td></tr>
<tr><td rowspan="10">10 所供电所</td><td>西官庄供电所</td><td>1161</td><td colspan="2">143. 6</td></tr>
<tr><td>郭家庄供电所</td><td>696. 42</td><td colspan="2">363. 5</td></tr>
<tr><td>神柏供电所</td><td>655</td><td colspan="2">531</td></tr>
<tr><td>侯村供电所</td><td>487</td><td colspan="2">700. 3</td></tr>
<tr><td>礼元供电所</td><td>532</td><td colspan="2">246. 54</td></tr>
<tr><td>东镇供电所</td><td>345</td><td colspan="2">1135. 84</td></tr>
<tr><td>后宫供电所</td><td>1020</td><td colspan="2">306. 71</td></tr>
<tr><td>裴社供电所</td><td>225</td><td colspan="2">342. 4</td></tr>
<tr><td>河底供电所</td><td>600</td><td colspan="2">420. 16</td></tr>
<tr><td>桐城供电所</td><td>655</td><td colspan="2">821</td></tr>
<tr><td colspan="2">合 计</td><td>133055. 284</td><td colspan="2">30722. 09</td></tr>
</table>

五、职工福利

（一）职工食堂

1981 年 12 月，职工食堂投资 2. 51 万元建设房屋 7 间，其中 1 间为灶房，6 间为饭厅，建筑面积为 198 米^2。食堂设备有饭桌、板凳、碗柜、压面机、冰箱等。1995 年，1 号家属住宅楼建成投入使用后，职工食堂随之停办。

2004 年，随着局领导干部的异地交流和大专院校学生的分配，闻喜县电业局为了解决外地工作人员的生活问题，又成立起职工食堂。共用房屋 3 间，其中 1 间为灶房，2 间为饭厅，并配备了煤气灶、电磁炉、电冰箱、餐桌、餐凳。

（二）医疗卫生

1984 年之前，职工看病的药费实报实销，医疗药费严重超支。

1985 年，闻喜县电业局研究决定，职工每月在工资中增加 10 元，作为职工不需住院的药费包干，即平时零购药品超出 10 元钱的部分自负，职工住院治病的药费仍实报实销。

1987 年，闻喜县电业局研究决定，住院看病的药费报销改为 90%，10% 自负。并扣除本月的包干药费 10 元。凡要住院看病者，须提前向单位领导提出申请，领导同意后，在指定医院看病，否则不予报销药费。若需要往上一级医院转院，必须由制定医院的建议，否则不予报销药费。

1997 年，山西省电力公司以晋电劳字［1997］第 59 号文件，下发《山西省电力公司企业职工医疗保险制度改革实施办法（试行）》。闻喜县供电局开始实行医疗保险。该试行办法规定：以单位工资总额的 10% 提取作为单位医疗费用，其中 6.5% 用于基本医疗保险，其余部分用于建立企业补充医疗保险。

2002 年 9 月 11 日，闻喜县电业局执行晋电社保发［2002］第 6 号文件精神，还强调按照属地原则参加基本医疗保险，省电力企业参加省直管单位基本医疗保险，有利于电力企业的稳定和发展。

2004 年 6 月 9 日，山西省电力公司社会保险事业管理局，下发晋电社保发字［2004］第 8 号文件，即《山西省电力企业职工基本医疗保险实施办法》，职工医疗保险按此文执行。

2005 年，职工医疗保险依然执行晋电社保发［2004］第 8 号文件规定。

2007 年 4 月 12 日，根据运城供电分公司运电人资函［2007］第 37 号文件，从当月起，企业补充医疗保险基金提取比例由 3.5% 调整为 15%（医疗保险基金企业提取比例由上年工资总额的 10% 调整为 8%）。

闻喜县电业局计划生育工作隶属于闻喜县经贸局计划生育领导组。

（三）生活设施

1981～1984 年，对局周围的生活设施：下水道、柏油路、锅炉房进行了完善与修复。

1986 年，更换了家属院自来水管主管道和安装水电，建设家属院各住户间的围墙。1987 年，对 1.5 吨卧式锅炉进行大修，并更换了部分管道、各种阀门气压泵以及刷防锈漆。1988 年，硬化了机关地面。1988 年，解决了职工生活用水的问题。1990 年，对县电业局 8 间修试车间大修，并为阳隅变电站做了打井配套工作。同年，家属院南护坡石块堆砌为梯形状，家属院东下水道修至与街道下水道连接处，并对家属院厕所进行了翻修和取暖锅炉及烟囱进行更换。1991 年，对西厕所护坡及围墙进行大修。1992 年 9 月，为七里店变电站打吃水井。1996 年，闻喜县电业局修理会议室、办公楼，更换生活水管。1997 年 7 月，对锅炉进行大修。1998 年 8 月，城市公用变增容，新增 250 千伏·安配变一台，供电业局机关用电。1999 年，给机关办公室安装空调。

截至 2007 年，闻喜县电业局为了改善职工生活设施，共对职工生活设施进行了 19 次维修与更新，总投资约 65.71 万元。

六、车辆与交通管理

闻喜县电业局根据业务范围的不断变化和工作量的不断加大而购置交通工具。交通工具的购置可分为：摩托车和汽车两个阶段。

（一）车辆购置

1. 摩托车

1979～1982年11月25日，闻喜县电业局共购置了7辆摩托车，分别为：上海幸福二轮摩托车1辆、南京红邮后三轮摩托车1辆、上海幸福二轮摩托车2辆、扬子江-750偏斗摩托1辆、幸福-250红绿各一辆。

2. 汽车

1976～2007年，闻喜县电业局共购置了25辆汽车，工具车13辆，旅行车5辆，轿车3辆，吉普车2辆，皮卡1辆，客货车1辆。2007年闻喜县电业局机动车辆登记表见表10-1-2（表中车辆燃油均为汽油）。

表10-1-2　2007年闻喜县电业局机动车辆登记表

序号	车牌号码	车辆类型	颜色	使用部门	上户时间（年．月．日）	发动机号	车架号
1	晋M22034	旅行车	银灰	局办	1990.6.30	997002170	017453
2	晋M02346	皮卡	银灰	局办	1996.9	815154	9601818
3	晋M11277	吉普	银灰	局办	1997.5.7	8604	007852
4	晋M19093	工具	白	农电	1998.4.14	9802587	9802587
5	晋M21439	工具	绿	农电	1999.4.14	1071411	1071411
6	晋M02388	轿车	黑	开发公司	2000.1	0275130	060700
7	晋M28277	旅行车	红	局办	2000.12	997007053	037045
8	晋M28986	轿车	金灰	局办	2001.3.16	000215	142792
9	晋M29617	工具	银灰	开发公司	2001.5	103600195	017744
10	晋M90237	轿车	银灰	局办	2001.12.5	74499	312106082
11	晋M24863	工具	银灰	农电	2001.12.18	Y0100044A	1001116
12	晋M3396	旅行车	白	局办	2002.3.5	SAF0775	819000617
13	晋M33834	工具	银灰	农电	2002.3.20	201001734	122004027
14	晋M33704	工具	银灰	农电	2002.3.20	201001734	122004030
15	晋M233843	工具	灰	农电	2002.3.20	201005616	22005967
16	晋M42066	旅行车	黑	局办	2003.3.26	101224	011311
17	晋M50789	吉普	银灰	局办	2003.4.16	QT1417	835305103
18	晋M45445	工具	白	农电	2003.7.22	305020860	232017807
19	晋M45394	工具	黑	农电	2003.7.22	3050200785	32017800
20	晋M45497	工具	银灰	农电	2003.7.22	306380088	732017916
21	晋M45486	工具	黑	农电	2003.7.22	305022387	432017100
22	晋M45377	工具	银灰	农电	2003.7.22	306379933F	232017922
23	晋M45431	工具	银灰	农电	2003.7.22	306380122F	432017730
24	晋M50091	客货	银灰	桐城站	2003.12.17	310392442F	232050029
25	晋M50699	旅行车	银灰	局办	2003.12.30	330713	X3K072476

（二）交通管理办法

1. 车辆调度

1999年以前，各股室办公或私人用车都由局长批准方可使用。随着业务的不断扩大，车辆的增多，从1999年起严格车辆调度：在闻喜县范围内用车，带车人必须持《用车申请单》经股长同意签字，再由分管经理批准，最后到车队由车队调度员按申请单开具派车单后，车辆方可驶出大门；在闻喜县境外用车必须由经理批准后，用车人持《用车申请单》到车队派车。星期天原则是一律封车，若有特殊情况，必须经局长批准后方可用车；节假日车辆一律封存，除生产用车外，任何人不得使用车辆。

2. 管理制度

1991年1月20日，闻喜县电业局组织了《交通安全竞赛活动》，制定了措施，一是认真执行运城地区电业局下发的《交通安全管理办法》。局长在2月2日的职工大会上传达学习了《交通安全管理办法》，教育全体员工提高认识，实现全员管理；组织全体机动车辆驾驶员在每周五的16～18时，统一学习《交通安全管理办法》；成立了由局长为组长，办公室主任、车队队长为副组长的安全管理领导组，具体日常工作由办公室主任负责；各股长为各股室的交通安全第一责任者。二是车辆管理。车辆调度由办公室主任负责，并制定车辆管理制度；车队每周进行一次安全活动，并做好记录；每季度进行一次交通安全考核，领导组成员全体参加，办公室负责召集；每月车队进行小结，由办公室组织；修订出车管理制度、考核制度；各种活动认真做好记录，季报表由办公室如实按时上报。三是交通安全竞赛办法、考核内容，执行地区供电局《交通安全管理办法》中的规定。四是奖惩。对车辆驾驶员和交通安全管理有成绩的人员，按季进行考核评比，并以物质或荣誉奖励；对交通安全马虎的驾驶员和管理人员，按季进行处罚；年终除去上级组织的交通安全竞赛奖罚外，本局认真进行一次总结，另行奖惩；奖惩条件，执行上级和交通部门的有关规定，奖惩制度由劳资上制定执行。

2003年12月8日，成立了交通安全管理组织机构，组织全体司机认真吸取教训，对照本单位、对照自己的交通安全工作，寻找差距和不足点，进一步强化交通安全工作。

2005年根据运城供电分公司运供电传字［2005］第1号文件，为了进一步加强安全管理，又制定了4条规定：严格执行节日车辆封存制度，收回车辆钥匙并妥善保管，不得明封暗用；严格执行派车制度，车辆外出必须向门卫交付出门证，门卫对无出门证的车辆不得放行，对没有办理派车手续擅自出车的驾驶员要追究责任，门卫要负连带责任；驾驶员必须严格遵守新的《交通安全法》和行车“八不准”的规定，严禁酒后驾车，严禁将车辆交给他人驾驶（包括本单位的正式驾驶员），严禁疲劳驾驶，严禁开快车，严禁私自出车，严禁有故障车辆上路；支公司所属城镇、乡镇供电所及开发公司的车辆和驾驶员（包括兼职驾驶员），都必须服从支公司的车队统一管理。

闻喜县电业局从有车辆之日起，每年都要参加闻喜县公安局交警大队组织的机动车辆检验及驾驶员审验。凡检验不合格的车辆一律停止行驶，凡不参加学习、考试或考试不及格的驾驶员一律不准驾驶车辆。

2006年，闻喜县电业局又重新调整了交通安全管理组织机构，制定了新的交通安全管理目标；“杜绝特大、重大交通事故的发生，严格控制并减少了一般事故，行车万里人身无伤，财产损失力争为零”，并制定了目标保证措施：坚决认真执行运城供电局制定的交通事故考核标准奖惩办法和实施细则；积极投入全省电力系统交通安全竞赛活动，一切按照上级要求严肃认真，有始有终；每周一为安全活动日，全体驾驶员务必按要求集体进行交通安全活动，认真学习安全法规，交通安全报、事故通报、座谈讨论本周行车安全情况，做到警钟长鸣，居安思危；按照规定及时检修保养车辆，使车辆时刻处于良好状态，绝不允许驾驶有病态的车；凡属无证驾车、酒后开车，未经许可私自开车者，发生交通事故后，一切经济损失由肇事者自负，并按有关法规严肃处理。

3. 车辆大修

为了确保生产、办公用车的安全，闻喜县电业局定期对车辆进行保养和大修、更新等。

为了节省车辆大修费用，1993～2007 年闻喜县电业局对将要大修的车辆及时估价拍卖。

第二节　多　种　经　营

一、机构沿革

1982 年 5 月 14 日，闻喜县电业局决定成立知青商店。1986 年 11 月 10 日，知青商店更名为闻喜县电业局劳动服务公司。1991 年，根据运城地区电业局运地电人劳发［1991］第 54 号和多经发［1991］第 4 号文件精神，闻喜县电业局劳动服务公司转为城镇集体企业。同年，成立电力安装工程队。1993 年，按照“电为核心、多种产业、三大支柱、协调发展”的多种经营 16 字方针，闻喜县电业局下发闻电［1993］第 003 号文件，经党政联席会议决定，成立多种经营领导组，由局长任领导组组长，分管副局长任副组长，领导组下设办公室（简称多经办）。多经办是职能管理部门，劳动服务公司是经营实体，多经办主任由劳服公司经理兼任。多经办与劳动服务公司为一套班子两块牌子。1997 年 3 月 25 日，根据运城地区电业局运地电多经处［1993］第 34 号文件精神，劳动服务公司成副科建制，经理开始享受副科级待遇。2000 年 2 月 23 日，劳服公司更名为电力开发公司。2003 年起，闻喜县电业局下设多经职能管理机构，由分管副局长负责管理多种经营。

2007 年闻喜电力开发公司组织机构图见图 10－2－1。

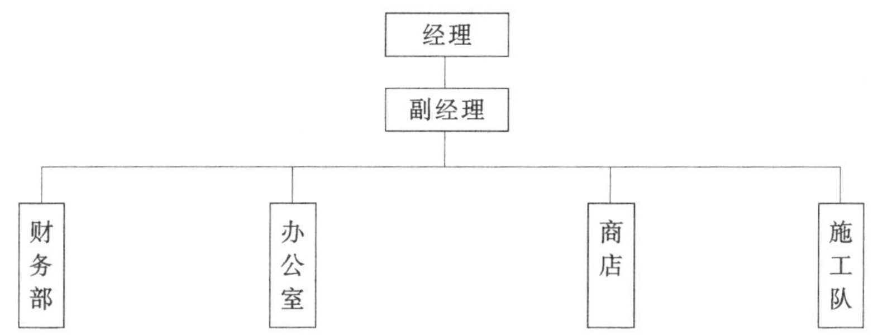

图 10－2－1　2007 年闻喜电力开发公司组织机构图

二、队伍

闻喜县电业局知青商店成立之日起，人员安置以职工子弟为主，解决职工子弟临时就业问题，经过历次改革后，其人员由全民职工和大集体职工组成。但是，人员进出变动需经闻喜县电业局领导批准，并报上级部门备案。

1991～2007年闻喜县电力开发公司职工人数、工资、奖金统计表见表10－2－1。

表10－2－1　1991～2007年闻喜县电力开发公司职工人数、工资、奖金统计表

年份	职工人数					工资总额（万元，含奖金）
	合计（人）	全民职工		大集体职工		
		人数	其中：女职工	人数	其中：女职工	
1991	15	8	2	7	2	2
1992	15	7	2	8	6	2.6
1993	15	7	2	8	6	6
1994	28	19	2	9	6	11.25
1995	25	16	2	9	6	14.12
1996	25	16	2	9	6	15
1997	20	13	1	7	6	11.4
1998	25	14	1	11	6	9
1999	25	14	1	11	7	13
2000	48	36	1	12	7	52
2001	71	59	5	12	7	77.7
2002	71	59	11	12	7	91.2
2003	47	35	6	12	7	61.7
2004	47	35	4	12	7	70.2
2005	34	22	4	12	7	69.6
2006	38	26	3	12	7	103.7
2007	38	26	3	12	7	110

三、生产经营

随着多经事业的发展，服务公司的业务不断发展变化，但所有经营者执著拼搏，始终坚持“独立核算、自主经营、自负盈亏”的原则，经历了从无到有，从小到大，从弱到强的发展之路。

1982年，成立知青商店，开创了闻喜供电企业多种经营的先河。面向社会经营，知青商店实行门市部经理负责制，独立经营的管理模式。知青商店主要经营水利电力部规定

的13种电工产品，成为全县电力系统第一个对外销售电力物资的窗口。当年完成总产值17万元，实现利润0.8万元。

一直到1993年，多经业务没有变化。闻喜县电业局实行行政财务统一管理。对各单位采取定人员、定任务、定经营额、定利润，实行人员统一调配、统一安排、财务统一考核管理、工资统一发放的管理制度。

1995～1998年，由于市场经济大潮的冲击，开发公司连续4年出现亏损，4年完成总产值601.7万元，利润亏损14万元。通过4年的拼搏，使开发公司的全体员工适应了市场经济的发展规律。1999年完成总产值482.5万元，实现利润0.1万元，实现了扭亏为盈。2000年完成了总产值1231万元，是1999年的2.5倍；利润2.8万元，是1999年的28倍。

2006年，总产值达1050万元，比2005年增长128.8万元，实现利润34.9万元。

截至2007年，总产值达930万元，实现利润35万元，比2006年增加0.1万元。

1982～2007年闻喜电力开发公司产值利润统计表见表10－2－2。

表10－2－2　1982～2007年闻喜电力开发公司产值利润统计表　单位：万元

年份	总产值	利润	年份	总产值	利润
1982	17	0.8	1995	211	-2.3
1983	57.9	1.2	1996	194	-1.3
1984	56.7	2.6	1997	118	-9
1985	53.7	3.7	1998	78.7	-1.4
1986	61.8	3.8	1999	482.5	0.1
1987	62.3	4	2000	1231	2.8
1988	63.3	4.4	2001	493.2	34.8
1989	59.7	3.9	2002	942	168
1990	51	2.8	2003	836	47
1991	53.6	0.1	2004	848.4	38.3
1992	81	1.29	2005	921.2	39.2
1993	145	8.4	2006	1050	34.9
1994	168.6	9.9	2007	1051	35

四、主要经营单位简介

（一）电器门市部

电器门市部主要经营五金电工器材、输配电控设备，2005年电器门市部有职工10人，固定资产4万余元，实现年利润4万元，流动资产203万元。经营方式为自主经营、自负盈亏、独立核算。2006年1月1日实行承包制。负担全民职工1人、大集体职工6人的工资、奖金9万余元。

(二)电力安装队

电力安装队成立于1989年,是对外施工的唯一窗口,下设电力施工队,主要负责闻喜县10~35千伏电力线路的架设,变电站的增容,扩建工程,用户变电站的安装等项目。

2007年有职工20人,固定资产96万余元,实现利润20万余元,流动资产139万余元。经营方式为自主经营。

第十一章　党　群　组　织

第十一章 党 群 组 织

闻喜县电业局党支部成立于1966年，当时仅有8名党员，至2007年发展为46名党员，6个党小组。无论是“文化大革命”期间，还是中共十一届三中全会之后的不同历史时期，党支部都发挥了党组织的政治核心作用和战斗堡垒作用，党员发挥了先锋模范作用。在加强制度建设中，始终不渝地把搞好党纪、党风、廉政教育，抓好思想政治工作和本单位生产及工作结合起来，为把闻喜县电业局建设成为标杆单位、“一强三优”现代化供电公司、构建和谐企业提供了坚强的保障。党支部在各个历史阶段特别是现代化建设、标准化建设、达标、创一流工作中，起到战斗堡垒作用。

在党支部的领导下，根据工会章程，工会组织带领全体会员，紧紧围绕各个时期的工作重点，开展了建家和建功竞赛活动，先后有300余人次、100多个班组、获得了国家、省和市的先进个人、先进班组，成为企业联系群众的纽带和桥梁，为加强民主管理，搞好班组建设，增强企业荣誉感，作出了重大的贡献。

共青团在党支部和上级团委的领导下，在各个不同的历史时期，开展了“青年突击队”具有青年特点的工作，涌现出了“青年文明号”先进集体和优秀青年代表，成为闻喜县电业局的后备力量。保证和促进了闻喜供电事业持续不断地发展，为闻喜经济的发展、社会的和谐，为闻喜县电业局建设一流企业作出了突出贡献。

第一节 党 支 部

一、组织沿革与发展

（一）组织沿革

1967年，闻喜县供电局成立，与发电厂留守人员为一个党支部。

1969年，中共闻喜县委组织部批准供电局成立党支部。党支部机构逐步健全。

1971年1月，闻喜县供电局改称为“运城地区电业局闻喜县供电局革命委员会”，党支部归闻喜县委领导，属独立的党支部。

1973年9月，闻喜县革命委员会供电局改称为“山西省闻喜县电业局”，建立中共闻喜县电业局党支部。1984年3月，运城地区电业局党委调整了闻喜县电业局党支部，由党支部书记兼局长，但支部组织关系仍隶属闻喜县委组织部。1986年12月，闻喜县电业局党支部隶属运城地区电业局党委。1990年9月，运城地区电业局党委调整了闻喜县电业局党支部书记。1997年10月，运城地区电业局党委调整了闻喜县电业局党支部。

2003 年 6 月，运城地区电业局党委调整了闻喜县电业局党支部。2005 年 9 月，运城地区电业局党委调整了闻喜县电业局党支部一直延续到 2007 年。

闻喜县电业局党支部机构领导配备齐全，一般都设书记 1 人，委员 2 ~ 4 人之间。有的年代根据情况设了副书记。

（二）党员发展

闻喜县电业局党支部从 1971 年开始发展党员，始终坚持党章中规定的党员“个别吸收”的原则和“坚持标准，保证质量，改善结构，慎重发展”的方针发展党员，使党员队伍逐步发展壮大，到 2007 年已有 46 名党员，其中一线工人占 78%，干部占 22%。

20 世纪 70 ~ 80 年代，党员发展缓慢，1990 ~ 2007 年，每年都发展新党员，20 年间共发展了 12 名党员。

闻喜县电业局党支部 2007 年党员登记表见表 11 - 1 - 1。

二、组织建设

闻喜县电业局最初因党员少与闻喜发电厂为一个党支部。

1969 年，经中共闻喜县委组织部批准，闻喜县供电局党支部成立，成为独立党支部。党支部书记由县委组织部任命，支部委员在党员中产生，组织关系隶属县委组织部，并根据《中国共产党章程》对党员和要求入党的积极分子开展工作。随着电力生产的发展，条条管理的日益加强，党的领导在企业越来越显得重要了。

1984 年，党支部书记由运城地区电业局党委任命，报闻喜县委组织部备案。支部委员由全体党员选举产生。

1984 年以后，闻喜县电业局党支部每届支部委员会换届选举都要按照届满后向运城供电局党委提出书面请示，并拟出党支部候选人名单，经供电局党委批准后，上报闻喜县委组织部批准后，召开党员大会进行民主选举，并将选举结果上报县委组织部，再报供电局党委批复。每届支部委员会任期三年。

2004 年，根据运城供电局党委意见，经闻喜县委组织部批准，闻喜县电业局党支部召开全体党员大会，选举产生了第七届支部委员会，重新划分了党小组，选举产生了党小组组长，表决通过了《党员目标化管理考评细则》，党的组织建设进一步加强。

2006 年，按照运城供电局党委意见，经闻喜县委组织部批准，闻喜县电业局党支部召开党员大会，选举产生了第八届支部委员会，重新划分了党小组，选举产生了党小组组长，党的组织建设更加规范。

2007 年，闻喜县电业局党支部委员会没有变化。

闻喜县电业局党支部对党小组的划分是根据党员在各股室的分布情况、工作性质来进行。2007 年，闻喜县电业局党支部共划分了生产、用电、办公室、综合、开发公司、桐城供电所 6 个党小组。党小组按时收缴党费并每月组织一次会议，党小组活动主要组织党员学习政治理论和业务知识，研究贯彻执行党支部委员会决议的措施；研究党小组民主生活会具体内容，进行批评与自我批评，并组织和督促党员按时参加党的各种活动；协助党支部做好日常工作等。

表 11－1－1 闻喜县电业局党支部2007年党员登记表

序号	姓名	性别	民族	籍贯	出生年月	参加工作时间（年．月）	入党时间（年．月）	现有文化程度	行政职务	党内职务	职称	职别
1	温育民	男	汉	山西临猗	1962.9	1986.7	1990.6	大学	局长	副书记	助理工程师	干部
2	李泽民	男	汉	山西闻喜	1960.1	1980.1	1990.6	大专	书记	书记	助理工程师	干部
3	范金炜	男	汉	山西万荣	1962.4	1985.8	2001.11	大专	副局长	宣传委员	会计师	干部
4	何　达	男	汉	山西闻喜	1962.5	1980.9	2000.10	大专	副局长	纪检委员	技术员	干部
5	燕海龙	男	汉	山西闻喜	1978.1	1994.8	2006.9	中专	副局长			干部
6	黄建英	男	汉	山西临猗	1965.6	1988.7	2006.9	大学	主任工程师		高级工程师	干部
7	高良拴	男	汉	山西闻喜	1956.12	1978.9	1992.8	中专	开发公司副经理		助理工程师	干部
8	李喜淼	男	汉	山西闻喜	1963.2	1981.10	1986.5	中专	政工员	组织委员	助理工程师	干部
9	韩　睿	男	汉	北京西城区	1973.9	1992.3	2001.11	大专	副股长	小组长	助理工程师	工人
10	周建民	男	汉	山西闻喜	1965.9	1983.1	1993.6	大专	生技股长			工人
11	杜亚珍	男	汉	山西稷山	1966.11	1988.8	1998.9	大专	安教股长			工人
12	杨俊红	男	汉	山西闻喜	1968.3	1988.12	1997.6	大学	通调股长		助理工程师	工人
13	李金虎	男	汉	山西闻喜	1964.2	1983.10	1985.11	大专	线路工			工人
14	翟建鸣	男	汉	山西闻喜	1957.10	1979.11	1994.10	高中	专责			工人
15	张雅荣	男	汉	山西闻喜	1978.7	1996.6	1997.10	高中	线路工			工人
16	杨革民	男	汉	山西闻喜	1968.1	1986.11	1997.6	高中	办公室主任			工人
17	张　萍	女	汉	山西闻喜	1961.5	1980.1	1997.6	大专	社保员			工人
18	李建华	男	汉	山西闻喜	1950.12	1970.1	1991.5	初中	局长助理			工人
19	张春龙	男	汉	山西闻喜	1971.10	1990.12	1994.9	高中	司机	小组长		工人
20	王有才	男	汉	山西闻喜	1952.12	1969.12	1971.8	初中	开发公司经理			工人
21	常　雷	男	汉	山西闻喜	1955.6	1970.8	1987.7	初中	开发公司副经理			工人
22	陈旗林	男	汉	山西闻喜	1954.1	1972.11	1972.11	初中	开发公司副经理			工人
23	田志强	男	汉	山西沁源	1957.2	1975.9	1993.12	高中	门市部经理			工人

续表

序号	姓名	性别	民族	籍贯	出生年月	参加工作时间（年．月）	入党时间（年．月）	现有文化程度	行政职务	党内职务	职称	职别
24	任满仓	男	汉	山西闻喜	1973. 7	1989. 10	1993. 7	高中	司机			工人
25	陈云海	男	汉	山西闻喜	1985. 9	2003. 11	2005. 7	高中	用电所长	小组长		工人
26	何红斌	男	汉	山西闻喜	1973. 4	1993. 10	2007. 1	中专	用电副所长			干部
27	樊嘉胜	男	汉	山西闻喜	1975. 7	1995. 1	1997. 9	高中	专责			工人
28	张　蔚	男	汉	山西闻喜	1959. 10	1984. 10	1991. 12	中专	供电所长			工人
29	仇卫峰	男	汉	山西闻喜	1976. 8	1995. 10	1997. 12	高中	司机			工人
30	王天顺	男	汉	山西闻喜	1979. 9	1990. 3	2004. 7	中技	班长			工人
31	李　杉	男	汉	山西闻喜	1972. 1	1990. 3	1992. 10	高中	班长			工人
32	宁学军	男	汉	山西闻喜	1971. 9	1992. 10	2001. 11	中技	企管专责	小组长	助理政工师	工人
33	樊恩宏	男	汉	山西闻喜	1969. 1	1991. 8	2004. 6	大学	企管办主任		工程师	干部
34	秦涌泯	男	汉	山西永济	1974. 10	1992. 5	2004. 11	大学	监审股长		会计师	工人
35	仇卫国	男	汉	山西闻喜	1971. 3	1986. 11	2004. 6	大专	股长		助理政工师	工人
36	王选华	男	汉	山西闻喜	1977. 7	1997. 10	2006. 1	大专	专责		高级工	工人
37	梁江龙	男	汉	山西闻喜	1974. 4	1991. 12	1993. 6	高中	专责			工人
38	孙毅林	男	汉	山西闻喜	1968. 11	1993. 7	2006. 1	高中	农电股长	小组长		工人
39	张福太	男	汉	山西闻喜	1960. 12	1980. 1	1997. 6	高中	副所长			工人
40	景治平	男	汉	山西闻喜	1961. 12	1980. 1	1994. 6	高中	线路工			工人
41	柴林斌	男	汉	山西闻喜	1966. 9	1987. 9	2007. 1	高中	副股长			工人
42	孙保安	男	汉	山西闻喜	1968. 8	1985. 10	1990. 3	高中	供电副所长			工人
43	李海涛	男	汉	山东菏泽	1978. 7	1996. 1	1998. 9	大专	供电所副所长			工人
44	杨晋晶	男	汉	山西闻喜	1975. 9	1995. 1	1997. 12	高中	专责			工人
45	王守刚	男	汉	山西闻喜	1974. 1	1990. 12	1994. 5	高中	供电所副所长		技师	工人
46	高天真	男	汉	山西霍州	1985. 12	2003. 11	2005. 7	大专	客服班长			工人

三、党的思想建设

1967～1970年，党支部开展了“忆苦思甜”活动，对党员进行阶级教育和传统教育。

1977年10月开始，党支部组织党员批判“四人帮”反党集团的罪行，开展了党的优良传统教育运动。

1978年，党支部坚持“三要、三不要”（要团结，不要分裂；要光明正大，不要搞阴谋诡计；要搞马克思主义，不要搞修正主义）的原则，开展真理标准的讨论，批评两个“凡是”，使党员认识到“实践是检验真理的唯一标准”。

1979年，党支部组织党团员和全体职工认真学习中共十一届三中全会文件，贯彻十一届三中全会精神，解放思想，实现工作重点的转移。主要做了以下两个方面的工作：①维护安定团结的局面，同心协力搞四化，落实党的方针政策，为一位副书记做了平反工作，并为该同志恢复了工作，纠正了冤假错案，同时针对局领导之间不团结的问题，找当事人谈话50多人/次，支委们勇于承担责任，主动开展批评与自我批评，消除了隔阂，增强了团结；②改革机构体制，整顿企业管理。党支部和局务会把七项经济指标落实到股室和班组，逐月逐项进行竞赛评比，把经济工作作为头等大事来抓，整顿财务管理和用电管理，收到了良好的效果。

1980年，党支部对党员进行集中培训，学习了叶剑英修改党章的报告，对照《党章》和《关于党内政治生活若干准则》检查自己的思想和行为，开展了“做合格党员”的活动。在全体党员的带动下，全局形成了一个“解放思想争着干，经济指标敢超先”的新局面。

1981年，党支部组织党员和干部学习中共中央《关于建国以来党的若干历史问题的决议》和《工业企业基层党组织工作暂行条例》，明确了党政分开的必要性、重要性及党支部的主要职责。

1982年，闻喜县电业局根据党中央、国务院的指示和运城地区电业局党委的安排，开展“五讲”（讲文明、讲礼貌、讲卫生、讲秩序、讲道德）、“四美”（心灵美、语言美、行为美、环境美）、“三热爱”（热爱共产党、热爱祖国、热爱人民）的文明礼貌月活动。党支部从思想教育入手，重点搞好脏、乱、差的治理，以清理卫生为突破口，深入开展文明礼貌活动，使公共秩序大为好转，电业局的服务质量大为提高，全体职工积极争做有理想、有道德、有文化、有纪律的“四有”新人。

1983年，闻喜县电业局党支部根据中共闻喜县委《关于继续开展“五讲、四美、三热爱”教育活动的通知》，做了以下几方面的工作：①继续治理脏、乱、差，搞好优质服务；②深入开展学雷锋、学先进的活动；③“四无”（无违章、无违纪、无违法、无事故），同时又抓了知识分子的政策落实工作，大胆选拔中青年优秀知识分子进入领导班子。

1985年，闻喜县电业局党支部根据运城地区电业局党委的安排，认真贯彻《中共中央整党的决定》，在全局展开了整党工作。整个工作经过学文件对照检查、组织处理和党员登记三个阶段，完成了整党工作任务。闻喜县电业局全体党员除学习《决定》外，还学习了《党章》和《反对自由主义》，开展批评与自我批评，做好深入细致的思想政治工作。每个党员都写了学习收获，谈本单位有哪些问题需要解决，不正之风有哪些表现，做到发扬优点，克服缺点；发挥积极因素，克服消极因素；发扬正气，克服歪风邪气；发扬奋发向上勇于创新的精神，克服墨守成规、不求进取的思想。“四发扬”和“四克服”使党支部更加坚强，党风、党纪更加好转。

1986 年，党支部组织党员认真学习了《中共中央关于社会主义精神文明建设指导方针的决议》，贯彻执行了运城地区电业局党委《关于党员领导干部端正党风责任制》、《关于实现党风根本好转的规划》、《加强党内监督的十条规定》，对党员进行党性、党风、党纪的教育，使党员真正置于党和群众的有效监督之下，争做全体职工的表率。

1987 年，党支部在党员中开展学习党的基本原则、反对资产阶级自由化的教育活动。党支部组织党员学习《中国共产党党章》、《山西省运城地区电业局党员领导干部端正党风守则》和中共十三大文件。党支部采取集中学习和分散自学相结合的形式，集中学习，分散讨论，写出学习收获，举办每期为 5 天的培训班，并使党员明确社会主义初级阶段的理论，牢记党的基本路线，牢牢掌握“一个中心，两个基本点”，充分调动了全体职工的积极性和创造性。

1988 年，党支部组织党团员学习中共十三届三中全会精神，开展形势教育。在教育中，坚持实事求是的原则，把成绩讲够，困难讲足，团结讲透，方法讲明，前景讲清，并密切结合党员和职工的思想实际，做好思想政治工作，树立党员新形象；要使形势教育深入人心，从而把大家的思想统一到三中全会的精神上来；教育党员维护局长负责制，围绕安全抓生产，为了生产保安全，展开班组升级竞赛，提高经济效益，充分发挥党团员的模范带头作用。

1989 年，党支部组织党团员和全体职工学习了《邓小平同志在接见首都戒严部队军以上干部的讲话》和《必须旗帜鲜明地反对动乱》等文献，明确动乱的危害性，提高党组织的凝聚力和战斗力，使党员深刻认识到资产阶级自由化祸国殃民的实质，严肃党风、党纪。结合本局实际工作，党支部要求党员，特别是党员干部在政治上与党中央保持高度一致。

1990 年，党支部组织党员学习贯彻中共十三届四中、五中全会精神，特别认真学习了《中共中央关于进一步治理整顿和深化改革的决定》。全体党员真正认识到这是我国经济发展重大历史关头做出的决策。党支部把深入开展坚持四项基本原则，反对资产阶级自由化的宣传教育作为首要任务；把以经济建设、改革开放和廉政建设的宣传作为重点。通过教育，党员和干部明确了改革开放是强国之路，治理整顿与深化改革的辩证关系。党支部在稳定经济，稳定秩序，稳定人心，振奋精神，增强团结中起到了战斗堡垒作用。

1991 年，党支部认真贯彻中共十三届七中全会精神，做到两个文明一起抓，克服一手硬一手软的现象，把两个文明同布置、同检查、同考核，保证了各项指标的顺利完成。党支部组织党团员观看了《焦裕禄》、《毛泽东和他的儿子》等电影，在全局深入开展电力“三为”活动，把“三优”活动推向高潮。在《山西电力报》、《运城报》刊登稿件 10 余篇，受到了上级部门的表彰，提高了党员为人民服务的思想觉悟。同时，在南方遭受了严重的洪灾后，党支部组织党员带头捐款捐物，以实际行动支援灾区。

1992 年，党支部发出《关于进一步引深社会主义思想教育的通知》。党支部结合党员和职工的实际情况，引深社会主义思想教育，用建设有中国特色的社会主义理论和路线进一步统一全局党员、干部和职工的思想。教育活动紧紧围绕电力生产建设的中心，坚持党的基本路线，紧密联系实际，以思想教育为主，正面教育为主，自我教育为主，使广大党员干部和职工集中时间和精力，有领导、有计划、有步骤地受到了一次深刻的爱国主义、集体主义和社会主义思想教育。同时，加强精神文明建设，进行了职业道德、艰苦奋斗的教育。为了搞好此次活动，首先成立领导组，由党支部书记任组长，整个活动历时 5 个月，分四个阶段：一是宣传发动阶段，领导组深入调查研究，找出主要问题，制定具体实施方案，最后层层发动，利用板报、标语等宣传工具，营造浓厚的气氛；二是集体教育阶段，共分十个专题，由主讲人讲解，然后分组讨论，提高认识；三是整改阶段，全局评议领导干部和党员，整顿好党、政、工、团组织；四是总结提高和验收阶段。

1994 年，党支部深化改革，转化机制，以安全为基础，以经济效益为中心，以优质服务为宗旨，以设备整治、环境治理为重点，本着“崇尚科技，敬业爱局，志存高远，自强不息”的企业精神及“高标准、严要求、讲实效、创一流”的指导思想，开展了一场企业达标活动，创造了 1939 天的安全长周期记录。同时，党支部和局务会狠抓了党员和职工的职业道德教育，开展了电力“三为”活动，制定了“两公开、一监督”制度，提高了全体党员和职工的工作质量和服务意识，使行业作风明显好转。同年，被运城市文明委授予“文明单位”称号。

1996 年，为了坚持邓小平建设有中国特色的社会主义理论和党的基本路线，贯彻中共十四届五中、六中全会精神，搞好党风廉政建设、精神文明建设，提高党员素质，创建星级企业，提高经济效益。党支部要求党员讲政治、讲学习、讲正气，统一思想、统一认识，增强了全体党员执行党的基本路线的自觉性。在此基础上，党支部发动群众，对党员进行民主评议，评议结果是所有党员全部合格，使党员受到了一次深刻的党性、党风、党纪教育。同年，闻喜县电业局被运城地区电业局授予“先进单位”和“文明单位”的荣誉称号。

1997 年，党支部学习贯彻中共十五大精神，引深“双学”（学理论、学党章）活动，以“服务人民、奉献社会”为宗旨，开展“创星级、争一流、迎香港回归”活动，把学习邓小平建设有中国特色的社会主义理论同党员的目标化管理和班组建设考核内容结合起来，开展创建文明行业活动。

1998 年，党支部高举邓小平理论的伟大旗帜，以中共十五大精神为指针，紧紧围绕电力企业改革和生产经营的实际，坚持党要管党、从严治党的方针。首先抓好党支部一班人每周半天的政治学习，坚持领导干部参加双重民主生活会制度（领导干部民主生活会、党小组组织生活会），每季召开一次反腐倡廉专题研究会，做到防微杜渐正行风，干部廉洁自律不放松；其次抓好党员队伍建设，坚持对党员要求先一步，严一等，高一格，做到一个党员一盏灯，一个党小组一块阵地，一个支部一面旗，加强党员在重大活动（春检、秋检）中的先锋模范作用。为酒务头乡还家岭村捐赠过 300 套桌凳，为长江、松花江流域灾民捐款13865元。

1999～2000年，是闻喜电网建设的再次发展和突破年，党支部狠抓安全生产工作，开展星级供电企业活动，取得了显著成绩，被运城供电局授予“三星级企业”的称号。

2001年，党支部组织全体党员积极参加“三个代表”学教活动，首先成立了“三个代表”学教活动领导组。活动分为三个阶段：第一阶段为学习培训阶段（4月5～30日），制定了实施方案，召开党员大会进行了动员，全体党员在学习文件、辅导资料的基础上，写出了心得体会。第二阶段为对照检查阶段（5月1～31日），全体党员在学习培训、征求职工意见、剖析思想作风的基础上，撰写了党性分析材料，先后召开了领导班子专题民主生活会、党员大会，进行剖析检查。第三阶段为整改提高阶段（6月1～30日），全体党员对照自身存在的问题逐项制定整改措施，特别是对群众反映比较强烈的、具有共性的“停电、‘两网改造’工程进度、设立乡镇供电所”三个问题，局领导采取有力措施，迅速解决，得到了闻喜县委“三个代表”学教领导组的好评。

2002年，在党支部领导下，组织动员全体党员，争当“一流县供电企业”的模范和标兵，为闻喜县电业局顺利通过运城供电局的“一流县供电企业”的验收合格，起到了带头作用，作出了很大的贡献，闻喜县电业局被运城供电局授予“文明单位”的称号，同时，在全体党员干部中，开展了“三抓、三比、三树”（“三抓”：抓理论学习、抓作风整顿、抓工作落实；“三比”：思想上比党性、工作上比贡献、作风上比深入；“三树”树热情服务的“使者”形象、树廉洁自律的“公仆”形象、树勇挑重担的“先锋”形象的活动）。党支部通过“三抓、三比、三树”活动，不断提高党员领导干部的政治素质，树立了崭新的思想作风、工作作风、领导作风和生活作风，为全面完成县电业局的生产经营任务提供了强有力的政治保证。

2003年，党支部围绕创建省级“一流县供电企业”的主题，继续开展了共产党员先进性教育活动，制定了《党风廉政建设制度》、《精神文明建设制度》、《党风廉政建设责任制实施办法》、《关于保持共产党员先进性教育活动的安排意见》等制度。党员和党员干部带头认真贯彻落实，为创建山西省“一流县供电企业”作出了应有的贡献。

2005年，根据中央在全党开展以实践“三个代表”重要思想为主要内容的意见精神，按照中共闻喜县委的部署要求，闻喜县电业局党支部参加闻喜县委组织的第一批先进性教育活动。党支部高度重视，成立了以党支部书记为组长的领导组，制定了《闻喜县电业局保持共产党员先进性教育活动实施方案》。共分三个阶段：第一阶段为学习动员阶段（2月20日～3月13日）。第二阶段为分析评议阶段（3月14日～4月25日）。第三阶段为整改提高阶段（4月26日～5月24日）。在保持共产党员先进性教育活动中，闻喜县电业局党支部被评为“闻喜县第一批保持共产党员先进性教育活动先进党支部”，同时党支部还积极开展救困济贫帮扶活动，为阳隅乡张才岭村捐赠了一批电视机、桌椅、书柜和各类图书，并帮助该村建立健全了各种组织及规章制度。帮扶贫困户和贫困学生60余户（人），合计捐赠财物折款8000余元。同年6月，闻喜县电业局党支部被华北电网有限公司授予“先进党支部”称号。

2006年，党支部以“三个代表”思想为指导，深入贯彻中共十六届五中全会精神，认真开展“知荣辱、树新风、献爱心、保平安”的活动，贯彻“闻喜供电为闻喜，缺电不能缺服务”的服务宗旨，争创省级文明单位。党支部在组织党团员及全体职工，贯彻《国家电网公司道德规范》、《省公司“211”工程》和运城供电局《“民心工程”考核细则》的同时，还制定了《开展“爱心工程”，实施“平安工程”方案》，要求党员率先做到“三无事故”、“三不伤害”，发挥党员的先锋模范作用。党支部先后给贫困学校后宫初中、侯村初中各捐赠5台计算机；在开展“户户通电”的活动中，闻喜县电业局党员、领导和职工共捐款4300元，获得了上级领导的好评。同年10月，闻喜县电业局被山西省电力公司授予“一流县供电企业”的称号，再次被运城市文明办授予“文明单位”称号。

2007年，党支部深入开展“八荣八耻”教育，认真贯彻中共十七大精神，开展“忠诚企业”为主题的教育活动。“八荣八耻”是党团员和全体职工做人的依据和准则。党支部组织党员学习中共十七大文件，落实十七大精神，建设有中国特色的社会主义社会，坚持科学发展观，建设和谐小康社会。根据闻喜县电业局的具体情况制定了《开展“忠诚企业”主题教育活动实施方案》，党支部着力对党员进行“以人为本、履行责任、忠诚企业、奉献社会”的教育。根据“忠诚企业”主题教育活动的工作安排，结合电业局的实际工作情况，党支部给全体干部职工发了慰问信、为全体家属发放了征求意见卡，清明节期间组织干部职工到闻喜烈士陵园参加扫墓，接受爱国主义教育，还组织80余名骨干参加了中共闻喜县委组织的感恩事迹报告会，都取得了比较好的效果。在山西省电力公司开展的“送温暖、献爱心”活动中，全体干部职工踊跃捐款，3天时间共捐资3160元。通过这些活动的开展，全体党员和职工形成了一个协调融合、相互信任、高效有序的工作局面，为企业和谐发展作出新的贡献。

四、党的制度建设

1967年，党支部建立“一课三会”制度（党课、党员大会、党小组生活会、支委会）、《党组织管理制度》、《入党积极分子管理制度》、《党员、积极分子思想汇报制度》、《宣传工作制度》等。

1979年1月，党支部组织党团员和干部学习中共十一届三中全会文件，解放思想，拨乱反正，健全了党的各项制度，重新确定了“一课三会”制度（即每月一次党课、每月一次党员生活会、每月一次支委会、每月一次党员大会）。党支部制定了《民主生活会制度》、《党小组会议制度》、《党课学习制度》。

1982年，党支部进一步完善了各项制度，建立了《党员联系群众制度》，严格规定，从书记、局长每人必须固定联系1~2人非党干部职工，定期和他们联系，使职工的思想觉悟有了明显的提高和转变，运城地区电业局党委确定闻喜县电业局党支部为出席省电力工业局思想政治工作的先进单位。

1988~1990年，党支部的制度建设进一步完善。在开展“争先创优”的活动中，贯彻执行了能源部、省电力工业局制定的各项制度。根据上级的制度党支部制定了《党员目标管理制度》、《精神文明建设活动日制度》、《精神文明建设资料汇编》，为党建工作实行目标化管理奠定了良好的基础，并荣获山西省电力工业局“文明单位”称号。

1991年，党支部调整充实廉政建设领导机构，制定了《干部廉洁自律制度》、《党风廉政建设制度》、《党支部保证监督实施办法》等制度，向党团员和全体职工发出了《关于迎“七一”、开展“四热爱”的通知》，做出了《坚决刹住用公款吃喝之风的决定》。

1995年，党支部做出了《关于在供电部门实施“两公开一监督”制度的决定》和《用户来信来访制度》。在贯彻执行《决定》中，实现了报装接电、城镇用户和负荷分配逐月公布，在农村率先推行分类综合电价的目标，确实减轻了农民的负担，虚心接受群众的监督，受到了社会和上级领导的好评。

1999～2000年，闻喜县两网改造全面展开，党支部为了加强企业的管理工作，围绕供电企业“创星级”活动，制定了《党支部保证监督实施办法》和《领导干部深入基层检查指导工作规定》，保证了党员在供电企业“创星级”活动中的先锋模范作用。

2001年，闻喜县电业局党支部除了执行国务院《关于特大安全事故行政责任制追究规定》、国家电力公司《防止电力生产重大事故的二十五项重点要求》和山西省电力公司《电业生产事故调查规程》外，在“三个代表”思想指引下，围绕运城供电局创一流供电企业的工作，制定了《创一流供电企业考核细则》，确保了这一活动的顺利进行。

2002年以后，党支部为确保闻喜县电业局创建一流县供电企业，在保持共产党员先进性教育活动中，相继制定了《闻喜县电业局党支部关于在创建一流县供电企业活动中廉政建设安排意见》、《闻喜县电业局党支部关于保持共产党员先进性教育活动的实施方案》、《闻喜县电业局党支部关于保持共产党员先进性教育学习制度》等制度，在贯彻执行后，产生了显著的成效。

2005年，闻喜县电业局党支部被华北电网有限公司授予“先进党支部”称号。

2006年，党支部为了进一步加强党风廉政建设和精神文明建设，制定了《2006年党风廉政建设工作计划》、《2006年精神文明建设措施》、《创建特色党支部活动简要汇报》。同年，闻喜县电业局被省电力公司授予“一流县供电企业”称号。

五、党的纪检监察

1984年，党支部组织党员开展法制教育和“人民电业为人民”的优质服务活动。针对极少数人以电谋私的作风，开展了“假如我是一个用户”的活动。内外结合，营造舆论，在闻喜县电业局形成了想用户所想，急用户所急的良好工作作风。

1993年，党支部认真学习了运城地区电业局《关于在电力部门深入开展纠正行业不正之风的实施意见》，广纳意见，开门整顿。通过整顿，解决了乱收费等问题，提高了职工的服务意识，促进了农电“三为”达标，为闻喜经济建设作出了贡献。

2000年，党支部书记、局长分别与运城供电局党委、闻喜县委、县政府签定党风廉政建设责任书；还与所属各股室签定了《闻喜供电支公司年度党风廉政建设责任书》；严格执行《闻喜供电支公司党风廉政建设监督实施办法》，全面履行领导职责。党支部结合本单位实际情况，每年制定党风廉政建设工作计划、教育计划及目标，积极开展党风廉政建设理论及其他知识教育；支部委员会坚持每半年研究一次党风廉政建设工作，并将其作为领导干部民主生活会的一个主要议题，逐条对照，所有领导在民主生活上进行了自我检查和对照。

2007年，党支部一是建立健全并完善了《闻喜县电业局廉政建设工作制度》等廉政建设方面的规章制度10种；二是建立健全反腐败领导体系，成立了以书记为组长的党风廉政建设领导组，明确职责、分工及年度责任目标，制订了《党风廉政建设实施办法》、《党风廉政建设工作制度》及《党支部监督实施办法》，重点实施了党风廉政建设“四同步法”工程，即将党风廉政建设与安全生产工作做到了“同步部署、同步检查、同步考核、同步奖惩”。

第二节　工　　会

一、组织建设

（一）机构沿革

1964年，闻喜县电业局的前身电业管理所成立了工会委员会，隶属于闻喜县总工会。1967～1972年，受“文化大革命”影响，工会组织停止工作。

1973年起，闻喜县电业局工会组织恢复工作，受闻喜县总工会和运城地区电业局工会双重领导。

1979年，工会选举产生“文化大革命”后的第一届闻喜县电业局工会委员会（以下简称工会）。之后，按上级规定，选举产生工会委员会，至2007年，共选举产生了十二届工会委员会，前七届工会，均设工会主席1人，委员4人，之后的五届工会委员增至5人，每个生产班组都有工会小组。

（二）工会的主要工作

闻喜县电业局工会，在20世纪60～70年代初，主要是在闻喜县总工会和本单位党支部的领导下，遵照工会章程，贯彻落实党的方针政策，协助行政领导开展劳动竞赛活动和民主管理，关心群众生活，了解职工的思想动态和职工的具体要求，搞好劳动监察工作，提出改进意见，保证安全生产。开展文体活动等。

80年代工会主要是坚持四项基本原则，深入开展“五讲、四美、三热爱”活动，做好职工的劳动保护工作，提高服务质量的竞赛活动，搞好技术革新、合理化建议等工作，搞好计划生育，开展好文体活动，搞好职工培训和比武活动。增加维护职工的民主权利和切身利益，关心职工的生活。

90年代，工会工作主要是深化改革，提高经济效益，发挥工人的积极性、主动性和创造性，在维护职工权益的同时，参政议政，监督行政领导，实行群众化和民主化管理。

进入21世纪后，工会工作的目标是遵循党的路线、方针和政策，把工会建设成独立自主、民主和谐、职工信赖的工人阶级组织。

二、民主管理

（一）职工大会

“文化大革命”期间，民主管理工作一直由“工代会”管理。

1973 年，闻喜县电业局的工会组织恢复。同年召开了闻喜县电业局工会会员大会。

1974 年，工会为了加强工会工作，在各股室、班站都组建了工会小组，把民主管理工作深入到班组。

1980 年，工会研究制定了《职工代表大会实施方案》，在 3 月份召开了职工代表大会。

1984 年，健全和充实了职工大会制度和民主管理制度。工会主席参加领导班子办公会议，提高工会参政议政的地位，并在股、室、所、班开展了民主管理活动。同年，工会又成立了女工委员会和储金委员会。储金委员会帮助困难职工解决生活困难。

1987 年，工会把企业民主管理引向新阶段，全面落实工会和职代会审议企业重大决策，监督行政领导，维护职工权益，真正体现劳动者在企业中的主人翁地位；进一步健全职代会为基本形式的民主管理体系，使民主管理真正做到行使职权规范化、组织体系网络化、开展活动经常化；民主管理的重点是改善企业管理，促进技术进步，充分调动职工群众的积极性和创造性，增强企业活力，提高经济效益；理顺工会、职代会同企业党政的关系，使工会在企业的政治、经济和社会活动中的作用得到充分发挥。

1991 年，工会召开了职工大会，首次进行了审议行政报告和财务开支情况，解答职工的提案，民主评议干部。

1991 ~1996 年，闻喜县电业局工会每年至少召开 1 ~2 次工会会员大会，民主讨论、审议、评议全局重大事项及职工的切身利益，诸如住房、奖金、医疗、养老保险等事项。

1997 年，第七届三次职代会不仅通过了《关于 1997 年度财务收支情况、资金使用情况的报告》和局长的行政工作报告，还首次通过了《闻喜县电业局财务管理办法》、《闻喜县电业局多经对用户工程管理办法》、《闻喜县电业局职工全员培训管理办法》。

1998 年，工会召开八届一次职工大会，选举产生了新一届工会领导。大会主题是：维护职工合法利益，依靠职工办好企业。大会从此开始了对各项提案的征集和解答，通过了行政工作报告和工会工作报告。并开始建立年度工作先进单位和模范个人的表彰制度。

2000 年，工会召开了九届一次职工大会，要求全体职工坚定目标，转变观念，效益富企，实干强企，科技兴企，团结一致，以崭新的姿态阔步迈向 21 世纪。

2002 年，闻喜县电业局工会召开了十届一次职工大会，大会审议和通过了《财务收支及使用情况的报告》和《行政工作报告》，解答了职工的各项提案。

2004 年 3 月，工会召开了十一届一次职工大会，强调全体员工要同舟共济，自我加压，与时俱进，加速发展，为建设省一流供电企业而奋斗。大会传达了山西省电力公司和运城供电局职代会的精神，解答各项提案，通过了《2003 年度财务收支情况报告》，审议并通过了《行政工作报告》。

2005 年 3 月，工会召开了十一届二次职工大会，提出了强化管理，干事创业，乘势而上，为实现新的工作目标。大会传达了山西省电力公司和运城供电局十一届二次职代会精神，解答了各项提案，通过了《2004 年度财务收支情况报告》，审议并通过了《行政工作报告》，并表彰了先进单位和模范个人。

2006年2月，工会召开了十一届三次职工大会，特别强调了夯实基础，抓住机遇，为建设“一强三优”现代化公司的目标而奋斗。

2007年2月，工会召开了十二届一次职工大会，选举产生了新一届工会领导班子。要求全体职工与时俱进，真诚团结，严细管理，和谐发展，努力构建闻喜电力可持续发展的新平台。

（二）民主评议领导干部

民主评议干部，就是坚持群众路线，有利于班组建设，实事求是地、公开、公正地从“德、能、勤、绩、学”5个方面，对干部进行综合评定。民主评议干部的工作，一般在每年年底或年初职工大会召开期间进行。

1994年，根据运城地区电业局的安排，闻喜县电业局实施副局长竞争招聘办法。职代会以民主评议、无记名投票方式进行。评议前，被评议人员做好述职报告；评议后，将结果向党支部通报并接受支部决定。当年，选拔了1位副局长。

1995～2007年，闻喜县电业局民主评议领导干部采取了以下办法。

首先，在每年的职工大会上由运城供电局组织对副局级以上的领导和领导班子采取无记名投票的方式进行民主评议，评议的内容是“德、能、勤、绩、学”5个方面。领导班子分优秀、合格、不合格三个档次；副局级以上的领导干部分为称职、基本称职、不称职三个档次，全体职工本着实事求是的原则，比较客观、公正地先后对三届领导班子及50余名副科级以上的领导干部进行了民主评议。

其次，在每年的职工大会上，由运城供电局组织从股长中民主推荐后备干部，先是将具备条件的股长名单进行公布，然后在职工大会上由职工以无记名投票的方式进行推荐，20余名后备干部，4位股长得到了提拔。

在适当的时候运城供电局将民主评议和民主推荐后备干部情况向闻喜县电业局进行反馈。

第三，在每年的职工大会上，由闻喜县电业局组织对所有股长以无记名投票的方式进行民主评议。先后对130余名进行了评议。电业局并在适当的时候向股长本人通报评议结果。

1995～2007年，每年都组织职工对股室和班站干部进行民主评议。期间，健全了民主生活会制度。组织职工民主评议领导，并倡导开展面对面的批评和自我批评，使民主生活会真正起到了作用。2001年，闻喜县电业局在农电体制改革中，对乡镇供电所长实行了公开招聘。将所长应具备的政治、学历、年龄、业务技能、组织管理能力等必备条件公之于众，采取自愿报名、公开竞争的方式，并对应聘者进行考试、考核、民主评议，选聘优胜者担任了乡镇供电所所长。

（三）企务公开与民主监督

1987年5～9月，工会组织职工开展“双十双百”优质服务竞赛活动。为了开展好优质服务活动，接受民主监督，采取了以下措施：到城镇、农村走访用户，召开座谈会，诚恳征求意见；聘请社会各界人士做监督员，监督电业局服务态度和服务质量及每个农电站的服务质量，并从每个乡镇聘请了作风正派、主持公道的干部或群众做监督员；电业局设立监督电话，确定7058211、7058212、7058213、7058218为用户监督电话；每月确定一天为局长接待日，接待用户，广泛征求意见，以改进电业局的工作作风和服务态度。

1994年是深化改革，转化机制的关键年。闻喜县电业局为了实现“高标准、严要求、创一流”的目标，开展了企业达标活动。电业局党政领导和工会领导，在行政部门、各乡镇和大用户中，聘请了各级监督员32人，定期召开会议，征求全县各界对电业发展及闻喜县电业局在工作中存在问题的意见和建议。每年召开两次座谈会，对所提的意见，电业局召开了专题会议，研究解决。

1999年，工会制定了《“三重一大”操作制度》和《民主监督和企务公开制度》，成立了以经理为组长的企务公开领导组。主要是公开电业局的年度目标及经营计划、经济责任制方案、生产经营重要项目安排、资金发放、劳保用品发放等内容，每年公开一次，实行民主化管理。

2000年，工会更加重视民主监督和企务公开工作。对农网改造中工程项目的招投标、网改资金的使用、乡镇供电所人员的招聘等工作，全部做到了公开、公正、透明，坚决制止任何行业垄断、地方保护主义、以权谋私、以权干扰等错误行为。

2001年以后，工会进一步深化民主监督和企务公开，修订和健全了《民主监督和企务公开制度》，并设立了“企务公开栏”，将企业的重大决策、经营方案、经营形式以及有关职工的民生问题等重大事项及时在“企务公开栏”里公告，随时接受职工监督。

2006年，闻喜县电业局领导坚持认真落实客户接待日制度，每月由一名公司领导在营业厅接待群众的来访。同时进行走访活动和行风调查，听取客户对电业局工作质量的意见和建议。

截至2007年，每次职工代表大会的议程中均有提案收集、提案答复以及提案工作报告的议程，广泛切实地实行了民主监督和企务公开。

三、班组建设与劳动竞赛

20世纪60~70年代的班组建设，主要是依靠班组的力量，坚守岗位，尽职尽责，加强电网安全管理，从政治、质量、安全、任务、团结5个方面组织班组评比竞赛。

1967~1968年，社会上和企业中兴起了学习毛泽东著作的热潮，学习“老三篇”（《为人民服务》、《愚公移山》、《纪念白求恩》）和《毛主席语录》，成为班组工作和活动的指导思想。

1970年，闻喜县供电局革命委员会的各个班组在加强思想政治工作的同时，继续开展“工业学大庆”、“学铁人王进喜”的安全生产竞赛，在班组长、工会小组长、团小组长为一体的领导下，开展比、学、赶、帮、超的活动。

1982年，闻喜县电业局各个班组在3月份开展“文明礼貌月”活动，把“五讲四美”竞赛活动制度化、群众化，推动了精神文明建设。同年，工会号召各班组开展“一帮一、结对子”活动。

1983年，班组建设在10项指标百分赛中，克服了吃大锅饭的平均主义现象，以奖勤罚懒为原则，完善了奖罚制度，促进各项任务的完成。

1986 年，工会制定了《关于加强班组建设的办法》，充实和深化了班组建设的内容。

1987 年，工会发出了《认真学习十三大文件的通知》，以班组为单位，集中学习，每天坚持学习 1 小时。在职业道德教育中，深入开展“双十双百”优质服务活动，全局所有班组的“双十双百”优质服务质量均为优良。

1988 年，工会着重抓了班组的科学管理和民主管理工作，实行班组长负责制和班组民主管理相结合的办法，建立以班组长、工会小组长、党团小组长为核心的骨干队伍。班组设置民主管理员，真正做到政治民主、生产民主、经济民主和生活民主。这样，使每个职工都认识到自己既是生产者，又是管理者，充分发挥了职工主人翁的作用，行使民主权利。为了加强班组工作，闻喜县电业局工会对班组长进行了培训和考核，对合格的班组长和工会小组长进行适当的奖励，并且评选出先进班组，写出经验材料，进行推广。

1990 年，工会在促进企业升级和加强班组建设的工作中，建立和健全“两长”（班组长、工会小组长）、“七大员”（政治宣传员、技术质量员、经济核算员、安全设备员、材料工具员、生活福利员、考勤员）管理制度。同时班组广泛展开讲座。

1993 年，工会组织把加强班组建设作为一件大事，组织职工学好《全民所有制工业企业转换经营机制条例》，树立适合市场经济的竞争观念、效益观念、市场观念和经营观念，充分认识到抓好班组建设的重要性和必要性。同时认真贯彻全国总工会、国务院经贸办《关于适应企业经营机制转换进一步加强工业企业、班组建设的意见》，结合本局的实际情况，检查班组建设的不足。此外组织班组长、工会小组长参加“全国班组长、工会小组长岗位培训”，并进行了考试，加快了技术进步的步伐。在班组标准化管理，建立了必要的记录，健全了“班务会”、“民主生活会”等制度，使班组建设沿着民主化、科学化、制度化、群众化道路前进，提高了企业的管理水平。

1994 年，制定了《班组建设民主管理制度》，细化了考核办法。各班组在安全生产、职业道德、优质服务等方面，展开了竞赛，工会坚持月考核，季总结，年评比，不断涌现“双达标”（安全文明达标、电力“三为”达标）班组。

1996 年，为进一步加强班组建设，制定了《班组建设考核细则补充规定》。《补充规定》从“安全管理、生产管理、专业管理、基础管理工作、思想政治工作与民主评议”等 5 个方面，规定了奖惩细则，班组开展了“讲文明，树新风”的活动，涌现出了 5 个省电力公司标准化班组、7 个运城供电局先进班组和职工职业道德标兵。

1998 年，班组建设坚持“安全第一、预防为主”的方针，突出以人为本，坚持“三保”（保人身、保设备、保电网）的原则，所有班组全年有目标，季季有细则，月月有安排，层层签订了安全责任书，各班组进行《安规》、“两票”强化培训。有 145 名职工参加了认证考试，合格率达 100%。同年，35 千伏郭家庄变电站被省电力公司评为“农网安全生产先进单位”，110 千伏西官庄变电站被运城地区电业局评为“先进单位”。

1999 年，工会召开征求职工意见会议，发动职工围绕“安全生产、企业管理、班子建设”3 个方面，开动脑筋，献计献策，使班组建设达到了一个新的高度。

2001 年，工会建立健全了各种台账和记录，狠抓了民主管理和安全管理工作，狠抓了班组的生产和技术管理工作，狠抓了班组的培训教育工作，改善了原有的办公环境和工作条件，提高了职工工作的积极性，达到了“内强素质，外树形象”的目的，为创建一流企业打下了坚实的基础。

2002～2007年，闻喜县电业局工会为了搞好一流班组的创建活动，根据运城供电局《一流班组考核标准》的要求，严格进行考核。

四、妇女工作

1984年，闻喜县电业局成立了女工工作委员会，并在工会增设女工委员。

1992年，女工工作委员会协同办公室，做好妇女的节假日休息等工作，并对妇女的特殊用品随时购置和发放，保证女职工的身心健康。

1995年，女工工作委员会向全体女职工发出倡议：每人为春检第一线职工做一次饭，送去女工们的爱心。36名女工全部参加了做饭活动。此后，实施“做春饭”活动，已成为“不成文”的规定。与此同时，局工会做出决定：对女职工特殊照顾，在每年定期体检时为女职工增加体检项目。

1997年，女职工参加地区局组织的“三八杯”和“迎香港回归”知识竞赛，取得了较好名次。

2000年，女职工们充分发挥了“半边天”的作用，积极参与、苦干实干，财供股的女职工在农网改造中，从材料入库到出库层层把关，为农网改造提供了优质可靠的材料。全体女职工经常叮咛自己的亲人时刻注意安全。

2005年，女工工作委员会号召全体女职工做好本职工作，开展岗位立功竞赛，同时要发挥妇女优势，献出女性爱心，开展每人为奋斗在一线的男职工“洗一件衣服”活动。

2006年，全体女工积极参与“献爱心”活动，为贫困村捐款、捐物。

2007年，妇女工作已形成制度，列入了企业的议事日程上，女职工的提拔、奖励、进修、工资、奖金、医疗、保险、体检等切身利益都受到了保护，女职工能够全心全意投入到企业的专项工作中去。

五、文体活动

组织职工开展丰富多彩的文体活动，是闻喜县电业局工会委员会的重要内容之一。闻喜县电业局和工会历届领导在各个不同时期都十分重视职工的文体活动。尤其是从1998年至今，在每天早上8点钟上班前，都坚持做两遍广播体操，这不但增强职工的体质，而且增强了职工的组织纪律性。

1989年，为庆祝国庆40周年，工会举办了电业职工迎国庆文艺汇演，以“四热爱”为中心内容，歌颂新人新事，反映了闻喜县电业局职工丰富多彩的生活。

1996年，工会组织了文体游艺活动，节目丰富多彩，趣味浓厚。“五一”节时，工会参加县体委组织的“工行杯”职工篮球比赛和地区电业局工会组织的“第五届运动会”的篮球赛，均取得了较好的名次。同时，还参加了运城地区电业局组织的拔河比赛，闻喜县电业局获得了男子拔河比赛第一名。“七一”期间，工会组织职工大唱《国歌》、《没有共产党就没有新中国》、《社会主义好》、《我们是光荣的华北电力职工》、《歌唱祖国》等

10 首歌曲。丰富职工的文化生活，同时购置文体器材，还兴建了一个多功能的活动室，可供开会、舞会之用，设置了党员活动室、青年之家和职工之家。

1997 年，闻喜县电业局篮球代表队参加了闻喜县体育委员会组织的“工行杯”职工篮球赛，取得了第三名的好成绩。

2001 年，运城供电局组织首届离退休职工“电力老年杯”门球赛，闻喜县电业局代表队获得了第二名的好成绩。

六、职工之家

20 世纪 80 年代后，闻喜县电业局历任领导班子和工会组织都十分重视“职工之家”的建设。进入 21 世纪后，把“职工之家”工作提高到关乎企业兴旺的高度来对待，为职工营造一个积极向上的和谐文明的温馨幸福的“职工之家”。“职工之家”购置了多种书刊、杂志 2000 余册，还建起了多功能的健身房、灯光篮球场和灯光门球场。

职工之家是职工节日集中活动的乐园。每年一次的“春节联欢会”、“团拜会”、“三八”妇女座谈会、“五一”文体活动、“七一”文体活动、“十一”文体活动、老年节座谈会等，都在职工之家进行。

职工工作之余，进入职工之家的图书馆或阅览室，能看到各种书报、杂志，借阅各种专业图书，提高自己的专业水平，丰富自己的文化生活。

每年都要在职工之家进行多次文艺表演、各种演讲比赛、知识竞赛和诗歌朗诵会，举办各种形式的体育比赛，如乒乓球、羽毛球、篮球、台球比赛等。

闻喜县电业局为了纪念中国共产党建党 84 周年系列活动、纪念世界反法西斯战争胜利 60 周年活动以及各种表彰大会，都在“职工之家”进行。

第三节　共　青　团

一、团组织建设

1967 年，闻喜县供电局成立团支部，共有团员 8 人。团支部作为党支部的有力助手和后备军，充分发挥了团组织的作用。20 世纪后期，团支部有团员 20 余人，进入 21 世纪后，有团员 10 人。

二、团的工作

1967～1970 年，在“斗、批、改”期间，团支部开展了忆苦思甜活动，用请进来、走出去的方式，请老工人、老农民、老干部讲家史、个人史，团员和青年吃忆苦饭、访忆苦事，对团员和青年进行阶级教育和传统教育。动员团员和青年“抓革命、促生产”，保障电网的安全运行，给通电村群众安装电灯等工作。

1970 年 10 月，进行整党建团，恢复了团组织的活动。

1971 年，建立了新一届团支部。团支部在“一打三反”（打击现行反革命；反贪污盗窃、反投机倒把、反铺张浪费）活动中，团员积极带头，冲锋陷阵，揭露“5·16”分子的犯罪行为，揭露了极左思潮的表现和危害。

1987 年，团支部号召团员坚持四项基本原则，反对资产阶级自由化。团员认真学习文件，领会文件精神，纷纷表示要同党中央保持一致，不做危害党和国家利益的事，不说危害党和国家利益的话，坚决维护党的领导，在大是大非面前不动摇，旗帜鲜明，立场坚定，站在反对资产阶级自由化斗争的最前列，自觉维护安定团结的大好局面。

1991 年，团支部为了“迎接建党 70 周年”，进一步提高广大团员的理论水平和政治觉悟，培养“爱党、爱国、爱社会主义、爱企业”的“四热爱”思想，开展“四热爱”活动，并且进行了“四热爱”考试，全体团员在考试中取得了优良成绩。团支部还在迎峰检查安全工作中向团员发出了发挥主力军作用的通知。团小组长及全体团员、青年积极配合领导，搞好本股室、班组（站）的对照检查活动；在迎峰检查中，团员、青年发挥了先锋主力军的作用，苦活、脏活、累活争着干，遵守劳动纪律，不迟到，不早退，人人争当“四热爱”好职工。

1992 年团支部组织了闻喜县电业局首届春节演唱会，书记、局长、门卫和临时工及家属，人人出节目，活跃了职工生活，并且参加了运城电业局的卡拉 OK 大奖赛，取得了较好的成绩。

1993 年，团支部开展“岗位学雷锋、行业树新风、学习新技术、青年立新功”的活动。团支部利用简报、板报、专栏、录像等形式，开展雷锋同志的光辉业绩和本单位学习雷锋典型人和事的宣传教育。使团员和青年都能认识到新时期开展学雷锋活动的重要性和必要性。团支部制定了学习计划，把活动纳入到股室和班组全年学习计划之中，做到班站有学习计划，有学习记录，有学雷锋的先进人和事。团员自动组成为老干部服务组、送温暖小组、帮困扶贫组，为振兴闻喜经济作出了贡献。

1995 年，团支部加强团员和青年的思想工作，善于发现后进团员职工的闪光点。团支部针对有些团员和青年不求上进，目无组织，不遵守纪律，加强帮教工作。

1996 年，团支部以十四届五中全会精神和邓小平建设有中国特色的社会主义理论为指针，开展“青年岗位能手”和“青年文明号”活动。团支部号召团员和青年“岗位一分钟，奉献 60 秒”，开展竞赛，苦练技术，岗位成才。这一活动，推动了“青年文明号”工作，使一批青年班、站成为“青年文明号”班、站。同年，团支部还对青年进行了“三爱”（爱祖国、爱电业、爱岗位）和“三观”（世界观、人生观、价值观）的教育，使青年在市场经济形势下，找准人生坐标，努力学习，钻研业务，实现电力青年的人生价值。

2004 年，团支部向团员和青年发出了“在春检中，发挥团员先锋模范带头作用”的通知。团员都把春检工作当作一项政治任务来完成，团支部及时向党支部和局领导反映职工的思想动态，同青年职工开展“谈心”活动，保证春检工作不受任何干扰。并且把安全工作放在第一位，协助领导做好所在班组的各项工作。

2006 年，团支部坚持以“党建带团建”的工作思路，不断加强团的自身建设，增强团组织的凝聚力。团支部以创建“青年安全生产示范岗位”为主题，开展安全法规、团员安全“三无”、“先锋岗”、“青年岗”竞赛活动，增强青年的安全意识，促进了公司各项工作的顺利进行。

2007 年，团支部组织团员、青年学习胡锦涛同志的“八荣八耻”，开展“八荣八耻”教育活动；同时全面学习贯彻中共十七大精神。组织团员学习、讨论，掀起了一个“认真学习中共十七大精神，全面落实科学发展观”的热潮。广大团员决心要聚精会神搞建设，一心一意谋发展。为闻喜县电业局成为国家一流县级供电企业而操心出力作贡献。

荣　　誉

荣　誉

一、闻喜县电业局荣誉

级别	年份	荣誉称号	授奖单位
省部级	1998	档案目标管理国家二级单位	国家档案局
	2002	安全生产先进单位	国家电力公司
	2002	安全管理先进单位	国家电力公司农电工作部
	2007	文明、和谐单位	山西省精神文明建设指导委员会
厅局级	1985	线损完成先进集体	山西省电力工业局
	1986	省煤节能一等奖	山西省电力工业局
	1990	文明单位	山西省电力工业局
	1997	“三为”服务达标单位	山西省电力工业局
	2000	付费售电先进单位	山西省电力公司
	2001	农电两改工作先进集体	山西省电力公司
	2005	先进党支部	华北电网有限公司
	2006	先进集体	山西省电力公司
	2006	一流县供电企业	山西省电力公司
	2007	安全生产先进集体	山西省电力公司
	2007	运城市文明和谐单位	运城精神文明建设指导委员会

二、先进班组

级别	年份	获奖单位	荣誉称号	授奖单位
厅局级	1987	劳动服务公司	先进企业	山西省电力工业局
	1989	调度室	先进集体	山西省电力工业局
	1993	35 千伏河底变电站	“已达标”标准站	山西省电力工业局
	1993	35 千伏七里店变电站	“已达标”标准站	山西省电力工业局
	1995	郭家庄变电站	安全先进班组	山西省电力工业局
	1996	郭家庄变电站	优秀班组	山西省电力工业局

续表

级别	年份	获奖单位	荣誉称号	授奖单位
厅局级	1996	郭家庄变电站	农网安全生产先进集体	山西省电力工业局
	1996	郭家庄变电站	标准化变电站	山西省电力工业局
	1996	河底变电站	标准化变电站	山西省电力工业局
	1997	35 千伏郭家庄变电站	标准化班组	山西省电力工业局
	1997	东镇供电站	标准化班组	山西省电力工业局
	1997	110 千伏西官庄变电站	标准化班组	山西省电力工业局
	1997	35 千伏七里店变电站	标准化班组	山西省电力工业局
	1997	营业班	标准化班组	山西省电力工业局
	1998	35 千伏郭家庄变电站	农网安全生产先进单位	山西省电力公司
	2001	35 千伏郭家庄变电站	一流班组	山西省电力公司
	2001	110 千伏西官庄变电站	一流班组	山西省电力公司
	2001	岭下供电所	两网改造先进集体	山西省电力公司
	2002	河底供电所	农电示范窗口单位	山西省电力公司
	2002	调度班	农网安全生产先进班组	山西省电力公司
	2002	河底供电所	农电“两改”先进集体	山西省电力公司
	2004	35 千伏礼元变电站	农网一流变电站	山西省电力公司
	2004	郭家庄供电所	一流供电所	山西省电力公司
	2004	修试班	农网先进班组	山西省电力公司
	2005	35 千伏礼元变电站	一流变电站	山西省电力公司
	2005	凹底供电所	一流供电所	山西省电力公司
	2007	巡检班	安全生产先进班组	山西省电力公司
	2007	修试班	安全生产先进班组	山西省电力公司

三、个人荣誉

级别	年份	获奖个人	荣誉称号	授奖单位
省部级	2002	温育民	个人三等功	山西省劳动竞赛委员会
	2003	裴永林	个人三等功	山西省劳动竞赛委员会
	2003	温育民	“五一”劳动奖章	山西省总工会
	2004	裴永林	劳动模范	山西省省委、省人民政府
厅局级	1987	刘云龙	山西省优秀电工	山西省电力工业局
	1987	李保德	多种经营先进个人	山西省电力工业局

续表

级别	年份	获奖个人	荣誉称号	授奖单位
厅局级	1989	刘志义	先进个人	山西省电力工业局
	1995	李喜俊	省级安全先进个人	山西省电力工业局
	1995	王有才	省级安全先进个人	山西省电力工业局
	1997	翟建鸣	农网安全先进个人	山西省电力工业局
	1998	李喜俊	农网安全生产先进个人	山西省电力公司
	2001	李喜俊	农网安全先进个人	山西省电力公司
	2001	陈云海	电力市场整顿和优质服务年活动先进个人	山西省电力公司
	2001	李泽民	“一抓三促进”工作先进个人	运城市委、市政府
	2002	李　锐	两网改造先进个人	山西省电力公司
	2002	宁学俊	青年岗位能手	山西省电力公司
	2002	温育民	农网安全生产先进个人	山西省电力公司
	2002	郑　格	供电服务“民心工程”先进个人	山西省电力公司
	2003	黄建英	安全先进个人	山西省电力公司
	2005	何红斌	优秀青年工程师	华北电网公司
	2005	李　锐	安全生产先进个人	山西省电力公司
	2006	崔富松	优秀农电工	山西省电力公司
	2006	何红斌	电力科学技术进步工作突出贡献者	山西省电力公司
	2007	崔富松	优秀供电所长	山西省电力公司
	2007	马燕博	农网安全生产先进个人	山西省电力公司
	2007	崔卫东	优秀农电工	山西省电力公司
	2007	李云仁	优秀农电工	山西省电力公司
	2007	李保民	先进车管干部	山西省电力公司

人　　物

人　　物

一、闻喜县电业局历届领导简历

张吉甫（1920.4～1983.10）　男，汉族，山西省翼城县甘泉乡甘泉村人。初中学历。1947年6月参加工作。1948年加入中国共产党。1954年任闻喜县保险公司经理兼党支部书记。1960年任闻喜县发电厂厂长兼党支部书记，1973年任闻喜县电业局局长。1983年8月离休。

郝子庆（1925.7～　）　男，汉族，山西省闻喜县薛店乡郝北村人。初中学历。1949年参加工作，同年加入中国共产党。1952年任闻喜县工会主席、公社党委书记。1973年8月任闻喜县电业局党支部书记。1974年调回闻喜县委工作。

刘谨信（1916.7～2004.10）　男，汉族，山西省闻喜县下阳乡仪张村人。初中学历。1948年参加工作，同年加入中国共产党。1951年任闻喜县县委纪律检查委员会副书记、县农机局局长。1974年4月任闻喜县电业局党支部书记。1981年调闻喜县人大工作。

刘文选（1925～1988.6）　男，汉族，山西省夏县胡张乡沙流村人。初中学历，1947年参加工作。1948年加入中国共产党。1976年任闻喜县电业局副局长。1985年退居二线。

李吉录（1932.11～　）　男，汉族，山西省武乡县东良乡东良村人。高中学历。1947年参加工作。1950年5月加入中国共产党。历任武汉二十五女中党总支委员，武汉九中团总支书记，山西省机电设备成套局党委委员、闻喜县化肥厂筹建处副主任等职。1974年2月任闻喜县电业局党支部副书记，1984年3月退居二线，任闻喜县电业局调研员。1992年12月离休。

张子龙（1935.11～1995.5）　男，汉族，山西省夏县埝掌镇尖坪村人。初中学历。1955年3月参军。1956年2月加入中国共产党。1960年12月至1966年10月在闻喜县发电厂工作。1966年10月至1970年8月任闻喜县供电局副主任。1970年8月调运城地区电业局电力工程队任职。

杨启民（1938.8～2006）　男，汉族，山西省闻喜县凹底镇辛村人。1954年10月参加工作。1962年5月加入中国共产党。1971年9月至1977年6月任闻喜县薛店公社组织委员、副主任。1977年6月至1981年任运城城区劳动局副局长。1981年3月至1982年3月任运城发电厂办公室副主任。1981年12月至1984年12月任闻喜县电业局副局长。1984年3月调绛县电业局任党支部书记。1988年3月至1993年12月任闻喜县电业局工会主席。1994年1月退居二线，1999年退休。

朱守智（1937.8～　）　男，汉族，山西省平陆县张店乡人。高中学历。经济师。1957年12月参加工作。1976年12月加入中国共产党。1957年12月至1967年7月在平陆电业所工作。1967年7月至1970年在晋南地区电业局工作。1970年至1982年在运城地区电业局工作。1982年10月至1984年2月任闻喜县电业局局长。1985年1月调芮城县电业局任职。

杨居良（1934.8～　）　男，汉族，山西省绛县郝庄乡牛坞村人。1954年8月参加工作。1955年7月加入中国共产党。1956年10月任闻喜县县委文教部干事。1967年3月任闻喜县革命委员会办公室副主任。1975年任闻喜县县委秘书处副主任兼办公室主任。1981年2月任闻喜县电业局党支部书记。1984年3月调闻喜县县委工作。

程文选（1936.7～　）　男，汉族，山西省临猗县北景乡人。1952年6月参加工作。1955年12月加入中国共产党。1964年12月至1966年1月任大宁县榆村公社党委办公室主任。1966年12月至1979年12月任大宁县委工交政治部正科级秘书。1980年1月至1982年4月在大宁县电业局任副局长、党支部副书记。1983年1月至1984年2月在垣曲县电业局任党支部书记。1984年3月至1985年1月在闻喜县电业局任代局长。1985年2月至1986年12月在闻喜县电业局任党支部书记。1987年1月调运城地区电业局任职。

杨殿贵（1942.12～　）　男，汉族，运城市北相镇东曲马村人。大学本科。高级工程师。1966年3月加入中国共产党。1968年8月参加工作。1978年12月至1984年3月在运城地区电业局修试所任股长。1984年3月至1987年1月任闻喜县电业局副局长。1987年1月调运城地区电业局任职。

李文生（1943.7～　）　男，汉族，山东菏泽马岑岗乡后寺李村人。中专学历。经济师。1963年9月参加工作。1970年9月加入中国共产党。1972年7月至1979年9月任侯马市供电局办公室主任。1979年9月至1984年3月在运城地区电业局工作，任局办公室文秘，局纪检委专职委员。1984年3月至1987年1月任闻喜县电业局副局长。1987年1月至1990年9月任闻喜县电业局党支部副书记。1990年9月至1998年10月任闻喜县电业局党支部书记。1998年10月退居二线。2003年1月退休。

刘志义（1937.8～　）　男，汉族，山西省凹底镇东凹底村人。初中学历。1954年2月参加工作。1979年7月加入中国共产党。1956年6月至1965年12月在闻喜县发电厂工作，1965年12月至1985年在闻喜县电业局工作。1985年1月至1989年8月任闻喜县电业局局长兼党支部书记。1989年8月至1990年8月任闻喜县电业局党支部书记。1997年12月退休。

张怀源（1944.5～　）　男，汉族，山西省闻喜县裴社乡仁义庄村人。大学学历。高级工程师。1969年8月参加工作。1986年6月加入中国共产党。1969年8月至1981年10月在闻喜县发电厂工作，1981年10月至1986年12月在闻喜县电业局工作。1986年12月至1990年7月任闻喜县电业局副局长。1990年7月至1998年6月任闻喜县电业局局长。同时，1993年至2003年，被选为闻喜县第十一、十二届人大代表。2004年退休。

王天社（1939. 9 ~ ） 男，汉族，闻喜县阳隅乡回坑村人。大学本科。高级工程师。1965 年 8 月参加工作。1976 年 10 月至 1984 年 3 月在闻喜县电业局生产股任副股长。1985 年 1 月至 1990 年 7 月任闻喜县电业局副局长。1990 年 7 月至 1994 年 4 月任主任工程师。1994 年 4 月退居二线。1999 年 8 月退休。

裴永林（1952. 10 ~ ） 男，汉族，山西省闻喜县七里坡乡石涧村人。大专学历。工程师。1973 年 10 月加入中国共产党。1978 年参加工作。1987 年 1 月任夏县电业局副局长。1990 年 1 月至 1997 年 1 月任闻喜县电业局副局长。1998 年 6 月任闻喜县电业局代理局长。1998 年 10 月至 2005 年 9 月任闻喜供电支公司经理（局长）。2005 年 9 月 12 日调任运城供电分公司副总政工师。

张麦来（1949. 4 ~ ） 男，汉族，山西省闻喜县凹底镇西颜村人。大专学历。1969 年参加工作。1972 年 3 月加入中国共产党。1969 年 11 月至 1974 年 3 月参军。1987 年 9 月至 1993 年 2 月任闻喜县电业局办公室主任。1993 年 3 月至 1998 年 7 月任闻喜县电业局副局长。1998 年 7 月至 2003 年 6 月任闻喜供电支公司党支部书记。2003 年 6 月退居二线。2004 年 10 月内退。

郑 格（1966. 9 ~ ） 男，汉族，山西省临猗县牛杜乡景花村人。大专学历。经济师。1990 年 5 月加入中国共产党。1999 年 4 月至 2001 年 2 月任变电运行工区工会主席。2001 年 3 月至 2003 年 6 月任绛县供电支公司党支部书记。2003 年 6 月至 2005 年 9 月任闻喜供电支公司党支部书记。2005 年 9 月至 2006 年 10 月任夏县供电支公司经理，2006 年 11 月任运城供电分公司职工学校校长。

温育民（1962. 9 ~ ） 男，汉族，山西省临猗县临晋镇西关村人。大学学历。助理工程师。1986 年 7 月 1 日参加工作。1990 年 12 月加入中国共产党。1990 年 4 月至 1991 年 2 月任临猗县电业局劳动服务公司经理。1991 年 2 月至 1995 年 4 月任临猗县电业局办公室主任。1995 年 4 月至 1997 年 9 月任临猗县电业局生活服务公司经理。1997 年 9 月至 1999 年 9 月任临猗县电业局工会主席，1999 年 9 月至 2001 年 12 月任临猗供电支公司副经理（副局长）。2002 年 1 月至 2005 年 9 月任绛县供电支公司经理（局长）。2005 年 9 月 12 日任闻喜供电支公司经理（局长）。2009 年 5 月调任盐湖供电支公司经理。

李泽民（1960.10～　）　男，汉族，山西省闻喜县酒务头乡峡峪村人。大专学历。助理政工师。1980年1月参加工作。1990年7月加入中国共产党。1995年6月至1998年9月任闻喜供电支公司办公室主任兼工会副主席。1998年10月至2005年9月任闻喜供电支公司副经理，1998年10月至2003年5月兼闻喜供电支公司工会主席。2005年9月12日任闻喜供电支公司党支部书记。2009年2月调任盐湖供电支公司党支部书记。

范金炜（1962.6～　）　男，汉族，山西省万荣县万泉乡涧薛村人。大专学历。会计师。1985年8月参加工作。2002年10月加入中国共产党。1985年9月至1987年1月任芮城县电业局干事。1987年2月至1996年3月在运城地区电业局工作。1996年4月至1999年11月任山西夏县电力培训中心财务负责人。1999年12月任闻喜供电支公司副经理。

何　达（1962.11～　）　男，汉族，山西省闻喜县河底镇南王村人。大专学历。助理工程师。1980年9月参加工作。2000年1月加入中国共产党。历任变电站站长、调度班班长、生技股副股长、农电股副股长、股长等职。2003年6月任闻喜供电支公司工会主席兼副经理（副局长）。2009年2月任闻喜供电支公司党支部书记。

燕海龙（1978.10～　）　男，汉族，山西省闻喜县河底镇冷泉村人。1995年1月参加工作。2006年加入中国共产党。大专学历。1995年1月至2001年2月在山西省电建三公司一处工作。2001年2月至2005年9月历任闻喜供电支公司供电站副站长、稽查大队副队长等职务。2005年9月任闻喜供电支公司副经理。

黄建英（1965.6～　）　男，汉族，山西省临猗县三管乡黄家庄村人。大学学历。高级工程师。1988年7月参加工作。2006年7月加入中国共产党。2005年9月任闻喜供电支公司主任工程师。

张长伟（1965.1～ ） 男，汉族，山西省平陆县人。大学学历。1984年8月参加工作。1995年11月加入中国共产党。工程师。1984年8月至1987年11月在平陆县电业局工作。1987年12月至1993年11月任平陆县电业局生技股长。1993年12月至2001年1月任平陆供电支公司副局长兼工会主席。2001年2月至2003年6月任芮城供电支公司副经理。2003年7月至2006年10月任临猗供电支公司党支部书记。2006年11月至2009年5月任夏县供电支公司经理。2009年5月15日任闻喜供电支公司经理。

孙毅林（1968.11～ ） 男，汉族，山西省闻喜县桐城镇上邵王村人。大专学历。1993年7月参加工作。2001年加入中国共产党。历任供电站站长、供电所副所长、稽查大队副队长、队长、农电股股长等职。2009年2月任闻喜供电支公司工会主席。

二、股级干部名录

股名	姓名	性别	职务	任职时间（年.月）
办公室	贾振珠	男	主任	1976.2～1977.12
	李旺生	男	主任	1978.1～1986.12
	马固喜	男	主任	1987.1～1987.8
	张麦来	男	主任	1987.8～1994.6
	张建中	男	主任	1994.6～1995.5
	李泽民	男	主任	1995.5～1998.10
	高良拴	男	主任	1998.10～2003.7
	田志强	男	主任	2003.7～2004.6
	杨革民	男	主任	2004.6～
通调股	田志强	男	股长	1998.10～2003.6
	杨俊红	男	股长	2003.6～
农电股	薛正狮	男	股长	1987.1～1989.4
	李建华	男	股长	1989.4～1992.7
	张秦生	男	股长	1992.7～1995.7
	高秀俊	男	股长	1995.7～1997.7
	张　蔚	男	股长	1997.7～2000.4
	何　达	男	股长	2000.4～2002.6
	李喜俊	男	股长	2002.6～2005.9
	孙毅林	男	股长	2005.9～

续表

股名	姓名	性别	职务	任职时间（年．月）
用电所	刘志义	男	所长	1982.2～1984.4
	薛正狮	男	所长	1984.4～1987.4
	张秦生	男	所长	1987.4～1990.7
	王全录	男	所长	1990.7～1992.3
	李建华	男	所长	1992.3～2000.10
	李喜俊	男	所长	2000.10～2003.7
	高良拴	男	所长	2003.7～2007.4
	陈云海	男	所长	2007.4～
财供股	樊刘荣	男	股长	1967.2～1985.1
	景照文	男	股长	1985.1～1993.7
	樊嘉勤	男	股长	1993.7～
生技股	周跃庭	男	股长	1977～1982.9
	马成祥	男	股长	1982.10～1984.8
	张怀源	男	股长	1984.8～1985.4
	裴永林	男	股长	1985.4～1987.4
	常　雷	男	股长	1987.5～1997.4
	田志强	男	股长	1997.5～1998.10
	周建民	男	股长	1998.10～
开发公司	李保德	男	经理	1986.11～1998.10
	王有才	男	经理	1998.10～
安教股	韩玉生	男	股长	1999.4～2003.6
	杜亚珍	男	女	2003.6～
稽查大队	孙毅林	男	队长	2003～2005.11
	仇卫国	男	队长	2005.11～
客户服务中心	何红斌	男	主任	2008.1～
监审股	秦永民	男	股长	2003.4～
汽车队	李保民	男	队长	2005.9～
企管办	樊恩红	女	主任	2004.6～2007.12

三、农电管理站站长名录

站名	姓名	性别	任职	任职时间（年．月）	备 注
西官庄乡	赵合法	男	站长	1985. 1 ~ 1996. 12	农电站成立
	刘云龙	男	站长	1997. 1 ~ 1997. 12	
	吴合太	男	负责人	1998. 1 ~ 1998. 12	
	赵合法	男	站长	1999. 1 ~ 2001	
河底镇	安德荣	男	亦工亦农电工	1976 ~ 1985	
	安德荣	男	站长	1985 ~ 1996	农电站成立
	赵合法	男	站长	1997. 1 ~ 1998. 12	
	安德荣	男	站长	1998 ~ 2001	
裴社乡	刘云龙	男	亦工亦农电工	1976 ~ 1985	
	刘云龙	男	站长	1985 ~ 1996	农电站成立
	安德荣	男	站长	1996 ~ 1998	
	秦宝群	男	站长	1998 ~ 2001	
城关镇	杨学安	男	亦工亦农电工	1976 ~ 1985	
	杨学安	男	站长	1985 ~ 1989	农电站成立
	柴甲虎	男	站长	1989 ~ 1993	
	张金学	男	站长	1993 ~ 1998	
	刘云龙	男	站长	1999 ~ 2001	
侯村乡	刘 波	男	亦工亦农电工	1976 ~ 1980	
	潘朝朝	男	亦工亦农电工	1980 ~ 1984	
	王文元	男	站长	1985 ~ 1996. 12	农电站成立
	安申娃	男	站长	1997. 1 ~ 2001	
郭家庄镇	卫世忠	男	亦工亦农电工	1976 ~ 1984	
	卫世忠	男	站长	1985 ~ 1999	农电站成立
	柴甲虎	男	站长	1999 ~ 2001	
柏林乡	李江山	男	亦工亦农电工	1976. 10 ~ 1984	
	李江山	男	站长	1985 ~ 1996	农电站成立
	王立民	男	站长	1996 ~ 2001	
七里坡乡	张来兰	男	亦工亦农电工	1976. 10 ~ 1984	
	张来兰	男	站长	1985 ~ 1990	农电站成立
	王立民	男	站长	1991 ~ 1995	
	李江山	男	站长	1996 ~ 2001	

续表

站名	姓名	性别	任职	任职时间（年．月）	备　注
后宫乡	谭德荣	男	亦工亦农电工	1976～1985	
	谭德荣	男	站长	1985～1996	农电站成立
	逯立门	男	站长	1996～2001	
酒务头乡	柴胜武	男	亦工亦农电工	1976～1985	
	柴胜武	男	站长	1985～1996	农电站成立
	谭德荣	男	站长	1996～1998	
	柴胜武	男	站长	1998～2001	
白石乡	逯立门	男	站长	1985～1996	农电站成立
	柴胜武	男	站长	1996～1998	
东镇镇	杨炎生	男	站长	1976～1992	农电站成立
	张吉水	男	站长	1992～2001	
礼元镇	安申娃	男	亦工亦农电工	1976～1985	
	安申娃	男	站长	1985～1996.12	农电站成立
	阎保俊	男	站长	1997.1～1997.3	
	崔富松	男	站长	1997.4～2001	
下阳乡	柴甲虎	男	站长	1985～1989	农电站成立
	柴甲虎	男	站长	1993～1999	
	杨学安	男	站长	1989～1990	
	张志勇	男	站长	2000～2001	
凹底镇	文秀荣	男	亦工亦农电工	1976～1985	
	文秀荣	男	站长	1985～1997.12	农电站成立
	孙毅林	男	站长	1998.1～1999.2	
	翟建鸣	男	站长	1999.3～1999.9	
	景玉文	男	站长	1999.10～2001	
阳隅乡	王合山	男	亦工亦农电工	1976～1984	
	景玉文	男	站长	1985～1999.9	农电站成立
	柴燕平	男	站长	1999.11～2001	
薛店乡	周双狮	男	亦工亦农电工	1976～1985	
	薛财旺	男	站长	1985～1989	农电站成立
	文秀荣	男	站长	1990～1996.8	兼
	李世民	男	站长	1996.9～2001	

续表

站名	姓名	性别	任职	任职时间（年.月）	备　注
神柏乡	张金学	男	亦工亦农电工	1980～1984	
	张金学	男	站长	1985～1996	农电站成立
	杨学安	男	站长	1997～2001	
城市站	柴甲虎	男	站长	1985～1989	
	杨学安	男	站长	1989～1993	
	柴甲虎	男	站长	1993～1999	
	李富成	男	站长	1999～2001	
岭西东乡	李富成	男	亦工亦农电工	1976～1984	
	李富成	男	站长	1985～1989	农电站成立
	杨学安	男	站长	1989～1993	
	景玉文	男	站长	1993～2001	

四、专业技术人员名录

姓名	职称	评定时间（年.月）	姓名	职称	评定时间（年.月）
张长伟	工程师	2005.12	黄建英	高级工程师	2000.12
温育民	助理工程师	1988.7	樊嘉勤	助理经济师	1993.12
樊恩红	工程师	1997.8	高良拴	助理工程师	1995.11
杨俊红	助理政工师	1994.12	张麦来	助理工程师	1988.5
文安义	助理工程师	2002.12	范金炜	会计师	1993.11
李闻萍	助理政工师	2002.12	王红霞	助理工程师	1998.12
张文焕	会计师	2006.8	何红斌	助理工程师	1999.11
张晓明	助理工程师	1998.12	张宏庆	助理工程师	2000.12
尹建军	助理工程师	1999.11	韩　睿	助理工程师	2000.12
李　锐	助理工程师	2000.12	宁学俊	助理政工师	2001.12
李泽民	助理政工师	2000.12	李喜森	助理政工师	2004.12
李建华	助理工程师	2001.12	杨晓军	助理工程师	2004.12
仇卫国	助理政工师	2004.12	刘丽霞	会计师	2007.5
何　达	助理工程师	2004.12	王天顺	助理工程师	2004.12
王守刚	助理工程师	2004.12			

大　事　记

大 事 记

1936 年

闻喜县民族资本家段捷三在闻喜县横水镇（今属绛县）兴建平泉庄园，以柴油机为动力带动小发电机1台，供其庄园用电及轧花、榨油之用。

1956 年

5月1日　闻喜县委、县人委在火车站西南侧（现车站水塔处）投资建设的发电站投产，安装德国制造的50千瓦旧发电机1台，以20千伏电压送电。电站隶属闻喜广播站管辖，主要供有线广播、县级机关照明和邮电局用电，兼供县城街道及部分单位照明。

1958 年

5月　闻喜县委、县人委决定投资50万元，建设闻喜发电厂，安装750千瓦蒸汽汽轮机组1台。

1960 年

10月1日　闻喜发电厂竣工投产。

1963 年

2月　闻喜县人民委员会成立“闻喜县农村电气化办公室”。

10月1日　吕庄水库投资7000元，建成简易水电站。供水库照明，并带动下阳村1台磨面机磨面。

1964 年

1月　闻喜县人民委员会设立“闻喜县电业管理所”。

1965 年

1月　撤销“闻喜县农村电气化办公室”。

1966 年

1月　35千伏375东烟线架通投运，线路总长7.86千米，由运城地区电业局线路运行班管理。

2 月 侯马 35 千伏单家营输电线路接通闻喜，线路总长 31 千米。

2 月 运城电网延伸到闻喜，闻喜县电业管理所划归电力系统，隶属晋南电业局。

2 月 35 千伏七里店变电站建成投入运行，主变压器 1 台，总容量 1800 千伏 · 安。

6 月 闻喜县吕庄水库水力发电站停运。

1967 年

2 月 闻喜电业管理所升格为“晋南电业局闻喜县供电局”，下设用电营业室。

1968 年

9 月 闻喜县供电局改名为“晋南电业局闻喜县供电局革命委员会”。

10 月 闻喜发电厂机组迁往左权县。

1969 年

3 月 110 千伏西官庄变电站投产运行，主变压器 1 台，容量 7500 千伏 · 安。

1970 年

4 月 晋南地区分为临汾和运城两个地区，闻喜县供电局革命委员会隶属于运城地区电业局革命委员会，改称“运城地区电业局闻喜供电局革命委员会”。

1971 年

5 月 1 日 国家投资 149 万元，在原址重建的闻喜发电厂投产发电，安装 1500 千瓦汽轮发电机组 1 台，该厂当年发电 362 万千瓦 · 时。

8 月 水利电力部将装机容量 1500 千瓦的 50 号列车电站调入闻喜，9 月投入运行，同时投资建设辅助及生活设施。

1972 年

4 月 12 日 “闻喜县供电局革命委员会”改名为“闻喜县革命委员会供电局”。

1973 年

4 月 闻喜发电厂管理权移交运城地区电业局，同时运城地区电业局为闻喜县增加用电负荷 500 千瓦。

9 月 闻喜县供电局改称为“山西省闻喜县电业局”。

1976 年

2 月 110 千伏西官庄变电站至 35 千伏阳隅变电站输电线路架通，线路总长 15 千米。

9 月 30 日 闻喜 50 号列车电站退出运行，调往运城。

1977年

3月　35千伏东镇变电站建成投运，主变压器2台，容量3600千伏·安。

1978年

1月　35千伏363西七线路（西官庄至七里店）架通投运，线路总长4.6千米。

3月　石门公社白家滩大队水电站建成投运，供白家滩9个自然村生活用电。

6月　110千伏西官庄变电站进行增容改造，主变压器更换为15000千伏·安1台。

1979年

1月　闻喜发电厂动工扩建，安装3000千瓦汽轮机组1台，年底竣工发电。

1980年

7月　石门乡白家滩水电站被洪水冲垮，停止运行。

10月　35千伏阳隅变电站投产运行，主变压器1台，容量1800千伏·安。

12月　35千伏435阳隅线架通投运，线路总长14.27千米。

1981年

3月　闻喜发电厂在山西省对小电厂整顿中，因容量小、设备陈旧、损耗高，而关闭停产。

4月　石门公社石门大队的水电站建成投运，安装2台55千瓦蜗牛式叶轮水电机组，供石门乡政府、直属单位和5个自然村照明用电。

1982年

3月24日　闻喜电业局营业办公楼建成，建筑面积2627米^2。

8月16日　运城地区电业局“用电机构现场会”在闻喜县电业局召开。闻喜县电业局在会议上做了经验介绍。与会人员现场参观了闻喜县电业局机构设置、职责分工和北塬营业站及部分农村电表箱。

1985年

11月24日　运城地区电业局在闻喜召开“治安线保现场会”。

1986年

1月　110千伏东镇变电站投产运行，主变压器1台，容量20000千伏·安。同时，35千伏东镇变电站退出运行。

1月31日　35千伏河底变电站投入运行，主变压器1台，总容量4000千伏·安。

1987年

1月　35千伏377河底线路架通投运，线路总长10.91千米。

3 月　闻喜县电业局成立了综合档案室。

12 月　闻喜县共成立了 20 个农电站。

1989 年

8 月 7 日　闻喜县裴社乡东窑村西的 10 千伏高压线路 1 ~ 9 号杆，被龙卷风从根部折断，断线 1.2 千米，随后暴雨加冰雹，又使 13 基高压杆严重倾斜，造成夏县堰掌村停电 58 小时。

10 月　闻喜县电业局改称为“山西省电力公司运城供电公司闻喜供电分公司”。

1990 年

12 月 23 日　35 千伏郭家庄变电站建成投运，主变压器 2 台，总容量 4000 千伏 · 安。

1991 年

1 月 5 日　郭家庄镇宋店、庄尔头、郭店、崔家庄 4 个村 218 名村民因停电冲击闻喜县电业局，事件引起了山西省省委、省政府高度重视，省委书记李立功、省长王茂林做了专门批示，组织策划者受到了处理。

1993 年

2 月　闻喜县电业局建成 1 号住宅楼，建筑面积 2646 米^2。

1994 年

3 月 17 日　闻喜县下阳农电站在进行 10 千伏 838 下阳线路春检工作中，发生一起作业人员误登相邻带电杆，造成 1 名村电工触电死亡。

1997 年

5 月　35 千伏 364 裴社线路架通投运，线路总长 8.61 千米。

5 月 25 日　35 千伏裴社变电站建成投产，主变压器 2 台，容量 8150 千伏 · 安。

本年　运城地区电业局将 35 千伏线路管理权限下放给闻喜县电业局管理。

1998 年

8 月 10 日　“山西省电力公司运城供电公司闻喜供电分公司”更名为“山西省电力公司闻喜供电支公司”。

1999 年

1 月 4 日　闻喜县电业局建成 2 号、3 号两幢住宅楼，总建筑面积分别是 7800 米^2。解决了 70 户职工住宅问题。

11 月 20 日　220 千伏闻喜变电站建成投产，主变压器 2 台，容量 300 兆伏 · 安。

12月27日　闻喜县农网改造工程全面启动。

2000年

2月23日　闻喜县电业局劳动服务公司更名为“闻喜县电业局电力开发公司”。

3月　35千伏393闻七线路（闻喜站至七里店站）架通投运，线路总长4.95千米。

12月8日　35千伏礼元变电站建成投产，变压器1台，总容量6300千伏·安。

12月　35千伏374东闻线路（东镇至闻喜站）架通投运，线路总长9.04千米。同时，378礼元线路也架通投运，线路总长8.35千米。

2001年

5月9日　闻喜县电业局将原乡镇电管站改名为“乡镇供电所”。

6月　闻喜县电业局投资5.58万元修建了灯光篮球场和灯光门球场。

2003年

7月　闻喜县电业局生产调度楼建成，建筑面积2400米^2。

本年　闻喜县电业局建成4号住宅楼，建筑面积为4050米^2。

2005年

1月　35千伏386闻凹（闻喜站至凹底站）线路架通投运，线路总长12.14千米。

2月2日　35千伏凹底变电站建成投产，主变压器1台，容量8000千伏·安。

3月　35千伏424裴河线路（裴社站至河底站）架通投运，线路总长6.88千米。

7月1日　35千伏柏林变电站建成投产，主变压器1台，容量8000千伏·安。随着柏林变电站的投产，闻喜县电业局8座35千伏变电站全部实现了无人值班，实现了调度自动化。

7月　35千伏387线路架通投运，线路总长16.98千米。

7月14日　海鑫热电厂建成投运，装机2台，2.5万千瓦单抽式汽轮发电机组，配有2台130吨/时混烧循环流化床锅炉，1台130吨/时煤气锅炉。12月正式并网发电。

11月30日　110千伏姚村变电站建成投产，主变压器1台，容量40000千伏·安，投资1415.89万元。

2006年

3月　35千伏金鑫T接线路架通，线路总长1.3千米。

12月　220千伏金鑫变电站建成投产，主变压器2台，容量为360兆伏·安。

本年　石门乡石门水电站停运。

2007年

12月28日　110千伏石门变电站建成投运，主变压器1台，容量40000千伏·安。

编　后　记

《闻喜县电力工业志》是在山西省电力公司史志鉴办公室的指导下，运城供电局的具体领导和帮助下编纂的。1999 年 1 月在局长裴永林的领导下正式成立《闻喜县电力工业志》编委会，裴永林任编委主任，张麦来书记、李泽民副局长、李建华助理任副主任，高良拴任办公室主任。聘请已退休的原办公室主任李旺生为编辑，但不到 4 个月的时间此项工作被搁置。

2007 年 8 月 27 日，在局长温育民的领导下再次正式成立了《闻喜县电力工业志》编委会，温育民局长任编委主任，李泽民书记、范金炜副局长、何达副局长任副主任，燕海龙副局长任常务副主任，高良拴任办公室主任，杨革民任副主任，周建民、孙毅林、王有才、樊嘉勤、杜亚珍、李保民、仇卫国、陈云海、何红斌、杨俊红、秦永民 11 名同志任成员。聘请闻喜县原史志办主任张贵保、闻喜中学退休高级教师柴夫及大学毕业生李晶三位同志为编辑。

2007 年 9 月 13 日，在局长兼电力志编委主任温育民同志的主持下召开了编委会第一次会议。全局中层以上领导干部参加了会议，温育民局长对编写电力志的重要性、必要性、现实意义及深远意义进行了深刻的阐述和讲解，对问题与困难、条件与方法都做了详细的说明。各股、室、所向会议推荐了 13 名有写作能力的同志，分门别类搜集资料。

2007 年 9 月 14 日，确定燕海龙副局长分管修志，史志办具体承办负责。温育民任主编，燕海龙任副主编，高良拴、张贵保、柴夫、李晶为主笔，全面启动电力志编纂工作。

2008 年 1 月，编委会领导又进行了重新分工，由党支部书记李泽民分管史志办工作并任副主编。同年 6 月下旬，一部篇幅为 11 章 44 节 135 目的电力志初稿终于成型。

2009 年 2 月，李泽民调任盐湖供电支公司党支部书记，由工会主席孙毅林分管史志办工作并任副主编。何红斌任编辑办公室副主任。

2009 年 5 月，温育民调任盐湖供电支公司经理，由经理（局长）张长伟任编纂委员会主任、主编。

回顾编程，感慨万千。《闻喜县电力工业志》的出版发行，首先得益于局领导的尽职尽责。原局长温育民高度重视，亲自抓，亲自安排，将人力、物力、财力最大限度倾斜编纂工作。李泽民书记、燕海龙副局长、孙毅林主席亲自布置，严格把关，大到整个工作的进度安排，小到资料的收集。张长伟局长接任编纂委员会主任后，加快了《闻喜县电力工业志》的出版工作，从人、财、物各个方面给予了大力的支持。领导的高度重视，起到了关键作用。

二是得益于全员参与。各股股长收集资料尽职尽责，13 名专责都能够及时地将资料汇总归编，尤其是 12 名老农电站长，无私地、主动地将自己所经历的人和事向史志办提供。值得一提的是汽车队队长李保民及时保证史志办用车，司机张春龙，不仅出车及时，而且还帮助编纂人员收集、考证资料。特别是用电所的樊加胜，主动帮助史志办人员照相、收集资料，排忧解难，甚至在车辆紧张时，将个人的车辆提供给史志办。全局员工积极参与，是编纂工作成功的根本所在。

三是得益于全体编纂人员的尽心尽力，全体编纂人员在编纂过程中是“得一字再三斟酌字字含心血，谋半章反复修改章章蕴深情”。4 名主笔人员始终恪守“不欺前人，不诓来者”的史德，尊重历史，寻要查源求其真，严格核查求其实。为了收集资料，他们五上运城，近百次下基层。在运城供电局档案室查阅资料5000 余卷册，运城供电局大用户所、运城输电工区查阅资料 20 余卷册，在县电业局档案室查阅资料 2868 卷册，拍照资料 200 余张，摘录卡片 15 万余字。先后走访了 20 余位曾在闻喜工作过的老领导和 10 余名 20 世纪 60～80 年代的原农村电工和村干部。为搜集资料，他们没有星期天，没有节假日，付出了大量的繁重劳动；为收集资料，他们不厌其烦、不辞辛劳、不畏艰难。高良拴同志无论是查阅档案、图片、征集实物，还是编排章目、设计体例、推敲初稿、总纂修改，都能严肃认真，倾尽全力；张贵保、柴夫两位同志老骥伏枥，奉献余热，贡献特长。李晶同志工作不讲报酬和工作时限，主动积极，达到了夜以继日、废寝忘食的程度。

四是得益于山西省电力公司、运城供电局领导和有关专家的大力支持与鼎立帮助。2008 年 7 月中旬，运城供电局王承运、卫里来、周俊孝、来文虎 4 位老专家挥汗审改初稿，并提出了具体的宝贵意见。办公室副主任谷云鹏和史志鉴专责陈秋萍同志多次过问指导，尤其是陈秋萍同志具体到章、节、目，甚至到句子、标点符号进行指导。2008 年 8 月 16 日，运城供电局刘正芳副局长带领一行 6 人，来到闻喜县电业局对《闻喜县电力工业志》进行了初审，刘副局长对编纂工作做出了具有指导性和建设性的指示。2008 年 10 月 23 日，山西省电力公司史志鉴办公室原主任、副编审卢晓山及专家郑承平、冯善、高应瑞、高一萍一行5人来到闻喜县电业局对《闻喜县电力工业志》做了评审，专家们大到章节的调整，中到子目的设置，小到标点符号都做了一一评述。专家们的评审使参予编写的同志受益匪浅。卢晓山带头当场赋诗“温故编史修志，育新创新相融。李桃结满闻喜，泽润全县人民”。既是对局主要领导的鼓励，又是对《闻喜县电力工业志》的编写工作给予了充分肯定，并提出了具体的要求和希望。

《闻喜县电力工业志》的出版，令人欢心，让人鼓舞。但是对横跨半个世纪的闻喜县电力工业发展曲折辉煌的历史进行全面、系统、准确的考证和阐述，是一项艰巨和严肃的浩繁工作。由于我们水平有限，恐应记有漏，在记有误，归类与体例也许有不太完善的地方，恳请各界同仁和专家及读者不吝指正。

编　者

2009年6月8日

内 容 提 要

本书是《山西省电力工业志丛书》之一。主要内容包括供电机构与体制、电源建设、电网建设、供电生产、用电、农电、安全管理、企业管理、科技与教育、生活后勤与多种经营、党群组织、荣誉、人物、大事记、编后记等。

责任编辑 单芳

图书在版编目（CIP）数据

闻喜县电力工业志 / 《闻喜县电力工业志》编纂委员会编. -- 北京 : 中国水利水电出版社, 2009.9
（山西省电力工业志丛书）
ISBN 978-7-5084-6844-0

Ⅰ. ①闻… Ⅱ. ①闻… Ⅲ. ①电力工业－工业史－闻喜县 Ⅳ. ①F426.61

中国版本图书馆CIP数据核字(2009)第173414号

书 名	山西省电力工业志丛书 **闻喜县电力工业志**
作 者	《闻喜县电力工业志》编纂委员会 编
出版发行	中国水利水电出版社 （北京市海淀区玉渊潭南路1号D座 100038） 网址：www. waterpub. com. cn E－mail：sales@ waterpub. com. cn 电话：（010）68367658（营销中心）
经 售	北京科水图书销售中心（零售） 电话：（010）88383994、63202643 全国各地新华书店和相关出版物销售网点
排 版	中国水利水电出版社微机排版中心
印 刷	运城市恒达印务有限公司
规 格	184mm×260mm 16开本 20印张 492千字 14插页
版 次	2009年9月第1版 2009年9月第1次印刷
印 数	0001—1000册
定 价	**298.00**元

图书在版编目(CIP)数据

西安市建筑工程安全文明施工手册/西安市城
乡建设委员会编.—西安：西北工业大学出版
社，2009.6
ISBN 978-7-5612-2570-7

Ⅰ.西… Ⅱ.西… Ⅲ.建筑工程—工程施工—
施工管理—西安市—手册 Ⅳ.TU71-62

中国版本图书馆CIP数据核字(2009)第07895

文明

出版发行：西北工业大学出版社
通信地址：西安市友谊西路127号 邮编：710
电话：029-88493844 88491757
网　　址：www.nwpup.com
开　　本：1/16
印　　张：全彩18
版　　次：2009年6月第1版 2009年6月第1次印
定　　价：368.00元

学 出版社